교육재정학

박선하, 김승수

교육 재정학

| 박선하 · 김승수 지음 |

지식공감

머리말

대다수의 학생과 학부모들이 만족할 수 있는 교육체제는 어떤 것인가? 이는 교육에 대한 개개인의 관점과 이상이 서로 다르기 때문에 어떠한 교육체제라고 단정적으로 정의 내리기는 어렵다. 다만 선진국의 교육제도에서 입증된 바람직한 교육 형태나 대다수 사람들이 염원하는 이상적인 교육에 대한 공통분모적인 관점을 통해서 선호하는 교육체제를 도출해 볼 수는 있다.

현재 실제적으로 이루어지고 있는 각국의 교육체제 가운데서 핀란드나 캐나다 등의 선진국 교육제도는 학생과 학부모들의 만족도가 높으면서 상당한 교육적 효과를 거두고 있는 비교적 이상적인 교육 형태로서 평가받고 있다. 이들 국가들의 교육제도는 유치원부터 대학까지 무상교육이 이루어지고, 학생들이 성적에 스트레스를 심하게 받지 않으면서 즐겁게 학교생활을 하고, 자신의 능력과 소질에 적합한 교육을 선택하여 받을 수 있고, 학부모의 사교육비 부담이 매우 적고, 과도한 경쟁을 치르지 않고도 자신의 능력에 맞는 직업을 선택할 수 있도록 되어있다. 특히 대학입시 위주의 교육으로 학생들이 성적에 대한 스트레스를 많이 받고, 학부모들의 사교육비 부담이 과도하며, 치열한 경쟁을 통해 일자리를 구해야 하는 우리의 교육 현실과 비교해보면 이들 국가들의 교육제도는 상당히 이상적인 것으로서 선망의 대상이 된다. 그렇다면 핀란드나 캐나다 등의 바람직한 교육제도를 우리나라에도 도입하여 적용하면 되지 않느냐 하는 반문이 제기될 수 있다. 그러나 문제는 이들 국가들의 교육제도를 도입하여 우리나라에 적용하였을 때 과연 성공을 거둘 수 있느냐이다.

이상적인 교육제도가 정착되기 위해서는 우선 기존의 교육제도에 대한 국민들의 의식구조 변화가 선행되어야 하고, 다음으로 교육체제의 혁신과 더불어 막대한 교육재정 지원이 이루어져야 한다. 교육재정의 안정적 확보와 배분은 국민들의 이상적인 교육에 대한 염원에 의해 이루어지기보다는 국가재정 상태에 의해 결정되어지며, 이상적인 교육체제의 수준은 국가의 경제력과 높은 국민소득에 비례한다. 그러나 우리나라의 현행 교육체제하에서, 단기간에 국민들의 교육에 대한 의식구조를 변화시키기는 매우 어려우며, 또한 막대한 교육재정 확보도 상당한 난제가 된다.

현재에도 교육부문의 예산액이 타 부문의 예산액에 비해 과다하므로 다른 부처와의 형평성을 고려하여 예산감축이 필요하다는 주장이 팽배한데, 비록 선진국형의 교육체제 혁신을 위해 막대한 교육재정 확보가 필요하다는 당위성이 받아들여진다 하더라도 교육부문에 대한 대폭적인 재정지원이 이루어지기는 어려울 것이다.

교육재정의 획기적인 증액은 결국 국민들의 조세부담률 상향에 달려 있는데, 급격한 조세부담액 증가는 국민들의 조세저항을 불러오게 되므로 이를 실현시키는 것은 그렇게 쉬운 문제가 아니다. 이처럼 안정적인 교육재정의 확보와 배분은 국민들이 염원하는 이상적인 교육제도 실현을 위한 결정요인이 되며, 교육의 질적 제고를 위한 교육정책의 성공적인 수행에서 필수불가결한 조건이 된다.

이와 같이 교육체제의 혁신적인 변화와 질적 제고를 위한 가장 중요한 요소가 되는 교육재정에 관한 이론적 기초와 실제를 파악하고, 교육재정의 안정적 확보, 배분, 운영에 대한 발전방향을 모색하기 위하여, 이 책은 제1장 교육재정학의 기초, 제2장 교육재정 제도와 성격, 제3장 교육비용의 유형과 지원, 제4장 교육재정과 조세제도, 제5장 지방교육재정, 제6장 고등교육재정, 제7장 단위학교 교육재정, 제8장 민간부담교육재정, 제9장 주요국의 교육재정제도로 구성하였다.

이 책의 출판이 교육재정학의 발전에 다소나마 도움이 되었으면 하는 바람을 지니며, 교육재정학에 관심을 갖고 있는 많은 교육학도들의 학문적 발전에 기여할 수 있었으면 한다. 이 책의 내용에서 미흡한 부분이 있으면 널리 지적해 주기 바라며, 앞으로 계속해서 잘못된 내용은 수정·보완해 나가고자 한다.

이 책의 출판을 위해 많은 노고를 기울여주신 도서출판 지식공감 김재홍 대표님과 직원 여러분에게 감사의 뜻을 전한다.

2013년 9월

박선하, 김승수

Contents

제1장

교육재정학의 기초

교육재정학의 개념

교육재정학의 개념을 정의하는 것은 교육과 재정의 의미를 밝히고, 교육과 재정의 관계를 분명히 해야 하기 때문에, 명쾌하고 구체적인 제시를 하는 것이 생각보다 쉽지 않다. 교육재정학의 학문영역은 재정학과 교육학에 상호 관련되어 있으므로 학문적 성격을 명확하게 정의 내리는 것도 그렇게 단순하지 않다. 따라서 학자들의 관점에 따라 교육재정학은 재정학에서 파생된 학문으로 여겨지거나, 교육학의 범주에 속한 학문으로 인식되어진다.

교육재정학에 대한 이해를 돕기 위하여 우선 재정학과 교육재정학의 관계에 관한 견해들을 살펴보고, 이에 관련된 내용과 주된 정의를 제시하며, 다음으로 교육재정학과 교육행정학 및 교육경제학의 관계를 파악하는 데 도움이 되는 개괄적인 내용을 서술하고자 한다.

▌1 재정학과 교육재정학

재정학(public finance)이라는 이름은 곧바로 국가의 재정을 연상하게 한다. 이 연상은 재정학 연구의 주요한 목적이 국가재정의 경제학적 분석에 있다는 해석으로 자연스럽게 이어진다. 이와 같은 해석이 잘못된 것은 아니지만, 재정학 분야의 연구자들은 국가재정 외에도 정부 또는 공공부문과 관련된 다양한 주제들에 관심을 갖고 연구하고 있다. 따라서 재정학은 국가재정 분야보다 더 포괄적으로 정의되어야만 그 성격을 올바르게 전달할 수 있게 된다.

현대재정학에서는 국가재정 분석에서도 종래와는 다른 시각에서 접근하고 있다. 과거에는 어떻게 하면 건전한 재정을 유지할 수 있는지, 또는 조세부담을 어떻게 분배하는 것이 바람직한지 등의 문제에 주로 관심을 갖고 있었다. 따라서 예산제도나 조세제도 같은 제도의 특성을 분석하는 데 관심의 초점을 맞추는 것이 일반적인 경향이었다. 그러나 이제는 조세나 정부지출이 경제에 미치는 영향을 이론적, 실증적으로 밝히는데 분석의 초점을 맞추는 것으로 주된 흐름이 바뀌었다.

재정학을 미시경제학의 연장선상에 있는 한 분야로 보면 그 성격을 비교적 정확하게 파악한 셈이 된다. 미시경제학에서는 국민경제를 구성하는 세 개의 경제주체 중 가계와 기업의 선택행위에 분석의 초점을 맞추는 한편, 정부와 관련해서는 간단히 문제를 제기하는 정도에 그친다. 정부의 경제적 행위를 주요한 분석대상으로 삼는 재정학은 미시경제학이 남긴 바로 이 틈새를 메워주는 역할을 하고 있다. 한때 재정학이 거시경제학과 밀접한 관계를 갖고 있었을 때가 있었지만, 근래에 들어오면서 그 관계는 상당히 약해진 상황이다. 현대의 재정학은 연구내용에서 응용미시경제이론 중의 한 분야라는 성격을 뚜렷하게 보이고 있다.

그렇다면 정부의 경제적 행위를 분석, 평가하는 기본적 시각은 무엇이 되어야 할까? 미시경제학에서 소비자의 선택행위는 효용극대화, 그리고 기업의 선택행위는 이윤극대화라는 기본적 시각에서 분석한다. 그러나 정부의 경우에는 가계나 기업처럼 하나의 중심적인 시각에서 그 행위를 분석하는 것이 가능하지 않다. 정부는 복잡한 이해관계를 갖는 개인들을 대표하고 있어, 과연 그것이 어떤 목적을 추구하고 있는지조차 알아내기 힘들기 때문이다. 바로 이 점에서 재정학에서의 분석은 미시경제학에서의 분석과 큰 차이를 보이게 된다.

재정학에서는 다음과 같은 세 가지 측면에 관심의 초점을 맞추어 정부의 경제적 행위를 분석한다. 첫째로 정부가 어떤 행동을 하고 있으며, 그와 같은 행동은 어떤 의사결정과정을 거쳐 나오게 되는지에 관심의 초점을 맞춘다. 현실에 나타나는 정부의 행동은 매우 복잡한 성격을 갖고 있어, 어떤 배경에서 그와 같은 행동을 하는지 알아내기 어려운 경우가 많다. 정부의 경제적 행위를 좀 더 잘 이해하기 위해서는 정부가 취하는 행동 그 자체의 성격을 밝혀내는 일부터 시작해야 한다.

두 번째 관심의 초점은 정부의 행동이 경제에 어떤 결과를 가져올지 예측하는 데 맞춰져 있다. 경제정책의 효율성은 정부의 행동이 경제에 미치는 영향을 얼마나 정확하게 예측할 수 있느냐에 따라 크게 달라진다. 예측한 것과 정반대의 결과가 나타나거나, 또는 전혀 예측하지 못했던 결과가 나타나면 정책의 효과는 큰 폭으로 줄어들게 된다. 정책의 문제를 주로 다루는 재정학에서 이 문제와 관련된 연구의 비중이 점차 커지는 것은 자연스러운 추세라고 말할 수 있다.

마지막으로 여러 가지 정책대안들이 있을 때 이들 중 어떤 것이 더 좋고 나쁜지를 평가하는 일에 관심의 초점을 맞춘다. 앞에서 말한 두 가지 일은 있는 그대로의 사실에 관한 이해를 추구하는 실증적 분석의 일종이라는 성격을 갖는다. 이에 비해 정책대안들을 비교·평가하는 일은 단순히 사실을 규명한다는 차원을 넘어, 어떤 경제정책이 더욱 바람직한지의 여부를 판단하려고 한다는 점에서 차이를 갖는다. 다시 말해서 이 일은 규범적 판단의 영역에 속하는 문제라는 점에서 앞서 말한 두 가지 일과 구별된다는 뜻이다. 경제학의 다른 분야와 마찬가지로, 재정학에서의 분석도 크게 보아 **실증적 분석(positive analysis)**과 **규범적 분석(normative analysis)**의 두 범주로 나누어 볼 수 있다(이준구, 2011).

교육재정은 교육에 대한 재정이다. 국가재정의 일부인 교육재정은 국가나 지방공공단체의 기능과 역할 중 교육이라는 특수한 분야의 활동을 지원하는 재정이므로 이의 범위를 한정하기 위해서는 먼저 "교육"과 "재정"을 구체적으로 정의할 필요가 있다.

교육에 관한 정의는 여러 가지가 있다. 교육학 용어사전에서는 교육이란 "인간의 정신적·신체적 성장과 발달을 어떤 이상이나 목적, 혹은 가치기준에 의하여 통제하거나 조력하는 일련의 인위적 과정"이라고 정의하고, 교육이 학교 내부에서 이루어지느냐 외부에서 이루어지느냐에 따라서 학교교육과 학교 외 교육으로 구분하고 있다. 학교교육은 형식적 교육이라고 볼 수 있으며, 학교 외 교육은 의도성·체계성 등의 정도에 따라서 무형식적 교육과 비형식적 교육으로 나누어 볼 수 있다. 이렇게 볼 때 학교 외 교육에 속하는 가정교육과 사회교육은 특히 전자를 무형식적 교육, 후자를 비형식적 교육으로 구분할 수 있다.

재정의 의미를 공공재정이란 견해에서 보면, 재정은 국가 및 지방공공단체가 공공욕구를 충족하기 위하여 필요한 수단을 조달하고 관리, 사용하는 경제활동 또는 간단히 정부 또는 국가 공공단체의 경제라고 정의할 수 있다. 이는 한 국가의 통치기구로서 중앙에 있는 정부나 지방에 있는 자치단체가 법령으로 규정하고 있는 그들의 역할과 기능을 수행하기 위하여 필요로 하는 재화를 일정한 절차에 따라 조달하고, 지출하며, 이를 관리하는 일체의 과정과 활동을 의미하는 것이다.

정부의 경제라는 말에는 계획성의 의미가 내포되어 있다. 재정은 민간 기업이나 가계와는 달리 원칙적으로 수입과 지출이 미리 숫자로 예정되고 확정된 계획에 의하여 일정한 질서 아래서 운영된다. 이 계획은 정부경제에 일정한 행동기준을 부여하고 정부활동을 구속하는데, 이러한 계획을 예산이라고 한다. 이러한 정부예산은 정치 · 행정과정을 통하여 결정되므로 재정은 경제적 측면과 정치적 측면을 동시에 지니고 있다. 이와 같은 특성 때문에 Henderson(1969)은 재정을 "정치와 경제의 중간영역에서 생기는 복합현상"이라고 하였다.

정부의 경제인 재정은 자원배분기능, 소득분배기능, 경제안정화 기능의 세 가지 기능을 수행하고 있다. 자원배분기능이란 어떤 재화와 용역을 얼마만큼 생산할 것인가 혹은 생산자원을 사적 욕구 충족과 공공욕구 충족 간에 어느 정도 배분할 것인가를 결정하는 것을 말한다. 소득분배기능이란 개인 내지 가계 간에 생산물을 가급적 공평하게 분배하는 것을 말한다. 경제안정화 기능이란 고용과 높은 생산수준을 유지하면서 물가를 안정시키는 것을 말한다.

이와 같은 관점에서 볼 때, 교육재정이란 "국가 및 지방공공단체가 교육활동의 운영을 지원하기 위하여 공권력에 의해 필요한 경비를 조달하고 합법적으로 그것을 관리, 지출하는 경제활동"이라고 정의할 수 있다. 즉, 교육재정이란 국가, 사회의 공익사업인 교육활동을 지원하기 위하여 국가나 공공단체가 필요한 재원을 확보, 배분, 지출, 평가하는 일련의 경제활동을 말한다(윤정일, 1998).

이상과 같은 재정학과 교육재정학의 성격에 관한 견해를 통해서 살펴 볼 때, 재정학은 공공재정을 주된 연구대상으로 하므로 공공교육재정을 연구하는 교육재정학은 재정학에서 파생된 학문분야로 볼 수 있으나, 교육이라는 특수한 분야를 대상으로 하여 이루어지는 교육재정활동에 초점을 두고 있으므로 독자적인 학문영역으로서 보는 것이 타당하다. 그러나 재정학의 시각이 공공재정에서 응용미시경제이론으로 변화하고 그에 따라 실증적 분석과 규범적 분석이 이루어지고 있듯이, 교육재정학의 연구방향도 교육재정의 확보, 배분, 지출 등의 공공교육재정에 초점을 두는 것에서 벗어나, 교육재정정책이 교육에 어떤 영향을 미치는지를 평가하는 교육재정활동에 대한 미시적 관점의 연구가 촉진되어야 한다.

2 교육재정학과 교육행정학 및 교육경제학

교육재정의 의미를 보다 분명하게 파악하기 위해서는 교육행정과 교육재정, 교육경제와 교육재정의 관계를 살펴보아야 한다. 우선 교육행정과 교육재정의 관계에서 보면, 개념상으로는 교육은 교육행정을 포함하며, 교육행정에는 교육재정이 포함된다. 따라서 교육재정학은 교육학의 하위영역인 교육행정학의 한 분야라고 볼 수 있다. 교육행정은 교사, 학생, 교육과정의 세 가지 요소에 의해 전개되는 교육활동이 원만하게 이루어지도록 인적·물적 제 조건을 정비·보완하는 기능을 수행한다. 교육행정은 또한 이 세 가지 조건을 구비하는 일 외에도 기획, 조직, 재정 등의 기능으로서 교육활동을 지원·조장한다.

교육재정은 이러한 기능들을 수행하는 데 필요한 경비를 확보, 배분, 지출하는 활동이므로 교육행정과 같은 수단적·조장적 성격을 지니고 있다. 이러한 점에서 볼 때 교육행정과 교육재정은 불가분의 관계를 맺고 있다. 즉, 교육행정은 교육활동을 지원, 조장하는 수단적 성격을 지니고 있고, 교육재정은 교육행정 활동이 효율적으로 이루어지도록 하는 조장적 성격을 지니고 있는 것이다. 따라서 교육행정의 양과 질은 교육재정에 의해 결정되며, 그것은 교육활동을 위한 필요조건을 설정하는 불가결한 요건이 되므로, 이러한 의미에서 교육재정은 교육행정의 가장 중요한 영역을 차지한다(윤정일, 1998).

다음으로 교육경제와 교육재정의 관계에 대한 논의를 살펴보면, 교육경제학의 영역은 미시적인 것으로부터 거시적인 접근에 이르기까지 광범위한 영역을 포함한다. 교육의 투자가치와 경제성장에 대한 기여도 등 교육의 외적 효율성과 교육현장에서의 교수·학습이나 교육과정의 효과와 관련된 교육의 내적 효율성 등이 이에 포함된다. 교육경제학에서 논의되는 교육재정은 경제학적 차원에서 교육재원의 효율적 확보 및 배분에 관련된 문제를 취급하는 것이며, 교육행정학에서 주로 다루는 교육행정 차원의 세입·세출관리 등과 같은 접근방법과는 차이가 있다. 그리고 교육재정학에서는 경제학적 측면에서의 교육재정과 교육행정 측면에서의 교육재정을 모두 포괄한다. 이러한 점에서 교육재정학은 교육경제학과 공통의 관심사를 가지고 있으면서도, 교육경제학의 관심영역보다는 폭이 좁은 학문이며, 교육재원의 효율적 확보와 배분에 상호협력의 보완관계를 지닌다는 점에서 서로 대등한 관계에 있다(김성렬 외, 1994).

앞에서 말한 것처럼, 재정학은 예산제도나 조세제도 같은 제도의 특성을 분석하는 일반적인 경향에서 벗어나, 조세나 정부지출이 경제에 미치는 영향을 이론적, 실증적으로 밝히는데 분석의 초점을 맞추고 있다. 그리고 정부의 경제적 행위에 대한 의사결정과정, 정부의 행동이 경제에 미치는 결과예측, 그리고 정책대안에 대한 평가로 연구영역을 확대함으로써 미시경제학의 하위영역이 아닌 독자적인 학문영역을 확보하였다. 이와 마찬가지로 교육재정학은 교육행정학이나 교육경제학의 한 분야로 여겨질 수 있지만, 정부와 지방자치단체의 교육재정 확보, 배분, 지출과 같은 공공교육재정의 특성을 분석하는 데서, 교육재정지출이 전반적인 교육활동에 미치는 영향으로 연구영역을 확대함으로써 교육행정학이나 교육경제학과는 별개의 독자적 학문영역을 확보해 가고 있다.

교육재정학의 연구영역과 연구방법

교육재정학은 교육의 재정이라는 연구대상이 있고, 이를 연구하는 방법론이 있으며, 이에 대한 연구를 하는 일단의 학자들이 있으므로 하나의 학문으로서 성립요건을 구비하였다고 할 수 있다. 교육재정학은 여러 인접학문을 종합하고 다학문적인 접근방법을 통하여 생성·발전하여 왔기 때문에 그 안에 다양한 지식과 개념들을 내포하고 있으나, 내부적으로는 체계화가 아직 미흡하거나 독자성이 결핍되어 있다는 지적을 받기도 한다. 그러나 이는 새로운 학문의 분화와 통합이 이루어지는 과정에서 불가피하게 다른 학문의 연구방법을 원용하거나 독자적인 학문영역을 개척하면서 나타나는 과도기적인 현상으로 볼 수 있으며, 이러한 문제는 교육재정학의 영역에 대한 독자적인 연구가 심화되고 체계화됨으로써 해결되리라 여겨진다.

이 절에서는 교육재정학의 연구영역과 연구방법에 관해 윤정일(1998)의 저서에서 발췌·수정한 내용을 중심으로 제시하고자 한다.

■ 연구영역

교육재정학의 연구영역은 교육대상, 재정단위, 학문내용의 세 가지에 따라서 분류해 볼 수 있다. 우선 교육대상에 따라서는 초등교육재정, 중등교육재정, 고등교육재정, 사학교육재정, 특수교육재정, 실업교육재정, 사회교육재정의 일곱 가지 영역으로 구분할 수 있다. 재정단위에 따라서는 중앙교육재정, 지방교육재정, 단위학교재정의 세 가지 영역으로 구분할 수 있다. 학문내용에 따라서는 교육재정철학, 교육재정사, 교육재정계획, 교육재정정치, 교육재정확보, 교육재정배분, 교육재정운영, 교육경제의 여덟 가지 영역으로 구분할 수 있다. 여기서는 학문내용에 따른 영역만을 구체적으로 제시하고자 한다.

1) 교육재정철학

교육재정을 확보하고 배분하는 데 있어서 근거해야 할 교육재정의 준거 및 원칙에 대한 논의를 주 내용으로 한다. 주로 교육의 기회균등실현과 교육의 자율성 확보가 연구대상이 된다.

2) 교육재정사

교육재정학의 발달과정을 파악하는 데 중요시해야 할 영역의 하나이다. 교육재정제도와 재정정책의 변천, 그리고 여기에 따른 교육재정규모, 교육재정 운영의 효율성 등이 연구대상이 된다.

3) 교육재정 계획

교육발전을 위한 장·단기 계획에 필수적으로 포함되어야 하는 계획으로서 교육재원 확보·배분·운영방안이 모두 포함된다. 특히 교육필요의 측정과 교육과제별 투자의 우선순위 결정 등이 주요 연구과제가 된다.

4) 교육재정 정치

교육재정의 정치적 측면을 다루는 영역으로서 비시장적 의사결정에 관한 경제적 연구 또는 단순히 정치학에 대한 경제학의 응용이라고 할 수 있는 공공선택이론이 주축을 이루게 된다. 교육서비스의 양과 질에 영향을 미치는 의사결정은 여러 집단의 상호작용에 의해서 나타나게 된다.

5) 교육재정 확보

교육재정을 확보하기 위한 갖가지 방안을 포함한다. 여기에는 일반재정학의 조세론, 공채론 등이 원용될 수 있다. 교육세, 납입금, 기부금에 연계된 사항도 여기에 포함된다.

6) 교육재정 배분

확보된 교육재정을 지방교육자치단체나 학교에 배분하는 문제를 다룬다. 미국 학교재정 발달의 역사는 주로 교육재정 배분론에 관계된 것이었다. 교육재정 배분의 원칙, 배분방식과 공식, 배분의 공정성 등이 여기에 포함된다.

7) 교육재정 운영

교육재정이 풍부하게 확보되어 각 학교에 배분되었다 하더라도 이를 제대로 활용하지 못하면 아무 소용이 없다. 교육재정 운영은 재정의 효율적 관리에 관계된 내용을 다루며, 여기에는 예산회계제도, 예산관리기법, 심사분석 및 감사를 비롯하여 교원 보수, 장학금 등의 문제까지 포함한다.

8) 교육경제

교육의 경제적 측면을 다루는 영역으로서 교육경제학에서 취급하는 내용들이 모두 여기에 포함된다. 특히 교육투자의 경제성장, 교육의 비용−효과 분석, 교육비 분석, 교육경비의 성격과 분류, 단위교육비 분석 들이 연구대상이 된다.

❷ 연구방법

독특한 연구방법은 교육재정학의 학문적 성립요건의 하나로 상당히 중요하다. 그러나 인접학문 간의 융화가 이루어지면서 학문 간에 방법론의 공유가 흔히 이루어지고 있으며, 사회과학 전 분야에 걸쳐 거의 공통된 방법론이 부각되고 있는 실정이다. 따라서 교육재정학에만 적용되는 독특한 연구방법을 제시하기는 어렵지만, 비교적 교육재정학 분야에서 널리 활용할 수 있는 연구방법론을 제시하면 다음과 같다.

1) 역사적 접근법

이 방법은 과거의 사실에 대한 비판적 검토와 사실 확인을 의미하며, 자료의 수집, 비판, 해석의 단계를 밟는 것이 보통이다. 특히 교육재정학의 경우 재정적 사건에 대한 역사적 기록과 재정규모의 확인은 매우 중요하다. 여기서는 사료의 정통성과 신빙성을 위해 2차적 자료보다는 1차적 자료에 의한 접근이 타당하다.

2) 법률학적 연구

교육재정이 법치행정의 원칙에 의거하여 운영되고 있는 한 관련 법규에 대한 연구와 검토는 불가피하다. 특히 국고에 의한 교육재원의 확보는 법률에 의하지 않고는 불가능하다는 점에서 법률학적 접근은 더욱 필요하다.

3) 철학적 연구

교육재정연구에서 수리적이고 기능적인 접근만이 가장 적절한 방법처럼 여기는 경우가 많다. 그러나 교육재정의 확보와 배분의 준거가 되는 적정성, 효율성, 공정성 등의 논의는 시대와 장소에 따라 철학적인 논의를 필요로 한다.

4) 경제학적 연구

교육재정은 교육에 관련된 재정을 교육정책의 대상 및 목표로 삼고 있으므로 거시경제학적 측면에서의 접근이 필요하지만, 교육비용을 부담하는 개별 경제주체의 경제행위에 관심을 갖고 교육재정 배분을 대상으로 하기 때문에 미시경제학적 측면에서의 접근 또한 필요하다.

5) 기술적 연구

기술적 연구는 어떤 변인을 조작하지 않은 채 개별적 사실들을 있는 그대로 조사, 기술, 해석하는 연구의 일체를 말한다. 여기에는 실태조사, 여론조사, 질문지, 면접, 관찰, 문헌조사, 서류분석 등이 속한다.

6) 비교 연구

비교하려는 상황이나 변수를 공통되게 정하고 국가 간에 비교 연구함으로써 유사한 문제에 대한 해결방식의 차이에서 시사를 얻고자 하는 것이다. 하지만 이는 국가 간의 역사적, 문화적 전통과 경제수준 등이 다르기 때문에 비교에 많은 제한이 따르게 된다. 다만 교육재정의 문제는 많은 유사점을 가지고 있음은 물론 수치로 명확하게 드러나기 때문에 자주 이용된다.

7) 정치학적 연구

교육재정의 규모는 근본적으로 정치적인 영향을 가장 많이 받는다. 따라서 교육재정에 영향을 주는 교육정책의 변화 논리와 그에 함축되어 있는 각종 관계를 분석하는 방법의 이용은 다른 어느 연구방법 못지않게 중요하다고 할 수 있다.

제2장

교육재정 제도와 성격

교육재정

　　교육은 거의 모든 국가에서 사적과 공적 부문 양쪽에서 제공된다. 예외적으로, 특수교육기관에 다니는 수업료를 납부하지 못하는 학생들에 대한 지원을 제외하고, 교육은 순수한 의미의 공공재는 아니다. 교육은 거의 대부분의 국가에서 국민총생산의 6~10%에 달하는 상당한 재정지원이 이루어지며, 높은 경제성장률을 획득하기 위해 최소한의 교육설비 수준이 필연적으로 요구된다. 서로 다른 집단들에 대한 교육기회의 배분은 사회적 정의를 확보하는 데 중요한 기여를 한다. 국가의 교육활동 규모에 따라서 교육설비는 경제적 성장과 소득의 배분에 영향을 받기 때문에 교육재정제도는 복잡해진다. 이러한 복잡성은 교육이 공적과 사적 양쪽에서 수행되어야 한다는 사실을 강화하므로, 교육은 "준공공재(quasi-public good)"로서 받아들이는 것이 가장 적절하다.

　　전통적으로 교육재정제도를 판단하는 데는 3가지 주된 기준이 적용된다. 첫째, 교육서비스의 제공 수준이 적정한가? 둘째, 교육자원의 배분이 효율적인가? 셋째, 교육자원의 배분이 공정한가? 이다. 이 절은 주로 Benson(1991)의 교육재정 배분 기준에 대한 내용을 발췌하여 상술한 것이며, 이 중 일부의 내용은 Lochan(2012)의 저서에서 인용한 것이다.

1 적정성(Adequacy)

1960년대와 1970년대 상반기 동안, 적정성은 교육에 충당된 총국민생산율(대개 8%가 적절하다고 여김)과 교육에 지출된 중앙정부의 예산 몫(20%가 적절함)에 의해 측정되어졌다. 이런 종류의 측정은 사립교육과 지방정부에서 발생한 교육수익을 간과하기 때문에 그렇게 만족스럽지는 않다. 또한, 정부가 교육프로그램을 효율적으로 수행하였는지를 규명하지 못하기 때문에 의미가 모호한 면이 있다.

1970년대 후반에 세계은행에 의해 다음과 같은 새로운 적정성 측정방법이 시도되어졌다. 이 측정은 교육체제의 성과에 더 근접한 측정을 하고자 하였다. 첫 번째 기준은 초등학교에 등록한 관련된 연령집단의 비율을 측정하는 것이다(1985년에, 에티오피아에서는 36%, 터키에서는 116%였다). 두 번째 기준은 교육기회가 여성들에게 어느 정도 제공되었는지에 대한 성별균형에 관련된 측정이다(모로코에서, 남성 연령집단의 98%가 초등학교에 등록하였지만, 여성들은 단지 63%만이 등록하였다). 세 번째 기준은 중등학교에 등록한 연령집단의 비율이다(산업화된 국가에서는 70~90%이지만, 최빈국에서는 35% 정도였다). 네 번째 기준은 성인 문해율이다(산업화된 국가에서는 성인 문맹률이 거의 없고 문해율은 99%였으나, 최빈국들은 50% 정도의 문해율을 보이고 있다).

적정성을 위한 세 가지 목적 즉, (1) 거의 보편적인 초등학교 등록, (2) 중등학교에 진학하는 초등학교 학생집단의 충분한 보유와 성별 균형 유지, (3) 전 국민의 생애 문해력 향상을 위한 수업의 질 보장을 위해서는, 도시와 농촌 지역 양쪽에서 충분히 이용할 수 있는 교사와 교실 확보가 반드시 요구된다. 교육의 적정성 실현 목적을 위해서는 교사들로부터 최소한의 헌신이 요구되며, 적정성의 기준에 부합하는 실제재원 요구에 따른 재정수요 예산이 책정되어야 한다. 학생 1인당 요구되는 비용은 교육체제가 운영되어지는 효율성의 정도에 의존하며, 국가에 따라 다양하다.

적정성의 문제는 산업화된 국가에서나, 산업화되지 않은 국가에서나 상대적인 소득의 균등한 배분에 달려있으며, 어떠한 다른 일반적인 논의는 필요하지 않다. 그러나 국가에서 상당수의 어린이 집단이 영양실조, 허약한 건강상태에 처해 있거나, 많은 부모들이 어린이들의 노동력을 이용해야 할 형편이라면, 전통적 기준에 의해 정의된 교육의 "적정한 재원조달"체제로서는 위에서 제시된 교육의 적정성 목적(거의 보편적인 초등학교 등록, 중등학교의 성 균형, 높은 성인 문해율 등)을 달성하지 못하게 된다. 영양상태, 건강 등을 보호하고, 학생들이 적절한 재원조달을 받는 교육체제에서 제공하는 교육을 통해 물질적인 수익을 얻을 수 있도록 공공재원을 지출할 필요가 있다.

국제항공처럼, 대학제도는 전 세계적으로 절대적인 지위의 상징이 되고 있다. 대학은 교양학부 졸업생과 법률가들을 국가에 제공하는 데 필요한 경제적인 요구조건 이상의 수준으로 재정지원을 받아야 한다고 일반적으로 기대한다. 적정성이 종합기술기관처럼 덜 매력적인 고등교육부문에 대해서 고려할 때, 상황은 흔히 달라진다. 많은 국가들은 기술분야에 졸업생들을 충분히 제공하지 못하게 되면, 노동력 요구조건 예측에 대한 프로그램 조정을 통해서 이 문제를 개선하게 된다.

❷ 효율성(Efficiency)

효율성은 투입과 산출 간의 관계를 기술하기 위해 사용된 용어이다. 그러나 이러한 관계는 여러 가지 시각에서 분석되어질 수 있기 때문에, 효율성에 관한 판단은 다수의 관계 측면을 고려해서 내려져야 한다. 예를 들어 투자결정은 외적, 내적 효율성 양쪽을 고려할 필요가 있다. 문제는 교육 산출이 외적이나 내적 효율성의 단 한 가지 척도를 적용하기에는 너무나 복잡하다는 점이다. 사회의 목적은 사회적 비용과 사회적 수익 간의 균형, 또는 교육이 인력과 고용요구에 부합되는 정도에 의해 판단되어질 수 있는 외부 효율성을 측정하기 위해 사용되어진다. 보다 구체적으로, 학교의 외부 효율성은 학교가 사회에서 자신들의 역할을 수행하기 위해 학생들에게 얼마나 준비를 잘 시키느냐에 대한 학생의 고용전망과 소득 척도에 의해 판단된다. 이런 측정은 전체적으로 학교 내의 결과에 의해서 보다 오히려 외부 기준에 의존한다. 반대로, 내부효율성은 교육체제 내에서나 개별적 기관 내에서 투입과 산출 간의 관계에 관심을 갖는다. 이러한 경우의 산출은 포괄적 사회의 목적보다 오히려 내부기관목표에 관한 관계에서 측정되어진다. 분명히, 두 개념은 서로 밀접하게 관련되지만, 학교는 전반적으로 사회에서 높은 가치를 지니지 못하지만 학생들에게 필요한 기술과 태도를 개발하는데 상당히 효율적이라는 예상을 가능하게 한다. 이런 환경에서, 내적과 외적 효율성의 기준은 갈등을 일으키며, 학교는 내부적으로 효율적이라도 외부적으로는 비효율적으로 판단되어질 수 있다(Lochan, 2012).

학교, 기술기관, 대학 같은 공공재정기관들은 자율적으로 문제를 관리할 수 있는 자치권을 요구한다. 어떤 경우에, 기관의 교육정책 견해는 국가적 관점에서 제시된 효율성의 입장과 상반될 수 있다. 교육효율성의 판단에는 2가지 기준, 즉 비용−수익과 비용−효과가 적용된다. 교육효율성 기준을 높이기 위해서, 중앙정부는 지방정책을 실현하기 위한 경제권을 사용할 필요가 있다.

생애소득 흐름의 현재 할인된 가치를 최대화하기 위해, 산출을 일정하게 유지하거나, 일정 수준을 지닌 졸업생들의 배출을 보증하면서도 비용을 줄임으로써, 효율성 증대를 이룰 수 있다.

자유 시장경제에서, 우선적으로 사람들은 개별 학생들의 손에 들어가는 소득 극대화의 문제가 경시될 수 있다고 여긴다. 그러나 비록 시장이 경쟁적으로 조직되어있지만, 반드시 그렇지는 않으며, 시장은 훈련받은 인사를 위한 장기적 필요에 충분한 주의를 기울인다. 예를 들어, 정부는 비즈니스 관리자에게 과도하게 높은 보상을 제공하고, 반면에 기술적 우월성을 상실할 수 있는 위험에 처할 정도로 과학자와 기술자에게 부적절한 보상을 하고 있는지를 판단한다. 정부는 과학과 달러지니어링 시설의 개선을 위해 중등 후 기관에 보조금을 지불하며, 이들 기관에 부가적인 연구비를 제공하지만, 반면에 관리 분야의 학생들에게 제공된 연구비를 삭감한다. 정부에 의한 재정적 인센티브의 사용은 중등 후 기관 간의 실질자원의 전환을 산출하지만, 그러나 경제의 기본적인 급여체계가 견고하다면(예를 들어, 고용주가 과학자와 기술자보다 관리자를 위한 지불에 우선권을 부여한다면) 무익해질 수 있다. 이것은 교육 효율성의 개선은 교육계 자체가 지닌 힘 이상의 경제적 힘의 실행을 요구한다는 점을 설명한다.

비용−수익 문제의 또 다른 형태는 정부정책에 더 많은 순종을 하도록 한다는 점이다. 예를 들어, 농촌 어린이들이 도시 어린이들보다 더 낮은 교육지원수준을 제공받도록 결정되었다면, 농촌지역의 교육 부족액은 농촌 교육기관 졸업생의 충분한 경제 활용을 막게 된다. 정부는 농촌학교의 물적 시설을 개선하고, 잘 훈련된 교사들이 농촌학교에 근무하도록 유인할 수 있는 급료지원을 제공하는 데, 재정적 힘을 발휘할 수 있다. 유사한 문제가 여성교육을 소홀히 할 때 발생할 수 있으며, 그 결과로 국가는 인적 재능의 1/2에 달하는 서비스를 상실할 수도 있다. 정부는 이런 조건들의 변화를 추구하며, 여성들이 등록하는 비전통적 분야의 기관에 특별보조금을 지불할 수 있고, 여성 지원자들에게 추가장학금을 지불할 수도 있다. 정부는 이러한 목적 집단을 위해서 권력을 행사하여 재원의 지출방향을 바꿀 수 있다. 농촌학교 졸업생과 비전통적 분야에 여성들이 고용되도록 고용주들에게 압력을 넣고 고용상태를 끝까지 추적할 필요가 있다.

비용-효율성을 고려하는 것도 필요하다. 교육체제의 비용-효과를 높이기 위한 노력은 정부의 재정정책에 반영되어진다. 비용-효과는 교육기관에 의한 실제자원의 소비에 관련된 교육 산출의 발생에 대해 언급한다. 일반적으로 수락할 수 있는 효율성의 기준에 따른 실책은 다음과 같은 형태가 된다. (1) 과도한 학생 중도탈락률, (2) 과도한 학생 유급률, (3) 높은 학생 시험탈락률, (4) 너무 느리거나 지연된 수업진도 등이다.

학생 중도탈락, 유급, 그리고 시험탈락은 다양한 원인이 있을 수 있지만, 그 원인은 기관에 따라 다를 수 있다. 재정적 인센티브를 사용하여 이러한 문제를 해결하기 위해서는, 정부가 훌륭한 관리정보체제를 갖추고, 정치적 영향으로부터 자유로울 수 있어야 한다. 농촌지역과 도시 슬럼가의 하위계층 어린이들은 학교에서 중도탈락하거나 건강과 다이어트 문제로 인해 학업을 계속하지 못하게 된다. 중등학교 후의 교육기관에서, 학생성취의 문제는 주로 학생들이 다니는 교육기관에서 제공하는 학문적 연구를 위한 준비(학업수준)가 되어 있지 못하다는 점이다. 일부 국가에서는 이러한 어려움이 상당히 커서, 정부는 학문적 어려움에 처해 있는 학생들을 위한 어떤 대책을 강구해야 할 상황에 직면하고 있으며, 이를 해결하기 위해 학생들을 돕기 위한 실험 프로젝트들의 우선순위를 정하거나, 혹은 해결책을 찾지 못해 미완으로 남겨두고 있다.

❸ 공정성(Equity)

대부분의 교육재정제도의 설계에서 공정성에 대한 탐색 효과는 매우 크며, 초등과 중등학교의 재정에 대한 접근방법과 중등교육 후 교육기관의 재정에 대한 접근방법은 상당히 다르므로, 교육의 두 가지 주된 분야 간에 명확한 구분을 지을 필요가 있다.

초등과 중등학교 행정에서, 대부분의 중앙정부들은 완전히 집권화하지도 완전히 분권화되지도 않은 배치를 한다. 완전한 집권화는 과도한 관료제로 의사결정의 지연을 초래하고, 지역의 요구와 바람직한 실행을 위한 적절한 변화의 요구에 대처하는데 무능력해진다. 반면에, 집권화는 실험에 근거한 진보를 미연에 방지할 수도 있다. 완전한 분권화는 훈련받은 인사에 대한 장기적 국가요구에 부합하도록 지방당국을 통제하는 중앙정부의 능력을 훼손할 수 있으므로, 뒤떨어진 지방당국에 대해 높은 공공도덕성 기준을 부여하여 지나친 진보적 행정을 막을 수 있다. 마지막으로, 완전한 분권화는 지방재정재원의 형태에 의해 결정되어지는 지방재정예산의 규모가 서로 다르므로, 지역에 따라 재정능력에 상당한 차이를 보이며, 그 결과로 일부 어린이들은 적절한 보호 이상의 과보호를 받는 데 비해, 다른 어린이들은 덜 훈련받은 교사 밑에서, 과밀학급수업을 받으며, 수업자료 부족을 겪으면서 판잣집에서 공부를 하고 있다.

중앙과 지방의 결정규칙을 따르는 혼합예산체제는 "정부 간의 재정관계"의 범주 내에서 재정적 정리를 요구한다. 기금배분은 지방의 수준과 수에 관계없이, 보다 큰 정부에서 작은 정부로 지원된다(영국과 웨일즈에서, 두 가지 주된 수준은 중앙과 지방당국이지만, 미국에서는 세 가지 주된 기준 즉 연방, 주, 지방이 된다). 기금배분의 일반적인 규칙은 보다 큰 단위의 정부가 보다 작은 단위 정부의 학생요구에 따라 직접적으로 작은 단위의 정부에 기금을 배분한다.

학생들의 요구는 우선적으로 특정한 교육수준에 참여하는데 적합한 연령집단의 통계에 의해 측정된다. 이런 연령집단은 다양한 방법으로 조정되고, 보다 정교한 조정이 이루어지며, 높은 공정성을 유지하게 된다. 우선, 사립교육을 선택하는 학부모를 위하여 학생수를 감축할 수 있다. 둘째, 일부 학생들은 다른 학생들보다 더 많은 교육비가 든다는 사실을 설명하기 위하여 가상적으로 증가된 "가중" 학생수를 정할 수 있다. 비용이 많이 드는 범주에 속하는 어린이들은 학업이나 경제적으로 어려운 학생들, 장애를 지닌 학생들, 이주국의 언어를 사용하지 못하는 학생들, 특수 장비와 특별히 훈련받은 교사를 요구하는 직업훈련을 받고자 하는 학생들, 영재아들이 된다. 셋째, 시장의 힘이 지방당국들 사이에 일정하지 않다는 사실을 인식함으로써 연령집단이 더 중요해진다. 지방당국은 학생들이 중산층에 속하는 좋은 여건을 지니고 있으므로, 불리한 교외 공업지역보다 더 적은 급료로 능력 있는 교사를 채용할 수 있다.

지방재정능력의 측정은 대개 절차가 간단하다. 지방과세기준이 소득, 사업인지 아니면 재산인지의 지방과세기준을 결정하고, 지방을 위해 전체 세금을 거두고, 학생수에 따라 배분하면 된다.

지방의 요구와 재원의 추정에 근거하여, 중앙정부는 중앙과 지방의 교육지원을 연관시키기 위하여 세 가지 주된 재정방법들 중의 하나를 채택할 수 있다. 첫 번째 방법은 "기본사업계획(foundation program plan)"이라 부른다. 기본사업계획은 정부가 수립한 개개 지방당국에 대한 학생교육비용 추정을 나타낸 금전적 수치이다. 이는 학생당 수치이다. 기본사업계획의 수치는 지방요구 추정 형태를 도출하기 위한 개개 지방당국의 가중학생수 등록에 의해 크게 증대된다. 정부는 "공정한 지방기여율(fair rate of local contribution)"을 결정하고, 개개 지방당국에 이러한 국가적인 공정한 지방기여율을 지방조세근거에 적용한다. 정부의 지방요구의 추정과 정부의 적절한 지방기여 추정 간에 긍정적 차이가 있다면, 지방당국에 대한 정부의 보조금이 지급된다. 이러한 절차를 마련한 의도는 어떤 지방당국도 부유한 지방당국에서 요구한 것보다 높지 않은 지방세율에 따라 적절한 교육사업계획을 제공하도록 보증하는 데 있다.

두 번째 주된 보조금 형태는 "비례평형교부금제도(percentage equalizing)"로 알려진 것이다. 이 절차에 따라, 정부는 지방에서 결정한 교육예산액에 동의하고, 복잡한 공식을 사용하여, 동일한 지방교육세를 부과하는 두 개의 지방당국이 학생당 동일한 금액이 지출되도록 지방예산을 편성한다. 결과적으로, 국가의 보조금은 지방재정능력을 균등하게 해준다. 반면에 예산규모에 관한 결정은 지방재량에 맡겨진다. 분명히, 국가의 보조금 배정비율은 부유한 지방당국보다 가난한 지방당국이 더 높아진다.

세 번째 주된 보조금 형태는 "가중인구교부금(weighted population grant)"이다. 이것은 세 가지 중에서 가장 단순한 절차를 지니고, 가장 융통성이 있으며, 국가의 측면에서 가장 작은 미래자원의 기여를 요구한다. 몇 가지 정해진 목적을 위해 국가에 의해 예산에 계상된 지방당국의 기금 몫은, 추가재원에 대한 학생의 학년수준이나 어떤 형태의 요구 같은 요소들의 "가중"치를 반영한, 국가 전체에 적용되는 총가중인구교부금 중에서 지방당국의 균형을 유지하기 위한 기금 몫과 동등하다. 특수 교육프로그램을 위한 예산할당이 1,000만 달러, 파운드, 또는 페소라면, 지방당국 X가 국가의 총가중학생수의 10%를 차지한다면, 지방당국 X는 100만 달러, 파운드, 또는 페소를 교부받게 된다.

미국에서, 재정적 공정성을 유지하기 위한 일부 지방의 노력은 중산층 가정의 상당수가 공립학교에 가지 않고 사립학교에 다닌다는 점에 초점을 두고 이루어졌다. 주 정부가 공립이나 사립 교육기관 어느 한쪽에 상환하는 교육서비스에 대한 "보증인(vouchers)"이 되면서, 학부모들과 직접적으로 거래하여 공립학교수요를 촉진시키려고 하였다. 지금까지, 다양한 바우처 제안들의 어느 것도 법적 통과를 위한 유권자들의 충분한 지지를 얻지 못하였다.

고등교육재정의 공정성 문제는 두 가지 주요 접근방법이 있다. 유럽과 대부분의 개발도상국들에서, 중앙정부는 학생유치를 포함한 중등학교 후 교육비용의 대부분을 지불하며, 필요한 기금은 직접적으로 교육기관에 배분한다. 체제는 위계적이며, 상층부에 한두 개의 주요대학이 있고, 중간에 다양한 형태의 기술교육기관이 있으며, 하층부에 성인교육기관이 자리 잡는다. 대학지망생들은 측정된 학업능력에 따라 이러한 구조의 어떤 위치에 들어가게 된다. 세계은행과 다른 기관의 분석가들은 개발도상국에서 고등교육비용의 증가율이 효율성과 공정성에 대한 이유로 정부에서 학부모로 이동하고 있음을 제시하였다.

미국에서 고등교육의 주된 지원은 보조금제도와 학생들에게 직접적으로 이루어지는 대부금이 된다. 개인적 보조금의 규모는 부모의 소득에 역으로 관련된다(소득이 적으면 많은 보조금이 지불됨). 학생은 그들이 입학할 수 있는 승인된 교육기관의 보조금이나 대부금을 자유롭게 사용할 수 있다. 미국의 접근방법은 고등교육의 사적관리 확대와 입학의 "개방성(openness)"에서 유럽보다 분명히 도움이 된다.

정기적으로, 미국 고등교육의 비용 부담은 정부와 학부모에서 "소득-분담 대여금(income-contingent loans)"의 방법을 이용하여 학생 자신들에게로 이동하고 있다. 이러한 대여금을 통해 학생들은 자신들의 교육을 위해 실제로 무제한의 금액을 대출받을 수 있고, 자신들의 추가적인 학교교육에 기인한 것으로 추정되는 초과소득으로 대출금을 직업생애 동안 상환하게 된다. 보수적인 재정정책과 고등교육비용의 높은 인플레이션 아래에서도, 이런 종류의 방법은 잘 적용될 수 있다. 그동안에, 대부분의 학생들이 파트타임 일을 하면서 임금을 받아 고등교육비용의 몫을 부담하고 있다.

학교재정

　학교재정(school finance)은 서로 다른 지역, 교육유형, 교육수준의 학교들에 자원을 배분하는 과정을 다루며, 초등과 중등학교 설립과 운영을 위한 세수와 다른 자원들에 유래된 과정에 관해서도 언급한다. 학교재정은 초등학교 이전의 교육기관에도 적용될 수 있지만, 일반적으로 초등과 중등교육수준으로 제한을 하고 있다.

　학교재정의 영역은 다른 학문분야와 상당히 많이 관련되어있다. 법률이 통과되어지고 관리되어야 하므로, 교육정치와 교육법에 밀접하게 관련된다. 다양한 경제와 재정의 측면들을 포함하고 있으므로, 교육경제학과 재정학으로부터 원리들을 원용해야 한다(Monk, 1990). 그리고 교육재정에 대한 전체 계획이 학교운영에서 전환되어져야 하므로, 필연적으로 학교행정에 관련되어진다.

■ 학교재정의 구조적 특징

　학교재정에서 일반적으로 사용되고 있는 몇 가지 용어들에 대한 간단한 정의를 내리는 것이 중요하다. 학교수익은 학교운영을 지원하기 위한 학교의 재정적 수익에 관한 것이다. 이런 수익은 조세, 수업료, 기부와 같은 학생수업료, 재화와 서비스의 제공에 따른 수입으로부터 도출된다. 학교지출은 행정가, 교사, 수업자료, 장비, 시설 같은 학교교육과정의 투입이나 다양한 자원의 구입을 위한 학교의 재정적 지출에 관한 것이다. 비용은 학교예산과 지출에 반영되던, 되지 않던 학교교육과정에 사용된 모든 자원들의 가치를 말한다. 학교자원의 비용은 기부된 것이거나, 정확하게 지출계산에 반영되지 않았더라도, 사용된 어떤 투입의 가치를 포함한다.

자본지출은 학교건물과 시설 제공으로 인해 유발된 것이다. 자본투자는 막대한 초기비용지출이 요구되지만, 건물과 시설은 장기간 유지되어진다. 반대로, 운영비나 정기적 비용지출은 교사월급과 가처분 공급처럼 학교운영을 위해 매년 사용되어지는 학교자원을 위한 재정 지출에 관한 것이다. 예산편성은 매년 운영비 책정을 위해 수립되어져야 한다.

학교재정은 누가 어떤 방법으로 교육을 받아야 하는지와 같은 교육에 관한 주요결정들로 시작한다. 재정 측면은 이러한 주요결정의 해석이 반드시 재원요건에 근거할 것을 요구하며, 재원확보는 세수, 가계지출, 그리고 기부된 자원을 통해 이루어진다. 이런 결정은 사회에 따라서 상당히 다르므로, 학교재정 또한 정리가 되어야 한다. 학교재정의 원리들은 서로 다른 사회에 적용되어질 수 있지만, 실제적인 적용은 개개 상황의 독특한 경제적, 정치적, 사회적, 문화적 특성들을 반영해야만 한다. 모든 상황에 적절한 학교를 위한 보편적인 조세나 비용 접근방법은 있을 수 없다.

학교재정의 중요성에 대한 한 가지 이유는 총국민생산(GNP)의 상당부분이 교육에 충당되고 있다는 사실이다. UNESCO 통계연감(예를 들어, UNESCO 1991) 같은 유용한 자료는 고등교육을 포함한 모든 교육수준의 비용을 결합하는 경향이 있다. 1980년대에, GNP의 약 2~8%가 국가들 사이에 공립교육비용에 충당되었다. 일반적으로, 학교에 등록한 어린이들의 비율이 높은 국가들과 1인당 소득이 높은 국가들은 GNP의 상당부분을 교육에 충당하고 있다. 이런 현상에 관한 전 세계적 조사를 한, Eicher(1982)는 GNP 1% 증가는 1960~65년간의 세계 모든 주요지역의 국가들에서 공립교육비용의 2% 이상 증가를 나타냄을 발견하였다. 1965~79년간에는 약 1.3% 증가로 줄어들었지만, 교육비용은 아직도 GNP 성장률보다 빠른 성장률을 유지하고 있다.

교육비용이 GNP보다 빨리 증가한 이유는 두 가지가 된다. 첫째, 상대적으로 낮은 1인당 소득에서, 산출된 소득 대부분은 학교교육이나 다른 부문의 투자를 위해 유용한 아주 적은 잉여를 남기고 소비를 위해 사용되어야만 한다. 그러나 1인당 높은 소득은 사회와 사적 투자를 높이는 데 유용한 자원이 된다. 둘째, 보다 산업화된 국가들은 학교교육을 위한 높은 사적 및 사회적 요구를 지닌다. 교육이 거의 모든 사회의 자원에 관해 막대한 수요를 지닌다는 것은 분명하지만, 이러한 양은 교재, 교통, 교복 같은 교육적 요구와 관련된 학교교육에 대한 상당한 사적비용을 반영하지 않고 있다[Schiefelbein(1987), Tsang과 Kidchanapanish(1992)].

❷ 학교재정의 결정

학교재정분야를 이해하는 가장 좋은 방법은 교육결정이 학교재정방법으로 전환되어지는 결정지향 현상에 관해 살펴보는 것이다. 개개 사회는 교육적 우선권, 정부재정체제, 의사결정을 위한 정치적 메커니즘, 그리고 이를 이행하기 위한 행정적 구조를 지니고 있다. 학교재정은 이러한 구조와 과정을 반영한다.

1) 학교교육을 얼마나 받아야 하나?

모든 사회는 누가 교육을 받고, 얼마나 많은 교육을 제공해야 하는지를 결정해야만 한다. 이러한 질문에 대한 대답에 의존해서, 특정 연령집단이 학교에 참여하는 자격을 지니며, 심지어 강제적으로 참여해야 한다. 나아가, 학교의 유용성이 받아들여지면서, 비의무적인 학교교육(예를 들어, 상위 중등과 고등교육)도 시간이 지남에 따라 의무교육을 수료한 학생들이 더 많아지게 되었다. 이러한 현상이 자격 있는 젊은이들의 규모 증대와 결합할 때, 재정편성이 적절한 초등과 중등 학교수에 맞추어서 이루어져야 한다. 교육받은 사람들로부터 제기되는 재정적 함의는 학교재정체제의 가장 근본적 형성요소가 된다. 자본비용과 운영비용의 계획 양쪽 다 누가 학교에 참여할 자격이 있고, 누가 실제적으로 참여하느냐의 이해에 달려있다.

개개 학교수준을 위한 계획수립에서 학생수를 확인하는 능력은 적절한 학교재정체제를 설계하는 데 있어 기본이 된다. 가장 기본적인 도구는 어린이층 집단의 출생과 크기를 미래의 특정 목표 일을 위한 개개 학교교육 수준의 예상된 등록으로 전환시키는 인구학적 연구이다(Davis, 1980b). 상당한 정도로, 이런 분석 유형은 누가 개개 학교교육 수준에 참석하는데 자격이 있고, 학교들이 가치 있다면 실제로 어느 비율로 참석해야 할지도 확인해야만 한다. 학교교육에 대한 사회적 요구들은 통계적으로 이러한 추정을 하기 위해 개발되어질 수 있다(Davis, 1980a).

부유한 사회에서는 학교교육의 부가적인 수익이 부가적인 비용을 초과한다는 증거가 있다면, 학교교육 수요에 맞추어 신속하게 학교교육을 확대시키는 것이 적절할 것이다. 그러나 대부분의 국가들은 자원부족으로 인해 이러한 접근방법을 따르는데 심한 제약을 받으며, 심지어 부유한 산업사회도 교육받은 집단들의 심각한 실업문제에 봉착해 있다. 따라서 일부 사회는 국가를 위한 어떤 사회적이나 경제적 요구에 따라 의무교육연한 이외의 학교교육 확대 계획을 선택할 수 있다.

인사계획접근방법은 어떤 미래 목표시기의 특정한 경제적 산출 목적에 부합하기 위한 직업적 요구에 맞추어 상이한 학교교육 수준을 지닌 근로자들의 요구된 수를 추정하기 위한 시도를 한다. 이러한 접근방법은 가정과 예상의 실현성 부족으로 심각한 비판을 받았다(Blaug, 1972, 인력 분석 참조).

수익률 접근방법은 교육투자에 기인한 미래의 경제적 산출 증가를 부가적 학교교육비용과 비교하여, 학교교육의 확대를 투자 면에서 평가하는 방법을 제공해 준다[Becker(1964), Psacharopoulos(1973)]. 이러한 방법으로 학교교육의 사회적 투자수익은 건강이나 건물과 장비의 자본투자와 같은 다른 공공재의 투자와 비교할 수 있다. 아마도, 학교교육의 투자 증대는 수익률이 대안에 대한 수익률을 초과할 때만 계속될 것이다. 이 기법은 근로자의 사회적 생산성 증가는 더 많은 교육을 받았을 때 얻게 되는 높은 소득에 따라 평가된다는 결정적인 가정으로 인해 비판을 받았다(Berry, 1980). 나아가, 미래소득에 관한 유용한 자료 부족은 추정을 왜곡할 수 있다(Ekaus, 1973). 이런 분석적 도구는 비록 문제에 기계적으로 적용될 수는 없지만, 주로 발견적 수준에서 미래등록을 계획하는데 도움을 줄 수 있다(Blaug, 1972).

2) 어떻게 교육받도록 할 것인가?

누가 교육을 받고, 얼마나 많은 교육을 제공할지를 결정하였으면, 어떤 유형의 교육을 제공할 것인지를 물어볼 필요가 있다. 이 질문에는 적어도 세 가지 기본적 차원이 있다. 첫째, 개개 수준에 따라 어떤 유형의 교육이 제공되어야 하나? 특히 관심을 끄는 것은 초등교육과정의 특성, 각각의 특수한 요구조건과 마찬가지로 중등교육수준에서 학문적 교육 대 직업교육의 강조이다. 둘째, 어떤 교육의 질을 제공할 것인가? 분명히 보통의 수업자료와 질이 떨어지는 교사들로 최소한의 시설을 사용하는 과대학급체제는 질 높은 교육체제보다 더 적은 자원을 요구할 것이다. 셋째, 육체적, 정신적 장애를 지니거나, 영재, 이주민, 빈곤한 가정배경 같은 특수교육을 필요로 하는 어린이들을 위해 어떤 지원을 할 것인가? 이런 집단들이 가진 특수교육 요구조건은 추가자원을 필요로 한다는 것을 널리 인식해야 한다[Kakalik(1981), Levin(1973)].

초등교육과정의 특성과 학문적 및 직업적 훈련 간으로 중등학생을 구분하는 것은 각각이 서로 다른 자원요구와 관련되어 있으므로 주된 비용결과가 된다(Hu와 Stromsdorfer, 1979). 학교 질의 차이는 교사확보, 학급규모 감축, 그리고 제공된 시설과 수업자료의 함수로서 증가된 학생당 비용에 관련된다는 것은 명백한 사실이다. 교사비용의 우위로 인해, 학급규모만의 결정은 비용형태를 지배할 수 있다. 기본적으로, 50% 학급감축은 거의 100%의 학생당 비용을 증가시키는 경향을 지닌다. 마지막으로, 특수학생들의 특정요구들에 관한 관심이 커질수록, 교육적 기여에 부합하기 위한 자원요구는 더 많아질 것이다(Kakalik, 1981).

질 문제는 이러한 자원비용에 관련된 학교교육의 목표에 부합하도록 특수한 자원이용수준의 수익 면에서 평가되어야만 한다. 국가 간의 근거에 사용되어진 한 가지 기준은 시험점수 반영 같은 인지적 성취를 위한 교육자원의 기여이다(Heyneman과 Loxley, 1982). 이러한 주제에 관한 문헌, 즉 교육생산 함수에 관한 문헌은 학급규모와 교사 질 같은 상이한 교육투입의 변화가 학생성취의 차이를 어떻게 만드는지를 찾는다(Hanushek, 1986). 그러나 교육의 질은 시험점수만의 근거에 의해 판단될 수 없음을 주목해야 한다.

한 가지 주된 관심은 공적과 사적 부문 간의 관계에 관한 공립학교투자의 영향이다. 대다수 사회에서, 낮은 투자는 공립학교의 질에 영향을 미치고, 교육여건 결핍에 대한 어떤 다른 대안도 갖지 못하는 기관으로 추락시킨다. 중류 및 상류층 가정들은 많은 교육자원을 기부한 사립학교에 자녀들을 보낸다. 흔히 이러한 사립학교에 상당한 공공투자가 이루어진다. 이러한 결과는 두 부류의 학교체제를 낳게 된다: 하류층 가정의 자녀들이 다니는 다인수학급, 보통 질의 교사들, 빈약한 수업자료, 그리고 열악한 시설을 지닌 낮은 질의 공립학교와 소인수 학급, 질 높은 교사들, 그리고 쾌적한 시설을 지닌 높은 질의 사립학교체제이다. 후자의 수업료 부담은 가난한 가정의 자원을 초과한다.

관련된 문제는 교육자원의 지원이 장애인, 영재, 이주민, 빈곤 같은 특수요구를 지닌 학생들을 위해 이루어져야 하는가? 이다. 이것은 사회적, 정치적 우선권의 문제이고, 상당한 경제적 자원을 요구할 수 있다.

3) 누가 지불할 것인가?

초등과 중등학교에서 요구되는 자원은 수업에 직접적으로 사용되어지는 자원이고 교육활동과정에 투입되어야만 하는 자원이다. 첫 번째 범주에는 교사, 건물, 수업자료, 장비 등이 포함된다. 두 번째 범주에는 수업을 받고 공부를 하는 학생들의 시간과 노력이 포함된다. 여러 사회에서 학교에 출석하는 학생들은 가족과 사회의 지원을 위한 생산적 노동의 제공을 줄여야 하기 때문에 상급 초등학교와 중등학교 수준의 학생 시간 사용을 비용으로 여긴다. 따라서 학생들의 시간은 소득감소 면에서 가정과 사회에 의해 "지불된(paid)" 자원으로 고려되어야 하며, 총교육비에는 직접적인 수업비용과 마찬가지로 이러한 요소들이 포함되어야만 한다.

개개 사회는 선거구민들이 학교교육을 위해 요구되는 자원의 비용을 지불할 것을 결정해야 한다. 적용되어지는 한 가지 원칙은 수익에 따른 비용 부과이다. 즉, 다양한 선거구민들은 자신이 얻은 수익에 따라 학교 교육비를 부담하는 것이다. 예를 들어, 학교교육은 공용어 사용과 상식을 지닌 교양 있고 생산적인 국가형태를 형성하게 함으로써 전체 사회에 대해 상당한 수익을 제공한다고 여긴다[Weisbrod(1964), Bowen(1977)]. 학교교육은 또한 높은 지위, 소득, 그리고 기회의 접근 등으로 개개 학생과 그들의 가족들에게 편익을 제공한다. 대규모 사회와 학교의 개별 참여자 간에 비용을 배분하는 문제는 학교교육에 따른 사적 및 사회적 수익을 정확하게 파악하는 것을 어렵게 한다.

4) 적절한 정부구조란?

학교 후원을 위한 적절한 정부구조는 학교재정을 위해 중요한 영향을 미친다. 서로 다른 사회는 서로 다른 학교방침에 의존한다. 어떤 사회는 상당히 집권화된 학교조직 형태를 지니고 학교운영의 균등성과 추정된 규모의 경제에 따른 수익을 최대화하기 위하여 학교를 관리한다. 다른 사회는 주로 어떤 국가적 법률과 지침 내에서 지역과 장소의 특성에 따라 학교를 조직하고 있다. 이러한 근거에 따라 지역적, 장소적 후원은 특수한 학생들의 요구에 반응하여 더 많은 지원이 이루어질 수 있는 가능성을 지닌다. 학교의 중앙과 지방 정부 간의 통치 균형은 획일화와 다양성 간의 균형을 결정한다. 이런 통치에 관한 결정은 어떤 정부 수준에서 의사결정의 책무성은 흔히 재정적 책무성을 지는 것이 되므로 학교재정에 상당한 영향을 미칠 수 있다.

교육재정에서 지역과 지방당국에 대한 신뢰의 정도는 학교재정의 불평등성 문제를 제기한다. 정부 단위의 교육지원 수준은 바람직한 학생수에 관련된 부와 과세 근거처럼 상대적인 교육의 우선순위에 따라 학생들에 대한 지원에 차이를 둘 수 있다. 특히 이러한 점에서 중요한 차이는 도시와 농촌지역 간의 차이이며, 후자는 일반적으로 전자보다 상당히 빈곤하다.

대부분의 경우에 중앙정부는 모든 바람직한 젊은이들을 위해서 최소한의 수락할 수 있는 학교교육의 질을 제공하기 위해 주와 지방정부에 보조금을 지불할 책무성을 진다(Sherman, 1980). 주나 지방정부는 개개 지방학교들에 균등한 보조금을 지불할 수 있다. 어떤 경우에 높은 수준의 정부는 사회적으로 혜택을 입지 못하거나 장애를 지닌 어린이들과 같은 특수한 범주의 교육서비스 제공을 유발하기 위해 분권화된 학교 당국에 **개별보조금(categorical grants)**을 제공할 수 있다.

정부구조의 마지막 측면은 학교에 대한 정부와 사적 후원 간의 선택이다. Friedman(1962)은 비록 정부는 학교교육이 전체적으로 사회를 위해 중요한 수익이 되기 때문에 학교교육을 위해 자원을 제공하지만, 실제적인 학교운영은 학교 간의 선택과 경쟁을 조장하기 위해 사적 후원이 이루어져야 한다고 주장하였다. 이 문제는 아래에 제시되어있다.

3 자원 획득과 배분

자원을 어떻게 획득하고, 서로 다른 학교교육수준과 학생유형, 그리고 서로 다른 지역과 장소에 어떻게 자원을 배분할 것인가? 이러한 문제들의 각각을 분석하는데 사용되는 두 가지 기준이 있다. 즉 효율성과 공정성이다. 효율성은 사회복지를 극대화하는 방법으로 유용한 자원을 사용하는 것에 관한 것이다(Levin, 1976). 공정성은 공정하다고 여겨지는 방법으로 어떤 노력의 비용과 수익을 배분하는 것에 관한 것이다. 두 개념은 사회적으로 결정되어지며, 한 사회에서 효율적이고 공정하다고 여겨지는 것이 다른 사회에서는 비효율적이고 불공정하다고 여겨질 수 있다. 그러나 두 기준은 어떤 특수한 사회를 위해서 학교를 위한 자원의 획득과 배분에 대한 가장 적절한 방법들을 평가하는 데 큰 도움이 된다.

1) 학교교육을 위한 자원획득

학교교육을 위한 자원획득면에서 제기되는 첫 번째 문제는 자원지원의 부담을 정부와 가계 간에 어떻게 배분할 것인가이다. 정부가 수업의 직접비용을 지불하지만, 가계도 교재, 유니폼, 체육기구, 그리고 취업을 하지 않고 학교에 등록한 나이 든 학생들의 포기된 소득의 손실 비용을 지불해야만 한다.

일반적으로, 초등교육과 대부분의 중등교육은 전체 사회가 그들을 지원해야 하는 중요한 특성을 지닌 사회적 수익을 제공한다고 주장한다[Friedman(1962), Weisbrod(1964)]. 이러한 수익은 일반적인 가치관, 지식, 표준어, 현대적 기업에 근무하는 데 필요한 기술, 잠재적인 과학적, 문화적 재능개발, 그 외에 많은 것들이 있다. 나아가, 광범위한 현대사회의 참여를 위해서는 모든 개인들이 유용한 기회를 얻는데 필수적인 일반적인 경험을 접할 것을 요구한다. 이러한 기회접근의 민주화는 그 자체가 중요한 사회적 수익으로 간주된다. 초등과 중등 학교교육은 현대사회의 기능을 위해 필수적이라는 인식 때문에, 대부분의 국가들은 학교교육을 위해 제공되는 직접비용은 공적기금을 통해 보조되어야 한다는 견해를 지닌다.

초등과 중등학교들을 지원하는 데 있어 효율성과 공정성의 시각에서 어떤 조세제도 형태가 가장 적절한지가 핵심적 문제로 제기된다. 일반적으로, 고려되는 두 가지 과세 공정성의 개념은 수익과 지불능력이다(Musgrave와 Musgrave, 1976). 수익원칙은 과세부담은 서로 다른 선거구민들의 수익에 따라 부과되어야 한다는 것이다. 불행하게도, 대다수 사회적 수익의 성질상 다른 선거구민들에게 수익을 나누어주기 어렵거나 불가능하다.

지불능력 원칙은 과세 제도를 지원하는 데 보다 큰 능력을 지닌 납세자 즉, 소득이 높고 부유한 납세자들이 적은 자산을 지닌 납세자들보다 과세수익에 더 큰 기여를 한다고 생각한다. 이러한 원칙의 적용은 정해진 수익수준을 획득하기 위한 사회적 희생을 어떻게 최소화할 것인가에 관한 특별한 가정과 구체적인 과세근거에 의존한다(Musgrave와 Musgrave, 1976).

과세의 효율성은 어떤 특별한 수익증대를 위한 **징수비(collection cost)와 과세협력비용(compliance cost)**처럼 전체 경제에 관한 과세제도의 효과에 관한 것이다. "자연적(natural)"인 자유경제활동이 자원의 가장 효율적인 배분을 만든다고 믿지만, 어떤 과세제도가 왜곡을 최소화하는 과세제도인지가 중요하다(Musgrave와 Musgrave, 1976). 물론, 많은 산업에서 독점과 집중, 노동조합과 정부의 영향은 경쟁적인 자유경제의 존재에 관해 심각한 의문을 제기한다. 나아가, 때로는 과세제도가 담배, 주류, 사치품 같은 상품들의 소비를 줄일 목적으로 이들 품목에 대해 "바람직한(desirable)" 왜곡을 부여하곤 한다. 그러나 과세제도의 계획은 바람직하지 못하다고 생각되는 어떤 왜곡을 최소화하기 위하여 반드시 세심하게 수립되어야 한다.

징수와 협력의 효율성은 정해진 수익수준에 도달하기 위해 요구되는 비용을 최소화하는 데 관련된다. 이러한 점에서, 비용은 과세징수를 위해 요구되는 정부자원에 관한 것일 뿐만 아니라 과세제도의 요구를 받아들이는 납세자를 위한 비용이기도 하다. 서로 다른 과세는 서로 다른 징수비용과 과세협력비용에 관련된다.

따라서 논의는 학교재정에 관한 것보다 오히려 일반적인 면에서 과세제도의 성격에 관해 이루어져야 한다. 학교재정을 위한 공공수익제도는 안정성과 성장이라는 두 가지 다른 성격을 지닌다. 안정성은 매년 **조세수입(yield of tax)** 제도에 관해 언급한다. 교육제도는 예측 가능한 수익요구를 지니며, 과세제도가 이러한 요구를 들어줄 것이라는 높은 신뢰를 갖는 것이 중요하다. 어떤 과세제도는 경제조건에 따라 매년 상당한 변동을 일으킨다. 예를 들어, 1차 상품의 수출 과세는 변화하는 시장조건에 따라 상당히 불안정한 경향을 지닌다.

학교등록을 확대하거나 학교의 질 향상을 위해서는 높아지는 자원 요구조건에 부합하여 과세수입이 적절하게 증대되어야 할 필요가 있다. 어떤 과세근거는 다른 것들보다 더 큰 성장잠재력을 지닌다. 과세접근방법은 과세수입이 증가하는 수요에 상응하여 증대하였는지에 의해서 평가될 수 있다.

가장 널리 사용된 과세는 법인세와 개인소득세, 판매와 소비세, 그리고 재산세이다. 각각은 그것이 어떻게 적용되었는지에 따라, 서로 다른 효율성과 공정성 결과를 낳게 된다. 일반적으로, 과세의 공정성은 서로 다른 소득계층의 가계에 대한 **조세부담(incidence of tax)** 확인에 의해 결정되어진다(Musgrave와 Musgrave, 1976). 과세 공정성 실현을 위해서, 과세는 누진적, 비례적, 혹은 역진적인 특징을 지닐 수 있다. 누진세는 소득증가에 따른 가계수입의 증가된 비율을 나타내며, 비례세는 모든 소득수준에서 일정한 소득비율이 되며, 그리고 역진세는 상위소득자보다 하위소득자에게 더 큰 비율부담을 지우는 것이다.

영업세, 재산세, 판매세는 가계에 직접적으로 부과되지 않으며, 그래서 높은 가격이나 낮은 수입에서 과세가 서로 다른 집단으로 어떻게 옮겨가는지를 정확히 알 수 없다. 그러나 많은 문헌들이 서로 다른 과세의 공정성 결과에 관한 포괄적 결론을 제시해주고 있다

[Musgrave와 Musgrave(1976), Break(1974), Pechman과 Okner(1974)].

　개인소득세(personal income tax)는 상당히 융통성이 있으며, 과세율의 구조, 과세할 수 있는 소득의 정의, 과세공제, 과세면제, 그리고 신용거래에 대한 계상에 의존하여 누진적, 비례적, 역진적으로 부과된다. 전형적으로, 공인된 과세율은 실제 조세부담을 거의 나타내지 않는다. 예를 들어, 미국은 공인된 과세율에 근거하여 높은 누진소득세를 부과하지만, 그러나 실제 조세부담은 거의 비례적으로 이루어지므로 상위소득 납세자에게 특정 편익이 주어져 상당한 과세누수가 발생한다(Pechman과 Okner, 1974).

　영업세(business tax)는 높은 가격을 지불하는 소비자나 낮은 임금을 받는 근로자에게로 이동하여 부과되므로 최종적으로 누가 과세를 지불하는지를 알기 어렵다. 일반적으로 사용되는 소득세의 한 가지 형태는 **지불급여세(payroll tax)**이다. 이러한 과세는 근로소득에 관한 과세이고, 반면에 재산소득에 과세되지 않기 때문에 상당히 역진적이다. 재산소득은 최상의 소득집단에 편중되어 있으므로, 지불급여세는 최상의 집단에 대한 주된 소득원에 과세하지 않으며, 소득이 낮은 가계의 주된 혹은 한 가지 소득원에 대해 과세한다.

　판매세는 특수 **중과세(excise tax)**와 광범위한 혹은 일반적 판매세로 구분할 수 있다 (Musgrave와 Musgrave, 1976). 전자는 사치품이나 담배, 술, 휘발유 같은 사회에서 소비를 억제하기를 원하는 물품에 부과된다. 일반적 판매세, 흔히 말하는 소비세는 훨씬 더 많은 재화와 서비스 형태에 적용된다. 이는 **매출세(turnover tax)**나 **부가가치세(value-added tax)**를 포함하며, 각 생산단계에서 증가된 재화의 가치에 적용되어지는 과세이다. 이런 과세는 유럽과 산업화된 국가들에 널리 퍼져있다. 중과세의 부담은 분명히 과세된 재화를 소비하는 가계의 소득에 달려있다. 과세가 사치품에 관한 것이라면, 누진적 경향을 지닐 것이다. 판매 혹은 소비세는 일반적으로 낮은 소득의 가계가 부유한 가계보다 소비에서 소득의 높은 비율을 차지하기 때문에 누진적으로 고려되어진다. 그러나 과세부담은 식품, 의복, 주거, 그리고 의료 같은 필수품은 과세근거에서 제외되므로 덜 역진적이 된다.

　재산세는 **부동산(real property,** 땅과 그 부속물)과 개인재산 양쪽에 부과된다. 부동산에 관한 과세는 지방수준에서 특히 매력적인데, 그 이유는 판매와 소득에 관한 지방세는 이사를 하거나 과세를 피하기 위한 물품 구입 시에 부과되기 때문이다. 부동산에 관한 과세는 특히 단기적으로 그런 과세회피의 대상이 덜 된다. 재산세는 주거자에 관한 과세이고 주거자는 소득이 낮을 때 소득의 높은 부분을 부담해야 하므로 누진적이 된다. 자본에 관한 과세는 자본소유자가 상당히 높은 소득의 가계에 집중되어 있으므로 비례적이 된다(Aaron, 1975).

일반적으로, 개인소득세는 비록 높은 **한계조세율(marginal rates of taxation)**이 근로나 투자에 대한 인센티브를 감소시킬 수 있지만, 재화, 서비스, 그리고 시장배분의 가격을 왜곡하지 않으며, 경제적 영향 면에서 가장 효율적인 것으로 고려된다. 다른 과세들은 자원의 세금공제 후의 배분에 관한 서로 다른 재화와 서비스 혹은 어떤 영향을 지닌 소득원에 대한 상대적 가격과 수익을 변경시킨다(Musgrave와 Musgrave, 1976).

과세징수비용과 과세협력비용은 국가에 따라 서로 다르다. 대부분의 국가에서 과세징수비용과 과세협력비용은 징수 메커니즘이 고용을 제공하고 재화와 서비스를 생산하는 회사 사이에 관례화되어 있기 때문에 지불급여세와 매출세에 대해 최소화된다.

판매세와 재산세는 일반적으로 정부를 위해 보다 정교한 관리 장치를 요구한다. 미국처럼, 여러 국가에서 소득세는 오랜 역사를 지니고 있으므로, 소득세의 산출에 비하여 징수와 협력비용은 상대적으로 낮다. 그러나 이런 과세를 수락하지 않은 국가들에서는 징수에 따른 어려움이 상당히 클 수 있다.

2) 학교교육을 위한 자원배분

학교교육을 위해 자원을 어떻게 획득할 것인가에 관심 이외에, 의사결정은 또한 서로 다른 학교교육 수준과 유형, 서로 다른 학생수준, 그리고 서로 다른 지역에 자원을 어떻게 배분할 것인가에 관해서도 이루어져야만 한다. 이러한 결정은 또한, 공공비용의 자원배분 측정의 원칙인 공정성과 효율성의 기준에 따라 분석되어진다. 학교비용의 공정성은 서로 다른 교육적, 지리적 배경에 따른 서로 다른 교육적 요구를 지닌 학생들을 위한 보조금 배분의 공정성에 관한 언급이다. 학교비용의 효율성은 경제성장이나 시민참여 같은 특수목표에 부합하는 가장 효과적인 방법의 사용에 관해 언급한다.

이러한 면에서, 공정성과 효율성은 서로 보완적이거나, 혹은 갈등을 일으킬 수 있다. 조세의 경우에, 개개 사회는 학교교육비의 공정성에 대한 의미를 정해야만 한다. 예를 들어, 모든 학생들이 학교교육에 대한 균등한 공공보조금을 부여받는다면, 개개 학생들을 위해 균등한 비용 제공이 필요하며, 지역에 따른 자원비용 차이를 조정해야 한다(Chambers, 1978). 그러나 동등한 비용으로는 일부 학생들이 다른 학생들보다 더 많은 비용이 드는 자원을 요구한다면 개개 어린이를 위해 적절하거나 혹은 알맞은 교육을 제공할 수 없을 것이다. 가난한 가정배경의 어린이들은 흔히 건강, 영양섭취, 그리고 학교교육을 계속할 수 있는 지적 자극이 결핍되어있다(Levin, 1973). 이런 학생들은 학교교육 경험으로부터 편익을 얻기 위한 공공의료서비스, 식사, 그리고 교정적 지원 같은 보상자원이 필요하다(Levin, 1989). 물론, 이것은 결핍 어린이들의 기본적인 복지를 보장하지 않고서는 결핍 어린이들에 대한 기본수업의 상당 부분이 낭비된다고 생각하는 잠재적 효율성 주장이기도 하다. 유사한 경우는 수업으로부터 완전히 편익을 얻을 수 있는 언어능력을 개발해야만 하는 이민 가정배경의 어린이들에게 해당된다.

그러나 모든 경우에 학교비용 형태의 공정성과 효율성 함의 간에 양립할 수 없는 관계가 형성되는 것은 아니다. 어떤 경우에, 공정성은 다른 교육목표를 위해 가장 효율적인 면에서 기여를 하지 못하는 특수한 학생집단의 학교교육에 더 많은 투자를 요구할 수 있다. 가령, 공정성의 문제는 더 큰 효율성을 위한 수단으로서 보다 오히려 그 자체를 목적으로서 보아야만 한다. 예를 들어, 장애아들 가운데 어떤 물적, 정신적 손상이 심각하여 학교교육으로는 생산적 일을 하거나 자신을 보살피도록 준비시켜 줄 수 없다. 이들은 상당히 높은 수준의 **보호간호(custodial care)**가 요구된다. 특수교육프로그램 제공으로 장애아들 자신의 욕구를 조절하고 사회적 기술과 관계를 개발하도록 지원하기 위해서는, 비록 상대적으로 값비싼 일로서 효율성 근거에서는 옹호될 수 없지만, 장애인에 대한 우선권이 고려되어져야 한다.

공정성과 효율성 고려가 갈등을 일으키는 상황에서, 특히 중요한 문제는 비용의 문제이다. 공정성을 성취하기 위해 요구된 자원의 비용이 단지 다른 학교교육 목표의 성취로부터 명목상으로 줄어든 것이라면, 공정성은 자원사용 간의 갈등이 클 때보다 추구하기 더 쉬워진다. 이러한 경우에 다른 목표보다 오히려 한 가지 목표를 위해서 자원 사용의 균형을 살펴보아야만 한다(Levin, 1991b).

서로 다른 학생유형 사이의 공정성 논의에 덧붙여, 학교가 여러 수준의 정부에서 자금조달을 받을 때 제기되는 특수한 문제가 있다. 지역과 지방 정부들은 그들의 세입과 부에 따라 학교에 대한 서로 다른 자금지원 능력을 지니므로, 동일한 세수노력은 오히려 지방정부들 간에 서로 다른 **학교세입(school revenue)** 양을 초래할 수 있다. 일반적으로, 도시지역은 과세되는 재산의 세입이 많으므로, 동일한 세수노력으로 개개 학생의 학교교육을 위해 높은 비용을 제공해 줄 수 있다. 정부의 하위단위에 과세되는 자원의 차이에서 야기되는 비용의 불평등은 비록 세입과 부의 지역적 분배를 정확하게 반영하고 있지만, 교육적 이유는 되지 못한다. 따라서 많은 사회들은 적어도 지역과 지방자치제 사이의 비용을 균등하게 하기 위한 어떤 시도를 한다(Oates, 1972).

국가 내 분산된 정부단위 사이의 학교재정 능력 균등화에 관한 견해는 재정중립성의 개념을 강조하여 왔다. 이러한 접근방법하에서, 개개 학생에게 소비된 기금의 양은 정부단위의 재정능력면에서 중립적이 된다(Feldstein, 1975). 인증된 재정중립성 측정 방법은 중앙정부에게 모든 학교기금에 대한 책무성을 지도록 하는 것이지만, 이는 지역과 지방 학교들의 자주성과 대응성의 원천을 없애게 한다. 이러한 자주성을 보호하는 대안적인 방법은 분권화된 정부가 학교를 지원하기 위해 자신들이 선택한 과세율에 대한 세수노력의 수준을 결정하도록 허용하는 것이다. 하위단위의 정부 세수나 부와 관계없이, 중앙정부는 어떤 세수노력의 수준에서 동일한 기금 양은 개개 어린이를 위해 유용하다는 것을 보증할 수 있다(Coons, 1970). 본질적으로, 중앙정부는 특수한 과세율에 의해 보증된 것과 주나 지방정부에 의해 높아진 과세율 간에 차이를 나타내는 지역이나 지방정부에 보조금을 제공한다.

학교교육비 배분의 주된 효율성 문제의 하나는 서로 다른 수준과 유형의 학교교육에 대한 지원 문제이다. 예를 들어, 초등과 중등학교 교육비 간의 적절한 지원 비율은 어느 정도인가? 중등 학교교육의 확대로 인한, 인문교육 대 실업교육의 부가적 자원 비율은 어느 정도인가? 이러한 문제들을 규명하는데 사용되는 한 가지 방법은 졸업생의 소득과 취업능력을 주된 수익으로 보고, 학기 동안의 수업비용과 포기된 소득을 주된 비용으로 여겨, 학교교육의 수준과 개개 유형을 대안적 투자 면에서 살펴보는 것이다(교육수익율 참조). 원칙적으로, 가장 높은 투자 수익률을 지닌 학교교육의 수준과 유형은 교육확대를 위한 가장 좋은 본보기가 된다. 그러나 이런 분석은 고용과 소득에 반영되지 않은 공정성 문제나 다른 수익을 설명하지 못하는 단점이 있다.

재정에 대한 관심이 서로 다른 것은 자원사용의 효율성에 대한 서로 다른 재정형태의 영향으로 인한 것이다. 이러한 점에서 가장 획기적인 제안은 초등과 중등교육 재정을 위해 교육 바우처 제도를 제시한 Friedman(1962)의 제안이다. 바우처 제도하에서, 학부모들은 주에 의해 승인받은 학교에 최대한의 수업료를 지불할 수 있는 증명서를 교부받게 된다. 학교는 바우처에 따른 경쟁에 대비해서 공적과 사적 후원을 받게 된다. 아마도, 바우처는 학교교육에 대한 정부결정을 시장이 대신함으로써, 학생들을 유치하기 위한 경쟁이 심화되고 선택의 폭이 넓어져, 보다 민감하고 효율적인 학교체제가 되리라고 생각한다. 그러나 바우처 접근방법은 사회계층, 인종, 정치성향, 그리고 종교에 따라 학교를 계층화함으로써 학교교육의 사회적, 민주적 수익을 훼손할 가능성이 있다는 비판을 받았다. 모든 학령 어린이의 소재를 확인해야만 하는 바우처 계획의 관리와 집중된 기록보관을 위한 행정적 배치를 위해서는 상당한 비용이 들므로, 경쟁을 통한 효율성의 이익은 상쇄된다. 이러한 주장은 상당한 논란을 불러일으켰다[Levin(1991a), West(1991)].

지역사회 교육재정

학교의 지역재정에 관련된 문제는 여러 국가에서 증가될 것으로 예측된다. 그 이유는 정부가 재정적자에 처해 있고, 자체적으로 총교육비를 감당하지 못할 처지에 놓여 있기 때문이다. 지역사회는 스스로 돕는 것 외에는 어떤 다른 대안도 찾을 수 없으므로, 재정차이를 메우기 위해서는 지역사회 내에서 자원을 생성해야 한다.

긍정적 면에서, 지역사회의 재정확대는 교육 참여자들에게 높은 교육에 가치를 부여하도록 장려해주고, 보다 많은 학부모의 교육 참여로 학교체제의 효과성을 높일 수 있도록 해준다. 그러나 공식적 정책 성명서에서 이러한 긍정적 관계는 일반적으로 정부가 좋지 못한 평을 받을 것이라고 여길 때는 타당한 이유를 제외하고는 부정적 관계보다 덜 비중 있게 받아들여진다.

이 절에서 "지역사회(community)"라는 용어는 지리적, 종교적, 민족적, 그리고 인종적 집단을 포함하는 포괄적인 정의이다. 또한 동창회와 학부모들을 포함한다. 이 절은 우선 지역사회 재정의 범위와 가능성에 관한 논의로서 시작한다. 그다음 자원증대를 위한 메커니즘, 질의 문제, 사회적 및 지리적 불평등, 그리고 안내와 통제의 문제를 차례대로 제시하고자 한다.

▐ 지역사회 재정의 범위와 가능성

지역사회 지원은 문화적, 경제적 요인에 의해 상당한 영향을 받으며, 비슷한 재정 양이 모든 상황에서 발생할 수는 없다. 그럼에도 불구하고, 몇 가지 예로서 범위와 가능성을 설명할 수 있다.

가장 좋은 예의 하나는 케냐의 *harambee* 운동이다(Anderson, 1973, 1975). *Harambee*는 스와힐리어로 "함께 끌어주자"이며, 이 개념은 국가의 정치가들에 의해 크게 고취되었다. 1980년대 중반에, 케냐의 중등학교 50%가 *harambee* 기관의 지원을 받지 못하였고, 다른 20%는 *harambee* 지원을 받은 학교나 사립학교였다. 대부분의 초등학교들은 특히 물질적 공공기반시설을 조성하면서, 지역사회 기금의 지원을 받았다. 지역사회는 현금제공과 마찬가지인 토지, 노동, 자재 등을 제공하였다.

짐바브웨도 지역사회 지원으로 널리 알려져 있다. Chung(1990, p.192)은 1979년에서 1989년간에 초등학교의 수는 2,401개에서 4,504개로 증가하였고, 중등학교의 수는 177개에서 1,502개로 증가하였다고 밝혔다. 학교건축은 지역사회 기금에 상당히 많이 의존하였다. 또한 지역사회는 학교운영비를 지원하는 데도 상당한 기여를 하였다.

트리니다드와 토바고, 도미니카 공화국, 파나마, 온두라스, 그리고 쿠바의 다른 통계자료는 정기적 비용과 자본비용의 15%에서 30%에 이르는 지역사회의 재정투입이 이루어짐을 보여준다. 네팔에서, 학교건축을 위한 노동의 60%는 지역사회에 의해 무료로 제공되어진다. 그리고 중국에서는 초등학교 교사들의 60% 이상을 지역사회에서 고용한다(Bray와 Lillis, 1988, p.7).

유럽, 북미, 오스트레일리아의 산업화된 국가들 또한 지역사회 기금의 중요한 요소들을 가지며, 특히 **사친회**(parent-teacher association, PTAS)와 비슷한 단체들을 통해 기금을 조성한다. 이들 국가의 대부분에서, 지역사회는 단지 정부예산을 보충해주지만, 그럼에도 불구하고 어떤 중요한 "여분(extras)"으로서 역할을 한다. 수익을 내는 사립학교와 유사한 제도 또한 존재하지만, 이러한 것이 지역사회 노력으로서 여겨질 수는 없다.

2 자원증대를 위한 메커니즘

1) 수업료

대부분의 자립기관에서, 수업료는 가장 큰 수입의 원천이다. 수업료는 어떤 목적을 위해 사용되지만, 흔히 다른 경상비 조달 방법들을 찾기가 어렵기 때문에 **재경상비(recurrent expenditure)** 조달을 위해 특히 중요하다. 자본운영을 위한 자금조달구조는 자립기관들이 가시적 성과를 지향하도록 하는데 이익이 된다. 나아가, 기증자들은 자신들의 기증이 월급이나 수업자료로 소멸되어지기보다 계속해서 영향을 미치기를 바란다. 따라서 대부분의 학교들은 재경상비 요구에 대비해서 수업료를 챙겨두며, **주요자원(capital resource)** 생성을 위한 다른 메커니즘을 이용한다.

2) 추가부담금

특히 추가부담금이 매년 부과될 때, 수업료와 추가부담금 간의 차이는 단지 의미론적인 차이일 뿐이며, 그렇지 않다면 추가부담금은 일반 수업료에 가려진 비용이 될 운명이라고 주장한다. 분명히 지역사회의 수업료 부담은 금지되어 있으므로, 따라서 추가부담금이란 이름으로 바꾸어서 동일한 목적을 위해 기금이 사용되어진다. 수업료는 때때로 서비스를 위한 지불로서 개념화되어지지만, 그러나 반면에 추가부담금은 특수한 계획을 위한 기금증대의 보다 일반적인 방법이 된다. 여러 체제에서, 추가부담금은 특히 주요한 사업을 위해 중요하다.

3) 설명회

적절하게 관리될 때, 설명회는 주요한 사업을 위한 상당한 기금을 모을 수 있다. Mbithi와 Rasmusson(1977)은 동케냐의 실제를 다음과 같이 기술하고 있다:

전형적인 자립계획에 참여하기 위해, 참여자들은 아래쪽 지역과 인근 지역으로부터 행사개최지로 걸어온다. 씨족 같은 특수한 집단을 대표하는 사람들은 그들 집단에 의해 제공된 수송수단을 타고 온다 … 족장, 추장, 씨족 지도자, 프로젝트 위원회 임원 같은 고위층과 정치인, 부유한 사업가와 시민 같은 방문객들은 행사의 주최자 좌석 근처에 자리 잡는다. 지역 씨족들은 음식과 물을 준비하고, 젊은이들은 진행요원, 춤 파트너, 그리고 일반적인 잡일을 한다.

예상된 참여자들이 모두 도착하면 각 집단들은 다른 집단보다 더 잘하기 위해 경쟁하며, 노래와 춤의 템포는 빨라지고 공연은 점차 고조되어진다 … 모든 기부의 내역이 공식적으로 발표되고 기증자에 대한 찬양의 노래가 불려진다. 기부가 부족하다면, 큰 부자들의 부유함을 찬양하는 노래가 더 크게 울러 퍼지고 지역을 위해 그들의 사랑이 베풀어지길 호소한다 … 기부자들은 줄지어 돈, 계란, 가금류, 음식, 시멘트, 모래를 가득 실은 대형트럭, 그리고 프로젝트를 위한 부지 등을 기부한다(Mbithi와 Rasmusson, 1977, pp.27-28).

이러한 설명은 문화적으로 특수한 현상이다. 그러나 예를 들어, 일반적 원칙의 몇 가지, 기부에 대한 경쟁을 조장하고, 높은 가시적 이벤트를 개최하는 것은 여러 다른 문화에서도 적용될 수 있다.

4) 지역사회 조세

지역사회는 때때로 주민들에 대한 과세 부과로 추가적인 자원을 증대한다. Igwe(1988, pp.112-3)는 동 나이지리아의 지역사회 주민들은 **원로회의**(councils of elders)에 의해 과세가 부과된다고 밝혔다. 일반적으로 남성이 여성보다 세율이 높으며, 연령집단은 과세징수의 유용한 근거가 된다. 마을에 거주하지 않는 아들과 딸 또한 과세가 부과되며, 만약 납부하지 않으면 추방의 제재가 따른다.

종교적 지역사회들 또한 자체적으로 과세를 부과한다. 예를 들어, 인도네시아에서, 이슬람 종교지식과 세속적 과목 양쪽을 가르치는 *pesantrens*를 위한 기금은 십일조로부터 나온다. *zakat*로 알려진 의무적 과세의 기부는 이슬람의 다섯 지주 중의 하나이며, 다른 종교들 또한 자선의 중요성을 강조한다.

5) 사친회 징수

사친회에 의한 징수는 산업화된 국가와 산업화되지 않은 국가 양쪽에서 또 다른 수입의 주된 원천이 된다. 특별히 재정에 관해 초점을 두지 않았지만, Beattie(1985)는 프랑스, 이탈리아, 독일, 그리고 영국과 웨일즈의 교육체제에서 학부모 참여에 관한 상당한 정보를 제시하고 있다. 개발이 덜 된 국가들에 대한 예는 말리에 초점을 둔 Berthe(1985)의 연구와 잠비아에 관한 Kaluba(1988)의 연구에 의해 제공된다.

6) 다른 메커니즘

지역사회 기금의 다른 유형과 원천은 동창회로부터 기부금, 협동조합으로부터 보조금, 해외 교회로부터 지원, 그리고 지역사업가로부터의 기증이 된다.

❸ 질에 대한 함의

지역사회가 공립학교의 자원을 보충할 때, 그들의 노력이 교육의 질을 향상시킬 것이라고 생각한다. 많은 교회들 또한 엄격한 규율과 높은 질의 가르침으로 명성을 지닌다. 그러나 일부 국가에서 제기되는 주된 문제는 독립된 자립학교의 저조한 질이다. Wellings(1983, p.23)는 케냐의 *harambee* 학교의 교육 질은 상대적, 절대적 면 양쪽에서 "아주 최저로 낮다"고 결론지었다. 이들 학교들은 빈약한 자원기반, 덜 훈련된 교사, 그리고 학업성적이 나쁜 학생들로 인해 어려움을 겪고 있다. Wellings는 *harambee* 학교들은 축복받기보다 질병을 앓고 있다고 생각한다.

Mkandawire(1985)는 말라위의 상황에 관해 그렇게 단호하진 않지만, 유사한 결론을 내렸다:

지역사회의 학교재정은 사실상 학교체제 확대에 도움이 되었지만, 그러나 재정확대의 변동이 수락할 수 있는 수준을 성취하기에는 미흡하였다 … 중앙정부의 학교재정 확대가 이루어지지 않는 한 높은 학문적 성취를 달성하기 어려운 상황을 감수해야 할 것이다(Mkandawire, 1985, p.3).

물론 학교 입학생의 질과 수업방법의 질 간에 구분이 되어야 하며, 많은 자립학교들은 그들의 무능으로 인해 우수한 학생들을 유치하는 시초단계에서부터 불리하다고 인식한다. 그러나 케냐의 연구는 *harambee* 학교들은 학생들에게 질이 낮은 수업을 제공함으로써 질이 낮은 입학생의 문제와 혼합되었음을 보여준다. 중국에 관한 Robinson(1988)의 논평은 이와 비슷한 요인들이 작동되고 있음을 함의한다.

▣ 사회적, 지리적 불평등

일부 국가에서, 지역사회 교육재정은 사회적 불평등을 악화시킨다. 한 가지 예를 인용하여, Galabawa(1985)는 탄자니아의 사립 중등학교 수업료는 연간 학생당 2,000탄자니아 실링(TShs)을 초과한다고 밝혔다.

> 탄자니아의 소작농은 2,000실링을 지불할 여유가 없다. 그러나 많은 학교들은 극빈한 소작농의 돈과 노동의 도움을 받아 설립되었다 … 충격적 예는 1968년 TAPA에 의해 개교한 Kagera의 Omumwani 중등학교의 예이다. 학교수업료가 과도하여서, Kagera의 지역 협동조합이 모든 학생들을 위해 연간 600 TShs를 지불하고 있다. 여기서 공동 협동조합 기금이 협동조합 일부 회원의 자녀 교육을 위해 사용되는 데 따른 공정성의 문제가 제기된다(Galabawa, 1985, p.18).

자립운영은 부유한 지역이 가난한 지역보다 기금운영을 위해 더 좋은 지위에 있으므로, 지역불균형을 심화시킬 수 있다. 예를 들어, 케냐의 예에서 보여주듯이, *harambee* 운동은 경제적으로 발전된 중앙산악지대와 나머지 가난한 지역 간의 차이를 더 크게 벌려놓았다. 유사한 연구결과들이 탄자니아와 그 밖의 국가 문헌에서 나타난다.

▣ 중앙정부의 지도와 통제

질과 형평의 문제는 중앙정부의 지도와 통제에 대한 요구를 강조한다. 그러나 강한 통제는 지방의 자주성을 억압하는 위험이 따르므로, 중앙정부는 적절한 균형을 유지하는 방법을 모색한다. 이런 균형의 성격은 사회에 따라 다양하다. 예를 들어, 동 나이지리아에서 자립의 전통은 상당히 크며 거의 모든 환경에서 번창하는 것 같다. 다른 곳에서, 자립의 파종은 보다 사려 깊은 보살핌이 요구된다.

지역사회 자주성에 관한 정부의 통제는 학교의 등록규정, 학급규모와 수업료를 통해 직접적으로 이루어질 수 있다. 대안적으로, 보조금 편성, 교사들을 위한 훈련 프로그램, 지방교육공무원을 통한 일반적 조언 등을 통해 간접적으로 영향을 미칠 수도 있다.

대부분의 체제에서, 학교 설립에 대한 완전한 찬동을 얻기 전에 지역사회가 따라야만 하는 일련의 단계를 규정에 정할 수 있다. 지역사회 지도자는 우선 건축을 진행하기 전에 제 원칙의 승인을 얻어야만 하며, 지도자들은 학교를 운영하도록 허용되기 전에 최종 승인을 얻어야만 한다. 첫 단계는 학교의 위치와 성격이 자신들의 우선사항과 부합하는지를 확인하도록 정부에 허용하는 것이고, 두 번째 단계는 시설들이 요구된 기준에 부합하는지를 살펴보도록 허용하는 것이다.

정부는 또한 회계절차에 관한 규정을 정할 수 있다. 기금의 남용, 혹은 남용의 혐의는 지역사회 기금 프로젝트의 분쟁에서 가장 일반적 원인들 중의 하나이다. 지속적인 기록유지는 기금 횡령에 대한 유혹을 줄여주고 죄를 짓지 않도록 해준다. 비록 개인이 학교 공금을 횡령하지 않더라도, 그들이 일을 제대로 처리하지 못한다는 사실을 입증하기는 어려우며, 절도혐의는 공동체의식을 심각하게 위협할 수 있다.

간접적 영향은 다양한 종류의 보조금을 통해 행사되어질 수 있다. 보조금 지원은 자금이 의도된 시설에 제공되도록 지역사회를 고무시키며, 정부가 시설의 유형과 성격에 관한 요구조건을 정하도록 허용한다. 특수 보조금은 사회적, 지역적 불평등을 줄이기 위해 불이익을 받는 지역사회를 위해 조성될 수 있으며, 정부 유급직원의 형식으로 도움을 줄 수 있다.

정부는 **운영위원회(boards of governors)**와 PTA 임원들을 위한 워크숍을 개최할 수 있다. 파푸아뉴기니의 경험은 적어도 어떤 맥락에서 비용을 요구하지 않는다는 것을 제시하고 있다(Bray, 1988). 지역사회는 기꺼이 워크숍 지명자들을 위해 숙박시설과 여행경비를 제공하며, 워크숍은 수석교사, 지역사회 지도자, 그리고 정부 관리들을 변화시키기 위한 가치 있는 포럼이 될 수 있다.

지역사회 학교에 대한 정부의 인수 제안은 효과적인 간접적 영향을 줄 수 있다. 대부분의 케냐 지역사회는 자신들의 기관을 정부가 인수하여 심각한 재정적 부담을 덜어주기를 간절히 바란다. 정부는 학교를 인수할지, 않을지를 결정하기 위해 시설의 성격과 학업성취의 기준 가운데서 분명한 기준을 설정한다. 이것은 지역사회를 위한 지도와 인센티브로서 행해진다.

그러나 이러한 통제의 대다수는 제한되어진다. 관료제가 만연되어 있고, 부적절한 스텝으로 구성되어 있어, 이러한 문제에 최적의 관심을 기울이기가 어렵다. 정부는 강한 자립의 전통을 갖지 못한 파괴된 지역사회를 돕기가 어렵다는 것을 알게 된다. 흔히, 정부는 열렬한 지역사회를 제지하기가 어렵다는 것을 발견하고, 여러 가지 활동이 사회적, 지역적 불평등에 관해 해로운 영향을 미칠 수 있음을 알게 된다.

일부 정부는 지나치게 중앙집권화된 행정을 통해 운영된다. Hanson(1986)은 1968년 개혁 이전에, 베네수엘라의 교육부 장관은 학교, 인사, 수업프로그램에 관한 모든 주요하거나 사소한 결정에 책임을 졌다고 밝혔다. 장관은 신설된 기관의 건물보수 혹은 교사들에 대한 급료 지불 같은 간단한 질의에 답변하는데 9~12개월이 걸리는 거대한 관료적 직업소개은행 역할을 하였다고, Hanson은 주장한다. 이런 구조에서는 지역사회에 바람직한 자주성을 고취시키거나 바람직스럽지 못한 일을 하지 않게 하는 것은 어렵다.

제3장

교육비용의 유형과 지원

교육비용의 의미와 유형

교육비용은 교육활동을 위해 희생하는 자원이다. 교육은 자원을 희생하지 않고는 성립될 수 없는 활동이다. 아무리 단순한 활동이라 하더라도 교육은 자원의 희생을 수반한다. 최소한으로 교과서, 노트, 연필, 교실, 칠판 등이 필요하며, 학습자와 교수자의 시간투입이 있어야 한다. 교실이나 수업자료가 비용이 되듯이, 학습자와 교수자의 시간도 비용에 포함된다. 학생이 교육을 받기 위해 학습도구와 기자재 혹은 시설을 사용한다면 바로 그 도구, 기자재, 시설은 교육을 위해 투입된 자원이나 경비가 된다. 자원은 금액으로 표시할 수 있고, 이를 비용 혹은 경비라고 할 수 있다. 다시 말해 교육을 위해 소비하는 자원이 교육비용 혹은 교육경비가 된다. 일반적으로 교육비용은 교육행정비, 관리비, 급여 등 인건비, 건축비, 시설비, 비품비, 교재교구비, 수업료, 학용품비, 교통비 등으로 표시된다. 이 절은 주로 교육학대백과사전에서 곽영우(1998)의 집필 부분을 발췌·수정하여 제시하고자 한다.

1 교육비용의 의미

교육비용은 교육학, 교육경제학, 교육재정학의 입장에서 약간씩 다르게 정의된다. 서로 관점이 다른 교육비용에 대한 정의를 보다 구체적으로 제시하면 다음과 같다.

첫째, 교육학적 입장에서 교육비용은 교육목적을 달성하기 위해 투입되는 경비라고 할 수 있다. 교육활동이 궁극적으로 교육목적을 달성하기 위한 것이므로 교육비용은 교육목적을 위해 희생되는 자원이다. 이 경우 경비로서 자원은 물질적인 것만 아니라 비물질적(정신적)인 것도 있으며, 이것도 교육활동에서 물질적 혹은 금전적 투입에 못지않게 중요한 투입이기 때문에 비물질적 투입도 광의의 교육비용에 포함하여 고려된다. 그러나 경비는 보통 협의로 해석하여 금전적 투입에 국한하여 생각하고, 금전으로 표시할 수 있는 부분에 한정하는 경우가 일반적이다. 대학의 교육원가 계산과 같은 경우에는 강의원가, 비강의원가 등 금전적 비용을 중심으로 산출한다. 교육학적 입장에서 교육비는 교육목적을 효과적으로 달성하기 위해 필요한 만큼의 양이 확보되어야 하지만 공교육비는 다른 일반 공적 사업에 소요되는 비용에 비하여 비긴급성과 간접이익을 갖기 때문에 국가적 사업의 우선순위에서 밀리기 쉽다.

둘째, 교육경제학의 입장에서 보면, 교육비용은 교육이라는 서비스를 생산·공급하기 위해 희생되는 자원이라고 정의된다. 교육경제학에서는 흔히 교육생산의 비용과 그것이 거두는 수익을 비교하여 교육 수익률을 산출한다. 이 경우에도 교육비용은 교육생산의 직접적 투입인 금전적 비용과 인력, 자재를 포함할 뿐만 아니라, 간접적 투입인 심리적·정신적 투입 그리고 포기소득과 기회비용을 포함하여 산출한다. 교육서비스를 생산하는데 소요되는 자원은 금전적인 것도 있고 비금전적인 것도 있으며, 직접적 지출과 간접적 지출이 있고, 물질적 투입과 심리적·정신적 투입도 있다. 특히 누가 희생하는가라는 희생의 주체에 따라서 공공이 주체인 경우에는 공적비용이 되고, 개인적 희생이 따르는 경우에는 사적비용이라고 한다. 이는 교육비용의 경제적 분석에서 중요한 의미를 지닌다.

셋째, 교육재정학 측면에서 교육비용은 금전적 비용 또는 금전으로 환산 가능한 비용으로 한정된다. 재정학적 비용은 통치단체가 그 생존 목적 달성을 위한 공무수행을 위해 지출하는 유형재, 특히 화폐를 가리킨다. 교육비는 국가 또는 지방공공단체가 교육계획을 유효하게 달성하기 위해 지출하는 화폐가치이다. 재정학적 측면에서 교육비용은 회계의 법규 및 경비절약의 원칙 등 재정학의 제 원리에 의해 지배되는 측면을 중시하여 해석한다.

교육의 관점을 교육학, 경제학, 재정학의 어느 측면에서 보든지 교육비용은 교육이라는 기능을 위한 자원의 희생이라고 할 수 있다. 이때 자원은 유형재, 무형재, 금전적, 비금전적, 사적·공적, 직접적·간접적 특성을 갖는 모든 자원을 가리킨다. 광의로 교육비용은 교육활동을 위해 투입되는 자원을 총칭하여 말하지만 협의로는 그중에서 금전적 경비로 국한하여 지칭한다.

❷ 교육비용의 유형

교육비용에 대한 보다 구체적인 이해를 돕기 위하여 다음과 같이 서로 상대적인 개념을 짝지어서 제시하고자 한다.

1) 실질비용과 기회비용

실질비용(real costs)은 교육서비스를 생산하기 위해 직접 희생되는 생산요소의 양 또는 가치이다. 예를 들어, 인건비, 시설비, 재료비, 관리운영비, 실험실습비 등은 교육서비스 생산에 실제 소요되는 비용이다. 이는 예산 또는 결산서에 화폐로 직접 표시되기 때문에 명시적 비용이라고 한다.

기회비용(opportunity costs)은 실질적으로 교육활동을 위해 투입되는 경비는 아니지만 피교육자가 교육에 종사하기 때문에 포기해야 하는 포기소득과 같이 다른 용도의 사용을 가정한 경비를 말한다. 일반적으로 기회비용은 'X재를 생산하기 위해 포기해야 하는 Y재의 양, 또는 대체비용(alternative costs)이다.' 또한 어떤 교육서비스를 위해 포기하지 않으면 안 되는 대체적 기회의 가치이다.

어떤 생산요소로서 두 가지 이상의 재화나 서비스의 생산이 가능할 때, 그 생산요소가 한 가지 재화나 서비스의 생산에 투입된다고 하는 사실은 다른 재화나 서비스의 생산기회를 포기한다는 것을 의미한다. 교육서비스의 생산에 투입된 금전이나 물자는 교육에 사용됨으로써 교육 이외의 다른 재화와 서비스의 생산에 이용할 수 없게 된다. 이들 자원은 교육 이외의 다른 활동에도 유용하게 이용할 수 있는 자원이므로 만일 이 자원을 교육에 사용하지 않는다면 다른 목적을 위해 사용할 수 있다. 교육서비스 생산에 투입된 자원들은 모두 다 대체적 용도의 기회를 갖는다는 점에서 이들 자원들이 포기한 대체적 용도의 가치는 인정되어야 한다. 이러한 대체적 용도의 가치를 교육의 기회비용이라고 한다.

기회비용의 개념은 **화폐비용**(money costs)이란 개념보다 넓게 사용된다. 재정적, 회계적 의미에서는 일반적으로 비용 혹은 경비라고 하는 용어가 금전과 관련하여 사용되어지지만, 경제적 가치의 분석에서는 금전이 아닌 물적, 인적자원도 그 가치를 금전으로 환산하여 비용에 포함하여 고려한다. 이들 자원은 시장을 통하여 매매가 성립되는 경우에는 실제 매매되는 시장가격이 그 자원의 비용이 된다. 그러나 매매가 불가능하여 시장가격이 형성되지 못하는 자원의 경우에도 그 비용을 고려한다. 예를 들어, 교사들이 교육을 위해 희생한 시간의 가치는 그에 대한 급료가 지불되기 때문에 금전가격으로 계산할 수 있다. 또한 임금을 받지 않는 학생이 교육활동을 위해 포기한 시간의 가치도 금전적으로 평가하여 계산할 수 있다. 학생들이 비록 급료를 받지 못한다고 하더라도 만일 그들의 시간을 교육활동을 위해 희생하지 않았다면, 임금이나 급료를 받을 수 있는 다른 활동에 시간투입을 할 수 있기 때문이다. 다시 말해서, 학생의 시간은 대체적 용도가 되는 것이다. 이와 같은 의미에서 학생들의 교육을 위해 희생한 시간은 경제적 가치가 있고 비록 이것이 회계에서 실질적 의미의 비용지출에 반영되지 않는다고 할지라도 비용에 포함하여 고려하는 것이 타당할 것이다.

교육비용은 교육의 제 과정에 동원된 모든 실물자원을 포함한다. 그리고 이들을 직접 화폐가치로 측정할 수 없는 경우에는 그들의 가치를 대체적 용도로서 추정한 가치로 측정한다.

경제학적 분석에서 어떤 재화나 용역의 생산에 소요된 총비용은 이를 획득하기 위해 포기한 비용을 모두 고려해야 한다. 이는 실질비용뿐만 아니라 기회비용도 고려해야 한다는 것을 의미한다. 만일 빵과 아이스크림 중에서 빵을 선택한다면 빵의 실제비용은 아이스크림이다. 책을 사기 위해 지불한 비용은 책 대신 구입할 수 있는 물건의 비용과 비교해 보아야 한다. 대학교육비용은 학생이 대학을 다니지 않고 취직을 하여 벌 수 있는 수입을 포기한 비용으로서 고려해야 한다. 이러한 점에서 기회비용은 사적비용과 마찬가지로 사회적 비용에서도 고려되어야 한다. 특정한 교수방법을 도입하는데 드는 비용은 그 교수방법을 적용하기 위해 유실된 비용을 포함해야 한다. 타자나 복사와 같은 일상적인 잡무에 소비되는 교사의 시간은 사무보조원의 이에 대한 시간과 동등하게 여길 수 없다. 교사의 시간당 임금은 사무보조원의 시간당 임금과는 차이가 있기 때문에 교사가 작성한 유인물의 비용은 사무보조원이 작성한 유인물의 비용보다 크다.

기회비용은 직접 계산이 어려운 비용과 실제매매가 성립되지 않는 자원의 비용도 추정하여 포함한다. 교원연수비용을 고려하는 경우에 만일 어떤 교사가 연수를 위해 휴직을 했다면 그 교사의 휴직기간 동안 포기한 소득도 계산에 포함해야 하며, 야간이나 공휴일에

연수를 위해 투입한 그들의 시간에 대한 보수도 실제로는 취득하지 않은 보수지만 계산에 포함한다.

실제적으로 기회비용의 측정은 실질비용을 계산하는 것처럼 그렇게 간단하지 않다. 다시 말하면, 포기된 소득의 가격을 결정하는 데 있어 객관성을 보장하기가 어렵다. 포기한 것이 무엇인가와 그것의 화폐가치가 어느 정도인가 하는 것은 실제상황이 아니기 때문에 이에 대한 결정은 주관적일 수밖에 없다. 토지, 건물, 자재와 같은 자원의 가격결정에서 이들의 대체적 용도가 무엇이며 그 가격이 얼마냐 하는 것은 측정자의 주관적 판단에 의존할 수밖에 없다는 것이다. 이러한 어려움이 따르기 때문에 교육비용의 분석에서는 일반적으로 기회비용보다는 실질비용에 대한 분석이 이루어진다.

2) 사적 비용과 사회적 비용

교육비용의 부담주체가 개인인가, 국가 또는 공공단체인가에 따라 **사적 비용**(private costs)과 **사회적 비용**(social costs)으로 나눈다. 사적 비용은 개인 또는 가계가 희생하는 경비이고, 사회적 비용은 사회 또는 국가가 희생하는 경비이다. 이는 기회비용의 경우에도 희생의 주체가 개인이냐 사회냐에 따라 사적 기회비용과 사회적 기회비용이 된다. 이는 **편익**(benefits)의 경우에도 마찬가지로 개인 또는 가계의 교육수익은 개인적 편익이 되고, 국가 또는 사회로 귀착되는 교육수익은 사회적 편익이 된다.

교육에 있어서 사적 비용은 학생 개인 또는 그들의 가족이 부담하는 교육비로서, 수업료, 학용품비, 도서대, 교통비, 하숙비 등과 같은 실제비용과 포기된 소득으로서의 기회비용을 포함하며, 사회적 비용은 교사와 다른 직원들의 임금과 급여, 도서, 비품, 자료, 건물의 비용과 사회 전체적으로 상실했다고 생각하는 학생들의 포기된 소득을 포함한다. 그러나 이러한 경우에도 수업료, 학용품, 도서, 교통비, 숙식비를 국가사회가 부담하는 경우에는 이들 비용은 사적 비용이 아니고 사회적 비용이 된다. 이와 같은 견지에서 보면 어떤 경비가 사적 비용이냐 사회적 비용이냐의 구분은 사회의 체제나 국가의 복지수준에 따라 달라진다.

3) 직접비용과 간접비용

교육비용은 투입이 직접적인가 간접적인가에 따라 직접비용과 간접비용으로 나눈다. 직접비용(direct costs)은 교육목적의 달성을 위해 직접 투입되는 경비로서 공교육비와 사교육비를 말한다. 공교육비는 국가나 공공단체가 부담하는 교육의 경비를 말하고, 사교육비는 학생이나 가계가 부담하는 비용으로서, 교재 및 부교재비, 학용품비, 과외활동비, 단체 활동비, 교통비, 급식비, 기타 학생이 교육을 위해 지출하는 비용을 가리킨다. **간접비용**(indirect costs)은 기본적으로 **숨겨진 비용**(hidden costs) 또는 기회비용을 말하는 것으로서 (1) 학생의 포기된 소득, (2) 비영리기관으로서 학교에 대한 조세감면, (3) 건물시설의 잠재적 임차료와 감가상각비 등이 이에 포함된다.

다시 말하면, 직접비와 간접비의 구분은 교육서비스의 생산에 소요되는 비용이 직접적인가 혹은 간접적인가에 따른다. 직접비용은 일정 단위의 교육서비스 생산에 직접적으로 지출되는 비용을 말하며 여기에는 교사월급, 교재비, 실험실습비, 재료비 등이 속한다. 간접비용은 일정 단위의 교육서비스 생산에 있어서 직접비용 외에 소요되는 경비를 가리키다. 이는 건물, 설비와 같은 고정설비비용과 관리비용 등이다. 고정설비비용은 건물, 시설, 실험장비 등의 감가상각비나 추정된 임차료이고, 관리비용은 고정설비의 운용 혹은 학교운영에 필요한 일반비용이다. 여기에는 교육에 직접 관여하지 않는 사무원과 관리인의 월급, 지대, 이자, 임차료 등이 포함된다.

4) 고정비용과 가변비용

교육생산의 총비용은 생산량과의 관련성에 따라 **고정비용**(fixed costs)과 **가변비용**(variable costs)으로 나눌 수 있다. 일반적으로 고정비용은 생산량과는 관계없이 일정하게 지출되는 비용이고, 가변비용은 생산량에 따라 변동하는 비용이다. 교육에서 고정비용은 때때로 **간접비**(overhead costs)라고 하며 여기에는 건물, 장비 등의 감가상각비와 관리운영비, 교원월급, 직원 및 관리인의 월급 및 임금이 포함되고, 가변비용은 학생수에 따라 변동하는 자료비, 실험비, 장학금, 지원료 등을 말한다.

이에 덧붙여, **준고정비**(quasi-fixed costs)가 있다. 이는 경우에 따라 고정비가 되거나, 가변비가 되는 비용이다. 예를 들어, 전기는 교실 단위로 켜고 끄는 것이기 때문에 학생수에 따라 변한다고 볼 수도 있고, 그렇지 않다고 볼 수도 있다. 다시 말하면 경우에 따라서 고정비로 분류할 수도 있고 가변비로 분류할 수도 있다. 이와 같은 분류는 절대적 분류라기보다 편의적 분류라고 할 수 있다.

5) 명시적비용과 암묵적비용

명시적 비용(explicit costs)은 손익계산서에 표시되는 임금, 재료비, 임대료, 세금 등 다른 사람들이 가진 생산요소를 사용하는 대가로 지불하는 비용으로서 회계적 비용이라고도 한다. **암묵적 비용(implicit costs)**은 눈에 보이지 않는 비용, 즉 자신이 선택하지 않고 포기하는 다른 기회의 잠재적 비용을 말한다. 예를 들어, A라는 일과 B라는 두 가지 일 중에서 A라는 일을 선택한 사람은 B라는 일을 하면서 얻을 수 있는 수입을 포기해야 한다. 이것을 가리켜 암묵적 비용이라 한다.

6) 자본비용과 경상비용

경제적 의미에서 자본비용은 기업이 조달·운용하고 있는 자본과 관련해서 부담하게 되는 비용으로 조달원천에서 보면 자기자본 비용과 타인자본 비용으로 분류된다. 자기자본 비용은 주주에 대한 배당에서 나타나고, 타인자본 비용은 차입금 이자, 사채이자 등이 된다. 자본비용은 기업이 외부투자가나 채권자에게 지급하는 비용 외에 자본을 보다 유리하게 운영했을 경우에 기대되는 이익, 즉 기회비용으로 측정되는 경우도 있다.

경상비용은 매 회계연도마다 규칙적·연속적으로 반복되는 경비로, 불규칙적으로 지출되는 임시비와 대비된다. 이러한 전통적인 경비 분류 방식은 경비 조달 방법을 결정하는 데 의의가 있다. 즉 경상비는 조세 등 경상수입으로 충당해야 하며 임시비는 공채 등 차입으로 조달해야 한다는 생각에 기반하고 있다.

교육회계 의미에서 **자본비용(capital costs)**은 비교적 장기간에 걸친 수익을 산출할 것으로 기대되는 토지, 건물이나 장비와 같은 내구재의 구입에 투입되는 비용이고, **경상비용(recurrent costs)**은 즉시적 혹은 단기적 수익을 유발하고 정규적으로 보충되어야 하는 도서, 문구류, 연료 등의 소비재 구입에 관한 비용이다.

7) 단기비용과 장기비용

미시경제 분석에서는 기업이 산업에 필요한 기계설비 등의 고정생산요소를 변화시키는 것이 불가능한 기간을 단기, 그것이 가능한 기간을 장기라고 한다. 이러한 구분은 순전히 경제 분석의 편의를 위해서 개념적으로 설정된 것이며, 그것에 어떠한 시간적 길이가 구체적으로 부여되어 있는 것은 아니다.

　교육생산에 있어서 비용의 효과가 시간적으로 오래 지속되느냐 아니면 짧게 지속되느냐에 따라 **단기비용(short-run costs)**과 **장기비용(long-run costs)**으로 나눌 수 있다. 여기서 시간의 준거를 어떻게 정하느냐 하는 문제가 대두되는데, 이는 상대적인 개념으로서 단기는 모든 산출량 수준에서 어떤 생산요소의 증감이 없는 기간이고, 장기는 모든 생산요소가 가변적이어서 최적의 효율적 요소조합이 선택될 수 있는 기간이 된다. 다시 말하면 장기는 모든 생산요소가 완전히 조정 가능한 기간이고, 단기는 그것이 불가능한 기간이다.

수업료

수업료(student fees)는 학교, 대학, 대학교, 또는 다른 교육기관의 수업 전체나 부분 비용으로서 금전으로 지불된다. 수업료는 학생 자신이나, 학부모, 가족, 고용주, 혹은 중앙, 주, 지방 정부 같은 다른 기관들에 의해 지불될 수 있다. 모든 경우에 있어서 수업료 지불은 학생들이 받은 수업에 대한 보답이 된다. 그러나 교육기관이 반드시 수업료를 부과해야 하는 것은 아니므로 교육기관이 수업료를 부과할지와 부과한다면 그 수준이 어느 정도일지가 여러 국가에서 상당한 논쟁을 불러일으키는 주제가 된다.

문제의 핵심 중 하나는 공립과 사립 교육기관의 역할이다. 여러 국가에서 공립과 사립의 학교들과 대학들은 병행하여 존재하지만, 그러나 소유권의 문제가 필연적으로 교육기관이 자금조달을 하는 방법을 결정하지는 못한다. 어떤 국가에서는 공적으로 소유한 대학이나 대학교가 수업료를 부과하지만, 반면에 다른 국가들의 학교나 대학은 종교단체나 자선단체에 의해 사적으로 소유되고 관리되어짐에도 불구하고 중앙정부나 지방정부로부터 기금을 교부받으며 수업료를 부과하지 않는다. 그 밖에, 수업료의 수준에 관한 논쟁은 주로 교육기관이 공적 소유권 하에 있어야 하느냐, 아니면 사적 소유권 하에 있어야 하느냐의 문제에 관한 것이다.

공립과 사립 교육기관이 존재하는 경우에, 공립의 학교나 대학들이 수업료를 부과할 것인가에 관한 논쟁이다. 여러 유럽 국가들에서, 고등교육의 대학, 대학교, 그리고 기술과 직업학교들은 정부에 의해 소유되고 통제되어지며, 이들 교육기관의 운영비용은 교육기관

보조금 지불 방법에 의해 전적으로 공적기금으로부터 교부되어진다. 영국 같은 다른 국가들에서는 공적으로 소유하고 관리하는 학교들이라도 고등교육기관들은 수업료를 부과하고 있지만, 중앙정부와 지방정부는 학생들이 수업료를 지불할 수 있도록 재정적 지원을 제공하며, 어떤 경우에는 수업료가 전적으로 공적기금으로부터 지불되기도 한다. 미국에서는 공립 교육기관에 부여되는 수업료를 폐지 혹은 줄이거나, 아니면 정부가 단순히 학생들이 수업료를 지불할 수 있도록 재정적 지원을 해줄 것인지에 관한 다소의 논쟁이 있었다. 사실상, 미국의 공립 교육기관 대다수는 수업료를 부과하지만, 주 정부에 의해 보조금이 지불된다.

세 번째 의견의 불일치는 수업료 차이의 문제이다. 수업료 차이는 비용 차이를 반영하여 부과될 수 있다. 예를 들어, 수업료는 대학과정보다 대학원과정이 높거나, 혹은 교과목에 따라 수업료 차이가 생길 수 있다: 공학부문의 수업료는 비용차이에 근거하여 경제학부문의 수업료보다 높다. 어떤 국가에서 수업료 차이는 비용차이를 반영하지 않지만 그러나 학생의 거주 지역 간의 차이는 반영한다. 결과적으로, 미국의 여러 지역에서 거주지의 주립대학교가 아닌 다른 주의 주립대학교에 입학하는 학생들은 높은 수업료를 지불하게 된다. 이러한 이유는 대학교는 부분적으로 주 정부로부터 재정지원을 받고 있기 때문이며, 주정부의 보조금은 지역주민들의 조세로부터 도출된 것이므로 주의 거주자에게 이익이 되도록 사용되어져야 한다는 주장에 근거한다. 영국에서는 영국 밖이나 유럽지역사회에 거주하는 학생들은 모국 학생들보다 높은 수업료를 지불한다. 그리고 오스트레일리아와 캐나다의 외국인 학생들은 모국 학생들보다 높은 수업료를 지불한다. 이러한 모든 수업료 차별 정책은 논쟁을 불러일으킨다.

학생들이 수업료를 지불할지와 어떻게 결정할지에 관한 문제는 교육재정과 그에 관한 통제에 관련된 다수의 문제를 제기한다. 또한 정부가 학생들을 위한 재정적 지원을 어떻게 제공할지의 문제와 관련된다. 학생지원이 보조금의 형태로 주어져야 할지 아니면 대여금으로 보조되어야 할지에 관해서, 그리고 수업료 지불에 사용될 수 있는 바우처를 학생에게 제공할지 아니면 학부모에게 제공할지에 관해서도 일부 국가에서 상당한 논쟁이 벌어졌다.

❶ 사립교육기관의 수업료

일부 국가에서 교육기관의 대다수는 공적으로 소유되고 관리되고 있지만, 많은 사립 교육기관들에 있어서 수업료는 가장 두드러진 재원이거나, 어떤 경우에는 유일한 재원이 된다. 여러 국가에서 사립학교와 사립대학들은 고등교육 부문과 중등이후의 직업교육과 훈련에서 중요한 역할을 수행한다. 이들 기관들의 일부는 자선단체에 의해 운영되지만, 나머지는 수익을 내는 설립기관이며, 수업료 부과를 통해서 모든 비용을 부담하고 아울러 소유자에게 수익을 제공한다는 의도를 지닌다.

아시아의 사립 고등교육에 관한 다수의 연구들, 특히 일본(James와 Benjamin, 1988)과 필리핀(James, 1991), 라틴 아메리카(Levy, 1986), 사립 교육기관의 역할에 관한 여러 가지 국제적 비교[Geiger(1986), James(1987, 1989)]에 관한 연구들이 존재한다. 이러한 연구들의 대부분은 사립 교육기관의 수업료에 관한 정보와 자료를 제공한다. 미국과 영국의 사립 직업학교와 대학의 중요성을 평가하기 위한 시도는 상당히 다양한 기관의 규모와 질, 그리고 수업료 부과수준에서 유사한 다양성을 제시하였다.

경제학자들은 사립학교들이 전적으로 그들의 수입을 수업료에 의존하고 있기 때문에, 효율성을 최대화하기 위한 시도 같은 학생이나 고용주의 요구에 더 잘 반응하는 활동을 하므로 공립학교보다 더 효율적이라고 여긴다. 미국의 공립학교와 사립학교 간의 비교[즉, Coleman et al.(1982), Coleman과 Hoffer(1987)]는 상당한 논쟁을 야기하였다. 1980년대 후반이래로, 개발도상국의 공립과 사립학교에 관한 여러 가지 비교연구들이 이루어졌으며[Psacharopoulos(1987), Jimenez et al.(1988, 1989)], 비록 비평가들이 학생성취의 차이는 선별편향과 효율성보다 오히려 다른 사회적 요인의 결과라고 주장하였지만, 이들 연구들은 사립학교들이 공립학교들보다 상대적으로 더 비용-효과적(즉, 효율적)이라고 결론지었다(Jimenez et al. 1988, p.162). 이러한 문제는 논쟁을 불러일으켰는데, 사립학교의 수업료 부과와 효율성 간의 어떤 일반적 관계를 입증하기가 불가능하다는 점이 있다.

❷ 공립교육기관의 수업료

여러 국가에서 공립교육기관의 모든 교육은 의무교육과 고등교육 양쪽을 포함하여 무상으로 제공된다. 어떤 경우에 **경상비**(current expenditure)와 **자본지출**(capital expenditure)은 중앙이나 지방정부로부터 직접보조금의 방법으로 자금조달을 하며, 수업료 부과를 전혀 하지 않는다.

예를 들어, 스칸디나비아 전역과 많은 유럽 국가들에서, 공립의 학교, 대학, 그리고 대학교들은 어떠한 수업료도 부과하지 않는다. 그러나 다수의 국가들은 공립학교라는 사실에도 불구하고, 대학과 대학교들은 수업료를 부과하고 있다.

예를 들어, 캐나다, 스페인, 그리고 일본에서 수업료는 공립 대학교 수입의 15%에서 20% 사이를 차지하며(Williams와 Fulth, 1990), 그리고 오스트레일리아는 1989년에 **대학학비대출제도**[Higher Education Contribution Scheme(HECS)]를 도입하여, 조세제도를 통해 징수되어지는 **선취수수료**(up-front fee)나 **이연지불금**(deffered payment)의 방법으로 학생들이 평균적인 대학비용의 약 20%를 부담하도록 하였다.

다른 국가들처럼, 오스트레일리아에서도 기회와 접근의 공정성에 관한 광범위한 토론이 이루어졌다. 그로 인해 오스트레일리아에서는 1974년부터 수업료 부과는 폐지되었지만, 그러나 HECS의 도입을 추천한 Wran 위원회는 '수업료의 폐지는 사회적, 경제적으로 불이익을 당하는 집단들을 위한 고등교육의 접근성에 있어서, 기껏해야 한계효과만을 가진다'라는 연구결과를 인용하여 제시하였다(Wran 위원회, 1988, p.5). 따라서 Wran 위원회의 견해에 따라 제시된 수업료 부과는 공정성을 감소시키기보다 오히려 향상시키게 되었다. : "고등교육으로부터 직접적인 수익을 얻는 불이익을 당한 사람들이 수업료제도의 비용에 보다 직접적으로 기여해야만 하므로"

미국에서 공립 대학교와 대학의 수업료로부터 도출된 수입비율에서 주들 간에 상당한 차이가 있었지만, 평균 수업료는 평균 수업비용의 약 25%를 차지하였으며 여러 주에서 이러한 비율은 1970년대와 1980년대에 증가하였다. 공립 고등교육기관에서 수업료의 역할 문제는 아직도 미국에서는 상당한 논쟁을 불러일으키고 있다. 이에 대한 논평을 요약하여 제시하면 다음과 같다:

두 가지 상반된 주장이 수락을 얻기 위해 경쟁한다: 한 가지 주장은 고등교육은 초등학교와 중등학교 교육처럼 국가 전체를 위한 공공재이므로, 이에 따른 비용은 사회적 계약에 포함되어야 하고 조세를 통해 공적부문에 의한 재정조달이 이루어져야 한다는 것이다. 다른 주장은 고등교육은 교육받은 사람의 생활을 향상시키므로, 그 비용은 교육받은 사람이 지불해야 한다는 것이다. 오늘날에는 고등교육의 재정 형태가 서로 얽혀있어서 어느 한 가지 주장에만 동의하기가 힘들어졌으며, 그 결과로 절충적인 입장을 취하게 되었다. 중등 후 학교교육은 공공재와 사적투자 양쪽에 관련되는 것으로 간주하고 그에 따라 비용지불을 하고 있다(Finn, 1978, p.46).

여러 국가에서 위의 논평과 동일한 두 가지 원칙이 경제학자들 간에 논의되었다. 한 가지는 고등교육은 사회전체를 위해 수익을 제공하므로 일반조세에 의해 재정조달이 이루어져야 한다는 것이고, 다른 한 가지는 개인은 교육을 통해 금전적, 비금전적 수익을 얻으므로 개인이 수업료를 지불해야 한다는 것이다. 정부는 아직도 재정적 지원이 없이는 수업료를 납부할 수 없는 학생들을 돕기 위해 보조금이나 대여금 형태로 후원을 해주고 있다. 이 주장은 정부 보조금이 교육을 위해 제공되어야 할지에 관한 것이 아니고, 기관이나 학생의 어느 쪽을 후원하는 것이 더 좋은가 이다.

예를 들어, 영국에서 Robbins 위원회(1963)는 공공재정은 한 가지 경로에서 보다 여러 가지 경로에서 생긴다는 힘의 원천에 대한 이유를 들어서 수업료 증가를 주장하였으며, 기관보다 학생들에게 지원하는 것이 더 좋다고 하였다. 이 주장은 교육기관 후원보다 개인후원에 대한 제언으로서, 교육기관들이 직접적으로 학생들을 위해 경쟁한다면 더 효율적이 될 것이라는 사실을 포함하며, 교육기관들이 수업료에 수입을 의존한다면 학생들이나 미래의 고용주들에게 더 많은 관심을 지녀야 한다는 것을 제시한다. 이는 또한 교육기관들이 수업료를 부과한다면, 정부는 학생들을 위해 재정적 지원을 제공해야하고, 이를 통해 교육기관의 자율성과 다양성이 조장되어질 수 있음을 제시하고 있다.

영국 정부는 비록 학생들의 대다수가 아직도 전적으로 공공기금으로부터 수업료 지불을 받고 있지만, 1990년에 고등교육의 상당한 수업료 증가를 포함한 새로운 정책을 도입하였다. 이러한 변화에 대한 이유는 대학교와 다른 고등교육기관에 추가적인 학생 모집을 위한 상당한 인센티브를 부여하고 그를 통해 단위비용을 줄이며, 학생수요에 대한 교육기관의 책무성을 증가시키고, 아울러 교육기관의 수입의 원천을 다양화하여 중앙정부 보조금 의존을 줄이는데 있다(교육과학부, 1989).

캐나다의 수업료 정책은 Stager(1989)에 의해 검토되었으며, 그는 수업료 발달의 역사적 요약, 특히 온타리오 지방에 대한 것을 제공했을 뿐만 아니라, 캐나다와 다른 국가들의 수업료와 학생재정지원정책에 관한 연구요약과 함께 수업료 책정을 위한 대안 접근방법에 관한 상세한 분석을 하였다.

일부 개발도상국의 수업료는 초등, 중등, 고등교육 수준에 부과되지만, 그러나 대다수 정부들은 심각한 재정적 압박에도 불구하고 **무상교육정책**(policy of free education) 을 유지하려고 노력하고 있다. 무상교육 제공은 일반적으로 공정성의 근거에 의해 정당화되지만, 그러나 여러 경제학자들은 학생지원과 결합된 수업료는 사실상 빈곤한 납세자의 비용으로 부유한 학부모의 자녀가 유리해지는 일반적인 보조금보다 더 공평하고 더 효율적이라고 주장한다. 이러한 견해는 개발도상국들의 수업료에 관련된 경제적, 철학적, 운영적 문제에 관한 유용한 요약을 제공한 Psachalopoulos(1986)와 Bray(1988)에 의해 강조되었다.

③ 공립과 사립 교육기관간의 차이

일본과 미국 같은 국가에서는 공립과 사립 교육기관 양쪽이 병행하여 존재하며, 공립과 사립대학이나 대학교의 수업료 간에 매우 큰 차이를 나타낸다.

많은 사립 교육기관들은 미국의 '수업료 차이(tuition gap)'로서 알려진 공립과 사립학교의 수업료 격차 증대에 관심을 표시한다. 미국에서는 이러한 문제를 극복하기 위해 사립 교육기관에 대한 연방이나 주정부 보조금 증가를 위한 다수의 제안들이 이루어졌다. 서로 다른 제안들의 효과에 관한 그럴듯한 몇 가지 연구들이 이루어졌지만(Breneman과 Finn, 1978), 그러나 공립과 사립 교육기관 간의 차이를 줄이기 위해 공적 보조금을 제공하는 데에 따른 타당성 문제에 있어서는 아직도 정치적 동의를 얻지 못하고 있다.

④ 학생간의 수업료 차이

여러 국가에서 공립과 사립 교육기관 간에 상당한 차이가 있을 뿐만 아니라, 일부 국가에서 동일한 교육기관의 수업료 부과수준에서 학생들 간에 차이도 증가하는 추세에 있다.

그런 차이가 초래된 이유에는 두 가지 가능한 면이 있다. 수업료가 대학이나 대학교를 위한 주된 수입원이라면, 수업료는 강의비용 차이를 반영해야 한다고 주장될 수 있다. 예를 들어, 대학원과정의 연구비용은 대학과정의 비용을 초과하며, 교육기관은 이러한 비용차이를 반영하여 수업료를 부과할 수 있다. 문제는 비록 어떤 교과목, 예를 들어 과학, 공학, 그리고 의학은 예술이나 사회적 학문보다 높은 비용이 든다는 것이 잘 설정되어있지만, 서로 다른 교육수준이나 교과목에 대한 정확한 비용자료를 얻기가 어렵다는데 있다. 다른 문제는 평균 고등교육비는 추가적 학생 한명이나 증가된 학생집단의 한계교육비용보다 더 높거나 더 낮을 수 있다는 것이다. 수업료가 비용차이를 반영하고자 한다면, 평균비용보다 오히려 한계비용에 근거해야 한다고 분명하게 말할 수 있다. 그러나 아직도 서로 다른 학문과정의 한계비용에 관한 유용한 정보가 거의 없는 실정이다.

영국정부는 1980년에 유학생들에 대한 "전액 수업료(full-cost fees)" 정책을 도입하였다. 모국 학생과 유럽공동체 학생들에 대한 수업료는 아직도 보조금이 지원되지만, 모든 다른 지역의 유학생들은 과정의 전액에 해당하는 수업료를 지불한다. 1990년에 이러한 수업료는 예술과 사회적 학문에서는 £4,560(US $6,980)가 되고, 과학과 공학에서는 £6,050(US $9,260)가 되며, 의학에서는 £11,150(US $17,060)가 된다.

이러한 유학생들에 대한 전액수업료 정책은 영국과 다른 국가들에서 상당한 논쟁을 불러 일으켰다. 영국으로 유학 온 학생들에 대한 전액수업료 도입의 효과에 관한 광범위한 연구가 이루어졌다(Williams, 1981, 1982, 1986). 유학생에 대한 수업료 차이는 또한 오스트레일리아와 캐나다에도 소개되었으며, Throsby(1986)는 오스트레일리아의 수업료 차이의 경제적 영향을 분석하였다.

유학생에 대한 수업료 차이를 둘지, 두지 않을지의 문제는 연구에 의해 해답을 찾을 수 있는 것은 아니었다. 교육보조금의 공정성과 적절한 역할에 관련되어 제기되는 다수의 어려운 이슈들은 정치적 문제이다. 많은 사람들은 출신과 관계없이 모든 학생들에게 동일한 수업료를 부과하는 것을 선호한다. 다른 사람들은 공적 보조금은 지방의 납세자들이나, 납세자의 자녀들을 위해 주로 제공되는 것이 옳다고 생각하지만, 그러나 선택적 지원이 합의된 기준에 근거하여 특수학생 집단을 위해 제공되어야 한다고 주장한다. 학생들이 공부하고 있는 주에서 정상적으로 거주하지 않은 학생들에 대해 높은 수업료를 부과하는 미국의 여러 주들의 정책은 위와 유사한 다수의 문제들을 제기한다.

따라서 수업료 차이의 문제는 누가 교육으로부터 수익을 얻고, 누가 비용을 부담해야 하는가에 관련된 다수의 문제가 밝혀져야 한다. 국가들은 이러한 비용이 개인과 공공 간에, 다른 주들이나 국가들에서 온 납세자와 시민 간에, 어떻게 할당할지를 결정하는 정책을 달리한다.

5 학생지원

국가들은 또한 학생들이 수업료와 다른 요금을 지불할 수 있도록 하기 위한 재정지원에 관한 정책이 서로 다르다. 1980년대 중반 이래로 많은 국가들에서 학생들을 위한 재정지원 유형과 수준의 상당한 변화가 있었으므로, 여러 가지 비교연구들이 학생지원정책을 분석하기 위해 상세하게 이루어졌다[Johnstone(1986), Woodhall(1989)].

여러 유럽 국가들처럼 비록 수업료를 부과하지 않더라도, 아직도 학생들의 생활비 지불을 돕기 위한 학생지원에 대한 요구가 있다. 그러나 학생들이 수업료를 납부해야만 하는 곳에서도 학생들을 위한 재정지원을 제공하는 데 있어 가장 효율적이고 공평한 방법이 무엇인가 하는 문제가 가장 중요하다.

학자금 대출

선진국과 개발도상국에서 고등교육기관을 다니는 학생들은 대학을 졸업하거나 수료한 후에 상환하는 학자금 대출 형태의 재정적 지원을 받고 있다. **학자금 대출**(student loans)은 장학금이나 보조금과 함께 학생들이 수업료나 생활비를 지불할 수 있도록, 정부나 사립교육기관들이 학생들의 재정적 지원을 제공하는 주된 방법들 중의 하나이다. 그러나 다른 학생지원과는 달리 학자금 대출은 결국 상환해야만 한다. 국가에 따라서 다양한 학자금 대출 제도가 운영되고 있으며, 그에 따른 조건들도 매우 다르게 관리되고 있다.

학생들에게 대출금이나 보조금, 그리고 장학금의 방법으로 보조를 해주어야 하는지에 관해 동의를 얻지 못하고 있기 때문에 학자금 대출은 여러 국가에서 상당한 논란을 불러일으킨다. 다시 말해서, 학자금 대출의 효과에 관해서 동의를 얻지 못하고 있고, 아울러 학자금 대출이 학생들을 위한 가장 좋은 재정지원방법인가에 관해서도 동의를 얻지 못하고 있다. 학자금 대출에 대한 옹호자와 반대자들은 다양한 학자금 대출 구조를 지닌 국가들의 실제적 경험을 무시하고 격렬하게 논쟁하고 있다. 그러나 학자금 대출은 1960년대 초 이래로 고등교육을 받는 학생들을 지원하는 수단으로서 폭넓게 사용되어 왔으므로, 상당한 경험이 축적되어있다. 따라서 이 절은 여러 국가에서 운영되고 있는 학자금 대출 제도 형태를 요약하고, 학자금 대출을 옹호하는 입장과 반대하는 입장을 살펴보며, 고등교육의 재정운영 수단인 학자금 대출의 효과에 관한 증거를 검토하고자 한다.

학자금 대출의 효과에 관한 논쟁은 고등교육진입에 관한 서로 다른 재정지원 형태에 대해 이루어지며, 특히 저소득층 가계의 가난한 학생들, 다른 방법의 재정지원을 받는 학생과의 공정성, 학생의 동기와 성취에 관한 학자금 대출의 효과, 학자금 대출 프로그램 관리의 실행가능성과 비용, 그리고 어떤 교육기관이 학자금 대출을 제공하고, 어떻게 상환을 하고, 이자율을 어느 정도 부과하며, 상환을 하지 못하는 학생들을 어떻게 처리할지 등과 같은 관리적 문제에 관한 것이다.

■1 학생을 위한 서로 다른 재정지원 형태

전 세계적으로 정부는 고등교육기관에 다니는 학생들을 위해 재정지원을 제공한다. **교육보조금**(subsidization of education)의 정도와 방법은 국가에 따라 상당히 다르지만, 그러나 선진국과 개발도상국 양쪽의 모든 국가에서, 정부가 고등교육을 위한 재정자원의 상당 부분을 제공하며, 초등과 중등교육도 마찬가지이다. 고등교육에 대한 보조금은 학생들의 생활비 일부나 전부를 위해 교육기관, 즉 학교, 대학, 대학교나, 또는 학생에게 지원될 수 있다.

대다수 국가들은 교육기관과 학생 양쪽에 보조금을 제공하지만, 그러나 교육기관에 대한 지원과 학생에 대한 지원 간에 균형을 유지하는데 있어서 국가 간에는 상당한 차이가 있다. 다음은 여러 국가의 재정지원 형태에 관한 것이다:

- 수업료의 직접비용을 교육기관에 지불, 그로 인해 학생들에 대한 수업료는 감해지거나 해소된다.
- 교부금의 형태로 모든 학생들에게 조건 없이 지불.
- 학업능력에 근거하여 상으로서 장학금, 교부금, 보조금의 형태로 선택된 학생에게 지불.
- 재정적 요구에 근거하여 자산조사(means-tested)에 의한 교부금이나 장학금의 형태로 선택된 학생에게 지불.
- 시장이자율 이하나 0 이자율로 공적기금에 의해 학생들에게 상환할 수 있는 학자금 대출.
- 은행이나 다른 사적 기관에 의한 정부보증의 학자금 대출, 대출받은 보조금의 이자율은 시장이자율보다 낮게 책정.
- 파트타임 근로학생에 대한 임금지불은 학생을 위한 특별고용구조에 따라 제공.
- 학생을 위한 급식, 숙소, 교통비는 시장가격 이하로 부과.
- 학생이나 졸업생을 위한 세금감면.

• 학생의 학부모에 대한 세금감면.

　정부는 여러 가지 다른 이유로 고등교육에 보조금을 지원한다. 교육투자는 경제적, 사회적 수익이 된다고 판단되므로, 충분한 교육투자가 이루어지는 것이 교육에 대한 정부지원의 목적을 실현하는 것이 된다. 그리고 다른 이유는 재정적 장벽이 고등교육에 등록하고자 하는 학생들을 방해하지 못하게 함으로써 기회의 균등을 향상시키는데 있다.

　학자금 대출 프로그램 또한 여러 가지 다른 목적들을 지닌다. 어떤 국가에서 주요 목적은 경제요구에 부응하기 위하여 교육받은 인사를 충분히 확보하는 것이며, 반면에 다른 국가에서는 기회균등의 문제를 매우 중요하게 생각한다. 많은 국가들은 학생들을 위한 여러 가지 서로 다른 재정적 지원 형태를 제공한다. 특히, 다수의 국가들은 교부금과 학자금 대출의 절충형태를 제공하며, 어떤 경우에는 학생이나 학부모들을 위한 세금감면이나 보조금을 지급받은 학생들을 위해 고용기회를 제공해 주기도 한다.

　학자금 대출은 유럽, 스칸디나비아 전체국가, 캐나다, 미국, 그리고 일본 등 여러 국가의 학생들을 위한 재정지원의 중요한 방법이며, 라틴 아메리카에서도 폭넓게 사용되고 있다. 아프리카와 아시아의 몇몇 개발도상국은 학자금 대출 프로그램을 갖고 있지만, 그러나 많은 개발도상국들은 거의 학자금 대출을 사용하지 않고, 대신 기관에 대한 교부금이나 학생에 대한 교부금, 장학금, 보조금의 방법으로 고등교육에 대한 재정적 지원을 제공한다. 아주 소수의 국가들이 전적으로 학자금 대출에 의존한다. 일본은 학생에 대한 거의 모든 재정적 지원을 학자금 대출 형태로 제공하는 소수의 국가들 중의 하나이다. 비록 1980년대에 여러 국가에서 학자금 대출의 의존이 커지는 경향이 있지만, 영국을 포함한 일부 국가들은 1990년대 초에 학자금 대출 프로그램을 도입하였다. 그러나 아직도 여러 국가에서 학자금 대출 도입의 타당성에 관한 논쟁이 벌어지고 있다. 예를 들어, 일본과 스웨덴에서는 초등이나 중등학교 학생들보다 오히려 고등교육(중등이후, 기술적 혹은 직업적)의 학생들을 위해 주로 제공된다.

　유럽과 미국의 학생지원에 관한 여러 가지 비교연구들이 이루어졌으며(Woodhall, 1970, 1978, 1982, 1989), 개별 국가들, 특히 미국과 영국의 학생지원정책에 관한 광범위한 분석이 이루어졌다. 1980년대 후반부터, 개발도상국들의 학자금 대출의 실행가능성이 관심을 끌었으며, **국제교육기획연구소[International Institute for Educational Planning(IIEP)]**는 미국과 유럽,

아시아, 아프리카, 그리고 라틴 아메리카의 학자금 대출에 관한 일련의 교육포럼을 조직하였다. 세계은행은 개발도상국의 학자금 대출과 고등교육의 특수문제에 관한 연구를 수행하였으며, 이러한 연구는 개발도상국들의 학자금 대출에 상당한 기여를 하였다. 세계은행의 연구결과를 요약하여 제시하면 다음과 같다.

② 학자금 대출 프로그램

일부 국가에서는 사립교육기관이 학자금 대출 프로그램을 운영한다. 예를 들어, 몇몇 개별 대학이나 대학교들은 학생들에게 학자금 대출을 권하고, 가난한 학생들에게 학자금 대출을 제공하기 위해 **자선기금**(charitable funds)을 마련한다. 그러나 대부분의 경우에 학자금 대출 구조는 중앙과 주 정부에 의해 운영된다. 캐나다, 덴마크, 노르웨이, 스웨덴, 그리고 일본을 포함한 많은 국가들은 1960년대에 학자금 대출 프로그램을 운용하였고, 독일과 영국을 포함한 다른 국가들은 1990년대에 학자금 대출 프로그램을 도입하였다.

미국에는 다양한 학자금 대출 프로그램이 있으며, 정부의 보증과 **이자 보조기금**(interest subsidies)을 받는 시중은행, 개별 대학과 대학교, 혹은 **민영기관**(private agencies)에 의해 운영되고 있다. 현재는 "퍼킨즈 학자금(Perkins loans)"으로 불리는 **학비 원조 연방 정부 대출금 프로그램**[National Direct Student Loan Program(NDSLP)]이라는 최초 제도가 1958년에 설립되었다. 1965년에는 "스태포드 학자금(Stafford loans)"으로 불리는 **대학생 학자금 원조 프로그램**[Guaranteed Student Loan Program(GSLP)]이 마련되었다. 1981년에는 **대학생 부모에 대한 학자금 대출**(PLUS), **학생에 대한 추가적 학자금 대출**(SLS) 제도가 확립되었다. 영국에서는 "추가지불학자금(top-up loans)"으로 알려진 학자금 대출 제도가 1990년에 도입되었으며, 이는 학생의 신분유지와 생활비를 지원하기 위한 추가보조금 형태로서 지원되었다.

남아메리카에서는 **콜롬비아 국외연수 발전연구소**[Colombian Institute for Advanced Training Abroad(ICETEX)]가 설립된 1950년에 최초 학자금 대출제도가 마련되었다. 라틴 아메리카에서 사용된 "교육적 신용거래(educational credit)"라는 용어는 학자금 대출에 관한 것이며 학생들을 위한 상환의무를 지닌 재정지원의 한 형태이다. 콜롬비아의 학자금 제도는 처음에는 해외에서 고등교육을 받고 있는 학생들의 재정지원을 위해 시도되었으나, 1968년에 ICETEX는 국내에서 공부하고 있는 학생들을 위해서도 학자금을 제공하기 시작하였다. 1960년대와 1970년대에 걸쳐, 콜롬비아의 학자금 대출제도에 이어서, 많은 라틴 아메리카 국가들에서 학자금 대출 기관들이 설립되었다. 예를 들어, 베네수엘라의 EDUCREDITO, 아르헨티나의 INCE 등이다. 라틴아메리카의 다양한 학자금 제도들은 **범미주교육신용기관협회**[Pan American Association of Educational Credit Institutions(APICE)]를 형성하게 되었다.

❸ 학자금 대출 프로그램의 주요 특성

학자금 대출 프로그램의 대다수는 학생들이 수업료나 생활비를 지원 받을 수 있도록 저이율의 장기대출을 제공한다. 스칸디나비아와 유럽의 다른 국가들은 일반적으로 수업료가 무료이기 때문에 단지 대학생활 유지에 필요한 비용을 대출해주며, 일본과 미국은 학생들의 수업료 지불을 지원하는 대출을 해준다. 대부분의 학자금 대출은 10년에서 20년 내에 상환해야 하지만, 그러나 **분할상환금**(repayment)과 학자금 대출에 부과되는 이자율 면에서 상당한 차이가 있다. 많은 정부들의 학자금 대출은 일반적으로 학생들이 학업기간 중에는 대출금에 대한 이자를 지불하지 않고, 졸업한 후나 과정을 수료한 후에 시장 이자율보다 낮은 이자율로 대출금을 상환하도록 하고 있다. 미국에서는 대출제도가 다르므로 이자율 부과도 서로 다르다. 가장 높은 보조금이 지급되는 대출은 저소득층 가정의 학생들을 위해 마련된 퍼킨즈 학자금이다; 퍼킨즈 학자금의 대출자는 5%의 이자를 지불하고, 스태포드 학자금의 대출자는 8~10%의 이자를 지불하며, SLS와 PLUS 학자금의 대출자는 12~14%의 이자를 지불해야만 한다. 캐나다의 이자율은 시장의 이자율에 따라 변하며, 스웨덴과 일본의 이자율은 시중 이자율 이하이다. 대부분의 경우에, 학생들은 연간 고정이자율로 지정된 기간에 걸쳐 대출금을 상환하게 된다. 따라서 대부분의 경우에 학자금 대출은 담보대출과 비슷하다. 그러나 어떤 경우에는 졸업생들이 대출금 상환에 대한 이자율을 바꿀 수도 있고, 여러 국가에서는 졸업생들이 질병이나 실업 같은 만일의 사태를 당하면 상환을 연기할 수도 있다. 많은 국가에서 정부가 보증을 서며, 만일 채무자가 사망하거나 심각한 질병에 걸리거나 혹은 장애를 입게 되어 대출금을 상환할 수 없게 된다면, 비록 어떤 경우에는 채무자가 개인적 보증인을 세워야 하지만, 채무는 탕감되어진다.

여러 국가에서 소득 여부에 따른 대출금 도입을 제안하였다. 이는 학생들이 자신의 채무를 상환할 때까지 매년 소득의 고정비율 분을 지불하는 것을 의미한다. 소득 여부에 따른 대출금을 도입한 국가들은 매우 드물었지만, 그러나 스웨덴은 1989년에 소득과 관련한 상환제도를 도입하였으며, 졸업생들은 대출금을 상환할 때까지 소득의 4%를 지불하도록 하였다. 오스트레일리아는 **고등교육기여제도(HECS)**를 도입하여 학생들이 평균 수업료 비용의 약 20%가 되는 몫을 부담하도록 하였다. 이는 졸업 때까지는 상환이 연기되고, 졸업 후에 총과세소득의 2~4%로서 과세 제도를 통해 상환하도록 한 것이다. 이 제도는 일부 논평자에 의해 졸업생 조세로 잘못 서술될 수 있지만, 사실상 이제도는 소득 여부에 따른 대출금과 비슷하며, 조세제도를 통해 징수되는 것이다. 학자금 대출과 졸업생 과세 간의 근본적 차이는 전자가 채무의 상환을 포함하고, 상환은 채무가 완전히 변제되는 시점에서 종결되는 것인데 반해, 후자는 영구적인 의무를 지닌다는 것에 있다. 오스트레일리아에서는 졸업생의 상환은 총부채가 변제되었을 때 끝난다.

소득 여부에 따른 대출금은 영국에서 Barr(1988, 1991)에 의해 주창되었으며, 이는 모기지론(주택담보대출)보다 더 효율적이고 더 공정하다는데 근거를 두고 있다. 미국에서도 이러한 여러 가지 제안들이 제기되었지만, 그러나 소득 여부에 따른 대출금 시행은 단기간의 실험에 그쳤으며, 1970년대의 소위 "예일계획(Yale Plan)"은 성공하지 못하였다. 그럼에도 불구하고, 미국의 일부 경제학자들 중에서, 특히 Reischauer(1989)는 소득 여부에 따른 대출금을 옹호하였으며, 그로 인해 소득 여부에 따른 대출금은 미국에서 다시 검토되게 되었다.

대부분의 국가에서, 학자금 대출에 대한 적격성은 학생의 가계소득 수준에 달려 있으며, 수입조사결과에 따라 대출금이 지급된다. 대개의 경우, 대출금 제도는 수업료나 생활비를 지불할 수 없는 궁핍한 학생들을 위해 마련된 것이다. 그러나 스웨덴의 모든 학생들은 학부모의 수입과 관계없이 대출금을 받을 수 있으며, 영국에서는 모든 학생들이 가계수입과 관계없이 '추가지불학자금'을 받을 수 있다. 미국에서는 1978년에 제정된 **중간소득학생지원법[Middle Income Student Assistance Act(MISAA)]**에 따라 소득 상한선을 없앴으며, 이로 인해 모든 학생들이 GSLP 대출금을 받을 수 있도록 하였다. 그 결과 대출금 지원에 대한 수요가 증가하게 되었으며, 또한 연방정부기금에 과도한 부담을 초래하게 되었다. 그래서 1981년에 GSLP 대출금 신청자격은 다시 저소득층 가계의 학생들만으로 국한하게 되었다.

이러한 기존의 학자금 대출 프로그램의 간단한 요약은 서로 다른 국가들의 학자금 대출 형태의 폭넓은 변화를 보여준다. 그 때문에 학자금 대출의 영향은 채택한 학자금 대출의 형태에 따라 다르게 나타나며, 서로 다른 대출금 형태의 상대적 장점에 관해서 아직도 경제학자들 간에 상당한 논쟁이 야기되고 있다.

❹ 대출금 대 보조금의 문제

교육재정분야에서 가장 격렬한 논쟁의 하나는 학생들을 위한 재정지원 형태를 대출금과 보조금 중에서 어느 것을 택할 것인가이다. 미국과 영국의 경제학자들은 학자금 대출의 바람직함에 관해 오랫동안 동의하지 않았으며, 또한 특수한 대출 형태의 장점이나 단점에 대해서도 마찬가지였다. 논제의 핵심은 다음과 같은 요인들에 관련된 것이다. (1) 고등교육을 위한 재정공급, (2) 고등교육의 재정적 수익, (3) 교육재정의 다른 대안들과의 공정성, (4) 기회의 균등에 관한 대출금이나 보조금의 효과, (5) 고등교육의 효율성, 그리고 (6) 학자금 대출 프로그램 운영에 관한 실제적, 행정적 문제 등이다.

학자금 대출을 옹호하는 자들은 교육은 지역사회에 경제적, 비경제적 수익을 주기 때문에 국민복지에 근거하여 고등교육을 지원해야 한다고 주장하며, 고등교육을 통해 높은 생애소득 형태로서 수익을 얻은 사람들은 자신들의 교육비용을 대출금 상환을 통해 변제하기 때문에, 대출금 제도는 보조금보다 더 공평할 수 있고, 보조금이나 장학금제도보다 공적기금 부담을 줄여줄 수 있다고 주장한다. 다른 한편으로, 대출금 제도에 반대하는 자들은 부채의 불안이 가난한 학생들을 위축시킬 수 있기 때문에, 학자금 대출은 저소득층 학생들이 교육을 지속하도록 격려하는데 있어서 보조금보다 덜 효과적이라고 주장한다. 이들은 또한 학생들이 부채의 규모에 관심을 가지기 때문에 낭비나 중퇴의 위험을 증가시키게 되며, 아울러 대출금 제도의 도입에 따른 관리비용과 대출금 상환을 하지 못하는 학생들의 문제로 인해 잠재적 저축이 감소될 것이라고 주장한다.

이러한 주장의 상당 부분은 학자금 대출의 형태나 수준이 한 국가에서 얼마나 유용한가에 달려있다. 예를 들어, 대출금의 반대자들은 영국에서 대부분의 대학생들은 수업료는 무료이고 유지비용에 대한 보조금을 받으므로, 대출금이 근로자 계층 학생들의 의욕을 감소시키고, 여성들에게는 대출금이 '부정적 지참금(negative dowry)'의 위협으로 여겨져 여성의 고등교육등록을 약화시킨다고 주장한다. 다른 한편으로, 학자금 대출 옹호자들은 미국에서는 1970년대 중반까진 매우 소수의 학생들에게만 지원이 이루어졌으므로, 극빈 학생들이 대출을 통해 고등교육을 받을 수 있게 함으로써 교육기회균등에 기여하게 된다고 주장한다.

공정성의 문제는 대출금 대 보조금의 논쟁을 불러일으켰다. 대출금의 옹호자들은 고등교육에 대한 보조금으로부터 상위소득가계의 학생들이 가장 큰 수익을 얻는다고 주장하며, 대출금은 평균소득이나 평균소득 이하의 납세자들이 미래에는 고등교육의 결과로 평균소득 이상의 납세자들로 변화되도록 하는데 기여한다고 주장한다. 따라서 대출금은 고등교육으로부터 직접적인 수익을 얻은 사람들이 결국에는 자신의 대출금을 상환하게 되므로 보조금보다 더 공정하다는 것이다. 대출금 제도는 필요할 때 재정지원을 제공하지만, 납세자에서 졸업생으로 소득의 전환이 이루어지는 것은 아니다. 예를 들어, 영국에서는 Prest(1966), Blaug(1970), Maynard(1975), 그리고 Woodhall(1982) 모두가 학자금 대출제도는 무조건의 교부금보다 더 공정하며, 또한 더 융통성이 있고, 공적기금에 관한 부담을 덜어준다고 하였다. 부가적으로, Barr(1988, 1991)는 소득 여부에 따른 대출금은 국가보증이나 사회 안전 제도를 통해 징수되며, 조세의 "수익자 부담의 원칙(benefit principle)"과 지불능력 양쪽에 의해 지원된다고 하였다.

⑤ 개발도상국의 학자금 대출

학생지원의 수단으로서 대출금 대 보조금에 관한 주장은 개발도상국으로까지 확대되었다. 공적 비용을 제한하는 심각한 재정압박은 많은 개발도상국의 정부들은 고등교육에 대한 공적기금 지원을 줄이도록 강요받았다. 많은 경제학자들은 고등교육은 사적수익이 사회적 수익을 초과하는, 수익이 되는 사적 투자라는 근거를 내세워 고등교육비용의 증대를 주장하였으며, 아울러 교부금을 포함한 높은 보조금 수준은 고등교육을 촉진시켜 그 결과로서 가난한 납세자를 미래에는 높은 소득을 누리는 납세자로 변화시켜 주게 된다고 주장하였다. 나아가, 많은 개발도상국에서 대학교육을 받는 학생들은 특권 배경 출신이기 쉬우므로, 교부금에 대한 대출금 대체를 함께하여 고등교육의 비용지원을 증대하는 것이 효율성과 공정성 양면에서 적절하다고 주장하였다[Psacharopoulos와 Woodhall(1985), Psacharopoulos(1986)].

개발도상국의 학자금 대출 시행은 산업화된 국가들보다 더 제한적이지만, 그러나 현재 대출금 제도는 라틴 아메리카 전체에 걸쳐 운용되고 있으며, 아프리카와 아시아에서도 증가하고 있다. 그러나 이들 국가들 중 상당수는 심각한 관리적 문제, 특히 높은 **채무불이행**

(default)에 직면에 있으며, 그로 인해 효율적인 금융제도나 다른 재정적 인프라구축이 부족한 개발도상국에서는 대출금제도가 실현가능하지 않다는 비판이 제기되고 있다. 개발도상국에 대한 학자금 대출 프로그램을 계획하는 문제를 구체적으로 다루는 다수의 문헌들이 늘어나고 있다[Woodhall(1987), Albrecht와 Ziderman(1991)]. 이는 산업화된 국가와 개발도상국들의 경험을 포함한, 기존의 대출금 프로그램의 평가에 결정적으로 의존하고 있다. 이러한 연구결과의 요약은 아래와 같다.

⑥ 학자금 대출의 평가

고등교육의 재정수단인 학자금 대출에 대한 몇 가지 평가가 이루어졌다. 이러한 평가의 일부는 특수한 국가의 학생지원정책 혁신에 대한 논의의 맥락에서 수행되었다. 예를 들어, 캐나다에서는 1980년에 연방과 지방의 학생지원 대책위원회가 캐나다 학자금 대출 프로그램(CSLP(을 포함한 보고서를 제출하였다. 미국에서는 학생지원수단인 학자금 대출에 대한 다수의 평가가 실시되었다[Hartman(1971), Rice(1977), Hansen(1989), Gladieux(1989)]. 초기연구는 "학자금 배부 프로그램은 순수한 축복은 아니지만, 그렇다고 해서 전적으로 해악한 것은 아니다 … 현재의 교육재정정책 환경에서 학자금 대출은 필요하다"고 결론지었다(Rice, 1977, p.9).

Hansen은 "학자금 대출은 학생들이 무조건이고, 상환하지 않아도 되는 보조금 형태의 지원보다 더 폭넓은 재정적 지원을 받을 수 있는 방법이다 … 정적 현실은 학자금 대출이 중등교육 이후의 학생들을 위한 주요 기금원천으로서 지속되기를 요구하고 있다."(Hansen, 1989, p.67)

Hansen에 의해 확인된 두 가지 주된 관심은 과도한 부채부담과 높은 채무불이행율에 관한 우려였다. 이러한 문제는 부분적으로 미국 학자금 대출의 매우 급속한 증가에 기인한 것이다. 1978년에서 1981년까지, GSLP 대출금의 적격성 증대 결과로서, 학생들의 총대출금액은 US 20억$에서 US 80억$로 높아졌으며, 이자 보조금 비용 또한 1978년 US 6억$에서 1981년 US 25억$로 높아졌다. 1989년에 연방정부프로그램 하에서 총대출금은 US 120억$로 높아졌으며, 연간 10억$당 2$ 이상 채무불이행 비용이 연방정부에서 발생하였다. 그러나 Hansen은 이러한 현상이 학자금 대출을 상환하지 않으려는 의도로 인해서보다 주로 급속한 대출증가에 기인한 것이라고 결론지었다. 낮은 소득을 지닌 채무자들이 소득보증수단에 의해 보호를 받는다면, 채무불이행 문제는 크게 줄어들 것이다.

개별국가의 평가에 따르면, 1980년대와 1990년대 초에 상당히 많은 비교연구들이 수행되었고, 국제적 실태를 토대로 1983년에 학자금 대출의 서로 다른 유형의 영향에 관한 결론이 도출되었다[Rogers(1972), Johnstone(1986), Woodhall(1970, 1982, 1989, 1992, 1993), Barr(1991), Albrecht와 Ziderman(1991)].

스칸디나비아의 학자금 대출에 관한 초기연구는 다음과 같은 결론을 내렸다:

완전한 학자금 대출제도는 아직도 어떤 국가에서도 개발되지 않았다. 스칸디나비아의 학자금 대출 실태에 관한 조사를 통해 분명히 밝혀진 것은 학자금 대출제도를 교육적, 재정적 질병에 대한 만병통치약으로 여기거나, 어떡하든 벗어나야 하는 악성대출로 간주하고 있다는 것이며, 이는 똑같이 잘못된 것이라는 점이다. 학자금 대출의 옹호나 반대 양쪽의 과도한 주장의 일부는 다른 국가들의 운용 실제 면에서 보았을 때 자신의 관점에만 빠져있는 것 같다(Woodhall, 1970, pp.1983-84).

이러한 결론은 1960년대 중반에 학자금 대출을 도입한 여러 국가들의 비교적 초기 실태에 근거하였다. 그 당시 인플레이션율은 낮았고 완전고용이 이루어졌으며, 그로 인해 졸업생들은 직업을 찾고 유지하는 것이 그렇게 힘들지 않았다. 따라서 대출금 상환의 채무불이행 문제는 심각하지 않았다. 캐나다, 스웨덴, 그리고 미국의 대출금 실태에 관한 평가에서는 다음과 같은 결론이 내려졌다:

(1) 학자금 대출제도는 정부정책목적을 충족시키기 위해 고안되어졌지만, 그러나 프로그램 비용과 지원할 수 있는 학생수간의 상호절충이 요구된다.
(2) 학자금 대출에 포함된 보조금의 정도는 가변적이며 정책적 결정에 달려있지만, "숨겨진 보조금(hidden grant)"제도로 여겨지기보다 보조금의 규모에 대해 학생과 대중이 알 수 있도록 하는 것이 바람직하다.
(3) 채무불이행을 낮추기 위해서는 질병, 실업, 저소득으로 인해 대출금 상환을 할 수 없는 사람들을 위한 특별지원이 이루어져야 한다.
(4) 학자금 대출로 인해 근로자 계층의 학생들이나 여성들이 고등교육 참여를 자동적으로 단념하지는 않는다.
(5) 단기적으로는 학자금 대출 도입으로 상당한 저축이 형성되지 않지만, 장기적으로는 대출금 제

도가 16~19세의 연령층이나 파트타임과정을 밟고 있는 성인들을 위한 다른 재정적 지원형태로 사용될 수 있는 상당한 공적기금을 축적할 수 있다.

(6) 학자금 대출 평가에서는 대출금제도가 학생과 일반대중들 사이에 인기가 있었음을 보여주지만, 지난 10년 동안 인플레이션과 높은 이자율로 인하여 채무불이행 문제가 제기되었다. 그러나 이러한 문제는 해결될 수 있다. 특히 미국에서 높은 채무불이행은 저소득으로 인해 대출금 상환을 할 수 없는 사람들을 위해 스웨덴에서 실행되고 있는 보험제도 같은 대책마련이 중요함을 일깨워주었다.

Johnstone(1986)은 대부분의 대출프로그램들은 상당한 이자보조금을 포함하고 있으므로, 대출상환의 순현재가는 실제적으로 대출한 기금의 실제가보다 낮음을 보여준다. 예를 들어, 스웨덴과 독일의 대출프로그램에는 상당한 '숨겨진 보조금'이 포함되어 있으며, 미국은 이들 국가보다 다소 적다. Albrecht와 Ziderman(1991)은 이러한 분석을 확대하였으며, 20개 국가들의 **암묵적 보조금(implicit subsidy)**을 계산하여 학자금 대출이자율이 시장이자율보다 낮게 제공되고 있음을 밝혔다. 그들은 조사한 프로그램의 1/2에서 암묵적 보조금이나 '숨겨진 보조금'이 대출가의 반 이상을 차지하였으며, 케냐와 베네수엘라 같은 경우에는, 이자보조금, 높은 채무불이행율, 그리고 관리비용의 결합효과로 살펴볼 때 정부가 학생들을 위해 제공하는 보조금은 실제적으로 더 저렴하다고 결론지었다. 따라서 연구는 대출프로그램은 단지 교육재정에 관한 한계영향만을 지니므로, 학자금 대출은 단지 비용회수의 한계 내에서만 운용되어야 한다고 결론짓고 있다. 그럼에도 불구하고, 연구자는 다음과 같이 강조한다:

실망스런 과거의 실제로 인하여 대출프로그램을 포기해야 한다는 결론을 내릴 수는 없을 것이다. 반대로, 프로그램 계획의 여러 가지 핵심요소들을 혁신하고 향상하는 것이 원활한 대출프로그램 운영을 위한 필요조건이 된다고 생각한다(Albrecht와 Ziderman, 1991, p.23).

특히 세 가지 핵심문제가 확인되었다: ① 효과적인 목적설정(예를 들어, 궁핍한 학생들을 위한 자원집중), ② 한정된 채무부담을 지게 하면서 보조금 감액(1989년 이래 스웨덴에서 실시되고 있는 것처럼 이자율은 높이데, 소득에 관련해서 상환함), ③ 상환 불이행의 최소화(예를 들어, 오스트레일리아처럼 조세제도나 사회적 보증 제도를 사용하여 효율적인 상환금 회수방법계획)이다.

Albrecht와 Ziderman은 다음과 같이 결론을 지었다:

학자금 대출과 대안적인 연불(deferred payment)의 형태는 자격 있는 학생들의 대학진학을 단념하지 않게 하면서도, 비용회수를 지원할 수 있는 중요한 정책옵션이다. 그러나 이러한 두 가지 목표를 위해서는 특히 자금회수를 보증할 수 있는 사려 깊게 계획된 프로그램이 요구된다(1991, p.49).

다른 중요한 문제는 기회와 평등의 질에 관한 학자금 대출의 효과이다. 학자금 대출의 옹호자들은 가난한 납세자로부터 부유한 학생들에게로 소득의 전환이 더 적게 이루어지므로 학자금 대출이 교부금 지불보다 더 적절하다고 믿는다. 반면에 비평가들은 학자금 대출은 근로자 계층의 학생들에게 대학진학을 단념하도록 한다고 믿는다. 또한 학자금 대출프로그램의 평가로부터 얻어진 증거는 학자금 대출이 이러한 견해에서 제시된 것처럼 효과적이지도 손해를 끼치는 것도 아님을 보여준다. 아울러 미국과 스웨덴의 연구는 저소득층 학생들의 부채 초래의 불안으로 인한 고등교육 진입이 위축되지 않음을 보여준다. 그리고 대출프로그램은 대부분의 국가에서 아직도 소득전환의 매우 중요한 보조금 지불수단으로 여기고 있다. 예를 들어, 콜롬비아의 학자금 대출에 관한 Jallade의 평가(1974)는 대출제도를 "납세자로부터 학생들에게로 고등교육의 부담을 전가시키는 도구로서 거의 고려하지 않으며, 오히려 사립대학교를 위한 부가적 기금을 확보하기 위한 통로로서 비용이 적게 드는 방법으로 여긴다."고 결론지었다(Jallade, 1974, p.35).

따라서 선진국과 개발도상국 양쪽에서 이러한 학자금 대출 평가에 관한 일반적 결론을 내리면, 학자금 대출은 학생들을 위해 재정적 지원제공의 효과적인 방법이 되지만, 그러나 비용회수와 기회의 균등, 혹은 고등교육비용의 재분배에 대한 기여의 정도는 결정적으로 학자금 대출구조가 운용되고 있는 일반적, 경제적 상황과 학자금 대출의 조건여하에 달려 있다.

제4장
교육재정과 조세제도

조세의 기본원칙

정부는 재화와 서비스를 구입하기 위하여 지불해야 하는 경비와 국민에게 지급하는 이전지출에 소요되는 경비의 충당을 위해 재정수입을 필요로 한다. 조세는 이와 같은 재정수입의 필요성에 따라 민간부문으로부터 강제적으로 징수되는 자원을 의미한다. 정부는 조세 이외에도 여러 방법에 의해 재정수입을 얻고 있다. 예를 들어, 국채발행, 사용자 부담금, 공공기업의 이윤 등 여러 가지 세외수입원을 활용하는 것이 일반적이다. 그러나 대부분의 국가에서는 정부가 재정기능을 수행하는데 필요한 경비를 주로 조세수입에 의해 충당하고 있다.

정부의 재정이 세입과 세출 측면으로 나누어지듯이, 재정이론 역시 세입이론과 세출이론으로 나누어져 있다. 재정이론에서 세입이론이 세출이론보다 훨씬 더 많은 비중을 차지하며, 세입이론 중에서도 특히 조세이론이 가장 주된 부분을 차지한다.

이 절에서는 교육재정의 주된 세입재원이 되는 조세와 관련된 기본원칙을 주로 이준구(2011)의 저서에서 발췌·수정하여 제시하고자 한다.

■1 공평한 조세부담

조세부담을 어떻게 분배하는 것이 공평한지에 대해서는 기본적으로 두 가지 접근방법이 있다. 하나는 **편익원칙(benefit principle)**으로, 각 납세자가 정부서비스로부터 받은 혜택 즉,

편익에 의해 공평한 조세부담의 크기가 결정된다고 보는 접근방법이다. 다른 하나는 **능력원칙**(ability-to-pay principle)으로, 각 납세자가 가진 경제적 능력에 따라 부담을 지우는 것이 공평하다고 보는 접근방법이다.

1) 편익원칙

편익원칙이란 간단히 말해서 각 납세자가 공공서비스로부터 받은 편익에 비례하도록 조세부담을 분배하는 것이 공평하다고 보는 접근방법을 뜻한다. 이와 같은 접근방법을 채택하면 지출구조의 특성이 공평한 조세제도의 성격에 영향을 미치는 결과가 나타난다. 왜냐하면 지출구조의 특성에 따라 각자가 받는 편익의 분배양상이 달라지고, 이에 따라 공평한 조세부담의 분배도 달라져야 하기 때문이다.

이처럼 정부서비스로부터 받은 개인의 편익이 조세부담 분배의 기초가 되어야 한다는 생각은 Wicksell(1893)이 제시한 **자발적 교환**(voluntary exchange)의 재정이론이 그 근원이 된다. 우리가 물건을 살 때 그것으로부터 나오는 편익에 상응하는 가격을 지불하듯, 공공부문에서 공급하는 재화나 서비스로부터 나오는 편익에 대한 대가로 조세를 납부해야 한다는 기본원칙이 자발적 교환의 이론에서 도출될 수 있는 것이다.

공공서비스로부터 받은 개인의 편익에 비례한 조세부담방법은 납세자의 자발적 협조를 이끌어낼 수 있다는 장점을 지닌다. 정부서비스로부터 받은 편익에 따라 조세부담이 결정되는 것이므로, 개인은 자연스럽게 납세의무를 당연한 것으로 인식하게 된다. 그러나 현실적인 면에서 편익원칙을 선택할 경우에, 개인은 조세부담을 줄이기 위해 자신이 얻은 편익의 크기를 줄여서 제시하는 문제가 제기될 수 있다. 다시 말해서, 무임승차를 하려는 납세자들의 전략적 행위로 인해 편익원칙의 엄격한 적용이 어려워진다는 문제가 생기는 것이다.

이러한 문제가 일어나지 않게 하려면 납세자 자신이 제시한 편익의 크기에 의존하지 않고 객관적으로 측정한 편익의 크기에 의해 개인의 과세부담을 결정해야 한다. 그러나 어떤 개인이 정부가 제공한 재화와 서비스로 인해 얼마나 편익을 얻고 있는지를 파악하는 것은 매우 어려운 일이다. 개개 납세자에 대한 편익을 모두 파악할 수는 없다 해도, 최소한 각 소득계층에 귀착되는 편익의 크기는 알아야만 각 소득계층의 구체적 조세부담 수준을 결정할 수 있다. 그렇지만 현재의 통계자료나 분석기법으로는 이에 대한 파악도 사실상 어려운 실정이다. 이 접근방법은 적절한 소득분배가 전제되어야 그 타당성이 인정될 수 있다는 문제점을 지닌다. 또한 이 접근방법은 재분배목표 추구를 위한 조세부담의 분배를 허용하지 않기 때문에, 소득분배가 적절히 이루어지지 않은 상태에서 이를 채택할 경우에 분배의 개선은 기대할 수 없게 된다.

그렇지만 편익원칙이 당연히 적용되어야 한다는 한 가지 명백한 경우가 있다. 그것은 정부가 제공하는 재화나 서비스가 사용재의 성격 즉, 소비에서의 경합을 명백하게 갖는 경우이다. 이런 성격을 갖는 재화나 서비스라면 그로 인한 혜택을 받는 사람이 당연히 그 비용을 부담해야 하므로 편익원칙의 적용이 정당화될 수 있다. 예를 들어, 수도료나 지하철요금 등이 되며, 개인이 혜택을 받는 만큼 비용을 부담해야 공평하다는 견해에 대해서는 이견이 없을 것이다.

2) 능력원칙

능력원칙 접근방법은 공공서비스의 혜택이 어떻게 분배되는지와 관계없이 납세자의 담세능력에 따라 과세부담이 분배되어야 공평하다는 입장이다. 능력원칙은 Smith의 「국부론」이나 Mill의 「정치경제학원리」같은 고전경제학 저서에 나타나 있다. Smith는 능력원칙을 주장하면서도 다른 한편으로 편익원칙을 옹호하는 인상을 주므로 상당히 애매하지만, Mill은 역진적 성격을 갖는 편익원칙을 배격하고, 이보다는 능력원칙이 훨씬 더 공평한 조세부담의 분배를 가져올 것이라고 주장하였다. 그가 조세부과의 기본원리로 내놓은 **동등희생의 원칙(equal sacrifice rule)**은 능력에 따른 조세부담 분배의 이념적 기초를 제공하고 있다.

이 접근방법이 갖는 장점은 조세제도를 운영하는 과정에서 재분배목표를 추구할 수 있다는 데 있다. 반면에 이 접근방법은 정부지출에 의한 혜택과 조세부담을 연결시키지 않기 때문에 납세자들의 자발적 협조를 얻기 힘들다는 단점을 갖고 있다. 그러나 공평한 과세의 원칙이 적용된다는 점에서 이 접근방법은 편익원칙보다 선호도가 높다고 할 수 있다. 대부분의 국가에서 주로 능력원칙을 채택하고, 편익원칙은 사용재의 성격이 강한 재화나 서비스의 분배와 관련하여 제한적으로 적용하고 있다.

경제적 능력에 따라 조세부담을 진다는 것은 상당히 막연하므로, 이를 보다 구체화하기 위해서는 경제적 능력과 조세부담의 크기를 연결하는 과세부담 분배의 원칙이 제시되어야 한다. 이 점에 대해서는 다음과 같은 두 가지 구체적인 원칙을 생각할 수 있다.

(1) 수평적 공정성

수평적 공정성(horizontal equity)의 원칙은 경제적 능력이 같으면 동일한 세금부담을 져야 한다는 것이다. 이 원칙을 보다 일반화하여 표현하면, 모든 면에서 동일한 개인은 조세상으로도 동일한 대우를 받아야 한다는 것이다. 공정한 사회가 되기 위해서는 모든 사람이 법 앞에서 평등해야 한다는 기본원칙이 준수되어야 한다. 수평적 공정성의 원칙은 이러한 기본원칙과 상통하므로 상당한 호소력을 갖는다. 그러나 이 원칙을 실제로 적용할 때 어떤 사람을 동일한 능력의 소유자로 보아야 하는가 하는 문제가 발생한다. 현실에서는 어떤 두 사람도 모든 측면에서 동일할 수는 없으므로, 특정한 측면만을 보고서 차이가 없으면 동일한 경제적 능력을 지닌 사람으로 보게 된다. 다시 말해서 특정한 측면에서의 차이만을 경제적 능력의 관점에서 의미 있는 차이로 인정한다는 것인데, 여기서 문제는 구체적으로 무엇을 의미 있는 차이로 볼 것인가이다. 예를 들어, 인종이나 종교 등의 차이나 장애인이나 노약자인지의 여부를 의미 있는 차이로 보아서는 안 된다는 점에 대해서는 이견이 없다. 그러나 결혼여부나 납세자가 얻고 있는 소득의 종류 등이 의미 있는 차이가 되어야 하는지에 대해서는 이견이 많을 수 있다. 따라서 다양한 배경과 특성을 가진 사람들 중에서 어떤 사람들을 동일한 경제적 능력의 소유자로 보아 수평적 공정성의 적용대상으로 삼아야 할지를 결정하는 것은 매우 어려운 일이다.

(2) 수직적 공정성

수직적 공정성(vertical equity)의 원칙은 더 큰 경제적 능력을 지닌 사람일수록 더 많은 세금을 내도록 해야 한다는 것이다. 이 원칙에 대해서는 대다수의 사람들이 동의하지만, 구체적으로 경제적 능력이 커감에 따라 얼마나 누진적으로 세금부담을 늘려야 하는지에 대해서는 이견이 있을 수 있다. 공정성이 결부된 다른 문제의 경우와 마찬가지로 이 문제는 그리 쉽게 대답할 수 있는 성질의 것이 아니다.

여기서 수평적 공정성과 수직적 공정성은 별개의 관계가 아니고 서로 불가분의 관계가 존재하고 있다는 사실을 인식해야 한다. 어떤 조세제도가 수직적 공정성을 충족하지 못할 때, 차선의 선택으로서 수평적 공정성이라도 유지해야 한다는 것은 아니다. 수직적 공정성이 결여된 상황에서 수평적 공정성의 원칙만을 충족한다는 것은 기껏해야 변덕스런 차별대우를 방지한다는 것 이상의 의미를 지니지 못한다. 예를 들어, 월 소득이 500만 원인 사람이 20만 원의 세금을 내는데, 월 소득이 200만 원인 사람이 30만 원의 세금을 내는 일이 벌어질 수 있다. 소득이 동일한 사람이 동일한 세금을 낸다는 원칙이 지켜지고 있으므로 변덕스런 차별대우를 의미하지 않음은 분명하지만, 이와 같은 조세부담의 분배가 결코 바람직한 것은 아니다.

② 경제적 능력 평가

능력원칙의 적용은 경제적 능력을 정확하게 평가할 수 있음을 전제로 한다. 원칙적으로 볼 때는 개개 납세자가 누리고 있는 경제적 복지의 수준이 경제적 능력의 판별기준으로 가장 이상적이다. 그러나 경제적 복지는 주관적인 개념이기 때문에 이를 측정하는데 많은 어려움이 따른다. 개인의 경제적 복지수준을 정확하게 측정하는 것은 현실적으로 불가능한 일이기 때문에, 일반적으로 경제적 복지와 밀접한 관련을 갖는 것으로 생각되는 적합한 **대리변수(proxy)**에 의존해서 경제적 능력을 판별하고 있다.

1) 경제적 능력의 여러 평가기준

경제적 능력의 평가기준이 될 수 있는 대리변수에는 다음과 같은 것들이 있다. 이들 모두는 각각의 문제점을 지니고 있어 그중 어느 하나를 이상적 평가기준으로 선택하기 어렵다. 현실에서 사용하고 있는 평가기준은 비교적 적은 문제점을 지니고 있다는 면에서 선택된 것일 뿐이다.

(1) 소득

경제적 능력의 평가기준으로 현실에서 가장 많이 쓰이고 있는 것은 개인이 얻는 소득의 크기이다. 거의 모든 국가에서 소득세가 조세제도의 중심적 위치를 차지하고 있다는 사실이 이를 입증해준다.

그러나 소득만을 기준으로 하여 경제적 능력을 평가하면 다음과 같은 문제가 생길 수 있다. 그림 4-1에 꺾인 선분 *FGH*로 나타나 있는 예산집합을 공유하고 있는 김씨와 이씨 두 사람의 경우를 생각해 보기로 하자. 이 그림의 수평축은 소비하는 여가의 수준을 나타내고 있으며, 수직축은 노동의 대가로 벌어들인 소득수준을 나타내고 있다.

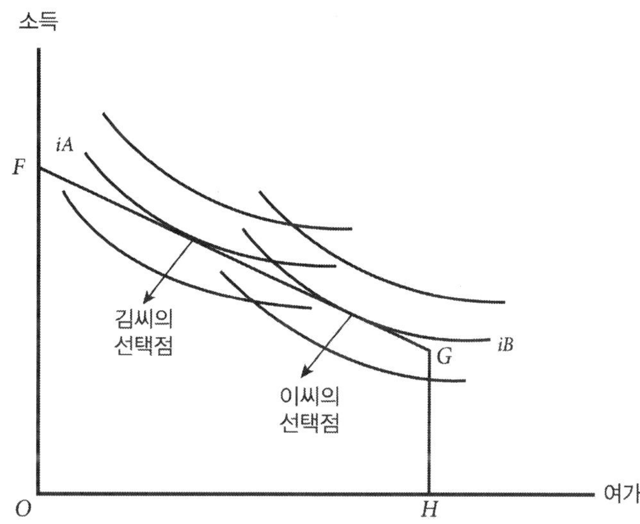

　동일한 예산집합을 갖는 이 두 사람이 동일한 경제적 위치에 있다는 것은 의심의 여지가 없다. 예산집합의 선분 GH의 길이는 소비자가 얻고 있는 비근로소득을 뜻하며, 선분 FG의 기울기는 그가 받고 있는 임금률을 나타내고 있다. 비근로소득이 같고 임금률도 같은 두 사람은 똑같은 조건에서 출발하고 있음이 분명하다. 그렇지만 두 사람은 서로 다른 신호체계를 갖고 있기 때문에 각기 다른 경제적 선택을 함을 알 수 있다. 즉 김씨는 이씨보다 더 많은 노동을 공급하는 선택을 함으로써 더 높은 소득을 얻고 있는 것이다.

　개개 납세자가 얻고 있는 소득수준에 의해 경제적 능력을 평가한다면 김씨가 이씨보다 더 큰 능력의 소유자가 되고, 이에 따라 김씨가 더 무거운 조세부담을 지게 된다. 그러나 이씨가 단지 여가를 상대적으로 더 선호하기 때문에 소득이 더 적게 된 것이라는 사실을 생각하면, 김씨에게 더 큰 조세부담을 지도록 한다는 것에 문제가 있음을 알게 된다. 능력 평가의 기준으로 소득을 채택하는 경우에는 어떤 사람이 내린 결정의 결과를 평가기준으로 삼는 것이기 때문에 동일한 위치에 있는 사람을 달리 취급하는 문제가 생기는 것이다.

(2) 예산집합

소득 대신 **예산집합**(budget set) 혹은 **기회집합**(opportunity set)을 경제적 능력의 평가기준으로 삼는 방법을 생각할 수 있다. 예를 들어 박씨, 최씨, 정씨 세 사람의 예산집합이 그림 4-2에서 보는 것처럼 주어진 경우, 세 사람의 예산집합을 비교해 박씨가 최씨나 정씨보다 더 큰 능력을 가졌다고 평가하게 된다. 이 방법을 쓸 경우 앞에서 본 것처럼 소득을 판단 기준으로 했을 때 생기는 문제점은 나타나지 않는다. 이 기준에 의해 평가하면, 그림 4-1 의 김씨와 이씨가 동일한 예산집합을 갖는다는 점에 근거하여 양자를 동일한 능력의 소유 자로 보게 된다. 그러나 이렇게 예산집합에 의해 경제적 능력을 평가하는 방법은 많은 경 우에 명백한 순위를 매길 수 없다는 문제점을 갖고 있다. 예를 들어, 그림 4-2에서 보인 세 사람 중 최씨와 정씨를 비교해 보면 누가 더 큰 예산집합을 갖고 있는지 분명히 알 수 없다. 한 사람의 예산집합이 다른 사람의 예산집합보다 명백하게 더 큰 경우보다는 지금 보고 있는 것처럼 분명치 않은 경우가 더 많을지 모른다. 그렇기 때문에 이 기준을 채택할 경우에는 자의적인 판단을 내려야 할 경우가 많아지는 문제가 생긴다.

그림 4-2 서로 다른 예산집합

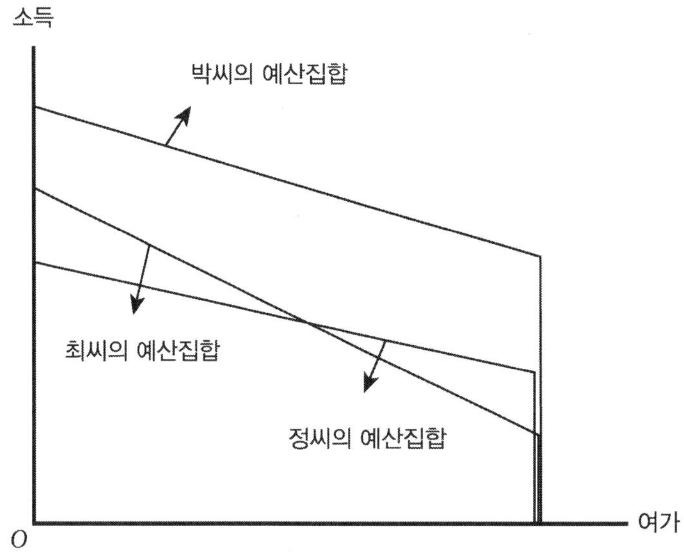

※ 출처: 이준구. 전게서. p.396.

(3) 임금률

다른 대안으로 임금률이 높을수록 더 큰 경제적 능력의 소유자로 판단하는 방법을 생각할 수 있다. 어떤 사람의 소득은 임금률에 노동시간을 곱한 것으로 결정되는데, 선택의 결과인 노동시간은 제외하고 임금률에 의해서만 경제적 능력을 평가한다는 것이 이 방법의 특징이다. 이렇게 선택의 결과가 판단을 흐리게 할 소지를 제거하였다는 점에서는 소득기준보다 더 나은 능력평가의 기준이라고 생각할 수 있다. 그러나 이 방법은 실제 상황에 제공하는 데는 다음과 같은 문제점이 따른다.

첫째, 임금률의 결정에는 능력의 크기뿐만 아니라 교육이나 직업훈련 같은 인적투자도 영향을 미치고 있다는 점이 문제를 복잡하게 만든다. 동일한 임금률을 가진 두 사람이 있다고 할 때, 원래 능력은 서로 다른 데 인적투자의 차이 때문에 결과적으로 임금률이 같아진 것일 수 있다. 이 경우 임금률만 보고 두 사람이 동일한 능력의 소유자라고 판단하는 것에는 문제가 있을 수 있다.

둘째, 개개인의 임금률이 얼마인지를 알아내는 것이 말처럼 그렇게 쉽지 않다는데 문제가 있다. 시간당 얼마의 보수를 받는 조건으로 일하는 사람들은 적은 반면, 대다수의 근로자들은 월급제로 일하고 있다. 어떤 사람이 한 달간 몇 시간 일하는지를 측정하여 시간당 평균 임금률을 구할 수 있겠으나 정확한 방법은 되지 못한다. 뿐만 아니라 비근로소득이 주요 소득원이 되는 사람의 경우에는 임금률이 적절치 못한 평가기준이 된다는 문제점도 있다. 예를 들어 상당한 부동산 임대소득을 갖고 무위도식하며 사는 사람을 임금률에 의해 경제적 능력을 평가할 수는 없는 것이다.

(4) 소비수준

납세자의 수비수준에 의해 경제적 능력을 평가하는 방법도 있으나, 소비수준 역시 능력뿐 아니라 선택의 결과까지 반영하고 있다는 점에서 소득기준의 예에서 보았던 문제점을 그대로 보여준다. 어떤 사람의 높은 소비수준은 더 열심히 일해서 더 많은 소득을 얻고, 소득 중 더 많은 부분을 소비하려고 하는 선택의 결과일 수 있다. 즉 소비수준이 더 높다고 해서 반드시 더 큰 능력을 보유하고 있음을 의미하지는 않는다. 그러나 납세자가 소득을 감추기는 쉬워도 소비는 그대로 드러낼 수밖에 없으므로, 소비수준에 의해 경제적 능력을 평가하는 쪽이 더 낫다고 생각할 수 있다. 예를 들어, 우리나라처럼 많은 소득이 과세

대상에서 탈루되고 있는 현실에서는 소비수준을 능력평가의 기준으로 삼는 것이 공평과세의 측면에서 더 바람직할 수도 있다. 다만 한 가지 문제가 되는 것은 소비수준을 파악하는 과정에서 개인의 사생활을 부당하게 침해하는 경우가 발생할 수도 있다는 점이다.

(5) 재산

어떤 사람의 경제적 능력을 파악하는 데는 재산이 가장 좋은 평가기준이 될 수 있다. 물론 재산만 많고 소득이 거의 없는 사람이 있을 수는 있겠으나, 재산에 기초해 경제적 능력을 평가하는 것이 위에서 제시된 여러 기준들보다 훨씬 더 현실적일 수 있다. 그렇지만 재산을 능력평가의 주요기준으로 삼는 국가는 거의 찾아보기 힘든데, 그 이유는 이를 실행에 옮기고자 할 때 다음과 같은 문제가 나타나기 때문이다.

첫째, 개인의 재산을 정확하게 파악한다는 것은 거의 불가능에 가까운 일이라는 점이다. 재산의 경우는 그 종류가 너무 많고 평가의 기준도 분명하지 않기 때문에 정확한 파악을 하기가 매우 어렵다.

둘째, 재산은 **저량**(stock)의 성격을 지니고 있으므로 재산을 과세의 기준으로 삼을 경우 납세자가 **현금흐름**(cash flow)의 부족 때문에 어려운 처지에 빠질 수 있다는 점이 문제가 된다. 예를 들어, 땅값이 폭등하여 재산이 크게 늘어나 좋지만, 농사를 지어 얻은 소득으로는 토지관련 과세를 감당하기 힘든 경우가 된다.

2) 능력평가 기준으로서 소득

위에서 살펴보았듯이 여러 가지 경제적 능력의 평가기준들은 모두가 나름대로의 문제점을 지니고 있다. 그래도 이들 평가기준들 중에서 현실에서 가장 널리 사용되고 있는 것은 소득이다. 그 이유는 비교적 정확하고 객관적으로 파악할 수 있으며, 현금흐름 제약의 문제도 없어 상대적으로 다른 대안들에 비해 낫다고 여겨지기 때문이다. 그러나 평가기준으로서 소득이 결코 이상적인 것은 아니라는 점은 인식해야 한다. 실제로 소득세 운영에 있어서는 다음과 같은 여러 가지 문제들이 발생한다.

(1) 실현된 소득에만 과세해야 하는지의 여부

우선은 실현된 소득에 대해서만 과세해야 할 것인지, 아니면 실현되었는지의 여부와 관계없이 발생한 사실만 가지고도 과세대상으로 삼아야 할 것인지의 선택이 문제될 수 있다. 예를 들어, 증권가격 상승으로 **자본이득**(capital gain)을 얻었지만 주식을 팔지 않아 실제소득으로 실현되지는 못한 경우를 어떻게 처리해야 하는지의 문제가 생길 수 있다. 현행의 소득세는 거의 예외 없이 실현된 소득에 대해서만 과세를 하는 **실현주의**(realization concept)원칙을 채택하고 있다. 그렇지만 엄밀하게 말하면 비록 실현되지 않은 소득이라 할지라도 일단 **발생**(accretion) 그 자체가 경제적 능력의 증가로 이어주는 만큼 당연히 과세의 대상이 되어야 한다.

이론적으로는 미실현소득에 대해서도 과세하는 것이 타당하다 할지라도 이를 현실에 옮기는 데는 많은 문제가 따르기 때문에 대부분의 국가가 이를 적용하지 않고 있는 실정이다. 그렇지만 실현된 소득에만 과세하는 것은 공평과세의 측면에서 명백한 문제점을 지니고 있음은 분명하다. 모든 면에서 동일하고 오직 발생한 소득을 실현할 것인지의 여부에 관한 선택에서만 차이를 보이는 두 납세자를 다르게 과세하는 것은 분명히 수평적 공정성을 위배하는 것이기 때문이다. 또한 현실에서 납세자들이 발생한 소득의 실현을 무한정 지연시켜 조세부담을 회피하는 문제도 생길 수 있다.

(2) 인플레이션의 문제

인플레이션 하에서는 실질구매력에 아무런 변화가 없음에도 불구하고 명목소득이 계속 증가하는 현상이 생긴다. 그런데 소득세 제도가 명목소득을 대상으로 하면서 누진적인 세율구조를 채택하고 있는 경우에는 인플레이션이 진행됨에 따라 조세부담이 더 커지는 결과가 나타난다. 원칙적으로 말하면 인플레이션이 진행되고 있을 때는 계속 이에 대한 조정을 해주어 실질적 조세부담에 아무 변화가 생기지 않게 만들어야 한다. 그러나 인플레이션에 대한 조정을 한다는 것이 말처럼 쉽지 않기 때문에 문제가 있는 것을 알면서도 명목소득을 과세기준으로 삼고 있다.

(3) 요소소득과 이전소득의 차등과세 필요성

노동이나 자본 등의 생산요소를 공급해 얻는 **요소소득**(factor earnings)과 정부가 이전해 주어 생긴 **이전소득**(transfer income)을 어떻게 처리해야 하는지가 문제가 된다. 대부분의 국가에서 요소소득은 거의 전부를 과세대상으로 삼고 있는 반면, 이전소득의 경우에는 많은 부분을 비과세대상으로 처리하고 있다.

정부가 이전해 준 소득에서 다시 세금을 걷는다는 것은 불필요한 일이라고 여겨질 수 있다. 그렇지만 부유한 사람이 정부의 이전소득까지 얻어 풍족한 생활을 누리면서도 이전소득에 대해서는 전혀 세금을 내지 않는 것이 타당한지를 생각해 볼 필요가 있다. 논리적으로 말하면, 이전소득 역시 이를 받는 사람의 경제적 능력을 증가시켜 주기 때문에 요소소득과 동일한 과세의 대상이 되는 것이 옳다. 그러나 현실에서 이를 실행에 옮기는 것은 정치적인 이유 등으로 인해 매우 힘든 실정이다.

요소소득과 이전소득에 차등을 두어야 할 것인지도 문제가 되지만, 아울러 동일한 요소소득이라 하더라도 어떤 요소를 공급하고 벌어들인 소득인지에 따라 차등을 두어야 한다는 것도 문제가 된다. 예를 들어, 이자소득이나 임대소득은 근로소득보다 더 무겁게 과세해야 한다는 주장이 제기되고 있다. 이자소득이나 임대소득이 불로소득의 성격을 갖고 있다는 근거에서 이 같은 주장이 제기되는데, 그러나 이러한 주장에서 엄밀한 논리적 근거를 찾기는 힘들다.

(4) 귀속소득의 처리

어떤 사람이 시가 5억의 주택을 소유하고 있는데, 이 주택을 다른 사람에게 임대한다면 월 80만 원의 임대소득을 얻을 수 있다고 하자. 주택을 임대하지 않고 자신이 살고 있기 때문에 임대소득을 얻지 못하더라도 실질적으로는 주택을 보유함으로써 이에 해당하는 소득을 얻고 있는 셈이다. 그 이유는 시장에서 자신이 살면서 얻는 주택서비스를 구입하려면 월 80만 원의 임대료를 내야 하는데, 자신이 소유하고 있기 때문에 임대료를 내지 않았으므로 실질적으로는 월 80만 원의 소득이 발생한 것이기 때문이다. 이처럼 주택이나 부동산 혹은 자본재 등을 소유하고 자신이 사용하고 있는 사람이 실질적으로 얻는다고 여겨지는 임대소득을 **귀속소득**(imputed income)이라 한다.

원칙적으로는 귀속소득도 소득의 일종이므로 당연히 과세대상이 되어야 하지만, 현실적으로는 귀속소득을 과세대상에 거의 포함시키지 않고 있다. 비록 원칙은 그러하지만 이를 실행하는데 따른 정치적, 행정적 문제가 너무 크기 때문이다. 예를 들어, 정부가 내년부터는 모든 주택의 소유자에게 가상의 임대료를 산정하여 소득에 포함시켜 과세한다고 발표하였을 때 국민들의 저항이 얼마나 거셀지를 예상해보자.

그러나 귀속소득을 과세대상에서 제외하는 것은 공정성의 측면에서 문제가 된다. 모든 면에서 동일한 두 사람이 있는데, 한 사람은 그가 소유한 집에서 사는 반면, 다른 사람은 자기 소유의 집을 남에게 임대해 주고 더 작은 집에 세 들어 산다고 가정하자. 만약 실제로 얻은 임대료 소득을 과세의 대상에 포함시키면서 귀속소득은 제외시킨다면, 자신이 소유한 집에서 사는 사람의 소득세가 세 들어 사는 사람의 소득세보다 훨씬 더 작아 수평적 공정성의 원칙에 위배되는 결과가 생긴다.

귀속소득과는 성격이 약간 다르지만 비슷한 맥락에서 문제가 될 수 있는 것으로 **현물소득**(income in kind)이 있다. 예를 들어, 농민이 스스로 경작한 농산물을 소비하는 경우에는 소득으로 간주하지 않는 것이 일반적이지만, 실질적인 의미에서 보면 일단 소득이 발생한 다음 이를 소비에 사용한 것이다. 농민뿐만 아니라 다양한 직업에 종사하는 사람들이 현물 형태의 소득을 얻고 있다. 논리적으로는 이를 당연히 소득의 일부로 포함시켜야 하지만 이를 실천에 옮기기는 어렵다.

(5) 소득취득에 들어간 비용의 처리

기업의 경우 기업 활동에 들어간 비용을 공제한 순이익에 대해서만 법인세를 내면 된다. 개인의 경우에도 비슷하게 소득의 취득에 소요된 비용을 공제한 나머지 부분에 대해서만 소득세가 부과되어야 당연하다고 생각할 수 있다. 실제로 많은 국가에서 소득취득을 위해 사용된 비용을 공제해 주고 있으나, 어떤 것까지 비용으로 인정해 주어야 하는지를 결정하는 것은 쉬운 문제가 아니다.

■ 3 조세와 자원배분의 효율성

조세가 자원배분에 영향을 미친다는 사실은 중세 영국에서 부과된 **창문세**(window tax)의 예에서 드러난다. 1696년에 제정된 이 조세는 납세자가 소유한 건물의 창문 수에 따라 내야 하는 세금을 달리 결정하였다. 당시에는 창문이 하나의 사치품 구실을 하고 있었기 때문에 부유할수록 창문이 많은 집에 살고 있다는 점에 착안한 것이다. 그러나 이 조세는 창문의 수를 극도로 줄인 집을 짓게 하는 결과를 초래하였다. 그렇다면 조세가 자원배분에 미치는 영향은 효율성의 관점에서 보면 어떤 의미를 갖는가? 이 절에서는 조세와 자원배분의 효율성간의 관계에 대해 살펴보고자 한다.

1) 조세가 경제행위에 미치는 영향

민간부문의 자원배분에 대한 결정 중 조세상의 고려 없이 내려지는 것은 거의 없다. 경제행위 그 자체를 합리적으로 수행하는데 노력을 기울이는 것보다 조세부담을 줄이는데 노력을 기울이는 것이 더 큰 이득을 가져다준다고 생각하는 경향이다. 그 결과 조세는 사람들의 노동공급, 저축, 투자, 위험부담 행위 등 광범위한 영역에 영향을 미치게 된다. 아직까지 우리나라에서는 보기 힘들지만, 다른 국가에서는 심지어 조세가 사람들이 결혼하고 이혼하는 시점의 선택에도 영향을 준다.

조세는 실물적 의사결정에만 영향을 주는 것이 아니라 금융적 의사결정에도 영향을 주고 있다. 세금우대 저축상품의 예에서 볼 수 있듯이, 개인이 어떤 수단을 이용해서 저축할 것인지를 결정할 때 조세에 대한 고려가 중요한 역할을 한다. 그리고 기업의 경우에는 어떤 방식으로 투자자금을 조달하고, 이윤 중 얼마를 배당금으로 지급할 것인지 등의 재무관리적 결정에 조세가 영향을 미치는 것을 볼 수 있다. 경우에 따라서는 새로운 조세가 부과되기도 전에 앞으로 그것이 부과될 계획이 있다는 발표만으로 자원배분에 변화가 생기기도 한다. 예를 들어, 정부가 멀지 않은 장래에 어떤 특정한 자산의 수익에 중과세하겠다고 발표하면 벌써 그 때부터 그 자산에 대한 수요가 급격하게 감소하는 현상이 나타나게 된다. 이렇게 앞으로 어떤 조세를 부과하겠다고 밝히는 것만으로도 효과를 낸다는 뜻에서 이를 **공표효과**(announcement effect)라고 부른다.

조세가 민간부문의 경제행위에 영향을 주는 것을 가리켜 '교란(distortion)을 일으킨다.'라고 말한다. 이 교란이란 말에는 어떤 부정적인 의미가 함축되어 있다. 민간부문이 외부의 간섭을 받지 않고 자유롭게 의사결정을 할 수 있을 때 효율적 자원배분이 이루어질 수 있다. 그렇다면 조세가 민간부문의 의사결정에 영향을 주고 그 결과 경제행위에 변화가 생기면 효율성이 떨어질 수밖에 없다. 바로 이런 뜻에서 조세가 민간부문의 경제행위에 교란을 일으킨다는 표현을 쓰고 있는 것이다. 그렇지만 조세의 존재가 언제나 효율성을 저하시키는 원인이 되는 것은 아니다. 조세가 민간부문의 경제행위에 아무런 교란을 가져오지 않는 경우도 있다. 뿐만 아니라 민간부문의 자유로운 의사결정이 비효율성을 일으키기 때문에 조세를 통해 교정해야 할 필요가 있는 예외적인 경우도 있을 수 있다.

2) 중립세

민간부문의 경제행위에 전혀 교란을 일으키지 않는 조세가 예외적으로 존재할 수 있는데, 이런 성격을 갖는 조세를 **중립세**(lump-sum tax)라고 부른다. 어떤 조세가 중립세의 성격을 갖는다는 것은 사람들이 자신의 경제행위를 어떻게 바꾸더라도 조세부담에 아무런 변화도 생기지 않는다는 것을 뜻한다. 조세가 부과될 때 사람들이 경제행위를 바꾸는 것은 조세부담을 줄이려는 의도로 인한 것이다. 그러나 어떻게 하여도 조세부담을 줄일 수 없다는 것을 알게 되면 종전의 경제행위를 굳이 바꾸려 하지 않을 것이다. 따라서 어떤 조세가 중립세가 되기 위해서는 사람들이 내린 의사결정과 무관하게 조세부담이 결정되는 성격을 지녀야만 할 것이다. 예를 들어, 소득세의 경우에는 납세자가 얼마나 많은 노동을 공급할 것인지 결정하는데 따라 조세부담의 크기가 달라진다. 그러므로 소득세의 부과는 필연적으로 납세자의 노동공급 결정에 교란을 초래할 것으로 예상할 수 있다. 마찬가지로 물품세도 사람들이 조세부담을 줄이기 위해 세금이 부과된 상품을 더 적게 사는 반응을 유발하게 된다. 따라서 소득세나 물품세는 중립세가 될 수 없으며, 현실적으로 거의 모든 조세가 이와 유사하다.

민간부문의 경제행위에 어떤 변화를 가져와서는 안 된다는 엄격한 의미의 중립세를 정의하면 현실에서 이런 조세의 예는 찾기 어려울 것이다. 그러므로 약간 완화된 형태로 중립세를 정의하여, 경제행위에 영향을 주더라도 특정한 방식으로 주는 경우에는 교란으로 보지 않는 것이 일반적이다. 구체적으로 말해서 소득효과만 있고 대체효과는 없는 조세라면 중립세로 보는 것이 일반적인 경향이다. 대체효과에 의해 민간부문의 경제행위가 변화하는 것만을 교란이라고 볼 뿐, 소득효과에 의한 것은 교란이라고 보지 않는다는 것이다.

민간부문의 경제행위에 교란을 일으키는 조세는 자원배분의 비효율성을 유발하게 된다. 그렇다면 조세가 유발하는 비효율성의 정도는 어떻게 측정할 수 있을까? 비효율성의 정도는 개념적으로 중립세와 비교함으로써 측정할 수 있으며, 현실의 어떤 조세를 중립세로 대체할 때 후생수준에서 생기는 변화로 이를 측정할 수 있다. 어떤 조세가 비효율성을 유발하고 있으면 중립세로 대체할 때 후생수준이 올라갈 것이고, 비효율성의 정도가 클수록 후생증진의 폭이 더 크게 된다.

3) 교정과세

조세가 민간부문의 경제행위에 영향을 주는 것이 모두 부정적인 효과만을 뜻하지는 않는다. 때로는 조세가 시장의 실패를 보완해 주는 역할을 할 수도 있고, 그런 경우에는 민간부문의 경제행위가 긍정적인 방향으로 영향을 받는다고 할 수 있다. 이와 같은 성격을 갖는 과세의 개념을 **교정과세**(corrective taxation)라고 부르는데, 시장의 실패를 교정해 주는 역할을 한다는 뜻에서 정해진 것이다. 교정과세의 대표적인 예는 환경세, 즉 오염물질 배출을 적정수준으로 유도하는 역할을 하는 조세를 들 수 있다. 아울러 국민들에게 에너지 절약을 유도하기 위해 부과되는 에너지세도 교정과세의 일종이라고 볼 수 있다. 그런데 조세를 통해 국민의 에너지 소비절약을 유도한다는 접근방법은 소비자주권의 원칙과 상충될 소지를 안고 있다. 소비자주권의 원칙에 따르면, 에너지 소비를 절약해야 할 충분한 이유가 있는 경우에는 소비자들이 알아서 절약하게 된다. 따라서 정부가 소비자들의 선택에 구태여 관여할 필요가 없다는 것이다.

넓은 의미에서 교정과세는 사람들의 행동을 일정한 방향으로 유도하려는 목적에서 부과되는 모든 세금을 포괄하는 개념이다. 이 중에서 특히 우리의 관심을 끄는 것은 술이나 담배같이 건강에 해로운 것에 부과되는 **죄악세**(sin tax)이다. 합리적인 사람이라면 스스로 건강에 좋지 않은 것을 적게 소비하기로 결정할 것이다. 그러나 모든 사람이 이렇게 합리적인 것은 아니다. 행태경제이론의 연구에 따르면 자제력에 문제를 갖고 있는 사람들이 상당히 많다. 죄악세라는 것은 이렇게 자제력에 문제가 있는 사람에게 합리적인 결정을 하도록 도와준다는 견지에서 부과되는 것이며, 이 점에서 본다면 온정적 간섭주의에 기초한다고 볼 수 있다.

O' Donohue와 Rabin(2006)은 건강에 좋지 않은 소비재에 대해 죄악세를 부과함으로써 사회후생이 증가할 수 있음을 밝혔다. 그들에 의하면, 자제력이 부족한 사람이 술이나 담배를 과다하게 소비하는 것은 미래의 자신에게 부정적인 외부효과를 만들어내는 결과를 빚는다고 한다. 합리적인 사람이라면 그것의 소비가 미래의 건강에 나쁜 영향을 미친다는

사실을 완벽하게 인식하고 절제하지만, 자제력이 약한 사람은 그 사실에 대한 인식이 불완전하기 때문에 그런 행동을 지속하게 된다고 한다. 죄악세는 이와 같은 부정적 외부효과를 교정하기 위한 **피구세(Pigouvian tax)**의 성격을 갖는다는 것이다.

중앙정부의 재정과 조세체계

국민경제는 크게 보아 민간부문과 공공부문(정부부문)으로 구분할 수 있다. 공공부문은 넓은 의미에서의 정부라고 할 수 있으며, 이는 다시 공공기관과 좁은 의미에서 정부로 구분할 수 있다.

일반적으로 재정은 정부가 공공욕구를 충족시키기 위해 수행하는 모든 경제적 활동으로 정의된다. 여기서 정부는 넓은 의미에서의 정부를 뜻하며, 정부가 예산에 의하지 않고 경제적 활동을 하는 경우도 재정이라는 틀 안에 포함시킬 수 있다.

재정을 정부가 예산에 의해 활동하는 것만으로 한정해서 정의하는 좁은 의미의 정부는 다시 **중앙정부**(central government)와 **지방정부**(local government)로 나눌 수 있다. 사람들이 주로 관심을 갖는 것은 중앙정부의 재정이지만, 지방정부의 중요성이 커지면서 지방재정에 대한 관심도 점차 높아지고 있다.

이 절에서는 중앙정부 재정의 구성요소인 예산(일반회계와 특별회계)과 기금 실태를 살펴보고, 이어서 중앙정부예산의 주된 재원인 국세체계에 관한 논의를 하고자 한다.

■1 중앙정부의 재정

중앙정부의 재정은 크게 **예산**(budget)과 **기금**(fund)의 두 부분으로 구분된다. 예산은 매년 계획을 세워 국회의 심의를 받아 의결된 다음에 집행할 수 있는 반면, 기금은 이러한 절차를 거치지 않아도 된다는 차이점이 있다. 중앙정부의 예산은 다시 **일반회계**(general account)와 **특별회계**(special account)로 구분되며, 일반적으로 예산이라고 할 때는 일반회계를 지칭하게 된다. 일반회계는 중앙정부 예산의 주된 부분을 구성하는 회계로서 국세의 대부분을 포함하며, 정부운영과 관련된 주요 재정사업을 포괄하고 있다. 특별회계는 특정한 목적을 위한 사업과 관련해서 일반회계와 별도로 설치, 운영하는 회계를 말한다.

표 4-1에는 1970년부터 2009년까지의 중앙정부와 지방정부의 재정규모, 그리고 중앙정부의 재정을 일반회계와 특별회계로 나누어 제시한 재정규모 통계자료가 나타나 있다. 1970년에는 중앙정부와 지방정부의 재정을 모두 합친 총재정규모가 국내총생산의 25.3% 수준이었지만, 점차 증가하여 2009년에는 32.2%의 수준에 이르게 되었다.

중앙정부 예산에서 일반회계와 특별회계간의 상대적 비중을 보면, 일반회계의 규모가 특별회계 규모보다 훨씬 더 높은 것을 알 수 있다.

표 4-1 중앙정부와 지방정부의 재정규모

(단위: 10억 원)

연도	국내총생산	총재정규모	총재정규모 / 국내총생산(%)	중앙정부 계	중앙정부 일반회계	중앙정부 특별회계	지방정부
1970	2,752.2	696.7	25.3	599.0	428.0	171.0	97.7
1975	10,228.1	2,480.1	24.2	2,123.6	1,535.3	588.3	356.5
1980	37,788.5	10,496.5	27.8	8,647.9	6,486.1	2,161.8	1,848.6
1985	81,312.3	20,638.6	25.4	15,000.3	12,406.4	2,593.9	5,638.3
1990	178,796.8	44,645.2	25.0	32,563.9	27,436.7	5,127.2	12,081.3
1995	377,349.8	100,336.9	26.6	72,915.0	51,498.2	21,416.8	27,421.9
2000	521,959.2	173,590.8	33.3	127,441.5	88,736.3	38,705.2	46,149.3
2005	810,515.9	228,913.1	28.2	167,933.2	135,215.6	32,717.6	60,979.9
2009	1,063,059.1	342,180.3	32.2	261,342.5	204,947.5	56,395.0	80,837.8

※ 주: 2009년도 지방정부 재정규모는 예산기준임.
※ 출처: 재정경제원. 「재정관계통계집」. 1995.
　　　　재정경제부. 「결산개요」. 각연도.
　　　　행정안전부. 「2009년 지방자치단체 예산개요」. 2009.
　　　　기획재정부. 「2008년도 정부부문통합재정통계」. 2010.

또한 중앙정부와 지방정부의 재정규모를 비교해 보면, 1970년에는 중앙정부의 재정규모가 5,900억 원인데 비하여 지방정부의 재정규모는 977억 원으로 중앙정부 재정규모의 1/6 수준에도 미치지 못한 실정이었으나, 점차 격차가 좁혀져 2000년에는 지방정부의 예산규모가 중앙정부 예산규모의 1/3 이상 수준으로 향상되었다.

이어서 중앙정부 재정의 주된 구성요소인 일반회계, 특별회계, 그리고 기금이 갖는 성격에 관해 구체적으로 살펴보면 다음과 같다.

1) 일반회계

중앙정부 재정에서 가장 큰 비중을 차지하는 구성요소인 일반회계에 대하여 세입과 세출 면으로 나누어 보다 구체적으로 설명하고자 한다.

(1) 세입

일반회계의 세입은 중앙정부의 각종 내국세와 관세 등을 통해 얻어지는 조세수입과 재산수입, 경상이전수입, 그리고 판매수입 등이 포함되어 있는 세외수입의 두 부문으로 구성된다. 이중에서 가장 큰 비중을 차지하고 있는 것은 내국세이다.

표 4-2 중앙정부의 조세수입 추이

[단위: 10억 원, ( ) 안은 %]

연도	총계	내국세	관세	기타
1970	364.8(100.0)	283.8(77.8)	50.9(14.0)	30.1(8.3)
1975	1,391.0(100.0)	1,012.3(72.8)	181.0(13.0)	197.7(14.2)
1980	5,807.7(100.0)	3,675.8(63.3)	766.1(13.1)	1,365.8(23.5)
1985	11,876.4(100.0)	7,497.0(63.3)	1,566.1(13.2)	2,813.3(23.7)
1990	26,847.4(100.0)	19,130.1(71.3)	2,765.4(10.3)	4,951.9(18.4)
1995	52,925.0(100.0)	45,798.3(86.5)	4,633.2(8.8)	2,493.5(4.7)
2000	92,602.2(100.0)	67,784.2(73.2)	5,799.7(6.3)	19,018.3(20.5)
2005	136,459.2(100.0)	101,826.8(74.6)	6,317.7(4.6)	28,314.7(20.7)
2010	201,283.5(100.0)	136,932.7(68.0)	9,276.8(4.6)	55,074.0(27.4)

※ 주: 2009년도 통계자료는 예산기준임.
※ 출처: 재정경제원. 「재정관계통계집」, 1995.
　　　국세청. 「국세통계연보」, 각연도.
　　　기획재정부. 「2010 나라살림: 예산개요」, 2010.

표 4-2에 나타난 바와 같이 2010년에는 총조세수입 201조 2,835억 원에서 68.0%에 해당하는 136조 9,327억이 내국세 수입으로 충당되고 있다. 관세 수입은 9조 2,768억 원으로 총조세수입의 4.6%이고, 기타 조세수입 즉, 교육세, 교통·에너지·환경세, 종합부동산세, 농어촌특별세를 합한 것은 55조 740억 원으로 총조세수입의 27.4%를 차지하고 있다.

현행 국세체계는 그림 4-3에 제시된 것처럼 14가지의 국세로 구성되어 있다. 국세는 크게 나누어 내국세, 보유세, 목적세, 그리고 관세의 네 가지로 분류된다. 내국세는 다시 조세부담의 주체에게 직접 부과되는 **직접세**(direct tax)와 상품 등에 간접 부과되는 **간접세**(indirect tax)로 구분할 수 있다. 직접세의 범주에는 소득세를 비롯한 4가지 조세가 있고, 간접세의 범주에는 부가가치세를 비롯한 5가지 조세가 있다.

그림 4-3 현행 국세체제

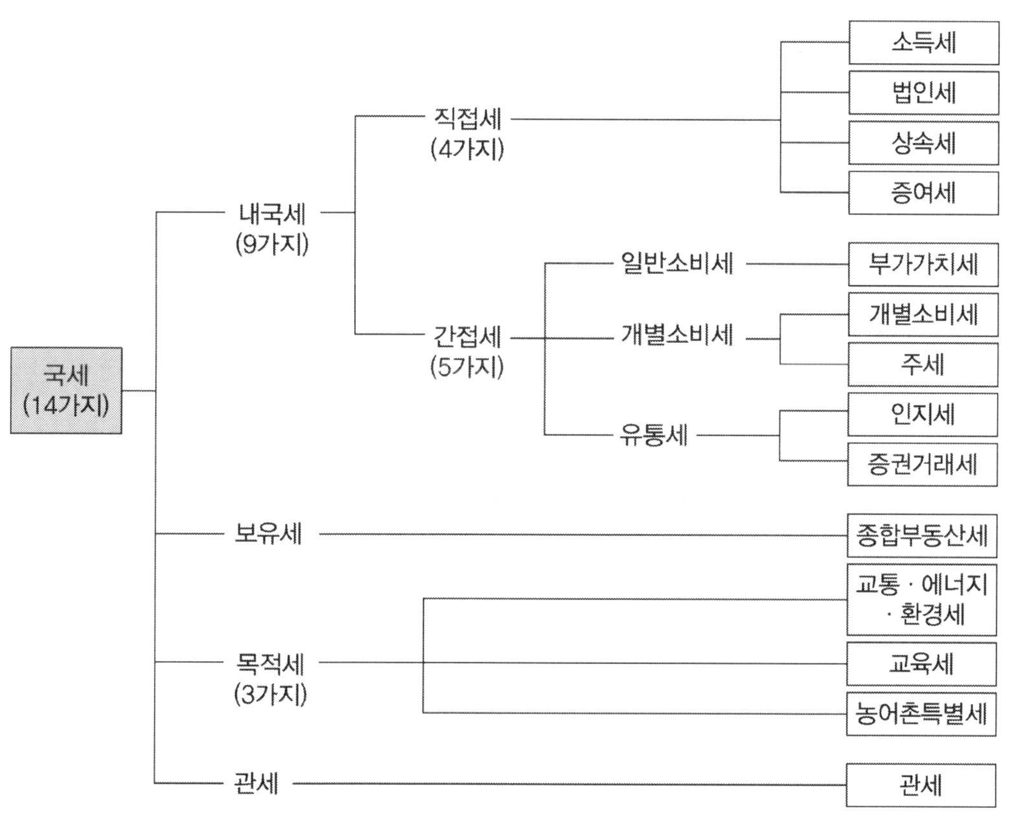

※ 출처: 이준구. 전게서. p.32.

(2) 세출

중앙정부 일반회계 세출의 각 항목은 다음과 같은 세 가지 기준에 의해 구분된다.

첫째, 세출예산이 배정되는 기관을 기준으로 구분하는 소관별 분류 방식이다. 이는 2010년 현재 각종 행정부 조직과 국회 및 대법원 등을 포함하는 51개의 소관별로 분류하는 것이다. 정부예산은 어떤 부처가 얼마나 많은 자원을 사용할 것인가에 대한 계획이라 볼 수 있으므로 세출예산의 대표적인 분류방식으로 사용되고 있다.

둘째, 예산사업이 수행하는 기능에 따라 분류하는 기능별 분류방식이다. 소관별 분류방식으로는 정부가 지출을 통해 어떤 기능을 하는지 알 수 없으므로 이를 보완해 주는 역할을 한다. 이는 일반회계상의 지출을 일반공공행정, 교육, 국방, 교통 및 물류, 사회복지 등 16가지 범주로 나누어 분류한다.

셋째, 세출예산의 지출대상이 어떤 성격을 갖고 있는지에 따른 분류방식, 즉 성질별 분류방식이다. 이는 일반회계상의 지출을 인건비, 물건비, 이전지출, 자산취득 등 7가지 범주로 나누어 분류한다. 기능별 분류가 정부지출의 목적을 기준으로 삼는 것이라면, 성질별 분류는 지출의 목적과는 관계없이 어떤 성격을 갖는지에만 초점을 맞춘다.

그림 4-4는 2010년 세출예산을 기능별로 분류한 것과 성질별로 분류한 것을 제시하고 있다. 우선 기능별 분류에서 보면, 일반공공행정이 총세출의 22.0%로 가장 큰 비중을 차지하고, 이어서 교육이 18.8%, 국방이 14.%, 사회복지가 11.2%의 비중을 차지하고 있다. 다음으로 성질별 분류에서 보면, 이전지출이 51.2%로 전체 지출의 1/2을 차지하고 있으며, 전출금 등이 17.3%, 인건비가 10.9%로 큰 비중을 차지하고 있다.

그림 4-4 2010년도 일반회계 세출예산 내역

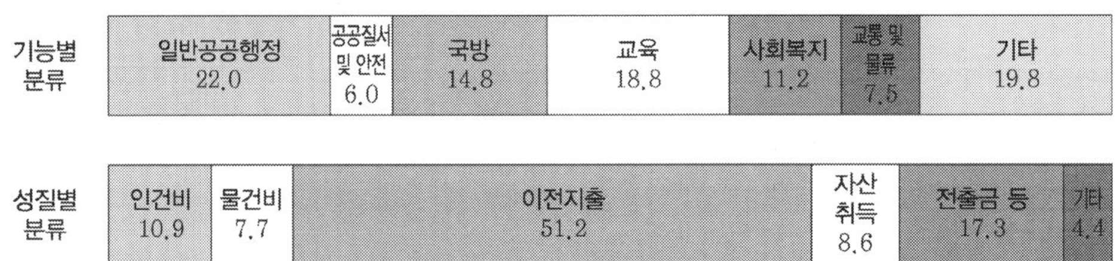

※ 출처: 기획재정부, 「2010 나라살림 : 예산개요」, 2010.

2) 특별회계

특별회계는 설립목적, 운영의 주체 등 여러 사항들을 규정한 개별 법률의 뒷받침을 받고 있으며, 일반예산과 마찬가지로 행정부가 편성하고 국회의 심의를 받아 의결되는 과정을 거쳐야 한다. 현재 운영되고 있는 특별회계는 크게 **기업특별회계**와 **기타특별회계**의 두 범주로 나누어진다.

기업특별회계는 국가의 기업 활동, 즉 보통 공기업이라고 부르는 것들의 활동과 관련된 특별회계의 범주를 뜻하며, 여기에는 철도사업, 통신사업, 양곡관리, 조달, 책임운영기관 등 5개의 기업특별회계가 설치·운영되고 있다. 기타특별회계는 특정한 세입으로 특정한 세출을 충당함으로써 일반회계와 구분·경리하는 특별회계로서, 여기에는 환경개선, 농어촌구조개선, 국가균형발전, 교통시설 등의 13개의 기타특별회계가 있다.

특별회계는 얼마나 많이 별도로 설치해야 하는가? 예산통일이라는 관점에서 보면 일반회계의 예외가 되는 특별회계는 적을수록 좋다. 특별회계 수가 너무 많으면 국회와 국민이 예산에 대해 감시하고 통제하는 것이 어렵게 된다. 반면에 특별회계의 설치는 행정기관에 자유재량의 여지를 넓혀줌으로써 행정능률과 경영능률의 향상에 기여하는 측면이 있다. 따라서 특별회계의 수는 이러한 두 측면을 고려하여 적정하게 설치되어야 한다.

3) 기금

기금은 특별한 목적을 수행하기 위하여 특정한 자금을 예산과는 독립적으로 운용할 필요가 있을 때 설치된다. 일반회계나 특별회계는 국회의 심의와 의결을 거쳐야 하므로 어느 정도 경직성을 지니며, 이와 같은 경직성은 행정부의 자의적인 행동을 규제하는 긍정적인 측면도 있다. 그러나 이로 인해 경제 상황에 유연한 대처를 어렵게 하거나 다양한 서비스를 적절하게 공급하지 못하는 문제가 생긴다. 따라서 특정한 기금을 예산의 틀 밖에서 탄력적으로 운용할 수 있는 길을 열어 놓음으로써 위와 같은 문제를 해결할 수 있게 한 것이 기금제도이다.

예산은 특정한 세입을 특정한 세출목적과 결부시키는 것을 금지하는 **목적구속금지**(non-affection)의 원칙에 따르므로 정부가 세입과 세출의 측면을 유기적으로 연관시켜 사업을 효율적으로 추진하는데 어려움을 겪게 된다. **목적세**(earmarket tax)는 이 원칙의 예외가 되지만 현실적 제약으로 인해 너무 많은 목적세를 운영하기는 어렵다. 그러나 기금은 정부가 특정한 수입을 특정한 지출에 사용할 수 있도록 하기 위해 설립한 것이므로 유용하게 활용할 수가 있다. 이러한 점을 노려 정부부처들이 경쟁적으로 많은 기금을 설립하여, 현재 무려 63개나 되는 각종 기금들이 운영되고 있으며, 기금의 총운용규모는 476.9조 원에 달하고 있다. 따라서 유사한 성질의 기금 통·폐합을 통해 적정 수를 유지하고 합리적인 운용을 할 수 있는 방안이 모색되어야 한다.

② 국세체계

우리나라의 재정규모는 경제의 전반적인 성장속도보다 상대적으로 더 빠른 속도로 팽창해 왔다. 이와 같은 재정규모의 빠른 팽창은 국민의 조세부담 증가에도 영향을 미쳤다. 표 4-3은 조세부담률의 변화 추이를 보여주고 있는데, 1970년에는 14.5%의 수준이었던 것이 꾸준히 상승하여 2009년에는 19.7%로 높아졌다. 이는 정부재정의 규모증대에 비례하여 세입의 주된 재원인 조세의 규모도 증가되어 왔음을 말해준다.

표 4-3 조세부담률의 변화추이

(단위: 10억 원)

연도	국내총생산 (명복)	국민조세부담				조세부담률(%) 국민조세부담 / 국내총생산
		합계	국세	전매익금	지방세	
1970	2,752.2	398.0	334.7	30.1	33.2	14.5
1975	10,228.1	1,549.8	1,255.5	135.5	158.8	15.2
1980	37,788.5	6,575.4	5,297.7	510.0	767.7	17.4
1985	81,312.3	13,531.3	11,047.4	829.0	1,654.9	16.6
1990	178,796.8	33,214.8	26,847.4	-	6,367.4	18.6
1995	348,979.0	72,090.5	56,774.5	-	15,316.0	20.7
2000	578,664.5	113,535.3	92,934.7	-	20,600.6	19.6
2005	865,240.9	163,443.1	127,465.7	-	35,977.4	18.9
2009	1,063,059.1	209,708.5	164,540.7	-	45,167.8	19.7

※ 주: 1990년부터 전매익금이 없어진 이유는 1989년 한국담배인삼공사의 발족에 기인함.
※ 출처: 재정경제원, 「재정관련통계집」, 1995.
　　　　국세청, 「국세통계연보」, 각연도.

우리나라의 조세부담률이 다른 나라들과 비교하여 어느 정도가 되는지를 알아보기 위해 그림 4-5를 제시하였다. 여기서는 여러 국가에서 중앙정부의 조세수입이 국내총생산에서 차지하는 비율, 즉 조세부담률이 어느 정도인지를 알 수 있다. 이를 통해 우리나라의 조세부담률은 다른 선진국들 중에서 가장 낮은 수준에 속한다는 것을 알 수 있으며, OECD 평균 조세부담률 26.7%보다 낮은 21.0%로 나타났다. 사회복지제도가 잘되어 있는 스웨덴이 가장 높은 35.7%이고, 이탈리아도 30.4%로 높았다. 경제대국인 미국은 21.7%로 생각했던 것보다 그렇게 높지 않았다. 조세부담률의 국제비교에 나타난 바에 의해, 국가의 사회복지 수준이 향상되는 만큼 그에 따른 재정지원이 증대되어야 하므로 상대적으로 조세부담률도 높아질 수밖에 없음을 인식할 수 있다.

그림 4-5 조세부담률의 국제비교(2007년도)

(단위: %)

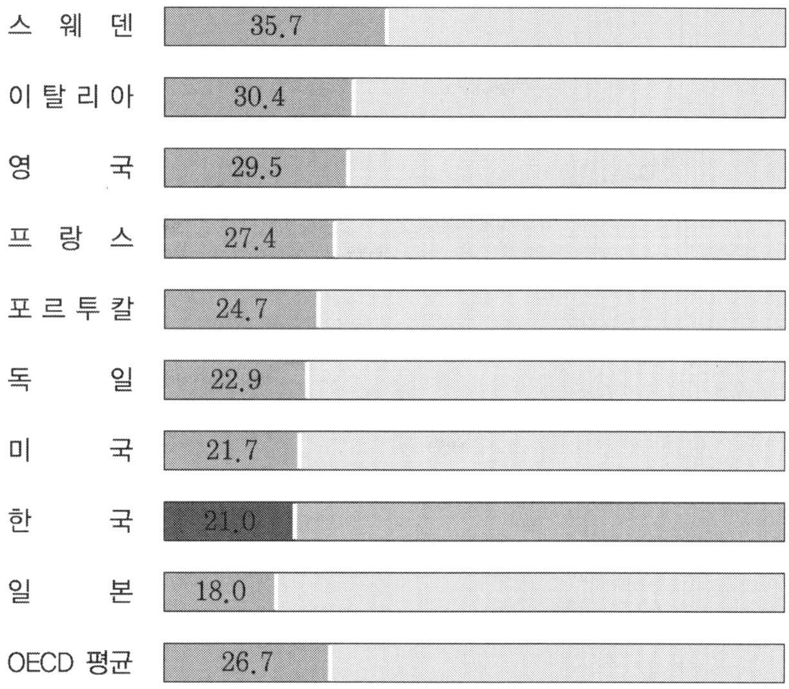

국가	조세부담률
스 웨 덴	35.7
이 탈 리 아	30.4
영 국	29.5
프 랑 스	27.4
포 르 투 칼	24.7
독 일	22.9
미 국	21.7
한 국	21.0
일 본	18.0
OECD 평균	26.7

※ 주: 사회보장분담금은 포함되지 않음.
※ 출처: OECD, Revenue Statistics, 2007.

우리나라의 국세는 14가지로 그중에서 내국세가 9가지로 가장 많은 비중을 차지한다. 내국세는 크게 직접세 4가지와 간접세 5가지로 나누어 볼 수 있다. 직접세와 간접세 체계에 관해 보다 구체적인 설명을 하면 다음과 같다.

1) 직접세

그림 4-6에 나타난 **중앙정부의 조세수입 내역**(2008년도)을 살펴보면, 전체 조세수입에서 직접세가 차지하는 비중은 48.7%이고, 간접세가 차지하는 비중은 31.8%로 나타나 있다. 직접세에서 소득세는 22.6%, 법인세는 24.4%, 그리고 기타 직접세는 1.7%를 차지하고 있다. 직접세는 조세부담의 주체에게 직접 부과되는 성격을 갖기 때문에 납세자의 경제적 능력을 감안해 세금의 크기를 조정할 수 있다. 그러므로 전체 조세수입 중에서 직접세가 차지하는 비중이 커야 납세자의 경제적 능력에 상응하는 조세부담의 분배가 상대적으로 더 쉬워진다.

그림 4-6 중앙정부의 조세수입 내역(2008년도)

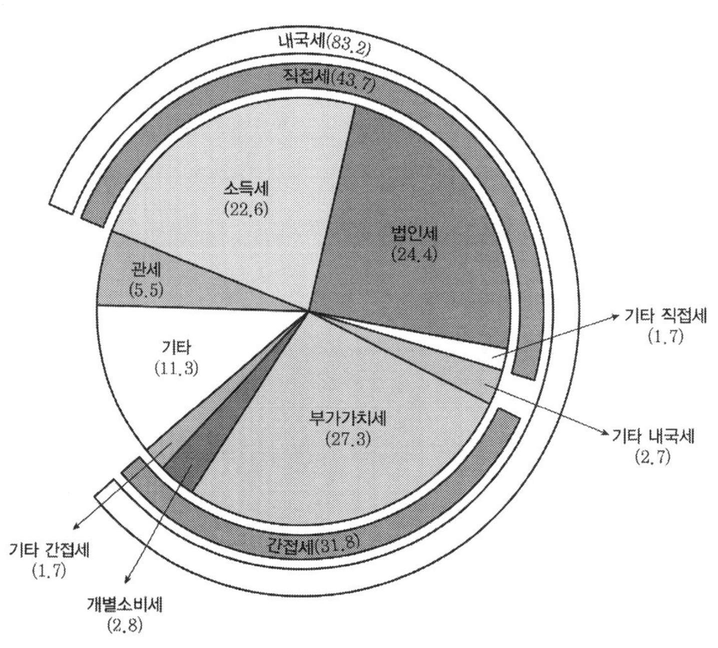

※ 출처: 국세청. 「국세통계연보」, 2009.

　　그림 4-7의 **직접세와 간접세의 상대적 비중**을 보면, 1970년대까지 60%에 달하던 직접세 비중이 1980년에는 32.9%로 크게 떨어졌다가, 2008년에 들어서서 비로소 51.0%로 늘어났다. 1970년대에 직접세 비중이 컸던 이유는 영업세가 직접세에 포함되어 있었기 때문이다. 그러나 1980년대에는 영업세가 간접세인 부가가치세의 일부로 편입되어짐으로써 직접세의 비중이 급격하게 줄어들게 된 것이다.

　　그림 4-8은 여러 나라의 직·간접세 비율을 보여주고 있다. 여기서 우리나라는 직접세와 간접세의 비율이 51.9%와 48.1%로 거의 비슷한 수준이지만, 미국의 경우는 직접세가 94.5%이고, 간접세가 5.5%로 직접세의 비중이 절대적으로 높았으며, 독일과 프랑스는 직접세와 간접세의 비중이 56.3%와 58.0%로 간접세의 비중이 직접세보다 높게 나타났다.

그림 4-7 직접세와 간접세의 상대적 비중

(단위: %)

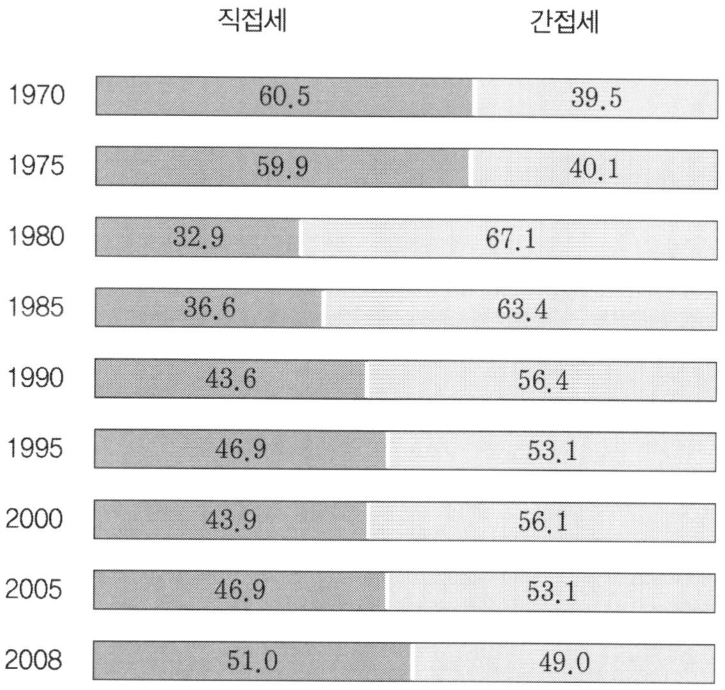

연도	직접세	간접세
1970	60.5	39.5
1975	59.9	40.1
1980	32.9	67.1
1985	36.6	63.4
1990	43.6	56.4
1995	46.9	53.1
2000	43.9	56.1
2005	46.9	53.1
2008	51.0	49.0

※ 출처: 국세청. 「국세통계연보」. 2009.

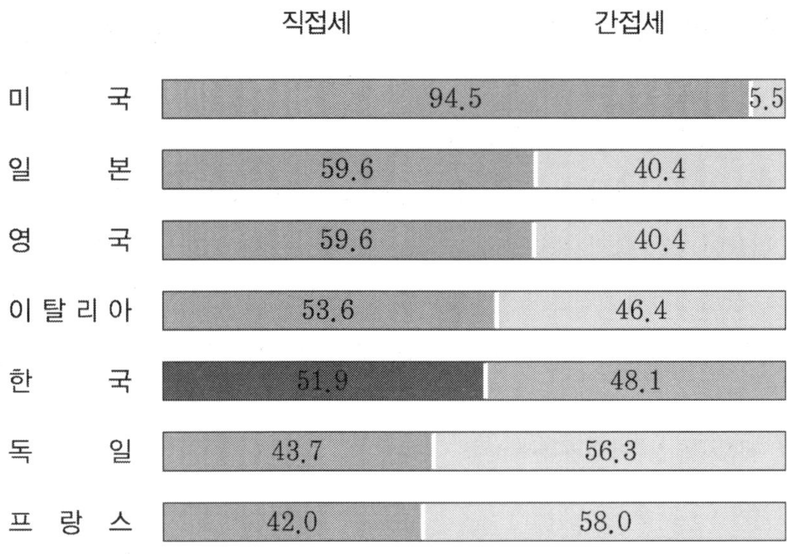

직접세와 간접세의 상대적 비율이 공평한 조세부담의 분배 여부를 평가하는 자료는 될 수 있지만, 직접세의 비중이 간접세보다 높다고 해서 공평한 조세부담이 이루어지는 것은 아니다. 실제로 조세부담이 공평하게 분배되고 있는지는 어떤 종류의 조세가 어떤 방법으로 부과되고 있는지 직접 관찰하는 방법을 통해서만 알아낼 수 있다. 납세자의 경제적 능력을 감안해 과세되는 소득세에의 경우에도 실제로 소득세가 어떻게 운영되고 있는지에 따라 조세부담의 분배 양상이 달라질 수 있다. 예를 들어, 소득세 수입의 비중을 높이려는 의도로 중 · 하위 소득계층의 주요 수입원인 근로소득에 대한 과세를 강화한다면 근로소득세의 세수증대가 이루어질 수 있다. 그러나 근로소득이 주된 소득원이 아니고 이자소득이나 증권, 부동산에서 나오는 자본이득 등의 수입이 더 많은 상위계층과 근로소득이 주된 소득원인 중 · 하위계층간의 공평한 조세부담 실현은 더욱더 어려워지게 된다. 따라서 단지 직접세의 상대적 비중을 높이는 것이 공평한 조세부담을 실현하는 것은 아니므로, 지하경제의 양성화, 편법 상속 및 증여의 차단, 전문직의 탈루소득 추징 등을 통한 조세제도의 질적 변화로 조세의 공정성을 실현해 나가야 한다.

2) 간접세

그림 4-6에 의하면, 2008년도 중앙정부의 조세수입 중 간접세 수입은 31.8%이며, 그 중에서 부가가치세 수입이 80% 이상(내국세 총액의 27.3%)이 된다. 또한 부가가치세 수입은 내국세 전체 세목 중에서 가장 큰 부문으로서 소득세나 법인세보다 높은 비중을 차지하고 있다.

조세수입 중에서 부가가치세의 비중이 높은 것은 우리나라만의 특징이 아니고 유럽의 여러 국가에서도 오래전부터 실시해 오고 있는 현상이다. 부가가치세는 거의 모든 상품을 부과대상으로 하기 때문에 단지 1%의 세율 인상으로도 큰 폭의 세수증대를 가져올 수 있다. 특히 부가가치세는 납세자가 세금을 낸다는 사실을 거의 모르게 과세를 하기 때문에 정부수입을 늘리는데 가장 편리하게 사용할 수 있다. 그로 인해 부가가치세를 통해 세수증대를 도모하는 국가들이 늘어나고 있는 실정이다.

부가가치세는 기본적으로 단일세율구조를 지니고 있고 소비재만을 과세대상으로 삼고 있기 때문에 전반적으로 다소의 역진성, 즉 소득수준이 높아질수록 소득 중 부가가치세를 납부하는 비율이 더 낮아지는 특징을 보이게 된다.

개별소비세는 이와 같은 부가가치세의 역진성을 부분적으로 상쇄시키는 역할을 한다. 개별소비세는 귀금속, 고급내구재, 고급운동기구, 자동차 등 비교적 사치재의 성격을 갖는 상품에 선별적으로 부과되며, 이를 소비하는 사람들이 주로 중·고소득계층에 분포되어 있어 어느 정도의 누진성을 지니게 된다. 그러나 개별소비세에는 다음과 같은 문제점들이 있다.

첫째, 개별소비세는 제한적 품목에만 선별적으로 적용되고 있어 소비자의 선택에 교란을 일으킨다는 것이다. 예를 들어, 어떤 상품이 얼마 후부터 개별소비세 부과가 이루어질 것이라는 예고가 나오면, 그 상품에 대한 수요가 갑자기 치솟는 경향이 나타날 수 있다.

둘째, 어떤 상품은 더 이상 사치재로 볼 수 없음에도 계속해서 개별소비세가 부과되고 있다는 점이다. 생활수준의 향상에 따라 종전에 사치품이었던 상품이 현재에는 생활필수품이 되었다면 이에 따라 개별소비세도 조정이 되어야 마땅하다. 그러나 조세당국이 여건의 변화에 적응하는 데는 시차가 있고, 업계의 이해관계가 얽혀 있기 때문에 제때에 적절한 조정이 이루어지지 못하고 있는 실정이다.

지방정부의 재정과 조세체계

지방화에 따른 행정환경의 변화와 더불어 지방정부가 국가발전의 새로운 동력과 경쟁단위로 등장하면서 권한 및 기능의 분권화가 추구되고 있다. 기존의 중앙정부가 관장하던 사무의 일부를 지방자치단체에 이양함으로써 보다 자주적으로 당해 자치단체의 특수성에 맞추어 행정사무를 수행할 수 있도록 한다는 것이다.

그러나 지방자치의 고유한 특성과 행정환경의 변화와 관련하여 현재의 상황을 보면, 기능배분을 위한 합리적이고도 명확한 기준이 결여되어 있고, 행정사무들이 과도하게 중앙에 편중되어 있음을 알 수 있다. 또한 지방으로의 사무이양을 추진함에 있어서도 중앙부처가 실질적으로 권한 있는 기능 이양에 소극적인 자세를 보임으로써 중앙권한의 대폭적인 지방이양이 이루어지지 못한 실정이다. 그리고 지방정부의 지방재정자립도가 매우 낮아 중앙정부의 재정지원에 상당한 의존을 하고 있는 형편이라 실질적인 지방자치가 이루어졌다고 보기는 어렵다.

이 절에서는 지방정부의 자립도를 높이는데 실질적인 기여를 하는 지방재정의 규모와 지방세 체계에 관해 논의하고자 한다.

1 지방정부의 재정

그림 4-9를 보면, 우리나라의 재정구조가 얼마나 중앙집권적 성격을 지니는지를 알 수 있다. 중앙정부와 지방재정의 규모면에 있어서 1970년대까지는 중앙정부가 80% 이상, 지방정부가 20% 이하를 차지하였으나, 1980년대 이후로는 중앙정부가 70% 이상, 지방정부가 20% 이상으로 나타났다. 1980년대 이후로 중앙정부와 지방정부의 재정규모 격차가 다소 줄어들기는 하였지만, 여전히 중앙정부의 재정편중 현상은 개선되지 않고 있다. . 그림 4-9에 나타난 국세와 지방세 간의 비율을 보면, 1970년대는 약 9 : 1의 비율을 보였고, 매년 격차가 약간씩 줄어들기는 하였으나 아직도 약 8 : 2의 비율을 유지하고 있다.

중앙정부와 지방정부 사이의 재정규모 격차가 조세수입의 격차에 비해 상대적으로 작게 나타난 이유는 중앙정부가 지방정부에 제공하는 재정지원 때문이라 여겨진다.

그림 4-9 중앙정부와 지방정부 재정의 상대적 비중

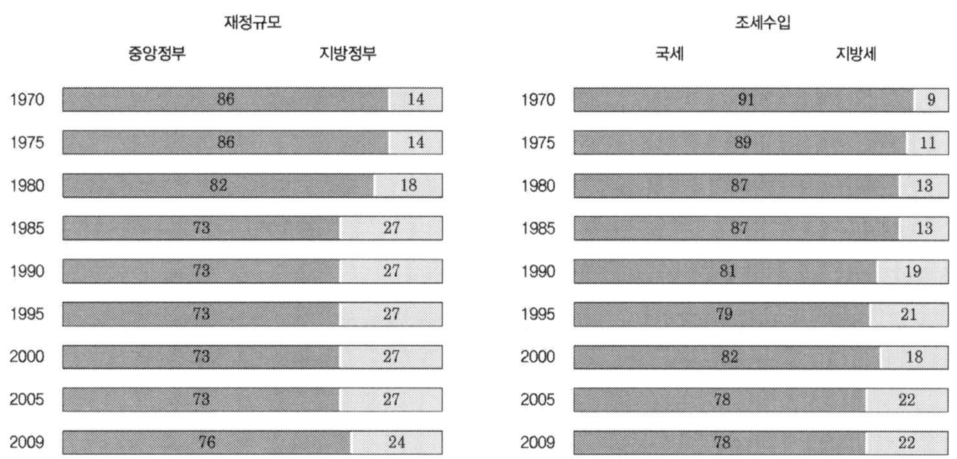

※ 주: 중앙정부의 재정규모는 일반회계와 특별회계를 합한 것임.
　　국세에는 전매익금이 포함되지 않음.
※ 출처: 통계청.「주요경제지표」, 각연도
　　행정안전부. 「2009 지방자치단체 예산개요」, 2009.

(단위: %)

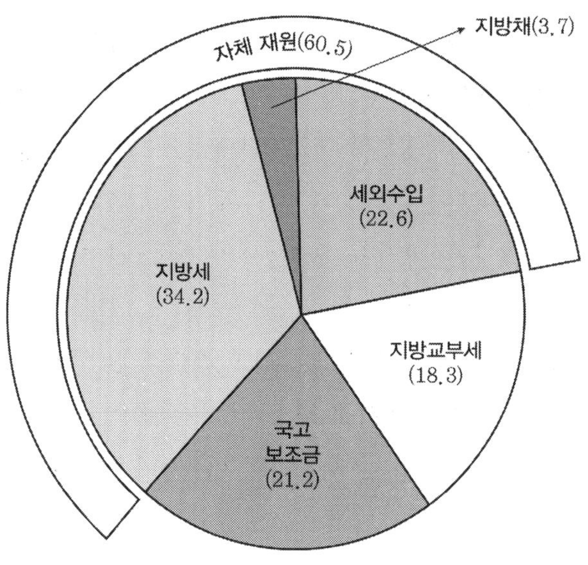

※ 출처: 행정안전부. 「2010년도 지방자치단체 예산개요」, 2010.

그림 4-10을 보면, 2010년도 지방정부의 총세입 중에서 지방세 수입은 34.2%에 지나지 않고, 세외수입 22.6%와 지방채 발행수입 3.7%를 다 합해도 총세입의 60.5% 밖에 되지 않는다. 나머지 39.5%는 지방교부세와 국고보조금의 형태로 지급되는 중앙정부의 재정보조에 의해 충당되고 있다.

중앙정부의 재정보조를 통해 지방정부의 활동영역이 넓어질 수 있는 것은 긍정적인 측면으로 여길 수 있다. 외국의 경우에도 중앙정부가 많은 세금을 거두어 지방정부에 나누어 주는 **세입공유**(revenue sharing) 체제를 활용하고 있는 경우가 흔하다. 그러나 이처럼 재정적으로 중앙정부에 의존하게 되면 지방정부가 독자적인 사업을 운영하는데 있어 중앙정부로부터 제약을 받게 된다. 예를 들어 지방교부세의 형태로 재정보조가 이루어질 때 조건 없는 지원이 원칙이지만 실제로는 어떤 형태로든 중앙정부의 영향력이 미치게 된다.

지방자치실현을 위해 요구되는 사항 중에서 가장 우선적인 것은 지방정부의 재정자립도 향상이다. 이를 위해서는 기존의 지방세 세율을 높이거나 새로운 지방세를 도입할 수밖에 없을 것이다. 그러나 이 과정에서 문제가 되는 것은 지역 간의 경제력 차이가 심하기 때문에 재정자립도에 있어서도 지역 간의 부익부 빈익빈 현상이 심화될 수 있다는 사실이다. 예를 들어, 2010년에 도입된 지방소비세는 지방정부의 재정자립도를 높인다는 취지에서는 바람직하지만, 시도별 소비지출 비중에 따라 배분하는 방식 때문에 지역 간의 부익부 빈익빈 현상을 심화시킬 수 있다.

② 지방세 체계

2010년의 지방세 체계는 16개의 지방세로 구성되어 있었다. 지방세는 징수의 주체에 따라 크게 도세와 시·군세로 구분되며, 세수가 일반적인 세입으로 들어가느냐 아니면 특정한 용도의 세입으로 들어가느냐에 따라 보통세와 목적세로 구분된다. 도세는 8가지이며 그중에서 보통세가 취득세, 등록세, 지방소비세 등 5가지이고, 목적세가 공동시설세, 지역개발세, 지방교육세 등 3가지이다. 시·군세는 보통세로 지방소득세, 주민세, 재산세 등 7가지이고, 목적세는 도시계획세 1가지이다.

지방세 16가지 중에서 지방소득세와 지방소비세는 2010년에 새로 도입된 것이다. 2010년 이전에는 법인세나 소득세를 납부할 경우 10%를 '소득할 주민세'라는 명목으로 부과되었다. 이를 이름만 바꿔서 지방소득세로 부르게 된 것인데, 이는 지방자치단체가 공식적으로 거두는 지방세라는 점을 부각시키고자 하는데 있다. 지방소비세는 지방자치단체의 재정 확충을 위해 새로 도입된 것이며 부가가치세액의 5%를 지방세로 전환하여 만들어진 것이다.

2011년에는 지방세법 개정에 따라 그림 4-11에서 보듯이 지방세 세목을 11가지로 대폭 간소화 하였다. 우선 중복과세 통·폐합의 원칙에 따라 취득세와 등록세(취득 관련)가 취득세로 단일화 되었다. 또한 중복과세 통·폐합의 원칙에 따라 재산세와 도시계획세가 재산세로 단일화 되었다. 다음으로 간소화의 원칙에 따라 유사세목을 통합하여 등록세(취득 무관)와 면허세가 통합되어 등록면허세가 되었다. 공동시설세와 지역개발세가 통합되어 지역자원시설세가 되었으며, 자동차세와 주행세가 자동차세로 통합되었다. 그리고 축산농가의 부담을 덜어주기 위해 도축세가 폐지되었다.

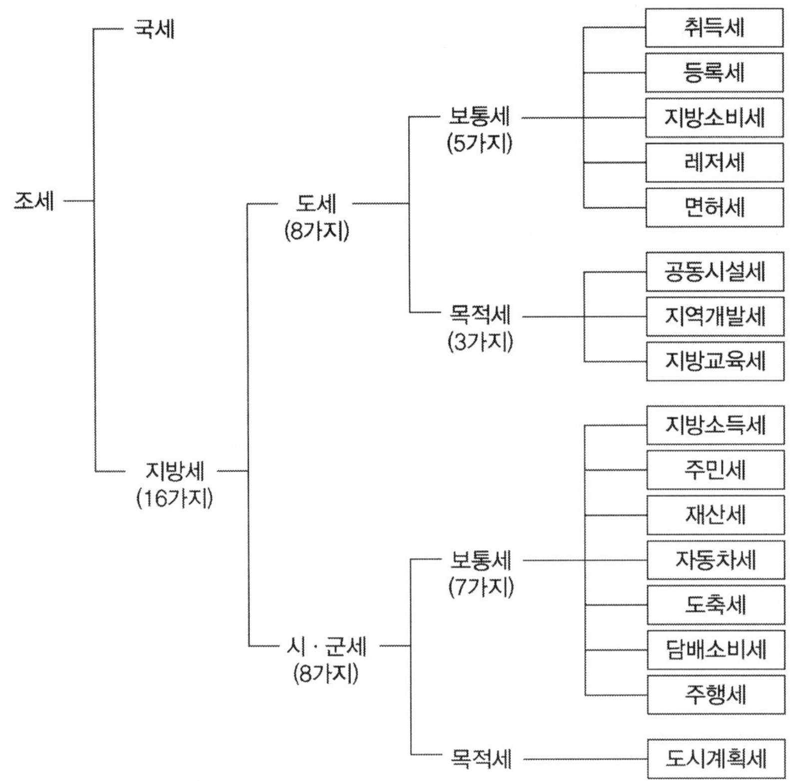

※ 출처: 이준구. 전게서, p.50.

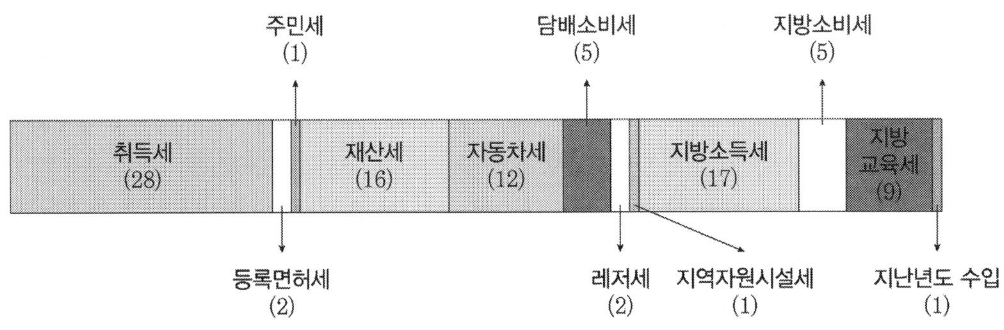

※ 출처: 행정안전부. 「2012년도 지방자치단체 예산개요」, 2012.

그림 4-12에서 2012년도 지방세 수입의 구성 비율을 살펴보면, 도세 중에서 가장 높은 비중을 차지하는 것은 취득세로 28%이며, 시·군세 중에서는 지방소득세가 17%를 차지하고 있다. 외국의 경우에는 지방세의 수입에서 재산세가 대부분을 차지하는 데 비하여 우리나라에서는 재산세가 16%로 상대적으로 낮은 수준이었다.

지방교육의 발전을 위해 도입된 지방교육세는 지방세 수입의 9%를 차지하며, 2012년 말까지 한시적용하기로 예정되어있던 담배소비세액의 지방교육세분은 2015년 말까지 다시 연장되었다. 지방교육세는 중앙정부의 지방교육재정교부금 및 국고보조금과 더불어 주요한 교육재원으로서 상당한 기여를 하고 있다.

교육세

교육세는 교육기반의 확충을 위하여 학교시설과 교원처우 개선에 소요되는 재원을 확보함을 목적으로 제정(1981. 12. 5 법률 제 3459호) 되었으며, 당초 5년 시한의 한시법이었으나 1986년 1차 개정에서 시한을 5년 더 연장하였으며, 1990년 3차 개정에서 시한을 철폐하여 영구세로 전환함과 동시에 세원도 확대하였다. 교육세의 목적도 당초의 교육환경 개선과 교원처우 개선에서 교육의 질적 향상을 도모하기 위하여 필요한 교육재정의 확충에 소요되는 재원 확보로 전환시켰다. 그 후 2010년 법률 제10407호까지 총 20차례 교육세 개정이 이루어졌다.

교육세는 크게 국세와 지방교육세로 나눌 수 있으며, 교육세법에 의하여 부과되는 현행 교육세의 과세표준과 세율은 **국세분**으로 (1) 금융·보험업자 수익금액의 1000분의 5, (2) 개별소비세액의 100분의 30, (3) 교통 에너지 환경세액의 100분의 15, (4) 주세액의 100분의 10 등이며, **지방세분**으로 (1) 등록면허세액의 100분의 20, (2) 레저세액의 100분의 40, (3) 주민세액의 100분의 10, (4) 재산세액의 100분의 20, (5) 취득세액의 100분의 20, (6) 자동차세액의 100분의 30, (7) 담배소비세액의 100분의 50(2012년 말부터 2015년 말까지 연장)으로 되어있다.

이 절에서는 우선 교육세의 도입배경과 목적을 알아보고, 다음으로 교육세의 주요 변천과정을 살펴보며, 마지막으로 교육세에 대한 쟁점과 평가에 대해 논의하고자 한다.

1 교육세의 도입배경 및 목적

교육세가 처음으로 도입된 것은 1958년부터 1961년까지 3년간이었다. 그러나 교육재원확보의 법적 근거를 마련하고 지속적인 중앙정부와 지방정부의 지원이 이루어지도록 하는데 결정적인 근간이 된 것은 1982년부터 실시된 교육세이다. 교육세는 1981년 12월 5일 교육세법이 최초 제정된 이래 2010년까지 20회의 개정이 이루어졌고, 그 이후로도 일부 개정이 계속되고 있다.

교육세가 도입되게 된 계기는 고교평준화 정책이 1974년부터 실시되면서 대두된 대학입시에 따른 재수생과 과열과외 문제의 해결을 위한 7·30 교육개혁조치였다. 이는 과열과외의 원인과 해결방안을 교육정책과 사회정책으로 구분하여 제시하였으며 교육정책 측면의 장기대책으로서 교육목적세 신설이 포함되었다. 다시 말해서, 교육목적세 신설로 연간 6,000억~1조 원의 교육예산을 확보하여 교원처우개선, 대학시설 확충, 대학교육과정 및 교과서 개발 지원, 지방대학 육성 등에 투자할 것을 제시하였다.

1981년의 교육세 신설에서 가장 주된 목적은 교육여건개선과 교원처우개선에 있었다. 사교육의 왜곡된 구조를 개선하고 공교육을 정상화하기 위해서는 열악한 교육여건개선이 필요하였으며, 한시적인 교육세 시한이 종료되는 1987년부터는 계속적인 교원처우개선에 필요한 추가재원을 어떻게 확보할 것인가 하는 문제가 제기되었다. 따라서 1995년 12월 29일 제7차 교육세법 개정에서는 교육세의 목적을 "교육의 질적 향상을 도모하기 위하여 필요한 교육재정 확충에 소요되는 재원을 확보함을 목적으로 한다."고 수정하였다(윤정일, 1994).

2 교육세의 변천과정

1) 1958~1961년 교육세

교육세가 최초로 도입된 것은 1958년부터 1961년까지 3년간이었다. 교육세는 소득세에 대한 부가세로서 국세교육세와 지방세교육세로 이원화되어 있었다. 국세교육세는 일정한 기준 이상의 소득에 대해 부과되었으며, 그중 30%를 지방에 환원하고, 나머지 70%를 전국적으로 통합하여 사용하였다. 지방세교육세는 세원의 영세성으로 인해 국세교육세의 1/6 수준에 불과하였다. 국세교육세와 지방세교육세는 의무교육재원 확보를 위한 목적세로서 안정적 의무교육재원을 마련하는데 기여하였다. 그러나 1961년 말 소득세법 개정의 부칙에 의해 1962년부터 교육세는 폐지되었고, 대신 의무교육재정교부금법이 그 기능을 대체하게 되었다.

1972년 지방교육재정교부금법에 의해 법정교부율이 중단됨으로써 교육재정의 안정적 확보가 어려워졌으며, 한편으로 고교평준화정책의 추진 등으로 인한 교육재정수요가 급격하게 증대됨에 따라 다시 교육세 신설에 관한 논의가 활발하게 전개되기 시작하였다.

2) 1981년 12월 5일 제정된 교육세

1982년부터 실시된 교육세는 향후 한국교육의 발전지표와 이를 달성하는데 필요한 재정수요를 추정하고 아울러 국민의 조세부담률을 고려하여 결정된 것이었다. 교육세 도입에 대한 최초의 논의에서는 목표연도에 각급학교의 학급당 학생수를 초·중등학교 모두 대도시의 경우에는 50명, 기타 지역은 45명 수준으로 감축시키는 것을 목표로 연간 2조 원 정도를 확보하는 것이었다. 그러나 국보위에 의해 조정되어 연간 6,000억~1조 원으로 감액되었다. 이 정도의 규모는 교육발전지표 달성을 위한 추가재정수요의 1/2~1/3 정도에 불과한 것이므로 교육세는 신설될 당시부터 기한이 연장되어야 하는 당위성을 내포하고 있었다.

신설교육세의 세원을 살펴보면, 소득세법 규정에 의한 분리과세 이자소득 금액 또는 분리과세 배당소득 금액의 5% 해당액, 주세법의 규정에 의하여 납부하여야 할 주세액(가산세액 제외, 약·탁·소주 등은 과세에서 제외함)의 10% 해당액, 제조담배(280원 미만의 것 제외, 외국인에 판매할 목적으로 수입된 외국담배 등 제외) 매도가격의 10% 해당액, 금융·보험업자의 수익금액의 0.5% 해당액 등이었다.

교육세는 국세로서 직접세와 간접세의 양면성을 띠고, 목적세로서 임시세에 속하였으며, 다른 세원에 부속되는 부가세의 성격을 갖고 있었다. 다시 말하면, 과세주체가 중앙정부인 국세이고, 교육환경과 교원처우를 개선한다는 특정한 목적을 위하여 징수하는 목적세이며, 1 회계연도 혹은 몇 회계연도에 한시적으로 부과하는 임시세이고, 국세 부가세라는 복합적인 특성을 지니고 있었다.

3) 1990년 12월 31일 개정된 교육세

1990년 12월 정부는 방위세의 시한이 종료됨에 따라 교육계의 요구사항을 수렴하여 교육세 확충을 주요내용으로 하는 조세개편을 실시하였다. 재무부와 경제기획원은 각각 국세교육세와 지방교육세의 이원화안과 지방교육양여세안을 제시하였다. 정부는 이 중에서 지방교육양여세안을 채택하였으며, 이어서 국회는 1990년 12월 31일 개정된 교육세법과 지방교육양여금법을 제정·공포하였다.

개정된 교육세법에서 가장 주된 특징은 1991년 12월 31일로 되어 있던 교육세의 징수시한을 폐지하여 영구세로 전환함과 동시에 과세대상을 대폭적으로 확충한 것이다. 즉, 과세대상 중 원천분리 과세되는 이자소득과 배당소득을 제외시키는 대신에 특별소비세와 지방세 중 등록세, 마권세, 균등할주민세, 재산세, 종합토지세, 자동차세를 새로 포함시킴으로써 교육세의 과세대상은 기존의 금융·보험업자의 수익금액과 주세를 포함하여 9가지로 대폭 확충되었다. 또한 세율도 과세대상 각각에 대해 10/100~30/100으로 인상하였다. 그리고 교육세는 지방교육양여금법에 의하여 전액이 지방교육양여금으로 전입되어 인구비례에 따라 시·도에 배분되도록 하였다.

4) 1995년 12월 29일 개정된 교육세

1995년 5월 31일 대통령 자문기관인 교육개혁위원회의 교육개혁안이 발표된 이후 「교육재정 GNP 5% 확충」을 위한 방안으로 1995년 12월 29일 제7차 교육세법 개정안을 확정하였다. 개정 교육세법은 1996년 7월 1일자로 시행되었으며, 주요내용은 신규과세대상 및 세율 확정, 일부 항목의 세율 인상, 교육세 세율의 탄력적 조정 등이었다. 이에 대한 보다 구체적인 내용을 제시하면 다음과 같다.

- 등유에 대한 특별소비세액의 15%, 교통세에 대한 15%, 담배소비세액의 40%가 신규 과세대상 및 세율로서 확정되었다.
- 경주·마권에 대한 교육세율이 20%에서 50%로 인상되었다.
- 각종 과세대상에 부가하는 교육세의 세율은 교육투자 재원의 조달 또는 당해 물품의 수급 상 필요한 경우에는 그 세율의 30%의 범위 안에서 대통령령으로 이를 조정할 수 있다는 항목이 첨가되었다(윤정일, 1994).

❸ 교육세에 대한 쟁점과 평가

1) 교육세에 대한 쟁점

교육세를 신설할 당시부터 교육세의 성격과 내용에 대한 논쟁이 있었다. 이는 크게 네 가지로 나누어 볼 수 있는데, 첫째, 국세와 지방세 논쟁, 둘째, 목적세 논쟁, 셋째, 임시세와 영구세 논쟁, 넷째, 과세표준에 관한 논쟁이었다. 이 중에서 임시세와 영구세의 논쟁은 1990년 12월 30일자로 교육세가 영구세로 전환되었기 때문에 생략하고 나머지 세 가지 논쟁에 대한 구체적인 설명을 제시하면 다음과 같다.

- 교육세 신설 당시 가장 큰 논쟁은 교육세를 국세로 할 것인가 아니면 지방세로 할 것인가 이었다. 국세로 하자는 주장의 근거는 교육세 운영의 효율성을 기하고 재원의 편재로 인한 지역 간 격차를 방지할 수 있다는 것이며, 지방세로 하자는 주장의 근거는 교육세를 지방세로 해야만 지방교육자치실시에 필요한 재원을 확보하기 쉽다는 것이다.

- 목적세에 대한 논쟁이었다. 목적세의 설치는 예산통합성의 원리에 위배되며 예산운영의 경직성을 가져 온다는 논리와 교육·국방 등에 대한 목적세는 국민들의 동의를 얻기 쉽고 조세저항을 유발하지 않고 징수할 수 있다는 논리가 서로 대립하였다. 목적세 주장의 근거에 대해 보다 구체적으로 설명하면, 교육의 양적 팽창 추세와 더불어 교육의 질적 향상에 대한 사회적 요구가 가중됨에 따라 교육재정수요는 급증한데 비하여 정부의 재정지원은 한계에 도달하였으니 목적세를 신설하여 안정적인 교육재정확보를 해야 한다는 것이다. 다시 말하면, 국세나 지방세에 의한 교육재정확보 방식은 교육정책지원 기능을 제한하고 교육재정의 안정적 확보에도 좋지 않은 영향을 미칠 수 있으므로 교육이라는 명확한 목표가 설정된 목적세를 통해서 교육재정을 확보하는 것이 더 효과적이라는 입장이다.

- 과세표준에 대한 논쟁이었다. 교육세는 목적세의 성격을 지니고 있지만 과세권이 교육당국에 부여되어 있지 않고, 독립적인 재원을 가지고 있지 않아 국세와 지방세에 부가하는 방식을 취하고 있기 때문에 안정적인 교육재정확보를 위해서 현재도 계속해서 문제가 제기되고 있다. 교육세의 주된 재원인 국세분의 개별소비세나 지방세분의 취득세는 국내경기와 밀접한 상관관계를 지니므로 불경기로 소비가 위축되거나 부동산 거래가 저조하면 그에 따라 세수가 감소하고 아울러 국세와 지방세수입의 일정비율을 차지하는 교육세 수입도 줄어들게 된다. 이처럼 교육세 수

입은 조세 수입에 따라 유동적으로 변화하게 되므로 과세표준을 어떻게 설정하느냐는 교육재정의 안정적 확보에 결정적인 요인이 되므로 계속적인 논쟁을 불러일으키게 된다.

2) 교육세에 대한 평가

1982년부터 징수되고 있는 교육세는 엄밀한 의미에서 볼 때 목적세라고 하기 어렵다. 과세권이 교육당국에 없을 뿐만 아니라 독립적인 재원을 가지고 있지 않고 국세와 지방세의 일정비율을 교육세로 부가하는 방식을 취하고 있기 때문이다. 이러한 방식은 조세비용을 줄일 수는 있으나, 교육재정 소요예산에 맞추어서 필요한 교육세를 직접적으로 부과하여 세수를 확보할 수 없도록 하며, 중앙정부와 지방정부의 특정 세목의 조세수입에서 일정비율을 부가함에 따라 목적세로서 교육비의 의미를 약화시킨다.

우리나라의 교육세에 대한 진단을 위해 미국과 일본의 교육비 재원조달에 관해 살펴보면, 미국의 경우 교육부문의 연방정부 지출금은 주로 소득세로부터 조달되고 있으며, 연방정부는 주정부 및 지방정부의 보건, 주택, 교육 등 제 활동을 조장·지원하기 위하여 일반세입 배분제도, 특별세입 배분제도, 그리고 보조금 제도 등을 통하여 재정배분을 하고 있다. 주정부 수준에서 지방정부에 대한 교육비 보조는 주로 판매세를 주요 재원으로 하고 있으며, 학교구 수준에서 재산세 수입이 대체로 80% 이상을 차지하고 아울러 개인소득세 등의 세외수입, 사용료·수수료 등의 세외수입 등을 주요재원으로 하고 있다. 그리고 대다수의 학구에서는 교육세를 부과하고 징수하는 권한을 갖고 있다. 일본의 경우 중앙정부와 지방정부는 각각 별개의 조세 및 소득원을 통하여 충당되는 재원으로 교육활동을 조장·지원하고 있다. 교육비의 주요 재원은 국세와 지방세로 이루어지고 있으며, 국세와 지방세는 교육 등과 같은 특정한 분야에 한정하여 징수하지 않고, 세출예산 편성 시 교육 분야를 포함하여 사회 각 분야의 행정적 수요에 의거하여 적절한 배분을 하고 있다.

교육재원 조달방식에서 어떤 방식이 가장 바람직한가는 국민들의 교육에 대한 인식도, 국가의 교육에 대한 통제정도, 독특한 조세제도 등의 다양한 요인들에 의해 결정되어진다. 미국의 일부 주에서와 같이 교육세의 부과·징수권이 지방교육자치단체에 있을 경우에는 지방세 방식으로 교육재원을 확보하는 것이 당연하지만, 일본이나 우리나라처럼 과세권이 국가나 지방자치단체에 있을 경우에는 교육재원의 확보는 국가재정과 지방재정의 전체적인 틀에서 결정되어질 수밖에 없다. 따라서 앞의 교육세 논쟁에서 제시된 바와 같이 교육세의 재원이 국세와 지방세에서 부가적으로 확보되는 것이 적절한가, 교육세가 목적세로서 역할을 제대로 수행하느냐 하는 것보다 실제적으로 중요한 것은 지속적으로 조세수입의 변동에 영향을 받지 않고 안정적인 교육재정을 확보할 수 있는 과세표준을 설정하는데 초점이 모아져야 한다는 것이다.

제5장
지방교육재정

지방교육재정의 성격과 구조

교육재정은 수준에 따라서 중앙교육재정과 지방교육재정, 사학재정으로 구분할 수 있고, 대상에 따라서는 고등교육재정과 중등교육재정, 의무교육재정, 사회교육재정 등으로 구분할 수 있다. 여기서 중앙교육재정의 주된 대상은 고등교육이며, 지방교육재정의 주된 대상은 중등 및 의무교육이다. 사회교육은 중앙교육재정과 지방교육재정 양쪽에 관련되어 있다. 일반적으로 교육재정은 중앙교육재정과 지방교육재정으로 구분하여 사용되고 있다.

지방교육재정이란, 지방자치단체가 관할 각급학교교육을 위하여 경비를 조달하고 공공회계절차를 거쳐 지출하는 것을 의미한다. 여기서 지방자치단체 관할 각급학교교육이라 함은 공립의 유치원, 초등학교, 중학교, 고등학교 교육을 말하며, 사립 초·중등학교도 지방자치단체로부터 재정보조를 받기 때문에 여기에 포함된다. 즉, 시·도교육청 산하의 각급학교교육이 모두 포함된다(윤정일 외, 1983).

이 절에서는 지방교육재정에 관한 기초로서 지방교육재정의 개념과 특성, 세입과 세출구조, 전망 등에 관해 논의하고자 한다.

■ 지방교육재정의 개념 및 특성

1) 지방교육재정의 개념

지방교육재정은 교육재정에서 가장 많은 부분을 차지하는 중요한 영역이다. 지방교육재정이 중요한 이유는 단지 교육재정에서 차지하는 비중이 크기 때문만은 아니다. 고등교육재정이 고등교육을 위한 재원으로서 지원적 성격이 강한 반면에, 지방교육재정은 의무교육재정을 포함한 국민보통교육을 보장하기 위한 의무적 성격이 강한 재원이기 때문이다. 따라서 고등교육재정은 정부의 지원이 이루어지기는 하지만 대체로 수익자 부담의 원칙을 적용하는 경향이 강하며, 지방교육재정은 일정 수준의 국민적 소양을 보장하기 위하여 일반적으로 국가나 지방자치단체가 교육재정을 부담한다. 지방교육재정은 지방교육 자치를 전제로 하지 않으면 성립할 수 없는 개념이다. 즉, 지방교육당국이 교육재정의 확보, 배분, 지출, 평가에 대한 권한을 지니지 못한다면 지방교육재정은 성립할 수가 없다.

지방교육재정이란 용어는 두 가지 의미를 내포하고 있다. 하나는 "지방교육에 관한 재정"이란 의미이고, 다른 하나는 지방의 "교육에 관한 재정"이라는 의미이다. 전자는 중앙정부와 지방자치단체의 관계로서 중앙정부가 관할하는 고등교육에 대한 재정을 제외하고 지방자치단체가 관할하는 지방교육에 관한 재정이란 의미이며, 후자는 지방교육당국과 지방자치단체의 관계로서 지방자치단체가 관할하는 여러 가지 업무 중에서 교육에 관한 업무를 지원하는 재정이란 의미이다.

전자로부터는 지방교육재정의 자율성 개념이, 후자로부터는 자주성 개념이 도출될 수 있다. 따라서 지방교육재정은 중앙정부가 지방자치단체에 자율성을 보장해 주고, 지방자치단체가 지방교육자치단체에 자주성을 보장해 줄 때 성립할 수 있는 개념이다.

2) 지방교육재정의 특성

지방교육재정은 지방재정의 일종으로 분류할 수 있기 때문에 우선 지방재정의 특성을 살펴보고, 그다음으로 지방교육재정의 특성을 파악하는 것이 적절할 것이다. 지방재정은 중앙재정에 비해 규모가 영세하고 구조가 단순한 반면에 지방주민을 위한 보다 근접한 재정운용이 가능한 장점을 지닌다. 우선 중앙재정과 지방재정의 차이점을 중심으로 지방재정의 특성을 제시하면 다음과 같다(오연천, 1989).

- 중앙재정은 공공적 특성이 현저한 반면, 지방재정은 공기업이나 민간부문보다는 공공적 특성이 강하지만 중앙재정에 비해서는 민간적 특성이 더 많다. 즉, 중앙재정은 순수공공재적인 성격을 띠지만, 지방재정은 준공공재적인 성격을 내포하고 있다. 예를 들어, 중앙정부의 국방, 사법, 외교 등의 업무에 비하여 지방자치단체의 상수도, 환경, 주택공급 등의 업무는 공공재적인 성격이 약하다는 것이다.
- 중앙정부의 재원조달은 주로 조세수입에 의존하는데 비하여 지방자치단체는 수수료·사용료 등의 세외수입과 지방교부세·국고보조금과 같은 지방재정조정수입 등 다양한 세입원을 갖고 있다. 지방자치단체의 서비스는 수익자 비용부담이라는 반대급부에 의해 이루어지는 영역이 넓기 때문에 세외수입이 많지만 그 규모는 크지 않고, 또한 지방세의 세입규모가 적다보니 재정자립도가 떨어져 중앙정부의 지방재정조정 수입에 의존하는 비중이 높게 나타난다.
- 중앙정부의 서비스는 개별적 반대급부의 성격이 없는 일반적 보상관계인 반면, 지방자치단체의 서비스에서 상당부분은 반대급부적 성격을 내포하는 개별적 보상관계를 띠고 있다. 따라서 중앙정부의 재원이 응능부담(應能負擔)의 원칙을 강조하는데 비하여, 지방자치단체의 재원은 응익부담(應益負擔)의 원칙을 적용하는 경우가 많다.
- 중앙정부의 재정기능은 국민소득의 재분배나 경제의 안정화에 초점을 두는데 비하여 지방정부의 재정기능은 주민생활과 직결된 공공서비스의 제공에 있기 때문에, 조세부담과 재정지출에 있어서 공정성보다 효율성에 우선순위가 주어진다.
- 중앙정부의 재정운영에 비하여 지방정부의 재정운용은 주민들의 요구사항을 충분히 반영하여 이루어질 수 있으므로, 지역사회의 발전과 지역주민의 후생복지를 위한 특정한 사업예산을 집행할 수 있다.

다음으로 지방재정과 지방교육재정의 차이점과 공통성을 중심으로 하여 지방교육재정의 특성을 살펴보면 다음과 같다.

- 지방재정은 지방세와 세외수입 등 자체재원의 비중이 높으나, 지방교육재정은 중앙정부로부터 확보되는 재원이 대부분이다. 지방교육재정은 지방재정으로부터 지원을 받는 것이 적절할 것으로 여겨지나 지방재정의 자립도가 낮다보니 현실적으로는 중앙재정에 의존하는 비중이 높다. 교육구가 부과·징수권을 가지고 있었던 1958년부터 1961년까지의 교육세를 제외하면 지방교

육당국은 징세권을 지니지 못하였고 독자적인 세원도 가지고 있지 않다. 중앙정부로부터 국세의 일정비율로 재정배분을 받는 것이 주된 재정수입이며, 지방재정으로부터는 지방교육세 지원을 받고 있으나 재정규모가 그렇게 크지는 않다. 이러한 실정으로 인하여 지방교육재정의 자율성 확보는 기대하기 어려우며 계속해서 중앙재정에 의존할 수밖에 없게 되었다.

- 지방재정의 운영은 시·도의회와 시·군·구의회를 통해 자치적으로 이루어지고 있으나, 지방교육재정의 운영은 지방자치단체에 예속되어 있다. 지방교육 자치를 실시하고 있기는 하지만 지방교육당국이 실제적인 자치단체로 인정받지 못하고 있기 때문에 선거를 통해 선출된 교육의원이 시·도교육청에서 시행하는 정책 및 예산을 심의·의결하고, 교육감과 산하 기관에 대한 감사·조사 역할을 한다. 이전까지는 이 역할을 시·도 교육위원회에서 맡았지만, 2010년 하반기부터는 6월 선거를 통해 선출된 교육의원들이 이 임무를 담당하게 되었다. 이들이 종전의 교육위원회 위원과 다른 점은 시·도의회 의원이란 점이다. 이렇게 별도로 뽑힌 교육의원이 시·도의회 교육상임위원회의 과반수이상을 차지하고, 나머지 상임위원은 일반 시·도의원들이 맡게 된다. 이처럼 시·도교육청이 시·도의회 교육상임위원회에 의해 정책 및 예산 심의·의결을 받게 됨으로써 결국 지방교육재정 운영은 지방자치단체에 예속되게 되었다.
- 지방재정과 마찬가지로 지방교육재정도 자체재원을 확보하는 과정에서 응능부담의 원칙보다는 응익부담의 원칙을 강조하고 있다. 지방교육재정의 자체수입에 속하는 수수료, 사용료, 수업료 및 입학금은 교육으로부터 직접적인 수익을 얻고 있는 주민들이 부담하는 재원이다.
- 지방정부의 재정기능이 주민생활과 직결된 공공서비스의 제공에 있기 때문에, 조세부담과 재정지출에 있어서 공정성보다 효율성에 우선순위가 주어지듯이, 지방교육 재정도 지역사회교육에 관련된 공공서비스를 제공하기 위하여 공정성보다는 효율성에 중점을 두고 있다.

❷ 지방교육재정의 세입과 세출

지방교육재정은 지방자치단체의 일반회계와 구분하여 시·도 교육비특별회계로 편성된다. 특별회계로 편성하는 것은 교육재정의 중요성을 감안하여 안정적인 교육재정확보를 마련하는데 있다. 또한 정부수립 이후로 중앙정부가 지방자치단체에 교육재정을 지원할 때 일반재정과 구분하여 별도로 지원해 왔다는 현실적인 이유도 반영된 것이다. 지방교육재정의 세입구조와 세출구조를 제시하면 다음과 같다.

1) 지방교육재정의 세입구조

교육재원의 구조는 크게 회계별, 재원별, 경비별로 구분할 수 있다(공은배 외, 2007). 회계별 구분에 있어서는 교과부소관 일반회계·특별회계·기금, 지방자치단체 교육비특별회계, 학교회계, 학교법인회계, 산학협력단회계 등이 있으며, 재원별 구분에 있어서는 국가부담, 지방자치단체부담, 학교법인부담, 학부모부담, 기업 및 사회부담 재원 등으로 구분할 수 있다. 경비별 구분에 있어서는 의무교육경비, 의무교육 이외의 지방교육경비, 학교용지확보경비, 고등교육비, 사립학교비, 기타 교육비 등으로 구분된다.

시·도 교육비특별회계의 설치는 지방재정법에 근거하고 있다. 지방재정법 제9조는 지방자치단체의 회계를 일반회계와 특별회계로 구분하도록 하고 있으며, 제10조는 교육비특별회계에 관하여 교육감, 교육과학기술부 장관이 주체가 됨을 명시하고 있다. 정부재정이 하나로 통일되어 계리되는 일반회계와는 달리 특별회계는 특정한 목적을 위해 설치된 회계이며(유훈, 2005), 국가재정법 제4조에서는 특별회계의 설치요건을 '국가에서 특정한 사업을 운영하고자 할 때', '특정한 자금을 보유하여 운용하고자 할 때', '특정한 세입으로 특정한 세출에 충당함으로써 일반회계와 구분하여 계리할 필요가 있을 때' 등으로 규정하고 있다.

지방교육재정이란 자치단체가 교육기관 및 교육행정기관을 설치·운영하는데 소요되는 경비를 조달하고, 조달된 경비를 관리·사용하는 일체의 공공경제 활동을 말한다. 지방교육재정의 근간을 형성하는 교육비특별회계의 세입구조 변화를 제시하면, 표 5-1과 같다.

교육비 특별회계의 세입구조에서 우선 중앙정부로부터 이전수입을 살펴보면, 현행 이전수입은 지방교육재정교부금(국세분교육세 포함)과 국고보조금 2가지이다. 현행 지방교육재정교부금법에 의하면, 지방재정교부금은 당해 연도의 내국세(목적세, 종합부동산세 및 다른 법률에 의하여 특별회계의 재원으로 사용되는 세목의 당해 금액을 제외) 총액의 1만분의 2,027에 해당하는 금액과 당해 연도의 「교육세법」에 의한 교육세 세입전액에 해당하는 금액으로 충당되는데, 보통교부금은 내국세 20.27%의 96/100에 국세분교육세를 합산하여 중앙정부로부터 이전되며, 특별교부금은 내국세 20.27%의 4/100가 중앙정부로부터 이전된다. 국고보조금은 교부금과 같이 명확한 지원 비율이 설정되어 있는 것이 아니고 지방자치단체가 중앙정부의 시책사업이나 위탁사업을 수행할 때 필요한 재정지원이 이루어진다. 그리고 국세분교육세는 특정세목의 조세수입에서 일정비율을 교육부문에 지원하는 것이다.

표 5-1 교육비특별회계의 세입구조 변화

구분			2000	2001~2004	2005~2007	2008~2009
중앙정부이전수입	보통교부금	경상교부금	내국세 11.8%의 10/11	내국세 13.08%의 10/11	내국세 19.4%의 96/100 국세분 교육세	내국세 20.0%의 96/100 국세분 교육세
		봉급교부금	의무교원봉급	의무교원 봉급 및 관련수당	폐지	
	특별교부금		내국세 11.8%의 1/11	내국세 13.0%의 1/11	내국세 19.4%의 4/100	내국세 20.0%의 4/100
	증액교부금		국가예산범위내	좌동	내국세 교부금에 포함	
	지방교육잉여금		국세 및 지방세분 교육세	국세분 교육세	보통교부금에 포함	
	국고보조금		국가보조재원			
	교육환경개선교부금		교육세 일정금액 및 일반회계 전입금	폐지		
자치단체이전수입	법정전입금	시도세	시도세 총액의 2.6%	시도세 총액의 3.6%	서울 10%, 광역시 및 경기 5%, 기타 3.6%	좌동
		지방교육세	해당 없음	지방교육세 전액	좌동	
		담배소비세	서울 및 광역시 45%	좌동		
		학교용지부담금	학교용지확보경비의 1/2	좌동		
		봉급전입금	서울100%, 부산50%	서울100%, 부산50% 기타광역시 및 경기도10%	시·도세 전입금에 포함	
	비법정전입금		「도서관법」, 「지방교육재정교부금법」 등에 의한 비법정전입금			
자체수입	자체수입		입학금·수업료, 사용료·수수료, 자산수입, 이자수입, 잡수입 등			
차입	지방교육채		국고 승인 및 자체발행 지방교육채			
주민부담	주민 및 기관 등 부담금		주민 및 기관 등 부담금			
기타	이월금		전년도 이월금, 순세계잉여금, 보조금 사용전액 등			

※ 출처: 윤홍주. "지방교육재정 규모의 변화 및 결정요인 분석", 교육재정경제연구 제20권 제1호. 2011. pp.75~102.

다음으로 지방자치단체로부터 이전수입을 살펴보면, 크게 법정전입금과 비법정전입금으로 나눌 수 있다. 법률에 재원의 규모가 정해져 있는 전입금을 법정전입금이라고 하며, 전입근거가 법률에 규정되어 있지 않거나, 규정되어 있다 할지라도 재원규모가 정해져 있지 않은 전입금을 비법정전입금이라고 한다(송기창 외, 2010).

법정전입금은 「지방교육재정교부금법」에 규정된 시·도세 전입금, 담배소비세 전입금, 지방교육세 전입금과 「학교용지확보등에관한특별법」에 규정된 학교용지부담금이 된다. 현행 시·도세 전입금은 시·도세 총액의 서울 10%, 광역시 및 경기도 5%, 기타지역 3.6% 비율로 정해져있다. 지방교육세는 2001년 신설되었으며 지방세법에 의한 지방교육세 전액을 재원으로 한다. 지방교육세의 구체적인 세목과 세율을 보면, (1) 등록면허세액의 100분의 20, (2) 레저세액의 100분의 40, (3) 주민세액의 100분의 10, (4) 재산세액의 100분의 20, (5) 취득세액의 100분의 20, (6) 자동차세액의 100분의 30, (7) 담배소비세액의 100분의 50(2012년 말부터 2015년 말까지 연장)으로 되어있다. 학교용지부담금은 지방자치단체가 학교용지를 확보하는데 소요되는 경비의 1/2을 부담하도록 되어있다.

비법정전입금은 「도서관법」에 의하여 지원되는 공립 공공도서관 운영비와 「지방교육재정교부금법」에 의해 지원되는 기타 교육지원금 등이 있다.

자체수입은 「학교수업료및입학금에관한규칙」에 의한 입학금 및 수업료 수입, 토지사용료, 시설물 사용료, 입장료 수입 등의 사용료 수입과 수수료 수입, 자산임대 및 매각수입, 이자수입, 적립금수입, 각종 잡수입 등으로 구성된다.

차입에는 지방교육공채가 있는데, 지방교육공채는 시·도 교육감이 발행하는 **교육활동을 위한 지방공채**로서 시·도교육청이 조세수입을 통하여 이미 확보한 돈보다 많은 액수의 지출을 할 때 민간자금의 유입을 통한 추가재원을 마련하기 위하여 발행하는 채권을 의미한다(송기창 외, 2006).

주민 및 기관 등 부담금은 「지방교육자치에관한법률」에 의거 특별한 재정수요가 있는 때에 조례가 정하는 바에 따라 부과·징수하는 특별부과금, 지방자치법에 의거 지방자치단체가 그 재산 또는 공공시설의 설치로 주민의 일부가 특히 수익을 얻으면 수익을 얻는 자로부터 그 수익의 범위에서 징수하는 분담금, 기부금, 국고 및 지방자치단체부담금을 제외한 기타 기관부담금 등을 의미한다.

이월금은 순세계 잉여금, 보조금 집행잔액, 이월사업비 등으로 구성된다.

2) 지방교육재정의 세출구조

시·도교육비특별회계의 세출구조를 알아보기 위해 2009년 시·도교육청 세출결산액 42조 6,661억 원에 대한 부문별, 정책사업별, 성질별 내역을 살펴보면(이선호, 2011), 우선 부문별에 있어서는 유아 및 초·중등교육비 40조 7,911억 원(95.6%), 평생·직업교육비 1,660억 원(0.4%), 교육일반비 1조 7,090억 원(4.0%)로 구분할 수 있으며, 이 중에서 유아 및 초·중등교육비가 전체 세출액의 거의 대부분을 차지하는 것으로 밝혀졌다.

정책사업별 세출예산은 인건비성 경비인 인적자원운용비 22조 7,436억 원(53.3%), 공·사립학교회계전출금 등인 학교재정관리비 6조 9,272억 원(16.2%), 학교신설 등 시설사업 경비인 학교교육여건개선시설비 5조 4,442억 원(12.8%), 학교교육과정운영지원경비인 교수·학습활동지원비 3조 2,442억 원(7.6%), 저소득층 학비 및 급식지원 경비인 교육격차해소비 1조 5,336억 원(3.6%), 기타비 2조 7,733억 원(6.5%) 등으로 구성되어 있으며, 이 중에서 인적자원운용비가 전체 세출액에서 가장 높았으며, 다음으로 학교재정관리비, 학교교육여건개선시설비, 교수·학습활동지원비, 기타비, 교육격차해소비 순으로 나타났다.

성질별 세출예산은 인건비 26조 3,103억 원(61.7%), 물건비 1조 2,405억 원(2.9%), 이전지출비 5,630억 원(1.3%), 자산취득비 6조 8,262억 원(16.0%), 상환지출비 5,959억 원(1.4%), 학교지원비 7조 1,263억 원(16.7%), 예비비 및 기타비 39억 원(0.01%)로 구성되어 있고, 이 중에서 인건비가 가장 많은 비중을 차지하였다.

시·도교육비특별회계의 세출구조의 분석을 통하여 시사 받을 수 있는 점으로서, 첫째, 사학에 대한 재정지원 경비인 학교재정관리비가 전체 세출액에서 차지하는 비중이 높다는 점이다. 사학의 재정건전성 확보를 위해 정부의 교육재정지원이 이루어지는 것이 당연하다 하더라도 사학의 재정지원 확대분이 상대적으로 공립학교의 재정지원 축소분으로 대체되어서는 안 된다. 둘째, 공교육의 질적 향상에 직결되는 교수·학습활동지원비의 비중이 그렇게 높지 못한데, 이는 교육격차해소비, 지방교육공채 발행에 따른 상환지출비 등의 증가로 인해 교수·학습활동지원비의 증대가 어려웠기 때문이다. 비록 지방교육자치단체들이 재정난을 겪고 있더라도 교수·학습활동지원비는 공교육의 질적 향상에 결정적인 영향을 미치므로 정책성 사업에 대한 재정지원을 축소하더라도 교수·학습활동지원비는 지속적으로 확대해 나가야 한다.

3 지방교육재정의 과제

2009년 시·도교육비특별회계의 세출결산에 의하면, 교육격차해소, 유아교육, 급식관리, 특수교육 등에 중점적인 투자가 이루어진 것으로 나타났으며, 앞으로 이들 부문에 대한 투자는 계속해서 증대될 것으로 예견된다. 특히 유치원의 교육과정과 어린이집의 표준보육과정을 통합한 공통과정인 누리과정이 2013년부터 만 3세부터 5세의 어린이로 확대·실시됨에 따라 누리과정의 지속적이고 안정적인 운영을 위한 지방교육재정의 규모 확충은 매우 시급한 과제가 되었다. 이러한 관점에서 지방교육재정의 안정적 확보와 효율적 운영을 위한 과제를 제시하면 다음과 같다.

첫째, 중앙정부로부터 이전수입을 증대해야 한다. 현행 지방교육재정교부금법에 의하면, 교부금은 당해 연도의 내국세 총액의 1만분의 2,027에 해당하는 금액과 당해 연도의 「교육세법」에 의한 교육세 세입전액에 해당하는 금액으로 충당되고 있는데, 내국세는 중앙정부의 일반회계 세입예산에서 68%로 가장 비중이 크므로, 내국세의 20.27%에 해당하는 교부금은 상당히 큰 규모의 재원이 된다. 또한 중앙정부의 일반회계 세출예산 내역의 기능별 분류에서 보면, 교육부문은 18.8%로 일반공공행정부문 22.0% 다음으로 높은 비중을 차지하고 있다(기획재정부, 2010). 그러나 지방교육자치단체는 자체수입이 영세하고 지방자치단체로부터 지방교육세 지원을 받고 있지만 주된 재원은 중앙정부의 교부금에 의존하고 있음으로 교육격차해소, 무상급식확대, 누리과정확대 등의 교육 사업을 지방교육공채 발행 없이 수행하기 위해서는 중앙정부로부터 이전수입 확대가 필요하다. 다시 말해서, 내국세 총액의 20.27%의 96/100인 보통교부금 비율을 인상하는 대신, 4/100인 특별교부금 비율을 축소하여 지방교육자치단체의 보통교부금 배분을 확충해 나가도록 해야 한다. 아울러 현 정부의 조세제도 개편 추진 과정에서 세목 간소화의 일환으로 목적세인 교육세와 지방교육세 폐지가 검토되고 있는데(조세일보, 2013. 3. 18.), 이는 결국 교육부문에 대한 중앙정부의 이전수입을 축소하게 되고, 현재도 재정난에 처해 있는 지방교육자치단체들의 재정 상태를 악화시킬 것이 분명하므로, 이에 대한 대책 마련을 위해 교과부, 지방교육자치단체, 지방자치단체들이 연계하여 적극적으로 대처해 나가야 한다.

둘째, 지방교육재정의 효율적 운용으로 예산절감에 노력해야 한다. 중앙정부의 이전수입에서 가장 큰 비중을 차지하는 교부금은 내국세의 일정비율로 정해져 있으므로, 조세수입의 증감에 따라 교부금 배분은 상당한 영향을 받게 되고 그에 따라 교부금의 규모도 유동적일 수밖에 없다. 또한 지방교육세도 지방세수입에 의해 그 규모가 변동하게 된다. 따라서 지방교육재정의 가장 주된 재원인 교부금은 내국세 수입이 증대되어야만 늘어날 수 있으며, 지방교육세 역시 지방세의 수입이 증대되어야만 늘어날 수 있다. 현재 지방교육자치단체들은 보통교부금, 자체수입, 지방자치단체 법정전입금 등을 합한 세입예산으로 다양한 정책성 사업을 수행하는데 상당한 재정난을 겪고 있다. 전체 지방자치단체의 부채액은 2010년까지 지방교육공채 누적금액 3조 원, 2009년까지 민자사업(BTL) 건축비 9천억 원에 이르고 있으며 매년 부채액이 늘어나고 있다(이선호, 2011). 따라서 지방교육재정의 확대가 이루어지지 않은 상태에서 갖가지 정책성 사업을 부채를 지면서까지 수행할 수는 없으므로, 지방교육자치단체들이 자율적으로 추진하고 있는 각종 정책성 사업들을 점검하고 과도한 투자가 이루어지는 사업은 연차적인 조정이나 규모를 축소해 나가야 한다. 아울러 교과부의 「지방교육재정 분석 및 진단규정」 컨설팅에서 제시된 지표별 요구사항들(이선호, 2011), 즉 시·도의 법정전입금 분기별 균등 전입, 지자체 등 외부재원 유치, 학생수용계획과 학교신설과의 연계성, 적정규모학교 육성, 학교 이전·재배치 활성화, 교육비특별회계 불용액 최소화, 학교회계 순세계 잉여금 최소화, 사학의 법정전입금 부담률 제고, 무상급식투자 등의 제도개선을 통한 효율적인 재정운용으로 재정난을 극복해 나가는 노력을 기울여야 한다.

지방교육재정 보통교부금 제도

지방교육재정교부금법(법률 제2330호, 1971)은 의무교육재정교부금법(1962년 제정)과 지방교육교부세법(1963년 제정)을 통합하여 제정된 것으로, 이후 지방교육재정교부금제도에는 여러 가지 변화가 있었지만 '지방자치단체가 교육기관 및 교육행정기관을 설치·경영함에 필요한 재원의 전부 또는 일부를 국가가 교부하여 교육의 균형 있는 발전을 도모함을 목적으로 한다.'는 지방교육재정교부금제도의 목적은 변함없이 유지되고 있다.

지방교육재원의 확보와 배분에 관한 사항은 항상 지방교육재정 변화의 중심에 있었고 지방교육재정교부금제도는 예산부처와 교과부, 교과부와 지방교육자치단체, 지방교육자치단체와 지방자치단체 사이에 첨예한 이해관계 대립의 대상이었다. 종전에는 지방교육재정교부금의 이해당사자가 예산부처와 교과부뿐이었으나 지방교육자치가 정착됨에 따라 지방교육자치단체가 이해당사자로 가세하였고, 지방자치단체 일반회계의 교육비 부담을 늘려야 한다는 여론이 높아지면서 지방자치단체도 가세하였다(송기창, 2006). 최근에는 초·중등 학령인구의 급속한 감소 추세에 상응한 교육재정의 편성·운영, 초·중등교육예산에 한정된 지방교육재정교부금 제도의 경직적 운영 등 지방교육재정 구조 개편에 대한 요구가 거세지고 있다(기획재정부, 2011). 중앙정부의 예산부처는 교육 분야의 국가재정운용계획 방향을 '향후 정책방향과 재정투자는 공교육 개혁과제 정착 및 장애학생 등에 대한 맞춤형 교육지원을 통해 공교육 내실화와 소외계층에 대한 교육복지강화'에 두고 있음에도(국가재정운용계획 교육분야작업반, 2012), 조세제도의 대폭적인 세목 간소화 조정의 일환으로 목적세인 교육세와 지방교육세 폐지를 검토하고 있으며, 지방교육재정보통교부금 규모를 조정하려는 작업을 진행하고 있다. 이러한 조세제도의 변화가 교부금제도에 반영될 경우 중앙정부의 이전수입은 감소되어질 수밖에 없으며, 이로 인해 지방교육재정보통교부금의 규모는 필연적으로 축소되어질 수밖에 없다. 따라서 이에 대한 적절한 대응방안이 강구되지 않는다면 현재도 심각한 재정난을 겪고 있는 지방교육자치단체의 재정 상태는 더욱더 악화될 것이다.

이 절에서는 지방교육재정교부금 보통교부금의 변천과정, 현행 보통교부금제도, 그리고 보통교부금제도의 성과에 대해 주로 윤홍주(2012)의 논문에서 발췌·수정하여 제시하고자 한다.

1 지방교육재정교부금 보통교부금의 변천과정

지방교육재정교부금 보통교부금제도는 교육재원을 확보하고, 확보된 재원을 배분하는 기능을 한다. 따라서 보통교부금의 변천과정도 확보와 배분으로 나누어 살펴볼 수 있다. 여기서는 2000년 이후의 보통교부금제도에 한정하여 변천과정을 살펴보고자 한다.

1) 보통교부금 확보제도의 변천

2000년 이후 지방교육재정교부금 확보구조 변화를 제시한 그림 5-1에 의하면, 2000년까지 보통교부금은 봉급교부금과 내국세 11.8%의 10/11에 해당하는 경상교부금으로 구성되었다. 2000년 말 지방교육재정교부금법이 개정되면서 2001년부터 내국세 법정교부율이 11.8%에서 13.0%로 상향조정되었으며, 의무교육기관 교원 봉급교부금의 확충이 이루어졌다. 이와 같은 교부금법의 개정은 교육재정의 GNP 6% 확보방안의 일환으로 이루어진 것으로서 법정교부율이 13.0%로 조정된 것은 1971년 말 제정된 교부금법에서 규정하였던 법정교부율 12.98%의 회귀로 볼 수 있다. 아울러 의무교육기관 교원의 인건비를 안정적으로 확보할 수 있도록 봉급교부금에 교원에게만 지급하는 수당을 포함한 인건비를 국가가 직접 지원토록 하였다.

2004년 말 지방교육재정의 재원 확보 및 지원구조를 단순화·투명화하기 위해 다시 교부금법 개정이 이루어졌는데, 주요 내용은 국가가 지원하는 종전의 봉급교부금, 경상교부금, 증액교부금을 보통교부금으로 통합하고, 보통교부금의 교부율을 종전의 내국세

13.0%에서 19.4%로 인상하는 것이었다. 한편 국세 교육세를 재원으로 한 지방교육양여금을 폐지하고, 교육세는 보통교부금의 재원으로 통합하였으며, 재원의 규모는 내국세 19.4%의 96/100과 국세 교육세로 조정되었다.

2004년 말에 개정된 교부금법은 국가 및 지방자치단체의 재원확보 관련 조항을 2006년 말까지 한시적으로 유효하도록 규정하였다. 이에 따라 2006년 말에 교부금법을 다시 개정하였으며, 2008년부터 지방교육재정의 안정적 확보를 위하여 내국세분 교부금의 교부율을 19.4%에서 20.0%로 인상하였다. 이와 같은 교부율의 상향조정은 기존의 국고사업으로 추진하였던 유아교육비, 방과후학교교육비 등의 지원사업이 지방자치단체로 이양된 데에 따른 것이었다.

그림 5-1 2000년 이후 지방교육재정교부금 확보구조 변화

연도	보통교부금		특별교부금	증액교부금	지방교육양여금
	봉급교부금	경상교부금			
2000	교원봉급	내국세 11.8%의 10/11	내국세 11.8%의 1//1	국가예산범위내	국세분 교육세와 지방세분 교육세
2001	교원봉급 및 교원관련 6개 수당	내국세 13.0%의 10/11	내국세 13.0%의 10/11	국가예산 범위 내	국세분 교육세 * 지방세분교육세→지방교육세로 전환
	내국세교부금에 통합 →	내국세 교부금		← 내국세 교부금에 통합	교육세교부금 교육세
2005	내국세교부금에 통합	보통교부금 내국세 19.4%의 96/100	특별교부금 내국세 19.4%의 4/100		금융·보험업자 수입금액 0.5%, 개별소비세 30%, 교통·에너지·환경세액 15%, 주세액 10%
2008		내국세 20.0%의 96/100	내국세 20.0%의 4/100		전과동일
2010 이후		내국세 20.27%의 96/100	내국세 20.27%의 4/100		전과동일

※ 출처: 윤홍주, "지방교육재정 보통교부금제도의 성과와 과제", 교육재정경제연구 제21권 제3호, 2012, pp.145~171.

2010년 1월 1일에는 내국세분 교부율을 20.0%에서 20.27%로 상향조정하는 교부금법의 개정이 다시 이루어졌다. 이는 교부금 재원의 확충을 위해서보다는 지방소비세의 도입에 따른 교부금의 결손을 보전하기 위한 것이었다.

2) 보통교부금 배분제도의 변천

보통교부금은 기준재정수입액이 기준재정소요액에 미달하는 지방자치단체에 그 미달액을 기준으로 하여 총액으로 교부된다. 기준재정수입액은 입학금 및 수업료 등의 교육비특별회계 자체수입과 지방자치단체의 법정전입금으로 구성된다. 지방자치단체의 법정전입금 부담항목과 비율의 변화는 표 5-2에 제시되어있다.

표 5-2에 의하면, 비의무교원봉급전입금은 2000년까지 서울과 부산에서 각각 100%와 50%를 부담하다 2001년부터 기타 광역시 및 경기도에서도 10%를 부담하는 것으로 확대되었지만, 2005년 「지방교육재정교부금법」이 개정되면서 폐지되었다. 지방교육세는 2001년 신설되었는데 「지방세법」에 의한 지방교육세 전액을 재원으로 하며, 담배소비세는 특별시 및 광역시 담배소비세액의 45%를 전입하도록 되어있다. 시·도세 전입금의 경우 2000년까지는 시·도세 총액의 2.6%였으나 2001년 3.6%로 전입규모를 확대하였으며, 2005년부터는 비의무교원봉급전입금이 합산되면서 서울 10%, 광역시 및 경기도 5%, 기타 지역 3.6%로 다시 확대되었다. 학교용지부담금의 경우 「학교용지확보 등에 관한 특례법」에 의해 지방자치단체가 학교용지를 확보하는데 소요되는 경비의 1/2을 부담하도록 되어있다.

표 5-2 지방자치단체 법정전입금 부담항목 및 비율

항목	2000	2001~2004	2005~현재
비의무교원봉급전입금	서울 100%, 부산 50%	서울 100%, 부산 50%, 기타 광역시 및 경기도 10%	시·도세 전입금에 합산
시·도세전입금	시·도세 총액의 2.6%	시·도세 총액의 3.6%	서울 10%, 광역시 및 경기도 5%, 기타 3.6%
지방교육세	해당 없음	「지방세법」에 의한 지방교육세 전액	좌동
담배소비세전입금	특별·광역시 담배소비세의 45%	좌동	좌동
학교용지부담금	학교용지를 확보하는데 소요되는 경비의 1/2	좌동	좌동

※ 출처: 윤홍주. 전개논문. 2012.

그림 5-2 2001년 이후 기준재정수요액 측정항목의 변화

2001~2004		2005~2007		2008~2011	
측정항목	비고	측정항목	비고	측정항목	비고
인건비		교원인건비		교직원인건비	
기타운영비	9개 소항목	교원인건비가산금		학교·교육과정 운영비	
학교운영비		학교신설비	7개 소항목	교육행정비	
		재정결함보전		학교시설비	27개 소항목 ('08년 20개, '10년 26개)
		학교운영비 및 그 밖의 경비		유아교육비	
				방과후학교사업비	
				재정결함보전	

자체노력	비고
학교기본운영비 확대 등 11개 항목	'08년 3개, '10년 10개

※ 출처: 윤홍주, 전개논문, 2012.

기준재정수요액의 측정항목을 제시한 그림 5-2를 살펴보면, 2001~2004년에는 측정항목이 3개에 불과하였으나 2005년 5개로 증가하였고, 다시 2008년부터는 7개로 증가하였다. 아울러 자체노력의 정도에 따른 재정수요액 산정을 위한 측정항목이 신설되었다.

2000년 이전의 보통교부금은 교육비차이도에 의해 산정된 후 총액으로 배분되었다. 그러나 교육비차이도에 의한 교부방법은 지역별 교육여건의 차이에 대한 조정기능이 미흡하고, 교육환경변화에 탄력적으로 대응하는데 한계가 있었다. 이에 지방교육재정교부금 배

분의 공정성과 자율성, 효율성 및 현장성을 극대화시키기 위하여 2001년부터 경비별 소요액을 산정하는 방식으로 배분방법이 바뀌었다. 인건비, 기관운영비, 학교운영비 등과 같은 경상재정소요경비는 총액으로, 학교신·증설비, 교육환경개선비 등의 사업재정수요는 사업별로 교부하였다.

2004년 교부금법을 개정하면서 교부방법도 일부 변경하였다. 2004년까지 적용하였던 소요경비 산출방법 중에서 인건비와 학교신설비, 재정결함 보전금은 사업별 소요액을 기초하여 기준재정 수요액을 산출하였으나 학교운영비는 교육비차이도를 이용한 가중학생수를 적용하는 방식으로 변경하였다. 즉 과거의 교육비차이도를 이용해 기준재정수요액을 산출하는 방법과 소요경비 산정액에 의해 수요액을 산출하는 방법을 혼합한 것이다. 한편 국세교육세가 교부금의 재원으로 편입됨에 따라 기준재정수입에서도 지방교육양여금이 제외되었고, 지방교육세를 포함한 지방세 재원의 수입에 대해서 표준세율의 80%만 수입액으로 산정하도록 하였다.

그러나 이러한 보통교부금 배분방식은 시·도간의 격차를 심화시키고, 농산어촌이 많은 도 지역에 많은 재정적 어려움을 초래하였다. 특히 지방세 재원의 수입액을 80%만 인정하는 방식은 지역 간 격차를 심화시키는 주된 요인으로 작용하였다. 이러한 문제를 해소하기 위해 2008년에 다시 교부금 배분방법을 변경하였다. 우선, 측정항목을 세분화하여 시·도의 예측가능성을 높였다. 교부금의 수요산정을 위한 측정항목을 인건비, 학교·교육과정 운영비, 교육행정비, 학교시설비, 유아교육비, 방과후학교사업비, 재정결함보조금 등 7개의 측정항목과 20개의 세부 소항목으로 세분함으로써 지역의 학생수 감소에 따른 교부금의 감소폭을 완화시키고, 시·도의 특성을 반영할 수 있는 항목을 설정하여 시·도간의 교육여건 및 재정력 격차를 보완하였다. 또한 지방교육행정기관의 건전한 재정운영을 유도·촉진하기 위하여 학교기본운영비를 확대하거나, 학교신설비용을 절감하는 경우 재정적인 인센티브를 부여할 수 있도록 자체노력의 정도에 따른 재정수요액 산정항목을 신설하였고, 지방세 수입액의 유보재원 조항도 개선하였다.

❷ 보통교부금제도의 현황

1) 현행 보통교부금 제도

(1) 재원규모 및 교부방법

지방교육재정교부금법 제3조 제1항에 의하면, 국가가 지방자치단체에 교부하는 교부금은 보통교부금과 특별교부금으로 구분된다. 교부금법 제3조 제2항과 제3항에는 보통교부금과 특별교부금의 재원규모가 명시되어 있는데, 보통교부금은 교육세 세입액 전액과 내국세 총액의 1만분의 2,027에 해당하는 금액의 100분의 96에 해당하는 금액을 합한 금액으로 하고, 특별교부금의 재원은 내국세 총액의 1만분의 2,027에 해당하는 금액의 100분의 4에 해당하는 금액으로 하고 있다. 보통교부금은 기준재정수입액의 기준재정수요액에 미달하는 지방자치단체에 그 미달액을 기준으로 하여 총액으로 교부한다.

(2) 기준재정수입액 및 기준재정수요액의 산정방법

기준재정수입액은 교부금법 제11조의 규정에 의한 일반회계 전입금 등 교육·학예에 관한 지방자치단체 교육비특별회계의 수입예상액으로 하되, 수입예상액중 지방세를 재원으로 하는 것은 「지방세기본법」 제2조 제1항 제6호에 따른 표준세율에 의하여 산정한 금액으로 하며 그 밖의 수입예상액의 산정방법은 대통령령으로 정한다. 일반회계 전입금이란 「지방세법」 제151조에 따른 지방교육세에 해당하는 금액, 담배소비세의 100분의 45에 해당하는 금액(도를 제외한다), 서울특별시는 특별시세 총액의 100분의 10, 광역시 및 경기도는 광역시세 또는 도세 총액의 100분의 5에 해당하는 금액, 그 밖의 도 및 특별자치도는 도세 또는 특별자치도세 총액의 1천분의 36에 해당하는 금액을 말한다.

교부금법 제6조에 따르면, 기준재정수요액은 각 측정항목별로 측정단위의 수치를 그 단위비용에 곱하여 얻은 금액을 합산한 금액으로 하며, 측정항목 및 측정단위는 대통령령으로 정하고, 단위비용은 대통령령이 정하는 기준의 범위 안에서 물가변동 등을 감안하여 교육과학기술부령으로 정하도록 되어있다. 기존재정수요액은 교직원 인건비, 학교·교육과정운영비, 교육행정비, 학교시설비, 유아교육비, 방과후학교사업비로 구분하여 각 항목별 측정단위와 단위비용을 산정공식에 반영하여 수요액을 산출하여 합산하고, 거기에 재정결함 보전수요와 자체노력수요 등을 합산한다. 자체노력수요 등에는 학교기본운영비확대, 학교·학급 통·폐합지원, 학교신설 민관협력 확대, 자율형 사립고 지정에 따른 공립 고등학교 지원, 경상적 경비절감, 외부로부터의 교육투자유치, 기초학력 미달학생 감소, 사교육비절감, 고등학교 학업중단학생 감소, 고등학교 졸업생 취업제고, 특성화고등학교 체제개편 지원이 포함된다.

(3) 교부금의 조정과 이의신청

교부금이 그 산정에 필요한 자료의 착오 또는 허위로 인하여 부당하게 교부된 때에는 교육과학기술부장관은 당해 시·도가 정당하게 받을 수 있는 교부금액을 초과하는 부분에 상당하는 금액을 다음에 교부할 교부금에서 감액한다. 지방자치단체가 법령의 규정을 위반하여 현저하게 과다한 경비를 지출하였거나 확보하여야 할 수입의 징수를 태만히 한 때에도 교육과학기술부장관은 당해 지방자치단체에 교부할 교부금을 감액하거나 이미 교부한 교부금 일부의 반환을 명할 수 있다.

시·도의 교육행정기관장은 보통교부금의 결정통지를 받은 경우에 당해 자치단체의 교부금액 산정기초 등에 대하여 이의가 있는 때에는 통지를 받은 날로부터 30일 이내에 교육과학기술부장관에게 이의를 신청할 수 있다. 교육과학기술부장관은 이의신청을 받은 경우 그 신청을 받은 날부터 30일 이내에 이를 심사하여 그 결과를 당해 지방자치단체의 교육행정기관장에게 통지하여야 한다.

2) 보통교부금의 규모와 변동 추이

(1) 보통교부금의 규모

표 5-3은 최근 3년간 기준재정소요와 기준재정수입에 대한 항목별 금액과 비율을 제시한 것이다. 2012년 보통교부금 산정내역을 보면, 기준재정수요액이 45조 1,103억 원이고 기준재정수입액은 8조 5,926억 원으로, 수요액과 수입액의 차이는 36조 5,177억 원으로 나타났으며, 이 금액이 제주도를 제외한 시·도에 보통교부금으로 배분된다.

표 5-3 연도별 보통교부금의 기준재정소요액 및 기준재정수입액 산정결과

(단위: 억 원, %)

구분		2010		2011		2012	
		금액	비율	금액	비율	금액	비율
기준재정 수요(A)	합계	410,462	100.0	424,609	100.0	451,103	100.0
	교직원인건비	275,751	67.2	284,365	67.0	293,457	65.1
	학교·교육과정운영비	63,010	15.4	68,343	16.1	72,992	16.2
	교육행정비	36,724	8.9	25,102	5.9	22,175	4.9
	학교시설비	17,139	4.2	18,420	4.3	17,228	3.8
	유아교육비	8,592	2.1	10,481	2.5	20,608	4.6
	방과후학교사업비	3,069	0.7	4,219	1.0	6,248	1.4
	재정결함보전	4,397	1.1	8,045	1.9	6,804	1.5
	자체노력수요 등	1,780	0.4	5,364	1.3	11,593	2.6
기준재정 수입(B)	합계	103,666	100.0	89,599	100.0	85,926	100.0
	지방교육세	58,848	56.8	49,529	55.3	44,567	51.9
	시도세	15,428	14.9	12,422	13.9	16,223	18.9
	담배소비세	5,936	5.7	7,345	8.2	4,961	5.8
	수업료 및 입학금	18,800	18.1	18,803	21.0	18,382	21.4
	학교용지일반회계부담금	4,654	4.5	1,500	1.7	1,793	2.1
교부액(A–B)		306,796		335,010		365,177	

※ 출처: 교육과학기술부(각연도). 지방교육재정교부금 보통교부금 교부보고.

제주도교육청의 경우에는 「제주특별자치도 설치 및 국제자유도시 조성을 위한 특별법」 제101조에 의거하여 기준재정수요액과 수입액을 산정하지 않고 보통교부금 총액의 1.57%가 배분되는데, 2012년 교부액은 5,825억 원이었다.

기준재정수요 항목에서 가장 높은 비중을 차지하는 것은 인건비이며, 그 비중은 2010 년 67.2%에서 2012년 65.1%로 다소 낮아졌다. 교육행정비와 학교시설비 역시 하락하는 추세다. 반면에 학교·교육과정운영비의 경우 동 기간 15.4%에서 16.2%로 높아졌으며, 유아교육비 역시 2.1%에서 4.6%로 상당히 빠른 증가가 이루어졌다. 한편 기준재정수입 항목을 살펴보면, 비중이 가장 높은 것은 지방교육세이며, 다음은 수업료 및 입학금, 시·

도세 순이다. 기준재정수입에서 지방교육세가 차지하는 비중은 2010년 56.8%에서 2012년 51.9%로 상당히 낮아졌다. 학교용지 일반회계부담금도 4.5%에서 2.1%로 비중이 낮아졌는데, 이는 학교신설수요의 감소에 따른 것으로 기준재정수요의 학교시설비 비중의 감소와 궤를 함께 한다고 볼 수 있다. 반면 시·도세 전입금은 14.9%에서 18.9%로 크게 비중이 증가하였다. 담배소비세의 경우 오히려 감소하였을 뿐 아니라 연도별 규모의 변화도 큰 편으로 상대적으로 불안정한 재원임을 알 수 있다.

(2) 보통교부금의 변동추이

표 5-4는 2000~2010년의 지방교육재정교부금 규모를 제시한 것이다. 지방교육재정교부금 규모는 2000년 9조 7,699억 원에서 2010년 32조 4,372억 원으로 약 3.32배 증가하였고, 보통교부금은 동기간 8조 8,260억 원에서 31조 2,910억 원으로 약 3.55배 증가하였다. 보통교부금의 연도별 증감을 살펴보면, 2001년 51.8%, 2005년 41.4%, 2008년 23.4%로 보통교부금의 증가율이 상당히 높았던 반면에, 2009년에는 오히려 7.9% 감소하였다. 증감률을 보면 보통교부금 규모가 연도에 따라 큰 폭으로 변동한 것처럼 보이지만, 2009년을 제외한 나머지 연도의 변동은 모두 지방교육재정교부금제도 변화에 따른 것이다.

표 5-4 지방교육재정교부금 규모의 변화

(단위: 백만 원)

구분	연도	2000	2001	2002	2003	2004	2005	2006	2007	2008	2009	2010
합계	금액	9,769,904	14,633,119	15,274,369	17,064,924	18,269,135	23,740,308	24,596,646	26,914,133	33,223,427	30,573,872	32,437,198
	증가율	–	49.8%	4.4%	11.7%	7.1%	29.9%	3.6%	9.4%	23.4%	8.0%	6.1%
	증가지수	–	1.50	1.56	1.75	1.87	2.43	2.52	2.75	3.40	3.13	3.32
보통 교부금	금액	8,826,032	13,398,866	13,843,148	15,326,847	16,228,867	22,950,363	23,772,906	25,966,507	32,038,928	29,495,414	31,291,037
	증가율	–	51.8%	3.3%	10.7%	5.9%	41.4%	3.6%	9.2%	23.4%	7.9%	6.1%
	증가지수	–	1.52	1.57	1.74	1.84	2.60	2.69	2.94	3.63	3.34	3.55
특별 교부금	금액	587,873	989,607	943,303	1,059,728	1,123,955	789,946	823,740	947,626	1,184,499	1,078,458	1,146,161
	증가율	–	68.3%	4.7%	12.3%	6.1%	29.7%	4.3%	15.0%	25.0%	9.0%	6.3%
	증가지수	–	1.68	1.60	1.80	1.91	1.34	1.40	1.61	2.01	1.83	1.95
증액 교부금	금액	356,000	244,646	487,918	678,349	916,314						
	증가율		31.3%	99.4%	39.0%	35.1%						
	증가지수		0.69	1.37	1.91	2.57						

※ 출처: 송기창, 윤홍주, "2000~2010년 지방교육재정 변동추이 분석", 한국교육개발원, 2011, p.108.

2001년에는 내국세분 교부율이 11.8%에서 13%로 인상되었고, 봉급교부금도 의무교육기관의 교원봉급 전액에 해당하는 금액에서 교원에게만 지급하는 수당(교직수당, 학급담임수당, 보직교사수당 등)이 추가로 포함되었다. 2005년에는 봉급교부금과 증액교부금이 폐지되면서 내국세 교부율이 19.4%로 조정되었고, 특별교부금도 내국세분 교부율의 1/11에서 4/100으로 축소되었기 때문에 상대적으로 보통교부금의 규모가 커졌다. 2008년에는 유아교육비와 방과후학교교육비 등이 지방이양사업으로 전환되면서 내국세분 교부율이 다시 19.4%에서 20.0%로 인상되었다.

반면 2009년의 보통교부금 감소는 경기침체에 따른 내국세와 국세 교육세의 세수감소에 따른 것이다.

❸ 보통교부금제도의 성과와 과제

1) 보통교부금제도의 성과

(1) 지방교육재원 규모의 확대

앞에서 제시한 표 5-4는 법령상 보통교부금 규모에 대한 변화 추이이다. 그러나 보통교부금제도의 변화를 고려하지 않은 채 단순히 명목상의 보통교부금 규모를 비교한다면 재원확보의 효과는 왜곡되어진다. 즉 법령상 보통교부금 변화추이는 보통교부금 규모의 실질적 변화를 반영하지 못한다는 것이다. 보통교부금 규모의 실질적 변화를 살펴보기 위해 여기서는 2010년 기준에 따라 보통교부금 규모를 산정한 후 변화추이를 분석하였다. 구체적인 방법은 2005년 폐지된 봉급교부금과 증액교부금을 보통교부금에 포함시켰고, 교육환경개선교부금과 지방교육세 도입 등 보통교부금의 규모와 연관된 항목을 조정하였다. 또한 현재 국세 교육세에 해당하는 2001~2004년의 지방교육양여금도 보통교부금에 포함하였다. 한편 지방교육세가 도입되기 이전인 2000년의 지방교육양여금은 국세분과 지방세분으로 나누어 산정한 후 국세분은 보통교부금에 포함하였으며, 교육환경개선교부금은 일반회계를 통해 확충된 1,000억 원을 제외한 교육세분 확충액 6,000억 원을 보통교부금에 포함하였다. 아울러 2000~2007년에는 지방이양사업분인 내국세 교부율 0.6%를 가산하였다.

표 5-5 2010년 기준 보통교부금 규모의 변화

(단위: 백만 원)

구분		2000	2001	2002	2003	2004	2005	2006	2007	2008	2009	2010
합계	금액	13,563,743	18,937,770	19,508,751	21,652,482	22,333,353	24,495,421	25,378,821	27,768,482	33,223,427	30,573,872	32,437,198
	증가율	–	39.62%	3.02%	10.99%	3.14%	9.68%	3.61%	9.42%	19.64%	7.97%	6.09%
	증가지수	–	1.40	1.44	1.60	1.65	1.81	1.87	2.05	2.45	2.25	2.39
보통 교부금	금액	12,975,870	17,948,163	18,565,448	20,592,754	21,209,398	23,705,475	24,555,081	26,820,856	32,038,928	29,495,414	31,291,037
	증가율	–	38.32%	3.44%	10.92%	2.99%	11.77%	3.58%	9.23%	19.46%	7.94%	6.09%
	증가지수	–	1.38	1.48	1.59	1.63	1.83	1.89	2.07	2.47	2.27	2.41
특별 교부금	금액	587,873	989,607	943,303	1,059,728	1,123,955	789,946	823,740	947,626	1,184,499	1,078,458	1,146,161
	증가율	–	68.34%	4.68%	12.34%	6.06%	29.72%	4.28%	15.04%	25.0%	8.95%	6.28%
	증가지수	–	1.68	1.60	1.80	1.91	1.34	1.40	1.61	2.01	1.83	1.95

※ 출처: 송기창, 윤홍주. 전게논문. p.154.

2010년 기준에 따라 산정된 보통교부금 규모의 변화를 표 5-5에서 살펴보면, 보통교부금의 규모는 2000년 이후 약 2.41배 증가한 것으로 나타났다. 연도별 증감을 살펴보면, 2001년 38.3%, 2008년 19.5%, 2005년에는 11.8% 증가한 반면에, 2009년은 7.9% 감소한 것으로 나타났는데, 이는 경기침체에 따른 내국세와 국세 교육세의 세수감소에 따른 것이다. 2001년에 증가율이 가장 높은 이유는 내국세분 교부율이 11.8%에서 13.0%로 인상되었기 때문이며, 2005년의 경우는 봉급교부금을 통합하고, 증액교부금을 폐지하면서 교부율을 추가 가산(내국세의 0.25% 추가 가산, 2005년 기준 2,508억 원)한 데서 이유를 찾을 수 있다.

반면 2008년의 증가는 보통교부금제도의 변화에 따른 재원확충이라기보다는 내국세 선정산(2007년부터 실시된 내국세 선정산의 규모에서 2008년은 2조 4,542억이며, 선정산액을 고려하지 않을 경우 2008년 보통교부금 증가율은 10.3%로 낮아진다)에 따른 것이다.

지난 10년 동안 보통교부금의 규모는 2.41배 증가한 것으로 나타났지만, 앞서의 분석만으로는 보통교부금의 증가세를 정확하게 추정하였다고 판단하기 어렵다. 따라서 보다 정확한 추정을 위한 판단척도로서 표 5-6에 경상GDP, 조세부담률, 내국세, 지방세, 교육세의 변화추이 결과를 제시하였다. 표 5-6에서 보면, 동 기간 경상GDP는 2.03배 증가하였고, 조세부담률은 2000년 18.8%에서 2010년 19.3%로 다소 높게 나타났다. 이에 따른 결과로서 내국세는 2.02배, 지방세는 2.39배 증가하였다.

표 5-6 연도별 GDP 및 세수변화추이(결산 기준)

(단위: 억 원, %)

구분	2000	2001	2002	2003	2004	2005	2006	2007	2008	2009	2010
경상GDP	5,786,645	6,221,226	6,842,635	7,246,749	7,784,446	8,652,409	9,087,438	9,750,130	10,264,518	10,630,591	11,732,749
증가지수		1.08	1.18	1.23	1.35	1.50	1.57	1.68	1.77	1.84	2.03
조세부담율	18.8	18.8	18.8	19.3	18.4	18.9	19.7	21.0	20.7	19.7	19.3
내국세	71,106	74,027	82,226	92,231	95,276	104,428	113,879	132,508	136,5567	136,477	143,506
증가지수		1.04	1.16	1.30	1.34	1.47	1.60	1.86	1.92	1.92	2.02
국세교육세	5,798	3,783	3,532	3,651	3,530	3,527	3,420	3,857	4,176	3,751	4,643
증가지수		0.93	0.97	0.93	0.93	0.90	1.02	1.10	0.99	1.23
지방세	20,601	26,665	31,526	33,133	34,202	35,977	41,294	43,524	45,480	45,168	49,1604
증가지수		1.29	1.53	1.61	1.66	1.75	2.00	2.11	2.21	2.19	2.39
지방교육세		3,478	3,957	4,009	4,084	3,841	4,338	4,514	4,864	4,794	4,871
증가지수			1.18	1.24	1.28	1.35	1.55	1.63	1.71	1.69	1.84

※ 주: 국세교육세와 지방교육세의 증가지수는 2001년 기준임.
※ 출처: 국세청(각연도). 국세통계연감.
행정안전부(각연도). 지방세정연감.

한편 2001년 신설된 지방교육세가 1.84배 증가한데 비해 국세 교육세는 1.23배 증가하는데 그쳤다. 이를 통해 보통교부금의 증가세가 내국세의 증가세보다 높다는 것을 알 수 있다. 그러나 지방세와 비교해 볼 때 큰 차이가 나타나지 않아 지방재정에 비해 지방교육재정이 특별하게 증가한 것으로 판단되지는 않는다. 그러나 여기서 분명한 사실은 보통교부금 규모의 증가가 다른 세원의 규모증가보다 두드러진다는 점이다.

보통교부금의 획기적 증가에는 2000년의 지방교육재정교부금법의 개정이 결정적인 영향을 미쳤다. 교부금법 개정으로 2001년부터 내국세분 교부율이 11.8%에서 13%로 인상되고, 봉급교부금도 의무교육기관의 교원봉급 전액에 해당하는 금액에서 교원에게만 지급하는 수당(교직수당, 학급담임수당, 보직교사수당 등)이 추가로 포함되었기 때문이다. 그러나 단순하게 2000년 11.8%였던 내국세 교부율이 2012년 20.27%로 인상된 것만으로 마치 다른 부문에 비해 지방교육재정이 과도하게 인상되었다고 생각하는 것은 위에서 설명한 내용을 전혀 고려하지 않는 명목적 교부율 인상에 따른 착시현상일 뿐이다.

(2) 안정적인 교육재원의 확보

교육재정의 안정성이란 교육외적 상황의 변화에 관계없이 일정 수준 이상의 교육재정을 보장받는 것으로 정의할 수 있다. 즉 교육은 지속적인 투자를 필요로 하기 때문에 교육재정의 규모에 지나친 변화가 없어야 한다는 것을 의미한다. 그러나 변화가 없어야 한다는 말은 교육재정의 지나친 확대가 없어야 한다기보다는 지나친 삭감으로 인한 교육활동의 위축이 없어야 한다는 의미로 해석해야 한다. 따라서 교육재정의 안정성을 소극적으로 해석하면 교육재정의 규모변화가 적은 것을 의미하지만 보다 적극적으로 해석하면 교육재정 규모의 확대를 의미한다(송기창, 1994). 이처럼 안정성이라는 측면에서 볼 때, 교육재원이 느는 것도 중요하지만 줄지 않는 것이 더 중요한데, 이를 위한 좋은 방법은 재정산정기준을 분산시키는 것이다. 이렇게 하면 교육재원이 늘어날 때 조금 늘어날 수 있지만, 줄어들 때도 조금 줄어들 수 있기 때문에 교육재정의 안정성 면에서는 유리하다.

표 5-7은 실제 가용재원 비율변화를 중심으로 한 보통교부금의 안정성을 제시한 것이다. 여기서 총재원은 지방자치단체의 법정전입금, 입학금 및 수업료 등 보통교부금의 기준재정수입액과 보통교부금을 합한 금액이며, 고정비용은 공·사립 교직원 인건비, 학교신설비, 지방교육세 상환금 중 교부금부담금, BTL 상환금 등이다.

표 5-7 보통교부금의 가용재원 비율 변화

(단위: 억 원, %)

구분		2000	2001	2002	2003	2004	2005	2006	2007	2008	2009	2010
총재원(A)		16,026	24,909	26,099	28,582	29,421	31,235	32,630	35,707	41,878	38,887	40,923
고정비용	합계(B)	14,424	17,389	19,426	21,565	23,811	25,204	25,113	26,817	28,049	27,916	28,919
	공립인건비	11,175	12,257	13,268	15,000	16,520	17,687	18,786	20,049	21,442	21,432	21,907
	신설비	1,490	2,519	2,638	2,878	3,315	3,034	1,753	1,359	1,309	1,469	1,787
	사학인건비 재정결함 보조금	1,601	2,074	2,584	2,933	3,244	3,404	3,536	3,755	3,984	4,046	4,080
	지방교육세	158	540	936	753	732	1,080	1,038	1,655	1,124	596	629
	BTL상환	–	–	–	–	–	–	–	–	189	374	516
가용재원비율 [(A-B)/A×100]		11.1	43.2	34.3	32.5	23.6	23.9	29.9	33.2	49.3	39.3	41.5

※ 주: 총재원은 보통교부금, 지방자치단체 법정전입금, 입학금·수업료 수입으로 구성됨.
※ 출처: 송기창, 윤홍주(2011), "2000~2010년 지방교육재정 변동추이 분석"을 재구성함.

우선 재원의 규모 확대라는 면에서 본다면, 2009년을 제외한 모든 연도에 보통교부금의 규모가 확대되었기 때문에 안정적으로 재원이 확보되었다고 볼 수 있다. 한편, 가용재원의 변화를 통해서도 보통교부금의 안정성을 판단할 수 있는데, 이는 가용재원 비율의 표준편차를 통해 살펴보았다. 2001~2010년 가용재원 비율의 표준편차는 8.3이며, 2001~2004년의 표준편차는 8.1이고, 2005~2010년은 9이다. 가용재원 비율의 편차만으로 안정성을 판단한다면, 경상교부금과 봉급교부금, 증액교부금을 통합한 2004년의 교부금법 개정은 보통교부금의 안정성을 떨어뜨린 것으로 볼 수 있다. 송기창(2006)의 연구에서도 2004년 봉급교부금, 증액교부금, 그리고 경상교부금을 하나로 통합한 것은 보통교부금이 늘어날 때 많이 늘어날 수 있지만, 줄어들 때 많이 줄어들 수 있는 문제가 있으며, 결과적으로 2004년 교부금법 개정은 교부금 재원의 안정성을 떨어뜨렸다고 주장하고 있다. 그러나 안정성을 해치는 정도가 크지 않으며, 가용재원의 비율 변동에는 보통교부금 산정항목의 조정뿐만 아니라 학교신설의 BTL 방식 전환에 따른 일시적 가용재원의 증가 등 다양한 요인이 작용할 수 있기 때문에 안정성에 대한 판단이 쉽지는 않다. 그러나 분명한 것은 내국세와 교육세의 일정 비율로 교부금 규모를 결정하는 보통교부금제도는 교육재원 확보 면에서 매우 안정적인 제도라 할 수 있다.

(3) 보통교부금의 공평한 배분

보통교부금제도의 중요한 목적 중 하나는 교부금법 제1조에 명시된 바와 같이 지방의 재정자립도나 빈부의 격차로 인해 발생하는 교육기회의 불균형과 교육의 질적 격차를 해소하기 위하여 교육재정을 지원하는 것이다. 달리 말하면 교육재정의 공정성을 유지하는 것이다. 지방교육재정교부금제도에서 안정성, 자율성, 효율성, 책무성 등 다양한 가치가 강조되지만, 그중에서도 교부금제도가 지향해야 할 제1원칙은 공정성이라 할 수 있다(남수경, 2007). 교육재정에서 공정성은 주어진 시대나 여건에 따라 그 의미와 강조점이 달라지기 때문에 교육재정정책의 목표로서 공정성을 논의할 때, 어떤 관점과 입장에서 공정성 문제가 제기되는지 분석·평가하는 것이 중요하다[반상진(1998), 고장완(2004)].

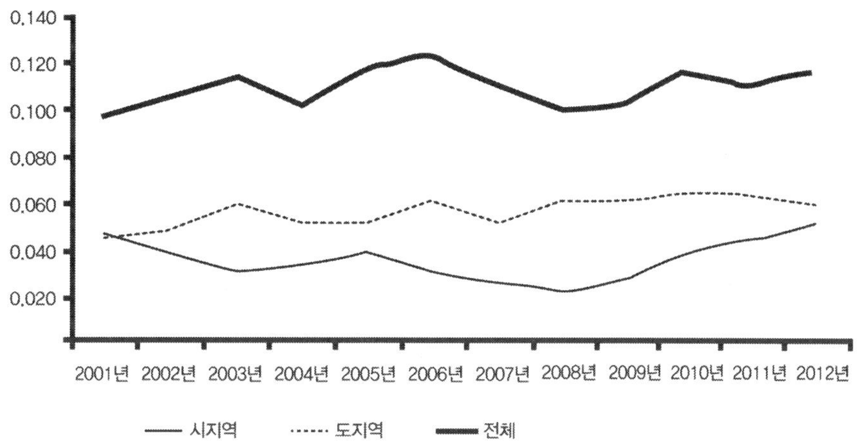

출처: 윤홍주. 전게논문. 2012, p.157.

우리나라의 경우 지방교육자치단체가 과세권 등의 재정확보 수단을 갖고 있지 못하며, 지방교육재정의 대부분을 중앙정부 등에 의존하고 있다는 점을 고려할 때, 지방교육재정교부금제도는 확보된 재원을 어떻게 시·도별로 균형 있게 배분하느냐에 초점을 두고 운영되어 왔다(김왕복, 1996).

교육재정에서 공정성은 다양한 측면에서 정의될 수 있지만 대체로 학생당 교육비가 가장 빈번하게 활용된다. 여기서도 학생당 교육비를 기준으로 보통교부금의 공정성을 분석하였다. 보통교부금에서 공정성에 직접 영향을 미치는 것은 기준재정수요액의 산정방식이다. 기준재정수요액은 측정항목별로 측정단위와 단위비용에 의해 결정되는데, 여기서 측정항목을 합리적으로 설정하는 것이 공정성의 전제조건이 된다.

그림 5-3은 2001~2012년의 학생 1인당 기준재정수요액에 대한 지니계수를 제시한 것이다. 여기서 학생수는 보통교부금 산정대상 학생수와 같으며, 시·도별 기준재정수요액을 학생수로 나누어 학생1인당 기준재정수용액을 산정하였다. 전체 시·도의 연도별 지니계수는 0.097~0.122이고, 시지역은 0.021~0.048이며, 도지역은 0.046~0.062로 나타났다. 공정성지수의 하나인 지니계수의 범위는 0과 1사이지만 현실적인 지니계수의 범위는 0.2~0.6정도이다(이정우, 1997). 공평함의 기준이 되는 지니계수의 값이 정해진 것은 아니지만 대체로 0.2이하인 경우 매우 공평한 상태, 0.2~0.4인 경우 보통, 0.4이상인 경

우 매우 불공평한 상태로 볼 수 있다(윤홍주, 2004). 학생1인당 기준재정수요액의 지니계수
에 대한 분석결과 비록 시지역에 비해 도지역의 지니계수가 높지만 두 지역 모두 0.1 이하
로서 매우 공평한 배분이 이루어진 것으로 나타났다.

2) 보통교부금제도의 과제

(1) 지방교육재정교부금 규모 축소요구에 대한 대응

학생수 감소에 따라 지방교육재정교부금 규모를 축소해야 한다는 논의와 주장이 지속적
으로 제기되고 있으므로 이에 대한 논리를 검토하여 적절하게 대응할 필요가 있다.

최근 기획재정부의 2012~2016년 국가재정운용계획에도 드러나 있듯이 재정·경제계
의 교육재정에 대한 일반적인 시각은 학생수의 감소 전망에도 불구하고 지방교육재정의
규모는 오히려 증가할 수밖에 없도록 되어있는 교부금 확보구조의 개선이 필요하다는 것
이다(국가재정운용계획 교육분야 작업반, 2012). 즉 조세수입에 따라 자동으로 교육비 규모가 결
정되는 방식을 학생수에 따라 결정하는 방식으로 변경해야 한다는 것이다. 교부금 규모가
학생수와 무관하게 결정되기 때문에 최근 교육비의 2/3 이상을 차지하는 학생수와 밀접한
관계를 가진 교직원 인건비는 3% 내외의 비교적 안정적인 증가세를 보였음에도 불구하고
교부금은 2011년과 2012년 각각 9% 내외로 증가하였다는 것이다. 또한 학생수가 감소됨
에 따라 비례적으로 교육비를 줄여나가려면 소규모 학교 통·폐합을 통해 학교당 소요되
는 경비를 축소하여야 한다는 것이다. 지방교육재정의 효율화, 나아가서는 국가재정의 효
율화를 도모하기 위해서는 학생수와 교부금, 학생수와 지방교육재정 규모의 연관성을 강
화하는 방안이 모색될 필요가 있다는 것이다.

이상의 주장을 몇 가지 면에서 검토하면 다음과 같다. 첫째, 학생수에 따라 교부금 규모
를 결정해야 한다는 주장이다. 학생수가 교육비 규모를 결정하는 중요한 요인임은 분명하
지만 학생수만을 기준으로 삼는 것은 문제가 있다. 그 이유는 일반적인 공공서비스와 교육
서비스의 제공단위가 다르다는데서 찾을 수 있다. 일반적으로 공공서비스의 제공단위는
개인인 반면 교육서비스는 학급이라는 집단이다. 예를 들어, 보건소의 공중보건의는 개인
단위의 환자를 대상으로 의료서비스를 제공하기 때문에 환자수를 기준으로 필요한 공중보
건의 수를 결정할 수 있다. 그러나 교육의 경우 학습은 비록 학생 개인수준에서 이루어지

지만 제공되는 교육서비스의 대부분은 학생이 아닌 학급차원에서 이루어진다. 다시 말해서 교육과정을 구현하는 교사의 수업은 지역에 따라 학급당 학생수 차이가 있지만, 그러한 차이를 감안하면서 학급을 대상으로 이루진다. 따라서 공중보건의와 달리 필요한 교원수를 산정할 때는 학생수보다는 학습 수를 고려하는 것이 합리적인 방법이 된다. 이와 같은 교육비 구조의 특수성을 반영한 것이 바로 표준교육비인데, 이는 학교, 학급, 학생 등으로 교육비를 나누어 산정하는 것이 일반적이다. 보다 세심한 논의가 요구되지만 간략하게 소요교육비 중 학생 수준으로 귀착되는 교육비의 비중을 살펴보기 위해, 학급당 학생수 30명인 24학급 규모의 학교급별 표준교육비를 산정하여 표 5-7에 예시적으로 제시하였다. 표 5-7에 의하면, 표준교육비의 비중에서 학생당 경비는 일반고 18.6%에서 초등학교 21.4%까지로 나타나, 학교당 경비에 비해 상당히 낮음을 알 수 있다.

학생수와 밀접한 관련이 있는 교직원의 인건비 증가에 비해 교부금의 증가가 훨씬 더 크다는 주장에 대해서도 검토가 필요하다. 그동안 인건비 증가에 비해 교부금의 증가가 컸다는 것은 사실이지만, 그 이유가 학생수의 증감에 있다기보다는 경상GDP, 내국세, 지방세 등의 세수는 증가한 반면 공무원의 보수는 동결되거나 세수 증가율보다 낮은 수준의 인상이 이루어졌기 때문이다. 실제 2000~2010년 사이 경상GDP, 내국세, 지방세 등은 모두 2배 이상 증가한 반면 동기간에 공무원 보수는 약 1.37배 증가하는데 그쳤다(중앙인사위원회, 2012). 따라서 이러한 주장은 인건비 비중이 10% 내외에 불과한 자치단체와 달리 인건비 비중이 60%가 넘는 교육재정에서는 공무원 보수인상률에 따라 가용재원의 규모가 크게 달라질 수 있다는 점을 고려하지 않고 있다.

2011년에 비하여 2020년의 우리나라 초등학생수는 17.0%, 중·고교생수는 30.4%나 감소할 것으로 예측된다. 이와 같은 학생수 감소에도 불구하고 2020년에 OECD 회원국의 2008년 평균치와 유사한 수준의 교원 1인당 학생수에 도달하려면, 초등학교는 2012년부터 매년 교원수를 1,764명씩 증원해야 하고, 중등학교는 매년 717명씩 증원해야 한다(이영 외, 2011). 한편, 2012년 보통교부금의 학교·교육과정 운영비 중 표준교육비에 의해 배분되는 교육비는 7조 1,655억 원이다. 이는 표준교육비의 67.9%에 불과한 수준이며, 표준교육비의 100% 수준으로 학교·교육과정운영비를 배분할 경우 10조 5,530억 원이 소요된다(교육과학기술부, 2012). 즉 3조 3,875억 원의 추가재원이 필요하다. 이외에도 2011년 기준으로 기숙형고 150개교, 자율형공립고 97개교, 자율형사립고 51개교 등 다양한 학교체제에 따른 재정소요도 크다. 교과교실제 시행학교수도 2011년 1,588개교에서 2014년 4,726개교로 확대될 예정이다. 이외에도 수련활동, 현장체험학습 등 교육활동의 성격이 강하지만 학부모 부담에 의해 운영되는 경비가 약 1조 1,837억으로 추정되며(오범호 외, 2011), 기본적 교육활동에 포함되어 있음에도 교육재정의 부족으로 수익자부담 경비로 운영하는 교육활동은 학부모의 능력에 따라 지역 간·학교 간·학생 간 교육활동의 격차를 발생시키고 있다(이선호, 2012).

따라서 앞으로 학생수 감소가 현저하게 줄어들 것으로 예측되지만, 위에서 제시한 바와 같이 학생수 감소에 비례하여 교육재정규모가 축소될 수 있는 여지는 거의 없으므로 학생수 감소에 따른 교육재정규모 축소 논리에 대한 대책을 강구해 나가야 한다.

(2) 새로운 재정수요의 증가 및 경직적 사업비의 증가

누리과정 도입 및 확대, 고교의무교육 도입 논의, 취약계층 학생수 증가 등의 새로운 재정소요에 적절히 대응해 나가야 한다. 정부는 2012년 도입한 만5세아 누리과정을 2013년부터 만3~4세 유아까지 확대하고, 지원단가도 2012년 20만 원에서 2016년까지 30만 원으로 단계적으로 인상할 계획이다(교육과학기술부, 2012). 만3~4세 보육료·유아학비는 재정여건을 감안하여 2014년까지는 국고, 지방비와 지방교육재정교부금을 함께 활용하여 지원하고, 2015년부터는 지방교육재정교부금으로 재원을 일원화할 계획이다.

표 5-8의 누리과정 도입에 따른 연도별 지방교육재정교부금 부담액 추세에 나타난 바와 같이, 지방교육재정교부금에서 부담해야 할 재원은 2012년 1조 6,352억 원에서 2015년 4조 4,549억 원으로 증가할 것으로 추정된다(국무총리실 외, 2012). 이는 기획재정부에서 추정하는 2015년 지방교육재정교부금 49조 4천억 원의 9.0%에 해당하는 수준이며, 내국세 262조 3천억 원의 1.7%에 달하는 규모이다(기획재정부, 2011). 누리과정의 재정규모가 크기 때문에 국회예산정책처의 현안분석에서도 경기변동에 영향을 받는 지방교육재정교부금으로 급격히 증가할 보육·교육재정을 안정적으로 감당할 수 있을지 의문을 나타낼 정도이다(조은영, 2012).

표 5-8 누리과정 도입에 따른 연도별 지방교육재정교부금 부담액 추세

(단위: 억 원)

구분			2010	2011	2012	2013	2014	2015	합계
만5세	교육	교부금	2,482	2,586	5,392	5,482	5,611	6,509	28,062
	보육	국고	1,316	1,012	–	–	–	–	2,328
		지방비	1,375	1,036	–	–	–	–	2,411
		교부금	–	–	5,996	6,087	6,218	7,204	25,505
		소계	2,691	2,048	5,996	6,087	6,218	7,204	30,244
	교부금계		2,482	2,586	11,388	11,569	11,829	13,713	53,567
	총계		5,173	4,634	11,388	11,569	11,829	13,713	58,306
만3~4세	국비 + 지방비		–	–	7,747	7,747	4,510	–	20,004
	교부금		–	–	4,964	16,781	22,930	30,836	75,511
	총계		–	–	12,711	24,528	27,440	30,836	95,515
교부금 총부담액			2,482	2,586	16,352	28,350	34,759	44,549	129,078

※ 출처: 교육과학기술부(2011. 5. 2.). 「만5세 공통과정」 도입추진계획(보도자료).
※ 교육과학기술부(2012. 1. 18.). 「만3~4세 누리과정」 도입계획(보도자료).

　　누리과정 외에도 기초생활수급자, 한부모가정, 다문화가정, 북한이탈주민가정 등에 대한 추가적인 교육프로그램이나 재정지원이 필요한 취약계층 학생의 비율도 급격하게 증가하고 있다. 2011년 전체 초·중등 학생수는 7,468,964명이며, 이 중 기초생활수급자가 263,452명, 한부모가정 131,181명, 다문화가정 44,681명, 북한이탈주민가정 1,714명 등 취약계층 학생의 비율은 전체 5.9%에 해당한다(한국교육개발원, 2012). 결국 이러한 취학계층 학생수의 증가는 상당한 재정소요의 증가를 야기한다.

　　최근 지방교육재정교부금이 풍족하다는 잘못된 인식으로 인해 새로운 재정수요를 교부금으로 떠넘기는 경우가 빈번하게 발생하고 있다. 2010년 내국세 교부율을 20.27%로 상향조정한 것은 지방소비세 도입에 따른 교부금 결손을 보전하기 위한 것으로 실질적으로는 교부금 규모가 확대된 것임이 아님에도 단지 비율 상향만을 보고 잘못 인식하는 경우가 많다. 심지어 국회예산정책처(2011)의 입장도 2012년 재정지출 증가율이 5.5%, 교육분야 증가율이 3.9%임을 감안할 때, 지방교육재정교부금 증가율 9.1%는 상대적으로 높은 수준이라고 보고 있다. 이에 따라 일반회계를 재원으로 한 사업들 중 상당수가 지방교육재정교부금을 재원으로 하도록 변경되고 있다. 2011년에 일반회계 재원으로 수행되었던 사업

이 2012년부터 지방교육재정교부금으로 재원이 변경된 사업(초ㆍ중등학교정보공시제운영, 교육행정정보시스템구축, 사이버가정학습운영지원, 유아교육지원, 학교폭력예방및대책지원 등)이 15개로 1,911억 원에 이른다. 이처럼 지방교육재정교부금이 과다하게 책정되어있다는 잘못된 인식에 의해 교부금에 의해 수행되어야 할 사업이 아님에도 불구하고 무분별하게 사업비를 전가하는 것은 지방교육재정의 안정적 확보를 어렵게 하고 교육 본연의 사업에 치중하지 못하게 만드는 요인이 된다.

지방교육재정 특별교부금 제도

특별교부금은 지방교육재정교부금의 일부분이다. 지방교육재정교부금은 지방의 교육자
치를 활성화하기 위해 중앙정부에서 국세의 일정 부분을 재원으로 확보하여 지방의 교육
자치단체에 교부하는 재원이다. 확보된 재원은 보통교부금과 특별교부금으로 나뉘어 지방
교육자치단체에 교부되는데, 보통교부금은 지방의 여건에 따라 자율적으로 예산을 편성하
여 집행하도록 총액으로 배분되고, 특별교부금은 지역의 특정한 사안이 발생하였을 경우
해당되는 지역에 교부된다(지방교육재정교부금법, 2008).

특별교부금은 예측할 수 없는 사업수요가 발생하였을 경우에 대비하여 예비비와 같이
목적을 설정하지 않고 편성된 재원이다. 성격은 예비비와 같이 확정되지 않은 사업에 재원
을 배부할 수 있지만 예비비와 같이 어떤 사업에나 관계없이 예산을 지출할 수 있는 것이
아니고, 국가시책사업, 지역교육현안사업, 재해대책사업으로만 예산을 집행하도록 규정하
고 있다. 지방교육재정교부금법 제5조 제2항에서 보면, 특별교부금은 국가시책사업으로
특별교부금의 60%, 지역교육현안사업으로 특별교부금의 30%, 재해대책사업으로 특별교
부금의 10%를 집행하도록 규정하고 있다(최준렬, 2009).

따라서 특별교부금은 지방의 교육활동을 지원하는 경비이지만 국가가 특별히 시책사업
을 추진하거나, 지방에서 자체재정으로 추진할 수 없는 특별한 현안사업, 또는 재해를 입
어 지방에서 자체적으로 해결할 수 없는 재정수요가 발생하였을 경우 지역의 수요에 따라
배분하는 재원이다.

이절에서는 특별교부금의 기능과 변천과정 및 교부방법, 특별교부금의 운영실태, 특별교부금의 성과와 과제 등에 관해 주로 최준렬과 김민희·김지하의 논문에서 발췌·수정하여 제시하고자 한다.

■1 특별교부금의 기능과 변천과정 및 교부방법

특별교부금은 국가의 시책사업을 추진하고, 지역의 현안사업을 시행하며, 재해에 대비하기 위해 확보되는 재원이다. 사업별에 따른 목적과 기능 등이 정의되어 있지는 않지만 지방교육재정교부금법 제5조 제2항에 제시된 내용을 중심으로 특별교부금의 기능을 알아보고, 아울러 특별교부금의 변천과정 및 교부방법을 살펴보고자 한다.

1) 특별교부금의 기능

첫째, 특별교부금은 국가의 시책사업을 추진하게 한다. 지방교육재정교부금법이 처음 제정될 당시 이 사업은 '기준재정수요액의 산정방법으로 포착할 수 없는 특별한 재정수요가 있는 때'교부할 수 있는 재원으로 규정되었다(지방교육재정교부금법 제5조 제2항 제1호, 1972). 이 법이 2001년 4월 17일 개정된 「지방교육재정교부급별시행규칙」에서 '기준재정수요액의 산정방법으로 포착할 수 없는 국가적 장려사업 등으로 인한 특별한 재정수요가 있는 경우 특별교부금의 40%'를 교부하도록 하였으며, 2005년 1월 1일의 지방교육재정교부금법 개정에서 시행규칙의 조항을 지방교육재정교부금법에 삽입하였고 비율을 60%로 상향조정하였다. 지방교육재정교부금법이 처음 제정될 당시에는 특별한 재정수요가 있을 때 교부할 수 있는 재원으로 국가시책사업을 지정하지 않았는데, 2001년의 시행규칙 개정으로 국가가 전국적으로 시행해야 할 국가사업을 추진할 수 있게 규정하였으며, 2005년의 지방교육재정교부금법 개정에 의해 규칙에서 법으로 상향되었다.

이러한 절차를 통한 국가시책사업에 대해 비판이 제기되고 있다. 감사원(2008)은 지방자치를 활성화시키기 위해서는 국가사업을 축소하거나 지방으로 이양해야 하는데, 이런 기능을 중앙정부에서 갖고 예산을 배분하는 것은 지방자치정신에 어긋나므로 폐지되어야 한다고 권고하였다. 이러한 예로서 2004년에 폐지하였던 지방자치단체의 '시책사업수요특별교부세'를 들고 있다. 지방자치를 활성화하기 위해 중앙정부에서 사업을 계획하여 예산을 교부하던 특별교부세를 없애 보통교부세에 합친 것과 같이 국가시책사업 특별교부금도 폐지하고 보통교부금에 합치는 것이 적절하다고 권고하였다.

초·중등교육은 지방교육자치단체에 위임하고, 교육과학기술부는 대학과 관련된 사업만 예산에 편성하도록 되어 있다. 초·중등교육에 관해서는 전국적으로 추진해야 할 사업이나 국가적으로 필요한 사업도 모두 지방교육자치단체에 위임하고 있다. 국가적으로 필요한 사업을 추진하기 위해 별도의 예산을 편성하거나, 보조금 사업을 시행하고자 할 경우, '지방교육은 지방에'라는 원칙에 의해 기획재정부와 국회의 동의를 얻기 어렵다. 따라서 특별교부금에 의해 국가시책사업을 수행하지 못한다면 초·중등교육에 관한 국가적 사업을 추진할 수 있는 방법이 없다.

초·중등교육은 지방교육자치단체의 관할사항이다. 그렇기 때문에 당연히 지방에 위임하여 지역의 특성에 맞게 자율적인 재정운용이 되도록 해야 하지만, 국가적 차원에서 초·중등교육을 추진해야 할 사업도 있다. 미국의 경우에도 초·중등교육발전을 위해 "No Child Left Behind 법"을 연방법으로 제정하여 국가적 차원에서 재원을 확보하고 배분함으로써, 미국의 초·중등교육이 지역별로 공평하게 발전하는데 기여하였다.

따라서 특별교부금은 다소 지방자치정신에 위배된다는 비판이 있지만, 국가적인 차원에서 초·중등교육의 지역별 공정성을 유지하기 위한 재정지원 면에서 필요한 부분이 있음은 부인할 수 없으므로, 특별교부금의 제정목적을 살리면서도 운영의 묘를 기할 수 있게 상당한 논란이 제기되고 있는 특별교부금을 보통교부금에 흡수·통합하거나 교부율을 조정하는 방안 등을 모색해 나가야 한다.

둘째, 특별교부금은 지역교육의 현안수요를 지원하게 한다. 지역교육의 현안수요는 지역이 추구하는 특정사업으로 보통교부금으로 재원을 확보하지 못하는 수요이다. 1972년 지방교육재정교부금법이 처음 제정될 당시에는 '교육행정기관 또는 교육·학예시설의 신축·복구·확장·보수 등의 사유로 인하여 특별한 재정수요가 있을 때' 지역교육의 현안사업에 특별교부금을 교부하도록 하였으나, 2005년의 특별교부금 개정에서는 '기준재정수요액의 산정방법으로 포착할 수 없는 특별한 지역교육현안수요가 있을 때 특별교부금의 100분의 30을' 지방교육자치단체에 교부하도록 하고 있다(지방교육재정교부금법, 1972, 2005). 예를 들어, 교육청을 신축하거나, 교육감 보궐선거가 실시되는 경우 해당지역에만 별도의 재정수요가 발생한다. 이런 비용은 보통교부금으로 지원할 수 없기 때문에 별도의 기준에 의해 지원하는 재원이 현안수요 특별교부금이 된다.

지방자치단체는 전국체전, 전국단위 문화행사 등의 지역현안수요가 많고 예산규모도 크지만, 그에 비해 지방교육자치단체의 지역교육의 현안수요는 매우 적으므로, 지역교육의 현안수요 사업을 별도로 편성하기보다는 보통교부금에 통합하여 편성하거나 국가시책사업에 통합하여 현안이 발생하였을 때 예산집행을 하는 것이 예산운용 면에서 더 효율적이라고 본다.

셋째, 특별교부금은 지역에 재해가 발생하였을 경우 그에 따른 수요를 지원한다. 최초 지방교육재정교부금법이 제정될 당시에는 '재해로 인해 특별히 재정수요가 있거나 재정수입의 감소가 있을 때' 특별교부금으로 지원하도록 하였다(지방교육재정교부금법, 1972). 그러나 2001년 지방교육재정교부금법시행규칙이 개정되면서 '보통교부금의 산정기일후에 발생한 재해로 인하여 특별한 재정수요가 있는 경우 특별교부금의 10%'를 교부하도록 하였다(지방교육재정교부금법시행규칙, 2001). 재해와 재정수입의 감소에 대비하여 운용하던 특별교부금을 재해로 한정하였다. 재해는 예측할 수 없기 때문에 재해대책 수요가 얼마가 될지는 알 수 없다. 그래서 막연하게 특별교부금의 10%로 재해대책수요로 정해 두었지만, 큰 재해가 없을 때는 상당한 규모의 잔액이 발생한다. 교육과학기술부는 발생하는 잔액을 합리적으로 운용하기 위해 지방교육청 및 지방교육재정의 운영실적을 평가하여 잔액을 교부하도록 규정해 두었다(지방교육재정교부금법 제5조 제2항, 2005). 즉, 특별교부금의 재해대책수요 경비로서 재해발생시 사업을 수행하며, 아울러 시·도교육청의 재정운영평가도 하고 있다.

위에서 제시한 특별교부금의 기능을 통해서, 특별교부금은 다른 재원에 비해 교육과학기술부가 지니는 자율성이 매우 높음을 알 수 있다. 감사원에서는 특별교부금의 필요성은 어느 정도 인정하지만 그 성격에 있어 예비비·보조금과 유사한 면이 있는데도 기획재정부나 국회 등의 외부통제를 받지 않아 불투명하게 운용될 소지가 있다는 점을 지적하면서 특별교부금 운용에 대한 문제를 제기하였다(감사원, 2008). 국민권익위원회(2010)에서도 「지방교육자치에관한법률」 제2조의 규정에 따라 지방자치단체의 교육·학예에 관한 사무는 시·도의 자치사무인데도 교육과학기술부에서 특별교부금을 통해 지방자치단체의 교육과 관련된 개별 세부사업을 직접 심사·선정할 수 있다는 점에서 지방자치단체의 자율성을 저해할 수 있으므로 중앙통제성격이 강한 특별교부금은 필요한 선에서 최소한으로 운용하고 교육자치제도의 취지를 해치지 않을 적정한 통제방안을 마련할 필요가 있다고 제언하였다(국민권익위원회, 2010).

2) 특별교부금의 변천과정 및 교부방법

(1) 특별교부금의 변천과정

특별교부금은 1972년 지방교육재정교부금법이 제정되면서 법으로 규정되었다. 당시 제정된 법률에서는 보통교부금은 지방의 자치를 활성화하기 위하여 총액으로 배분하고, 특별교부금만 사업을 지정하여 교부하였다. 특별교부금의 재정규모는 내국세 총액의 100분의 10에 해당하는 금액으로 하였으며, 주요 교부목적으로는 다음의 세 가지를 제시하였다(지방교육재정교부금법. 법률 제2330호. 1971.12.28 제정). 첫째, 기준재정수요액의 산정 방법으로 포착할 수 없는 특별한 재정수요가 있을 때, 둘째, 보통교부금의 산정기일후에 발생한 재해로 인하여 특별한 재정수요가 있거나 재정수입의 감소가 있을 때, 셋째, 교육행정기관 또는 교육·학예시설의 신축·복구·확장·보수 등의 사유로 인하여 특별한 재정수요가 있을 때이다. 당시 제정 법률에서는 주요 교부 목적에 따른 재원비율을 규정하지는 않았다.

2001년 4월 지방교육재정교부금법 시행규칙에서는 기존의 배분목적 중에서 기준재정 수요액의 산정방법으로 포착할 수 없는 '국가적 장려사업 등으로 인한' 특별한 재정수요로 사업 내용을 구체화하는 것으로 개정되었다. 2005년 1월 지방교육재정교부금법 개정에서는 기존의 시행규칙에 제시된 특별교부금 관련내용을 교부비율과 함께 제시하여, 국가시책사업 수요, 지역교육현안수요, 재해대책수요 등으로 나누어 운용되도록 하였다.

1972년 지방교육재정교부금법 제정 당시에 특별교부금은 내국세 대비 11.8%의 10/100에 해당하는 1.18%였다. 그러나 지방교육재정교부금법에 의해 내국세 대비 교부금 비율이 개정되면서 특별교부금의 비율도 변경되었다. 2005년 이후에 특별교부금은 지방교육재정교부금의 4/100에 해당하는 비율로 조정되고, 2010년 내국세 대비 교부금 비율이 20.27%로 조정되면서 특별교부금의 현재 규모는 내국세 대비 0.81% 정도를 차지하고 있다. 표 5-9에 특별교부금의 법정비율 변동 현황이 제시되어 있다.

표 5-9 특별교부금의 법정비율 변동 현황

(단위: %)

연도	1972 ~1981	1982 ~1990	1991 ~2000	2001 ~2004	2005 ~2007	2008 ~2009	2010 ~
내국세 대비 교부금 비율	11.8	11.8	11.8	13.0	19.4	20.0	20.27
교부금 대비 특별교부금 비율	1/10	국가 예산 으로 결정	1/11	1/11	4/100	4/100	4/100
내국세 대비 특별교부금 비율	1.18	국가 예산 으로 결정	1.07	1.18	0.77	0.80	0.81

※ 출처: 최준렬, "지방교육재정 특별교부금의 운영 실태와 개선방안", 교육재정경제연구, 2009, 18(2), P.148 내용을 수정 · 보완.

현행 법령에 제시된 특별교부금의 배분기준과 관련하여 송기창(2001)은 특별교부금 교부기준이 보통교부금 교부기준과 상충되는 점을 지적한 바 있다. 지방교육재정교부금법 제5조 제2항에 제시된 특별교부금 교부기준은 1971년 법 제정당시에는 보통교부금을 항목별로 배분했기 때문에 시 · 도교육청은 교부금 산정이 끝난 후에 발생한 재정수요를 충당할 길이 없었다. 따라서 특별교부금으로 새로운 수요를 지원할 수밖에 없었다. 그러나 이제는 항목별로 산정된 수요액에 따라 산정된 교부금을 총액으로 배분하기 때문에 특별한 재정수요를 충당할 책임이 지방자치단체에 있으며, 포착할 수없는 재정수요라는 것은 거의 미미한 수준에 불과하기 때문이다. 다시 말해서 지방자치단체는 예비비를 통해서 특별한 재정수요를 충당하면 되므로 국가는 일일이 특별한 재정수요를 보전해 줄 책임이 없다는 것이다. 이러한 주장은 현행 특별교부금의 규모와 배분에 있어 법령개정이 필요하다는 점을 시사한다.

(2) 특별교부금의 교부방법

특별교부금 대상사업 수요는 1972년 지방교육재정교부금법 제정 당시에는 ① 특별한 재정수요, ② 재해대책수요, ③ 현안사업수요로 구분되어 있었다. 이후 2001년 법 개정으로 특별한 재정수요가 ① 시책사업수요(40%), ② 재정보전수요(20%), ③ 재해대책수요(10%), ④ 현안사업수요(30%) 등 4가지로 나뉘어졌고, 2005년 재정보전수요가 폐지되었으며, 2012년 현재 ① 국가시책사업수요(60%), ② 지역교육현안수요(30%), ③ 재해대책수요(10%)

로 구분되어 운용되고 있다.

지방교육재정교부금법 제5조 제2항의 규정에 따르면 국가시책사업수요 특별교부금은 교육과학기술부에서 직접 재정지원계획을 수립하여 교부하고 지역교육현안수요·재해대책수요특별교부금은 교육과학기술부에서 시·도교육청의 신청을 받아 심사하여 교부하도록 되어있다. 교육과학기술부에서는 국가시책사업수요 특별금의 경우 교육과학기술부 내 특별교부금 담당부서에서 각 사업부서로부터 사업요구서를 제출받아 특별교부금 시책사업심의회의 심의를 거친 후 장관의 결재를 받아 특별교부금을 교부하고 있다. 지역교육현안수요 특별교부금도 각 시·도교육청으로부터 연 1,2회 사업신청을 받아 심사하여 교부하고 있다. 재해대책수요 특별교부금은 소방방재청의 피해조사 결과 등을 근거로 시·도교육청에서 특별교부금을 신청하면 교부하고 있다.

특별교부금 교부시기는 '지방교육재정교부금법 시행규칙' 제5조의 규정에 따라 국가시책사업수요 특별교부금은 매년 1월 31일에 교부하되 사업의 원활한 추진을 위하여 그 시기를 조정할 수 있도록 되어있고, 지역교육현안과 재해대책수요 특별교부금은 당해 지역교육현안 또는 재해대책수요가 발생한 때에 교부하도록 되어있다. 이러한 교부절차와 교부방법에 대해 논란이 있었고 여러 문제점이 지적되었다. 지방교육재정교부금법 시행규칙 제5조에서는 특별교부금 교부시기를 정하고 있다. 그러나 원활한 사업추진을 위해 조정할 수 있도록 허용하고 있는데, 시책사업수요는 매년 1월 31일, 지역교육현안수요는 당해 지역교육현안수요가 발생한 때, 재해대책수요는 재해가 발생한 때로 정하고 있다. 그러나 2008년 감사원 조사결과 이 같은 원칙이 지켜지지 않는 것으로 나타났다. 2005년도와 2006년도의 경우 시책사업수요에 따른 사업비가 주로 11월과 12월에 집중되어 있었으며, 지역현안사업수요도 연말에만 집중적으로 지원되었다. 재해대책비 역시 2007년도 재해대책비의 95.5%를 12월에 지원하였고, 재해대책비 중 95% 이상은 시·도교육청을 지원하는 데 사용한 것으로 나타났다(감사원, 2008). 감사 이후로 특별교부금 교부시기의 연말 집중 교부 현상이 상당히 완화되긴 하였으나, 아직도 지역현안수요 사업비의 정치성 문제와 재해대책수요 미집행분을 시·도교육청 평가 후 우수교육청 인센티브로 활용하는데 대한 논란은 계속적으로 제기되고 있다(국민권익위원회, 2010).

❷ 특별교부금의 운영실태

1) 특별교부금의 규모

　연도별 특별교부금의 규모를 제시한 표 5-10을 살펴보면, 특별교부금 예산의 산정기준은 내국세 총액, 내국세 대비 비율로 정해지는데, 이에 따른 특별교부금의 사업별 규모와 비율을 2004년부터 2011년까지 제시하였다. 2005년 내국세 교부금 중 특별교부금 비율이 축소되어 특별교부금 예산이 대폭 감소되었으나, 2008년부터는 내국세 증가 및 교부율 상향 조정에 따라 특별교부금의 규모가 지속적으로 증가하고 있다.

2) 특별교부금의 국가시책사업 운영 현황

(1) 국가시책사업예산과 시ㆍ도교육청 대응투자 현황

　특별교부금 예산 중 가장 큰 비중을 차지하는 국가시책사업에 대한 연도별 특별교부금 투자액과 시ㆍ도교육청의 대응투자 현황을 표 5-11을 통해 살펴보면, 특별교부금에 대한 대응투자의 비율은 2009년 50.8%, 2010년 66.3%, 2011년 84%로 증가추세를 보이고 있는데, 여기서 국가시책사업 중 일부 사업은 사업계획 당시 시ㆍ도교육청의 대응투자를 의무화하거나 권고하고 있다. 시ㆍ도별 대응투자 비율을 살펴보면, 서울, 인천, 광주, 경기, 강원, 전북, 전남은 대응투자 비율이 소폭 상승한 반면, 부산, 대구, 대전, 울산, 충북, 충남, 경북, 경남, 제주 등은 대응투자 비율이 급격하게 상승하는 현상을 보여 대조적이다. 이와 같은 시ㆍ도교육청의 국가시책사업에 대한 대응투자는 지방교육재정의 자율성을 해치고 경직성을 초래할 수 있다. 그 이유는 시ㆍ도교육청이 자율적으로 편성하여 운영할 수 있는 사업의 범위를 축소시키고 중앙정부의 관료적 통제를 강화시킬 수 있기 때문이다. 이와 같은 시ㆍ도교육청의 국가시책사업에 대한 대응투자는 선출직 교육감의 교육정책이 중앙정부의 예산에 유도되어 자칫 지방자치에 역행하는 중앙집권화를 초래할 수 있다는 비판이 제기되고 있다(세계일보, 2011. 9. 20).

표 5-10 연도별 특별교부금 규모 및 증감 현황

(단위: 억 원)

연도	내국세	특별교부금 규모				내국세 대비 특별교부금 비율
		계	시책사업	지역현안	재해대책	
2004	940,316	11,278	4,511	4,480	2,287	13.0%의 1/11
2005	1,009,244	7,903	4,742	2,371	790	19.4%의 4/100
2006	1,070,986	8,237	4,942	2,471	824	
2007	1,175,895	9,447	5,668	2,834	945	
2008	1,331,709	11,699	7,019	3,510	1,170	20.0%의 4/100
2009	1,303,545	10,429	6,257	3,129	1,043	
2010	1,369,327	11,370	6,822	3,411	1,137	20.27%의 4/100
2011	1,513,631	12,273	7,364	3,682	1,227	20.27%의 4/100

※ 주: 2004년 재해대책비 2,287억 원에는 재정보전액 2,256억 원이 포함됨.
※ 출처: 교과부 내부자료.

표 5-11 연도별, 시 · 도별 국가시책사업 대응투자 현황(2009~2011)

(단위: 백만 원)

구분	2009			2010			2011		
	특별교부금 (A)	시도대응 투자(B)	대응투자 비율(B/A)	특별교부금 (A)	시도대응 투자(B)	대응투자 비율(B/A)	특별교부금 (A)	시도대응 투자(B)	대응투자 비율(B/A)
서울	65,445	27,481	42%	78,297	58,338	74.5%	97,907	53,139	54.28%
부산	34,607	31,424	90.8%	44,117	29,583	67.1%	49,083	43,024	87.66%
대구	24,822	12,604	50.8%	30,211	23,479	77.7%	41,461	39,015	94.1%
인천	24,822	12,604	50.8%	30,211	23,479	77.7%	37,204	24,805	66.67%
광주	19,887	15,109	76%	24,434	15,586	63.8%	21,758	13,851	63.66%
대전	17,652	7,885	44.7%	21,373	14,308	66.9%	29,386	24,010	81.71%
울산	13,552	9,973	73.6%	15,707	12,146	77.3%	20,201	20,858	103.25%
경기	103,267	69,713	67.5%	109,725	39,218	35.7%	133,392	83,658	62.72%
강원	29,087	13,055	44.9%	35,405	12,643	49.8%	33,382	19,308	57.84%
충북	30,300	10,819	35.7%	35,629	18,699	52.5%	36,522	44,088	120.72%
충남	36,396	24,898	68.4%	45,420	40,323	88.8%	49,779	45,890	92.19%
전북	39,649	5,988	15.1%	45,633	19,838	43.5%	39,809	23,766	59.7%
전남	40,716	12,508	30.7%	41,799	19,030	45.5%	49,080	34,714	70.73%
경북	41,055	35,308	86%	49,944	34,560	69.2%	52,817	77,459	146.66%
경남	52,901	8,074	15.3%	51,626	78,289	151.6%	54,925	78,715	143.31%
제주	12,149	2,497	20.60%	12,657	7,642	60.4%	11,933	11,295	94.66%
합계	584,109	296,490	50.80%	672,517	440,771	66.3%	758,639	637,598	84.04%

※ 주: 2009~2010년 자료는 세계일보(2011. 9. 29.)의 보도자료를 인용, 2011년 자료는 교과부 내부 자료로 재산출한 값.

표 5-12 2011년 국가시책사업 목록

사업명	사업영역	연차	사업명	사업영역	연차
1. 창의경영학교 지원사업			학생건강안전강화	교육복지	3
창의학교지원			다양한 학교운동장 조성	교육복지	3
－ 학력향상형 창의경영학교	학력향상	3	학교체육교육 활성화	교육복지	3
－ 사교육절감형 창의경영학교	사교육비경감	2	11. 유아교육 선진화	교육의 질 제고	2
－ 교육과정혁신형 창의경영학교	학력향상	2	12. 특수교육강화		
－ 자율공모형 창의경영학교	창의인성	신규	장애학생 진로 · 직업교육지원	진로/직업	2
교과교실제 학교운영지원	학력향상	3	특수교육 여건개선사업	교육복지	3
2. 고교다양화 추진			13. 소외계층 교육력 제고		
자기주도 학습전형 지원	사교육비경감	1	다문화가정학생 교육지원	교육복지	3
기숙형 고교 운영지원	교육지원	3	탈북청소년 교육지원	교육복지	3
자율형 공립고 지원	교육지원	3	기타 소외계층 교육력 제고	교육복지	3
3. 창의인성교육강화	교육의 질 제고	3	14. 농산어촌 교육지원		
4. 영어교육강화			농산어촌 전원학교 육성	교육복지	
우수영어 교수인력 확충	교육의 질 제고	3	－ 전원학교유형		2
영어교육 격차해소	학력향상	3	－ 통폐합 본교유형		2
실용영어 교육지원	학력향상	3	－ 연중돌봄학교유형		2
5. 학교폭력예방 및 부적응학생지원			초 · 중등 통합학교 운영	교육지원	2
학교폭력예방 및 대책지원	교육복지	3	15. 교육전문성 제고		
Wee프로젝트 구축	교육복지	3	교원의 전문성 제고	교육지원	3
6. 방과후 학교 활성화 사업			학습보조 인턴교사 채용	교육의 질 제고	2
학부모 코디네이터 지원	사교육비지원	2	16. 교육과정 및 교과서 선진화	교육의 질 제고	3
기타 방과후학교 활성화사업	사교육비지원	3	17. 국가수준 학업성취도 관리	교육의 질 제고	3
엄마품 온종일 돌봄학교	교육복지	1	18. 사교육비 경감		
7. 과학영재교육강화			EBS 수능강의운영지원	사교육비경감	3
초 · 중등과학교육내실화	학력향상		IPTV 활용교육서비시지원	사교육비경감	2
－ 과학교사전문성신장		3	디지털교과서개발사업	사교육비경감	3
－ 우수교사해외진출지원		3	학원운영의 투명성 강화	사교육비경감	3
－ 수학교육정책센터설치운영		3	이러닝콘텐츠 서비스 기반구축	사교육비경감	신규
－ 영재교육지원		3	19. 학부모 교육참여 활성화 지원		
과학교육활성화			학부모 학교참여 지원	교육의 질 제고	2
－ 학교로 가는 생활과학교실	학력향상	3	기타 학부모 교육 참여 활성화 지원	교육지원	2
－ 기타 과학교육활성화사업	학력향상	2	20. 초 · 중등교육 정보시스템 구축	교육지원	2
8. 조 · 중등 진로교육지원	진로/직업	3	21. 대입전형선진화지원		
9. 직업교육내실화			대학수능시험 및 모의평가	교육지원	3
특성화 체제개편 등 여건개선	진로/직업	1	기타 대입전형선진화 지원사업	교육지원	2
특성화고의 취업역량강화	진로/직업	3	22. 지방교육행정 선진화		
마이스터고 육성기반조성	진로/직업	3	선진형 지역교육청 기능개편	교육지원	2
10. 학생건강안전강화 및 학교체육 교육			기타 지방교육행정선진화 사업	교육지원	2
활성화			23. 국제교류 활성화	교육의 질 제고	1

※ 주: 연차는 신규(2011, 1년(2010~2011), 2년(2009~2011), 3년(2008~2011)으로 구분하며,
2009년에 처음 시행되고 2010년에 시행되지 않았다가 2011년에 다시 시행된 사업도 있음.
※ 출처: 교육과학기술부(2011a). 2011년도 특별교부금 국가시책사업 평가 기본계획.

166 교육재정학

(2) 국가시책사업예산의 구조와 내용

국가시책으로 추진되는 사업에는 초·중등교육부문의 각종 사업들이 포함되어있다. 2011년도에 추진되었던 국가시책사업 목록을 제시하면 표 5-12와 같다. 2011년도 국가시책사업은 대과제(23개), 중과제(48개), 소과제(110개)로 위계적인 구조로 구성되어 있다.

(3) 단위학교 국가시책사업 운영 현황

특별교부금의 국가시책사업들 중에서, 단위학교를 중심으로 운영되고 있는 사업들은 전체 사업의 약 35%에 달한다(한국교육개발원, 2010). 2010년을 기준으로 전국 단위학교의 국가시책사업의 운영 현황을 분석한 결과는 표 5-13과 같다. 학교급별 국가시책사업 분포를 보면, 초등학교의 경우에는 교당 국가시책사업수가 3개인 학교가 26%로 가장 큰 비중을 차지하며, 중학교와 일반계 고등학교는 교당 사업수가 2개인 학교가 각각 25%, 27%로 그 비중이 가장 높다. 특성화고등학교는 교당 사업수가 3개인 학교의 비율이 23%로 가장 높다. 국가시책사업을 전혀 운영하지 않는 학교수는 전체 학교수의 약 3%에 해당하며, 5개 이상을 실시하는 학교수는 전체 학교수의 약 15%에 달한다.

표 5-14는 학교급별, 지역별 교당 국가시책사업수와 국가시책사업비 분석 결과이다.

표 5-13 학교급별 국가시책사업수 분포

학교급	사업수	0개	1개	2개	3개	4개	5개	6개	7개	8개	9개	합계
초등학교	학교수	113	704	1,295	1,538	1,199	681	244	102	21	7	5,904
	%	1.91	11.92	21.93	26.05	20.31	11.53	4.13	1.73	0.36	0.12	100
중학교	학교수	164	6.38	793	699	471	252	100	27	2	2	3,148
	%	5.21	20.27	25.19	22.2	14.96	8.01	3.18	0.86	0.06	0.06	100
일반계고	학교수	59	3.36	418	364	250	102	23	8	2	–	1,562
	%	3.78	21.51	26.76	23.3	16.01	6.53	1.47	0.51	0.13	–	100
특성화고	학교수	32	81	150	158	148	79	33	5	1	–	687
	%	4.66	11.79	21.83	23	21.54	11.5	4.8	0.73	0.15	–	100
합계	학교수	368	1,759	2,656	2,759	2,068	1,114	400	142	26	9	11,301
	%	3.26	15.56	23.5	24.41	18.30	9.86	3.54	1.26	0.23	0.08	100

※ 출처: 김민희, 김지하, "지방교육재정 특별교부금제도의 성과와 과제", 교육재정경제연구, 21(3), 2012, p.15.

표 5-14 학교급별 국가시책사업 운영 현황

(단위: 개, 천 원)

구분		교당 국가시책사업수					교당 국가시책사업 예산				
지역	기술통계량	초등학교	중학교	일반계고	특성화고	평균	초등학교	중학교	일반계고	특성화고	평균
특별 광역시	평균	3.6	3.24	2.65	3.24	3.18	34,478	39,813	42,900	93,624	52,704
	표준편차	1.47	1.48	1.29	1.24	1.37	45,201	46,171	68,981	173,552	83,476
	N	1,623	983	605	194	3,405	1,623	983	605	194	3,405
중소 도시	평균	2.87	2.58	2.35	3.31	2.78	28,527	29,921	38,899	113,273	52,655
	표준편차	1.47	1.43	1.42	1.58	1.48	45,418	43,404	55,258	204,842	87,230
	N	1,658	905	575	192	3,330	1,658	905	575	192	3,330
읍지역	평균	3.39	2.64	2.80	3.19	3.00	30,978	25,093	36,619	70,062	40,688
	표준편차	1.65	1.63	1.53	1.74	1.64	34,879	40,788	48,723	181,336	76,432
	N	636	346	173	134	1,289	636	346	173	134	1,289
면지역	평균	2.99	2.06	2.76	2.32	2.53	44,329	39,805	34,869	33,255	38,065
	표준편차	1.42	1.39	1.38	1.47	1.42	96,218	114,075	36,816	68,716	78,956
	N	1575	743	162	137	2,617	1,575	743	162	137	2,617
도서 벽지	평균	2.55	1.99	2.13	2.43	2.27	27,010	19,376	22,705	30,986	25,019
	표준편차	1.45	1.30	1.44	1.19	1.35	60,950	29,574	30,147	34,505	38,794
	N	412	159	47	30	648	412	159	47	30	648
합계	평균	3.14	2.64	2.55	3.03	2.84	34,521	25,964	39,291	79,746	44,881
	표준편차	1.51	1.52	1.39	1.54	1.49	63,494	108,116	58,381	168,646	99,659
	N	5,904	3,136	1,562	687	11,289	5,904	3,136	1,562	687	11,289

※ 주: 2010년 8월 31일을 기준으로 작성된 자료를 토대로 산출한 값임.
※ 출처: 김민희, 김지하(2012)의 자료를 일부 수정함.

첫째, 초등학교의 지역별 교당 국가시책사업예산에 대한 분석결과이다. 분석대상에 포함된 전체 초등학교 5,904개교에서 실시하고 있는 교당 평균 국가시책사업수는 3개이며, 평균 사업예산은 34,521천 원이다. 초등학교의 지역별로는 특별시와 광역시의 평균 국가시책사업수가 나머지 지역에 비해 많다. 초등학교 지역별 국가시책사업비의 평균값을 보면, 특별시는 34,478천 원, 중소도시는 28,527천 원, 읍지역은 30,978천 원, 면지역은 44,329천 원, 도서벽지 지역은 27,010천 원으로 나타나 면지역에 집중적으로 사업비가 투자되고 있음을 알 수 있다.

둘째, 중학교의 지역별 교당 국가시책사업예산에 대한 분석결과이다. 분석대상에 포함된 중학교는 3,136개교이다. 교당 평균 국가시책사업수는 2.6개이며, 교당 평균 사업예산은 25,964천 원이다. 중학교의 지역별로는 특별시와 광역시의 평균 국가시책사업수가 3.2개로 타 지역에 비해 많다. 중학교 지역별 국가시책사업비의 평균값을 보면, 특별시는 39,813천 원, 중소도시는 29,921천 원, 읍지역은 25,093천 원, 면지역은 39,805천 원, 도서벽지지역은 19,376천 원으로 나타나 초등학교와 마찬가지로 면지역의 사업비 투자가 두드러짐을 알 수 있다.

셋째, 일반계고등학교의 지역별 교당 국가시책사업예산에 대한 분석결과이다. 분석대상에 포함된 일반계고등학교는 1,562개교이다. 교당 평균 국가시책사업수는 2.6개이며, 교당 평균 사업예산은 39,291천 원이다. 일반계고등학교의 지역별로는 읍지역과 면지역의 평균 국가시책사업수가 2.8개로 타 지역에 비해 많다. 일반계고등학교 지역별 국가시책사업비의 평균을 보면, 특별시는 42,900천 원, 중소도시는 38,899천 원, 읍지역은 36,691천 원, 면지역은 34,869천 원, 도서벽지지역은 22,705천 원으로 나타나 초등학교, 중학교와는 달리 상대적으로 특별시와 광역시에 대한 투자규모가 가장 크다는 것을 알 수 있다.

넷째, 특성화고등학교의 지역별 교당 국가시책사업예산에 대한 분석결과이다. 분석대상에 포함된 특성화고등학교는 687개교이다. 교당 평균 국가시책사업수는 3개이고, 교당 평균 사업예산은 79,746천 원이다. 특성화고등학교의 지역별로는 대도시와 중소도시의 평균 국가시책사업수가 3.2개, 3.3개로 타 지역에 비해 많다. 특성화고등학교 지역별 국가시책사업비의 평균을 보면, 특별시는 96,624천 원, 중소도시는 113,273천 원, 읍지역은 70,062천 원, 면지역은 33,255천 원, 도서벽지지역은 30,986천 원으로 나타나 일반계고등학교와 마찬가지로 특별시와 광역시, 중소도시에 투자가 집중되고 있다.

❸ 특별교부금의 지역교육현안 및 재해대책 사업 운영 현황

1) 지역교육현안사업 운영 현황

특별교부금의 지역교육현안사업에 대한 예산 배분 현황은 표 5-15와 같다. 연도별 지역교육현안 사업내용(학교교육시설, 학생지원시설, 교육행정기관 및 직속기관 등 교욱지원시설, 교육환경

개선사업, 전국단위행사, 지역특색교육프로그램사업 및 기타 등)을 살펴보면, 전국소년체육대회 행사비, e-learning 국제박람회 개최비, 전국기능경기대회, 전국장애청소년체육대회, 시·도 교육청별 지역교육현안사업 등이 있다. 지역교육현안사업비의 연도별, 시도별 증감률을 살펴보면, 2008~2011년간 연간 평균 사업비 증감률은 3.3%이며, 부산, 대구, 경기는 − 인 반면, 나머지 지역은 +로 나타났다. 대전, 충북, 충남 지역은 평균증감률이 10% 이상으로 타 지역에 비해 높게 나타났다.

표 5-15 연도별, 시도별 지역교육현안사업비 배분 현황(2008~2011)

(단위: 백만 원)

지역현안 사업	2008	2009	2010	2011	2008~2009 증감률	2009~2010 증감률	2010~2011 증감률	평균 증감률
서울	46,753	41,117	35,696	48,184	−12%	−13%	35%	3.33
부산	26,421	17,810	21,800	21,836	−33%	22%	0%	−11
대구	17,199	15,627	15,786	14,756	−9%	1%	−7%	−5
인천	18,467	16,779	19,541	23,648	−9%	16%	21%	9.33
광주	13,142	12,416	10,804	14,894	−6%	−13%	38%	6.33
대전	12,750	11,944	14,608	17,281	−6%	22%	18%	11.33
울산	12,035	9,976	14,660	12,156	−17%	47%	−17%	4.33
경기	54,116	53,639	56,857	44,209	−1%	6%	−22%	−5.67
강원	17,204	15,230	14,930	20,449	−11%	−2%	37%	8
충북	15,952	14,080	15,359	22,434	−12%	9%	46%	14.33
충남	18,635	17,908	29,159	31,761	−4%	63%	9%	22.67
전북	18,609	16,930	18,937	18,688	−9%	12%	−1%	0.67
전남	20,600	19,195	20,655	20,840	−7%	8%	1%	0.67
경북	23,535	20,953	20,337	27,898	−11%	−3%	37%	7.67
경남	26,537	22,811	23,100	28,866	−14%	1%	25%	4
제주	9,012	7,767	8,890	9,264	−14%	14%	4%	1.33
계	350,967	314,182	341,119	377,164	−10%	9%	11%	3.33

※ 출처: 교과부(2008~2011)의 특별교부금 교부내역을 재구조화함.

2) 재해대책사업 운영 현황

표 5-16은 2008년부터 2011년까지의 재해대책사업의 지원액과 증감률을 분석한 것이다. 재해대책사업의 내용을 살펴보면, 국지성 집중호우로 인한 교육시설 피해 복구사업, 신종인플루엔자 접종사업, 시 · 도교육청 평가인센티브 지원 등에 활용되었다.

재해대책비로 추진된 사업들 중에서 실제 재해대책수요에 부합하는 사업비는 2009년에 33%, 2010~2011년에는 10% 미만에 불과하였다. 재해대책수요에 대한 대부분의 재원은 교육청 평가의 인센티브로 활용되었다. 2008~2011년간 연간 평균 사업비 증감률은 3.3%이며, 서울, 부산, 경기, 강원, 전북, 전남 지역의 평균 증감률이 −인 반면, 대전, 충남, 경북, 경남 지역은 +로 나타났다.

표 5-16 연도별, 시도별 재해대책사업비 배분 현황(2008~2011)

(단위: 백만 원)

재해대책 사업	2008	2009	2010	2011	2008~2009 증감률	2009~2010 증감률	2010~2011 증감률	평균 증감률
서울	8,494	8,752	4,346	4,130	3%	−50%	−5%	−17.33
부산	10,466	10,388	10,560	6,683	−1%	2%	−37%	−12
대구	11,220	3,682	6,114	9,560	−67%	66%	56%	18.33
인천	8,708	7,546	4,743	9,749	−13%	−37%	106%	18.67
광주	6,714	3,564	8,003	6,500	−47%	125%	−19%	19.67
대전	3,642	7,375	9,893	12,000	102%	34%	21%	52.33
울산	3,451	4,725	5,336	6,500	37%	13%	22%	24
경기	9,249	10,937	4,175	2,722	18%	−62%	−35%	−26.33
강원	8,432	8,164	6,632	5,120	−3%	−19%	−23%	−15
충북	10,865	5,233	10,449	11,100	−52%	100%	6%	18
충남	6,132	6,301	9,632	13,470	3%	53%	40%	32
전북	7,131	3,681	4,588	2,354	−48%	25%	−49%	−24
전남	10,244	5,028	5,002	7,506	−51%	−1%	50%	−0.67
경북	4,341	7,339	10,894	13,314	69%	48%	22%	46.33
경남	4,672	8,736	6,114	7,506	87%	−30%	23%	26.67
제주	3,228	3,276	7,225	7,506	1%	121%	4%	42
계	116,989	104,727	113,706	125,721	−10%	9%	11%	3.33

※ 출처: 교과부(2008~2011)의 특별교부금 교부내역을 재구조화함.

4 특별교부금 제도의 성과 및 과제

특별교부금 제도의 종합적인 성과는 2010년부터 한국교육개발원의 지방교육재정연구센터에서 국가시책사업 평가를 수행하면서 관련 자료들이 축적 초기단계에 있기 때문에 구체적인 분석이 이루어진 연구결과물은 거의 없는 실정이다. 여기서는 특별교부금 제도의 성과를 국가시책사업에 국한하여 논의하되, 2011년도 한국교육개발원에서 실시한 국가시책사업 평가 결과와 사업성과가 우수하여 지속적인 지원이 필요하다고 판단되는 사업에 대한 성과를 제시하고자 한다. 또한 특별교부금 제도의 운용에서 여러 문제점들이 제기되는 있는데, 이에 대한 과제와 개선방안을 제시하고자 한다.

1) 특별교부금 제도의 성과

2011년 한국교육개발원 지방교육재정연구센터에서는 국가시책사업에 대한 평가를 실시하였는데, 여기서 평가과정 및 주요결과를 요약하여 제시하면 다음과 같다.

평가대상사업으로는 2011년도 국가시책사업(48개 사업, 7,543억 원) 중 소규모 사업(30억 원 이하) 및 매년 통상적·의무적으로 지원되는 사업을 제외한 30억 이상의 주요사업들을 선정하였으며, 주요 평가항목은 ① 사업계획의 타당성, ② 사업시행과정의 적정성, ③ 목표달성도 및 정책효과, ④ 사업집행결과 환류로 구분되었다. 평가는 교과부의 사업계획서, 교과부와 시·도교육청의 사업성과보고서 등에 기초한 서면평가와 시·도교육청, 학교 등을 방문하는 실사평가로 구분하여 이루어졌다.

한국교육개발원(2011)에서는 국가시책사업의 성과를 평가하기 위해 세부사업들(사교육절감형 창의경영학교, 학교폭력예방 SOS 지원단 등)에 대한 평가항목(시행계획, 시행집행, 시행성과, 환류)의 세부평가내용(시책사업으로서 적정성, 예산규모 적정성 등)에 대해 잘함, 보통, 미흡의 3단계로 평가의견을 제시하였으며, 주요 평가결과를 사업예산과 사업구조의 2가지 측면에서 제시하였다. 우선 사업예산에 대해서는 세부사업별로 사업예산 '증액', '유지', '감액', '전액삭감'으로 구분하여 향후 사업의 방향을 제시하였다. 다음으로 사업의 전반적인 구조조정을 위해 사업목적과 내용이 일치하지 않거나 타 사업과의 통합과 연계가능성이 높다고 판단되는 사업들은 사업내용을 조정·재구조화 할 것을 제의하였다. 이러한 평가를 통해 일부는 사업 전반의 축소 및 조정이 필요한 경우도 있으나 대체적으로 주요과제에 대한 집중지원이 요구되는 것으로 나타났다. 평가대상 사업 30개중에서, 현재 예산을 유지하거나 증액해야 하는 사업이 23개, 감액이나 사업구조조정이 필요한 사업이 7개로 나타났다.

한국교육개발원의 평가를 통해 나타난 국가시책사업의 주요성과는 창의경영학교·기숙형 고교를 통한 사교육절감 및 학력향상, 마이스터고 지원을 통한 직업교육의 활성화, 교무 및 행정보조인력 채용을 통한 교원업무경감, 교과 외 교육활동으로서 진로교육과 Wee 프로젝트 구축사업, 특수교육대상학생·저소득층·탈북자·다문화가정 등의 교육소외계층에 대한 집중적인 지원을 통한 학교적응력과 학력향상 등으로 밝혀졌다.

2) 특별교부금 제도의 과제

특별교부금 제도의 운영에 관해 제기되고 있는 논란과 운영 현황에서 나타난 문제점을 해결하기 위한 주된 과제를 제시하면 다음과 같다.

(1) 특별교부금 성격의 명확화

특별한 재정수요에 근거하여 교부되어야 하는 특별교부금이 효율적으로 활용되기 위해서는 먼저 사업추진의 근거가 되는 관련법령에 사업목적과 영역 등이 구체적으로 명시되어야 한다. 그러나 현행 법령에 규정되어 있는 국가시책사업은 사업의 목적 및 내용이 불명확하고, 지역교육현안사업은 대상사업의 성격이 특별한 교육수요라는 본래의 취지에 부합되지 않고 한계가 있다는 점이 꾸준히 제시된 바 있다(감사원, 2008; 국민권익위원회, 2010). 따라서 특별교부금 제도의 본래 취지를 살리기 위해서는 사업영역과 성격을 명확히 규정하여 해당사업만을 특별교부금 사업으로 추진할 수 있는 법적 근거가 마련되어야 한다.

현행 지방교육재정교부금법 제5조 제2항에 따르면, 특별교부금 국가시책사업은 '전국에 걸쳐 시행하는 교육관련 국가시책사업으로 따로 재정지원계획을 수립하여 지원하여야 할 특별한 재정수요'라고만 규정하고 있다. 이처럼 국가시책사업에 대한 구분이 모호하다보니 국가시책사업은 온갖 종류의 사업을 포함하며, 동일한 성격과 수혜자를 대상으로 한 사업들이 각 부서별로 진행되면서 예산의 낭비와 학교현장에 혼란을 초래고 사업집행 및 관리에서도 비효율성이 야기되고 있다(한국교육개발원, 2011a). 또한 국가시책사업 운영 현황 분석에서 제시된 바와 같이 소과제 수준에서 사업수는 100개를 초과하여 유형별 구분도 쉽지 않은 실정이다. 아울러 사업수 과다는 국가시책사업에 대한 정교한 성과분석을 어렵게 하며, 시·도교육청과 학교현장에서 수행되고 있는 사업성과에 대해 미온적인 반응을 불러일으키는 원인이 된다. 이러한 분석 결과는 사업영역을 확장하고 사업수를 늘이기보다 특별교부금의 취지를 살릴 수 있는 핵심 사업영역을 중심으로 사업역량이 집중되어야 함을 시사한다. 따라서 국가시책사업의 범위를 명료화하고 사업선정 시, 선정기준을 명확히 함으로써 국가예산 활용의 합목적성과 적시성을 높여 해당사업만을 추진하도록 해야 한다. 보다 구체적으로 국가시책사업의 범위를 제시하면, 초·중등교육부문의 '특별한 재정수요'라는 본래의 취지에 부합하는 사업들에 한하여 제한적으로 추진되어야 한다. 즉, 일반지자체의 경우와 달리 교육분야에서 크게 예측하기 어려운 특별한 재정수요라는 것이 발생하기 어려운 구조 하에서는, 대부분의 사업비를 보통교부금으로 전환하는 것이 바람직하다(송기창, 2006).

국가시책사업의 성격은 '**인프라구축**이나 1~2년의 한시적인 투자사업', '시급을 요하거나 국정과제 등의 특별한 시책사업', '교육청 단독으로 수행하기 부적절하여 국가개입이 필요한 경우'로 한정하여 추진해야 한다. 예를 들어, 현재 특별교부금 사업으로 추진되고 있는 단위학교를 대상으로 한 각종 운영비 및 인건비 지원사업, 교원연수 및 훈련사업 등은 시·도교육청의 자체 역점사업으로서의 성격이 강하므로 국가시책사업으로 추진하기 보다는 보통교부금에 포함하여 각 시·도의 여건과 자율적 판단에 따라 추진할 수 있도록 해야 한다. 타 교육재원과 구분하여 특별교부금이 최우선적으로 투입되어야 할 사업의 내용을 분류해보면, 대규모 조사 및 평가, 통계정보시스템구축, 학생교육비 지원(소외계층), 교육과정개발 및 연구, 학술연구 및 지원 등 4개 분야로 한정할 수 있다(한국교육개발원, 2011a).

지역교육현안사업의 경우, 기준재정수요 산정방법으로 포착할 수 없는 특별한 지역현안사업에 대한 투자를 하며, 주로 학교교육시설, 학생지원시설, 교육행정기관이나 직속기관 등 교육지원 시설의 이전, 신축, 보수, 교육환경개선사업, 전국단위행사를 지원하는 것으로 지원대상이 명시되어 있다. 그런데 이와 같은 시설위주의 지원은 특별한 교육현안의 수요라기보다는 수요예측이 가능하고 특별하지도 않은 사업이라는 점에서 교부기준이 부적절하다고 볼 수 있다(국민권익위원회, 2010). 국민권익위원회는 지난 3년간(2007~2009) 5개 시·도의 교육현안 수요 교부액 중 99.8%가 학교 증·개축, 보수 등 학교시설비로 교부되는 등의 문제를 지적한 바 있다(국민권익위원회, 2010). 따라서 지역교육현안사업 역시, 지원대상 사업의 범위와 사업별 교부기준이 적절하지 못한 면이 많으므로, 교부기준을 변경하거나 보통교부금에 흡수·통합하여 운영하는 것이 더 효과적일 것이다.

(2) 특별교부금 규모의 축소

현행 특별교부금은 지방교육재정교부금의 4%에 해당하며, 내국세의 증가로 인해 매년 교부액이 증가추세에 있다. 특별교부금 제도 취지는 특별한 재정수요라는 법령상의 요건에 부합하는 사업을 추진하는 것이다. 그러나 2000년 중반부터 지금까지 특별교부금으로 운영되는 사업 전반에 대해 국회와 감사원 등은 특별교부금사업의 타당성과 적정성에 대해 의문을 제기하고 있다. 특별교부금 사업에 대한 지적사항들을 근본적으로 해결되기 위해서는 불필요한 사업들이 정리되어야 하며, 이를 위해 특별교부금 규모를 축소하는 것이 적절하다. 「2010~2014년 중기지방교육재정계획」에 따르면, 특별교부금은 2012년 현재 1.2조 원에서 2014년에는 1.6조 원으로 증가될 전망이므로 특별교부금 예산을 적정규모로 축소하기 위한 개정안이 마련되어야 한다.

특별교부금의 규모를 어느 정도로 축소할 것인지에 대해서는 보다 정확한 추정이 필요하다. 지방교육자치단체에 이양하여 안정적인 사업으로 추진해야 할 사업에 대한 목록화 및 타당성을 검증하는 과정이 필요하다. 17대 국회교육위에서는 지방교육재정교부금법 개정안을 제출하면서 특별교부금 규모를 4%에서 2%로 축소하는 방안을 제출하기도 하였으나 법령개정이 이루어지지는 못하였다.

사업영역별 축소방안을 제시하면, 국가시책사업의 경우, 앞서 제시된 타당한 사업내용에 한정하여 사업을 추진하되 지금과 같은 시·도별 재정규모에 따라 나누어 먹기 식의 배분은 지양해야 할 것이다(국민권익위원회, 2010). 이를 위해서는 국가시책사업 예산은 전국적인 수요가 있는 재정수요에 상응하도록 예산을 축소하고, 축소된 재원만큼은 보통교부금으로 전환하는 것이 바람직하다. 지역교육현안 수요의 경우, 현재의 교부율을 유지하되 집행잔액 발생 시 보통교부금으로 전환할 수 있는 제도를 마련하여 무분별한 예산소진을 막아야 할 것이다. 재해대책사업의 경우, 예산활용 현황에서도 나타났듯이 목적에 맞는 실제 수요가 극히 일부에 불과하며 집행잔액의 대부분이 제도의 취지에 맞지 않게 시·도교육청평가 인센티브로 사용되고 있으므로, 재해대책사업이라는 별도의 사업항목을 지정하는 대신 지역교육현안 사업의 교부조건에 '예기치 못한 긴급한 재해발생' 항목을 추가하여 재해발생시 교부하는 것으로 개선하거나, 예비비 형식으로 전환하는 것이 바람직하다(국민권익위원회, 2010).

(3) 특별교부금 운용의 투명성 확보

국가시책사업 운용의 투명성 확보

국가시책사업의 문제점으로서 사업계획과 선정과정의 타당성 및 공정성, 예산배정 및 운용의 불명료성, 단위학교에 지원되는 국가시책사업 배분방식 등이 된다. 이에 대해 보다 구체적인 설명을 하면 다음과 같다.

첫째, 국가시책사업은 사업의 계획 및 선정과정에서 타당성과 공정성이 부족하다. 일반예산은 예비타당성 조사를 통해 사업추진의 타당성을 사전에 검토할 수 있으나, 시책사업은 국회, 기재부 등의 심의를 받지 않아 상대적으로 손쉬운 사업추진이 가능하며, 이로 인해 교과부 각 부서에서 경쟁적으로 사업을 추진하여 예산이 중복 투자되기도 한다. 또한 국가시책사업예산결정시, 국사시책사업심의회의를 구성하여 운영하는 과정에서 사업심의 위원들이 외부위원에 비해 내부위원의 비중이 높으며 외부위원들의 경우, 사업내용을 모르는 인사들로 구성되어 형식적인 심의가 이루어지는 경우가 많다. 이는 예산부담의 주체와 집행주체가 분리되어 중층적인 주인·대리인 관계에서 발생하는 근본적인 문제로 이를 해결하기 위해서는 사용내역공개를 통한 투명성 확보가 선행되어야 한다(김철회, 2008). 따라서 일반예산편성이 가능한 연구·시범 사업 등은 특별교부금사업으로 추진하는 대신 일반회계사업으로 편성하여 예산심의 및 예산심사 등 재정 통제를 받도록 해야 할 것이다. 또한 현행 국가시책사업심의회를 보다 활성화하는 방안이 요구되는데, 위원구성 시 사업내용을 파악할 수 있는 전문지식을 지닌 외부위원을 선정하여, 엄격한 심의를 거치고 평가보고서를 작성하여 국회에 보고하거나 공개하는 투명성을 확보해야 한다.

둘째, 국가시책사업의 예산배정 및 운용상의 과제로서 시·도교육청의 대응투자 부담과 연중분산 교부의 문제가 있다. 우선 특별교부금 사업 추진에서 시·도교육청에 요구되는 대응투자 문제를 살펴보면, 2009~2011년 국가시책사업 대응투자 현황자료에 나타난 바와 같이 국가시책사업의 추진 초기 단계에서는 전체 사업금액을 특별교부금으로 지원하지만 사업연한이 증가할수록 대응투자액도 상승한다. 이와 같은 시·도교육청의 대응투자액은 중앙정부 관료들의 과도한 통제기제로 활용되고, 시·도의 재정적인 압박과 자체사업 추진을 저해함으로써 근본적으로 지방자치의 토대에 악영향을 미칠 수 있다. 이러한 문제점을 해결하기 위해서는 국가시책사업수를 대폭 축소하는 한편, 한시적 운영이라는 전제하에 국가시책사업으로 추진해야 하는 사업은 전액을 지원하여 지방교육자치단체의 대응투자의 부담을 최소화 하도록 해야 한다.

셋째, 특별교부금 사업은 연중분산교부와 지연교부에 따라 시·도교육청의 체계적인 준비가 어려우며 매 학년도 단위학교 교육계획과 조화시켜 예산집행이 이루어지지 못하고 있다. 교과부에서는 이에 대한 제도개선안을 마련하여 2011년부터 1월 말까지 특별교부금을 지원하여 전액 특별교부금사업의 경우 3월부터, 대응투자사업의 경우 7월부터 단위학교에서 추진할 수 있도록 사업기간을 조정하였다. 그러나 이러한 제도 개선 후에도 2011년의 전체 국가시책사업비 중 68.3%만 2~3월에 교부되었고, 나머지 사업비는 매월 분산 교부되었다(한국교육개발원·교육과학기술부, 2011). 따라서 국가시책사업에 대한 예산심의시기를 9월까지 완료하고, 그 결과를 반영하여 다음 연도의 국가시책사업을 확정하며, 매년 10월 보통교부금 예정통보 시 함께 안내하여 시·도교육청의 당초예산에 전액 포착하여 세입·세출예산을 편성할 수 있도록 해야 한다. 그렇지 못할 경우에는 시·도교육청의 추가경정예산편성 시기를 고려하여 최소한 4월말까지는 교부예정 여부를 통지해야 할 것이다.

넷째, 단위학교의 사업비 배정방법의 문제이다. 앞서 단위학교 특별교부금 배분현황자료를 분석한 결과, 초등학교와 중학교에서는 지역 간 교육 및 경제적 여건 차이를 감안하여 소외지역인 면지역과 도서벽지 지역에 집중적으로 사업비가 투자되고 있는 것으로 나타나 특별교부금 제도가 지역 간 교육격차 해소에 기여하는 것으로 밝혀졌다. 그러나 개별학교의 사업예산 배정 시 단위학교의 지역특성 및 여건, 직접적인 사업수혜 대상학생 등을 고려하지 않고 학교당 동일한 금액의 사업비를 배분하는 문제를 보이고 있다. 이와 같은 일률적인 교당 예산배정으로 대규모 학교는 예산이 부족하고, 소규모 학교는 예산이 남아도는 상황이 발생하게 된다. 따라서 일부 사업의 경우, 사업의 직접적인 수혜대상인 학생을 기준으로 예산이 산정될 필요가 있다. 또한 사업별 예산배분문제를 해결하기 위해서는 특별교부금 사업예산 편성 및 운용에 관한 지침 등을 제정할 필요가 있다(한국교육개발원, 2011a).

지역교육현안사업의 투명성 확보

지역교육현안사업 운용상의 과제로는 교부시기 및 사업선정, 집행 및 사후관리 미흡 등이 있다. 지역교육현안사업은 사업선정단계에서 매년 상하반기 2회로 신청·교부함에 따라 전국에 걸친 수백 개의 사업을 일괄 심사함으로써 교부대상 사업의 타당성 등에 대한 심층적인 사전검토가 없고 주먹구구식으로 사업을 추진하는 경우가 발생된다(교육과학기술부, 2011b). 또한 사업선정단계에서 우선순위 선정기준이 불명확하고 외부인사 참여 등의 통제장치가 없어 재정운영이 불투명하다는 문제점이 제기되어 왔다(국민권익위원회, 2010).

이에 대한 개선방안으로는 우선, 지역교육현안 대상사업들 간의 우선순위 선정기준이 명료화되어야 한다. 교과부에서는 정책연구과제 등으로 추진하여 도출된 결과를 토대로 우선순위기준을 명료화해서 지역교육현안사업 교부운용기준에 명시하도록 해야 한다. 아울러 외부 심사위원들로 구성된 지역현안사업 심사위원회를 구성하여 시·도교육청 신청사업의 타당성, 적정성, 시급성 등을 심사하는 공식적 과정을 마련해야 한다. 다음으로, 지역교육현안사업의 집행 및 사후관리 미흡의 문제이다. 지역현안사업 추진에 필수적인 대응투자를 확보하지 못해 사업추진이 지연되어 사업비를 반납하는 사례가 매년 발생함으로써 사업추진이 원활하지 못하다(교육과학기술부, 2011b). 사업비 교부결정 후 2년 이상 미집행된 사업은 반환 및 감액조치를 해야 하나 시·도교육청의 관리소홀로 인해 장기 미집행 사업이 발생하고 있으며, 특별교부금 집행결과 잔액 1억 원 반납하거나 용도변경 승인을 받은 후 사용해야 하나 시·도에서 임의로 사용하고 있는 실정이다.

이러한 문제점을 개선하기 위해서는 매년 시·도별, 학교별 지역현안수요 신청내역 및 교부내역을 공개하는 한편, 서면 및 현장점검 등을 통해 철저한 사후관리를 시행해야 할 것이다. 그리고 시·도교육청에서 용도변경 및 집행잔액 사용 시에는 반드시 승인을 받고 사용하도록 관리가 되어야 한다.

재해대책사업의 투명성 확보

재해대책사업 운용의 문제점과 개선방안을 제시하면 다음과 같다. 현재 재해대책사업의 집행잔액은 시·도교육청 평가결과에 근거하여 시·도교육청에 인센티브의 성격으로 배분되는 실정이다. 그리고 시·도에 인센티브 형태로 배분된 재원은 기존사업의 보충재원으로 사용되거나 무분별한 집행으로 도덕적 해이현상을 초래한다는 지적도 있다(국민권익위원회, 2010). 따라서 현행 특별교부금의 10%에 해당하는 재해대책사업비의 일부는 지역현안사업비로 전환하고, 조정교부금 등을 신청하여 교육청별 인센티브 제공, 지역 간 격차 조정, 지방이양사업 지원 등에 소요되는 재원으로 활용해야 한다. 또한 교육청별 인센티브 제공시 교부기준을 명확히 하는 한편, 인센티브가 유용한 용도로 사용되도록 관리가 이루어져야 한다.

제6장
고등교육재정

고등교육의 경제적 가치와 수익

고등교육에 있어서의 재정문제는 먼저, 고등교육의 필요성과 관련된다. 즉, 고등교육은 필요한 것인가? 하는 물음은 바로 고등교육은 경제적 가치가 있는 것인가? 하는 물음에 대한 긍정 또는 부정적인 반응과 연결된다. 다시 말해서, 고등교육의 경제적 가치가 인정되면 고등교육에 대한 재정적 지원의 확대는 정당화되지만, 그렇지 않으면 재정적 지원은 축소되어질 수밖에 없다는 것이다. 특히, 사립대학에 대한 중앙정부의 재정적 지원이 확대되어야 하는가? 하는 문제는 현재 상당한 논란을 일으키고 있는데, 한편에서는 교육기본권의 보장과 저소득층의 고등교육진입의 장벽을 제거하고, 고등교육의 상당부분을 차지하는 사립대학(학생수 기준으로 74.6%, 교육과학기술부, 2010)의 재정난을 완화하며, 국립대학과의 등록금 격차(국립대학 등록금은 사립대학등록금의 53% 정도, 송기창, 2004)를 줄여 학부모와 학생들의 과중한 등록금 부담을 경감시키기 위한 재원확보 측면에서, 고등교육재정교부금법을 제정하여 중앙정부의 국·공립대학에 대한 재정지원과 함께 사립대학의 재정지원을 법적으로 보장하자는 주장을 하고 있다. 다른 한편에서는 고등교육은 법인부담 및 수익자 부담원칙이 적용되는 것이 타당하므로 비록 사립대학이 고등교육의 상당 부분을 담당하고 있고 재정적 어려움으로 등록금 인하가 곤란하다 하더라도, 중앙정부에서 공공재정을 통해 지원하는 것은 적절하지 않으며, 현재 대학등록생수의 감소로 인해 부실대학의 구조조정이 이루어지고 있는데, 공공재정의 투입으로 이들 부실대학들을 지원하는 것은 수용될 수 없으며, 현행 지방재정교부금법에 의한 교부율(내국세의 20.27%)이 높아 지방교육재정규모를 축소해야 한다는 기획재정부나 타 부처의 반대의견이 팽배한 상황에서 막대한 재정소요가 요구되는 고등교육재정교부금법을 제정하는 것은 받아들이기 어렵다는 주장이 제기되고 있다.

이처럼 사립대학에 대한 공공재정 투입에 관해서는 서로의 입장차가 크지만, 학부모와 학생의 과중한 등록금 인하를 위해서는 어떤 특단의 대책이 강구되어야 한다는 점에서는 정치권, 정부부처, 대학 등에서 상당한 의견일치가 이루어지고 있고 아울러 다양한 대안들이 제시되고 있다. 따라서 고등교육재정의 안정적 확보에 대한 해법을 찾기 위한 심도 있는 논의와 연구가 지속적으로 이루어져야 하며. 공청회 등을 통한 국민들의 여론수렴 과정도 거치는 것이 필요하다.

이 절에서는 우선 고등교육재정의 경제적 가치에 대해서 살펴보고, 다음으로 고등교육의 사적 및 사회적 수익을 알아보기 위해 주로 김태완(1994), 박선하(2013)의 저술에서 발췌 · 수정하여 제시하고자 한다.

■1 고등교육의 경제적 가치

고등교육의 경제적 가치에 대한 일반적인 고찰을 한 후, 고등교육의 개인적 및 사회적 투자가치에 대해 논하기로 한다.

고등교육의 경제적 가치를 평가할 때 기준이 되는 것은 무엇일까? 그것은 고등교육이 추구하고자 하는 목표이며, 고등교육이 이 목표를 얼마나 잘 달성하고 있는가 하는 것이 고등교육의 경제적 가치판단의 근거가 될 것이다. 고등교육의 목표는 학자에 따라 여러 가지로 제시될 수 있다. 여기서는 그중 하나로서 Leslie와 Brinkman(1988)이 소개하고 있는 것을 예시적으로 들어본다. 고등교육의 사회 · 경제적 목표는 첫째, 교육기회의 확대, 둘째, 성장과 경제적 생산성의 제고, 셋째, 훈련된 인력의 제공, 넷째, 범죄감소 등 특정한 사회적 목표의 달성, 다섯째, 교육받은 시민의 육성, 여섯째, 지식창조와 학습촉진 등을 들 수 있다. 고등교육의 개인적 목표는 논외로 하고, 앞에서 제기한 여섯 가지를 고등교육의 사회 · 경제적 목표로 간주해 보기로 하자. 이 목표들은 고등교육의 성과를 판단하는 기준으로 작용할 수 있지만 절대적인 도달점을 상정하기 어렵기 때문에, 목표달성에 대한 평가는 항상 각 목표들이 과거에 비해 상대적으로 어느 정도 향상되었나 하는 것을 바탕으로 평가할 수밖에 없을 것이다.

미국에서 부각되고 있는 "**과잉교육의 미국(overeducated American)**"에 관한 주장은 대학졸업생의 실업은 대학에 가지 않은 사람들보다 상당히 낮다는 점을 무시하고 있다. 또한, 이러한 주장은 아래서 논의되어질 대학의 상당한 비금전적 수익을 무시하고 있다.

1970년 초에 미국의 고등교육기관에는 전통적인 대학연령 인구(18~21세)의 50% 이상이 대학에 참여하였고, 나머지는 사립학교의 직업프로그램에 참여하였다. 고등학교 졸업 후 즉시 대학교육에 참여할 수 없는 대다수의 사람들도 성인생활 동안 어떤 대학에서 공부할 것으로 예상할 수 있다. 따라서 대학졸업생의 과잉공급 문제는 미국의 경우에 예기치 않은 사항은 아니다(Cartter, 1976). 그러나 소득수익과 사회적 명망에 관련된 대학으로부터의 수익은 본질적으로 대학교육을 받은 근로자들의 공급과 수요에 관련된다. 수요보다 공급이 커지면 가격은 내려가고 공급보다 수요가 커지면 가격은 올라갈 것이다. 1980년대에 대학교육의 수익률이 급속하게 증가하였다. Murphy와 Welch(1989)는 "1979년부터 1986년까지, 소득차이는 32%에서 약 70%로 늘어났고, 그로 인하여 1986년의 대학과 고등학교의 소득차이는 점점 더 커졌다."고 보고하였다. 이것은 공급과 수요 간의 상호작용의 결과이다. 1979년과 1986년 사이에 대학인구의 증가와 대학교육을 받은 근로자에 대한 수요 증가는 완만해졌다.

Rumberger(1986)는 추가적 학교교육이 반드시 자동적으로 높은 소득으로 보상되어지는 것은 아니라고 하였다. Rumberger에 따르면, 학교교육은 직업에 한정하여 보상되어지는 경향이 있다고 한다. 즉, 근로자들이 직무에 필요한 것인지에 대한 그들 자신이나 독립된 판단에 근거하여 훈련을 받을 때, 그 훈련은 높은 급료로 보상되어지며, 반면에 직무에 한정된 훈련이 아니면 그런 보상을 받을 수 없다는 것이다. Rumberger에 의하면, "이것은 부가적인 학교교육이 완전히 비생산적인 것은 아니며, 단지 직업은 근로자들이 학교에서 획득한 기능과 능력을 충분히 발휘하도록 근로자들의 능력을 강요하는 것이다"라고 제시하였다.

다른 국가에서 대학에 참여한 자격을 갖춘 인구의 비율은 일반적으로 미국보다 훨씬 더 낮다. 따라서 그 밖에 모든 것이 동등하다면, 다른 국가들의 대학 졸업생은 직업시장에서 인정받을 수 있는 가능성이 더 크거나, 아니면 이전의 졸업생들이 차지하였던 직업보다 덜 명망 있는 직업을 갖도록 강요받을 수도 있다. 그러나 경제제도의 요구조건들이 소수의 대학졸업자에게 유용하다면, 중등교육 후의 낮은 대학 참여율에도 불구하고 과잉교육의 문제는 분명히 발생할 수 있다. 이것은 대다수의 미개발된 국가들의 경우가 될 수 있다(예를 들어, 농업중심의 국가나 고도의 기술이 요구되지 않는 산업국가). 부가적으로, 일부 미개발국가에서, 상당수의 대학 졸업생들은 수요가 높은 학문(즉, 과학, 공학, 경영)보다 수요가 낮은 학문(즉, 예술, 문학, 인문)을 공부하고 있다.

미국에서, 직업성과는 대학 전체 교육수익의 작은 부분이기 때문에 대학수준을 요구하는 어떤 직업의 포화수준이 일반적인 의미로 과잉교육의 결과라고 주장하기는 어렵다. 직업시장과 관련해서, 개인을 위해 필요한 것이 전체 경제에서는 낭비가 될 수 있다(즉, 학사학위는 4학년의 역사를 가르치기 위해 요구될 수 있지만, 다른 역사교사를 위해서는 필요하지 않을 수 있다). 그러나 다른 수익들은 이러한 제로섬 게임의 특징을 가질 수 없다: 한 학생에게 획득된 부가적인 수업의 즐거움, 민주주의에 대한 존경, 좋은 건강습관, 또는 문화의 공감은 다른 사람들이 받는 동일한 수익을 빼앗아 간 것은 아니다.

다른 국가들에서 대학학위는 우선 최종 직업의 자격증 수여로서 더 많은 기여를 할 수 있다. 예를 들어, 브라질에서는 심지어 법률과 의료도 어떤 학사학위 후 훈련도 없이 대학 졸업생들에 의해 행해진다. 직업의 목표가 대학교육에 대한 다른 개인적, 사회적 목표를 압도하는 정도에 따라, 다양한 직업 및 학문 분야의 졸업생에 대한 수요와 공급 간의 부조화가 야기되며, 이는 대학교육 성장에 의문을 갖게 하는 중요한 이유가 된다.

확실히 대학(일반적 교육)의 금전적 수익은 최소한 직업과 관련된 대학의 금전적 수익만큼 중요하다. 아마도 개인의 변화와 사회의 변화처럼 교육수익 연구의 가장 좋은 요약서는 Bowen(1977)에 의해 제공된 것이리다. "고등교육은 비용을 들일만한 가치가 있나?" 하는 제목의 Bowen의 요약서는 그러한 점을 지적하고 있다. "고등교육의 주요 목적은 바람직한 방법으로 사람들을 변화시키는데 있다. 이러한 변화는 경제, 사회, 그리고 심지어 역사과정에 심대한 영향을 미칠 수 있다. 그러나 첫 번째 목적은 개개 인간의 특성과 행동 형태를 조정하는데 있다"(p.432). 이러한 영향은 창조성, 가족계획, 보육, 학교의 질, 예술의 공감, 문화와 학습, 건강 서비스, 정치참여, 사회문제 이해, 사회변화 수용, 그리고 공통문화와 사회연대감을 포함한 다양한 분야에서 발생할 수 있다.

사회적 영향의 두 번째 유형은 "우리가 연구나 공공서비스라고 부르는 여러 가지 활동을 통해 성취되어진다"(Bowen, 1977, p.445). 대학 또한 문화유산을 보존하고 문명을 발전시키기 위해 봉사한다. 부가적으로, 그들은 보건, 도서관, 박물관, 연극과 음악회, 레크리에이션 시설, 그리고 상담서비스 등과 같은 직접적인 지역사회 서비스를 제공한다. 고등교육은 또한 인간 평등을 위한 탐구에 기여할 수 있다.

교육을 투자로 여기게 된 것은 Schultz(1960)가 인적자본이라는 개념을 도입한 이후부터이다. 인적자본은 물적자본과 마찬가지로 생산성과 경제성장에 기여한다는 생각이 경제학계 내외에서 상당한 지지를 얻고 그에 대한 연구들이 촉진되었다. 즉, 선진국과 개발도상국의 국민소득 차이에 대해 종래의 노동과 자본 개념으로 설명하지 못하는 잔여분을 인적자본이라는 변수로 설명할 수 있다고 보는 것이다. 생산을 가능케 하는 기계·설비가 시간이 지남에 따라 감가상각되는 과정을 밟고, 재고가 고갈되는 것과 마찬가지로 인간도 이러한 과정을 밟기 때문에 교육과 훈련을 통해 재충전해 나가야 한다는 것이다. 이것은 낡은 기계·설비를 보수하거나 새로운 기계·설비를 설치하는데 투자하는 것과 같이, 인적자본도 교육과 훈련 또는 새로운 인력의 투입을 위해 투자해 나가야 한다는 논리이다. 전통적인 인적자본론에 의한 노동생산성의 입장에서 보면, 노동인력이나 기술인력 양성을 위한 교육의 투자가치가 약화되는 경향이 있으나, 기업의 상품기획이나 광고 등의 효과가 더욱 강조되고 있고, 이러한 일을 담당하는 즉, 지식생산성이 강조되는 전문 인력 양성이라는 새로운 입장(Drucker, 1993)에서 보면, 고등교육의 가치는 더욱더 부각되어진다.

고등교육의 투자가치는 개인의 직업과 소득에 관련된 사적수익과 공공의 후생에 기여하는 사회적 수익으로 나타난다. 이에 대한 구체적인 설명은 다음과 같다.

② 고등교육의 사적 및 사회적 수익

1) 고등교육의 사적 수익

경제학자들은 인적자본의 투자로서 교육과 훈련비용에 대해 말할 때, 그들은 교육과 물적 자본 간의 유사성을 강조하기보다 측정을 통해 비용을 밝히고자 한다. 경제학자들은 전통적으로 물적 자본에 적용해 왔던 비용-수익분석과 투자평가기법을 사용하여 인적자본의 투자수익성을 측정하는 것이 가능하다고 주장한다.

수익성 또는 투자수익률이란, 미래수익이나 자본에 의해 발생된 수입에 의한, 투자에 따른 기대된 수익률 측정을 말하며, 자본자산의 취득비용에 의한 수익과는 다르다. 비용-수익분석은 수익률을 숫자로 나타내기 위하여 투자프로젝트와 관련된 모든 비용과 수익을 계산하며, 미래소득의 현재 할인가는 정확히 비용의 현재 할인가와 같은 이자율이 된다.

이는 서로 다른 프로젝트를 비교해서 수익률 또는 수익성이 가장 높은 프로젝트에 최적의 투자전략을 수립하여 투자하도록 해준다.

교육, 훈련, 건강에 투자된 비용은 인적자본의 투자로 간주되는데, 그 이유는 다른 근로자보다 더 좋은 교육, 훈련, 건강을 지닌 근로자의 생애소득이 증가하기 때문이다. 비용－수익분석기법은 상이한 교육수준, 직장 내 훈련과 직장 외 훈련, 서로 다른 의학적 치료 등의 경제적 수익성을 비교하는데 사용되어진다. 그것은 또한 남·여 또는 기계에 대한 투자에서 어느 쪽에 투자하는 것이 더 이익이 되는지를 알 수 있도록 인적, 물적 자본투자의 수익률 비교를 가능하게 해준다.

인적자본의 투자는 전반적으로 개인과 사회 양쪽에 이익이 된다. 교육이나 직업훈련을 받은 개인은 고용기회를 얻는데 유리하며 생애소득이 증대된다. 세금을 공제한 부가적 수입을 수업료, 도서 또는 학습준비비용, 학교에 다니는 동안 포기한 수입을 포함한 개인이 부담하는 직·간접 교육비와 비교할 수 있다. 이것은 교육투자 또는 인적자본의 다른 형태의 사적수익률에 대한 측정에도 적용된다.

경제학자들은 단지 금전과 관련되기 때문이 아니고, 대학입학이 생산성(즉, 인적자본생산) 향상에 어떤 변화를 미치고, 그로 인해 소득이 증가하는지를 알아보고자 하기 때문에, 대학을 졸업한 사람의 대학교육으로 인해 얻어진 사적 금전수익이나 직업과 경력에 관련된 수익에 초점을 둔다. 고등교육의 직업과 관련된 수익은 무엇인가? 인적자본이론은 개인이 획득한 교육기간(양)과 질이 인적자본에 기여하며, 보다 큰 생산능력으로 이끈다고 가정한다. 생산능력은 졸업 후 즉시 나타나는 것은 아니지만 경력에 따른 높은 소득에 반영된다고 주장한다. 개인의 인적자본은 반드시 부가적인 교육요인들(건강, 동기, 천부적 능력, 그리고 사회·경제적 지위 같은)에 의존한다. 그러므로 소득 면에서 고등교육의 가치는 소득에 영향을 미칠 수 있는 많은 다른 요인들처럼 일관성을 유지하는 소득과 교육활동의 양과 질 간의 부분적 상관관계 조사를 통해 실증적으로 검증되어 왔다. 1950년부터 고도로 종합된 통계자료를 조사한 Becker(1963)의 초기연구에서부터 Taubman과 Wale(1974), Solmon(1981), Rumberger(1987), 그리고 Murphy와 Welch(1989)의 후기연구들까지, 상이한 종적자료들의 각각을 분석한 결과, 인적자본이론은 타당한 것으로 밝혀졌으며, 그 밖의 모든 것이 균등하다면, 더 많은 교육을 받고, 더 좋은 교육을 받은 사람들이 더 많은 소득을 올리는 것으로 나타났다.

Psacharopoulos에 의해 연구된 수익률이 표 6-1에 요약되어있다. 여기에는 개발도상국, 중진국, 선진국의 초등, 중등, 고등교육의 사적 및 사회적 평균수익률이 나타나 있다. 비록 평균수익률이 20년 이상에 걸친 추정에 의해 계산되었지만, 이러한 수익률 추정은 단지 기간만을 다루므로, 시간에 따른 수익률 변화는 보여주지 못하고 있다. 이러한 연구결과에 대해 일부 비평가들은 교육받은 근로자의 소득이 교육의 경제적 수익 측정의 적절한 근거가 된다는 것을 부인하지만, 교육비용은 인적자본의 투자를 나타내고, 사적 및 사회적 수익이 되는 투자임이 분명하다. 그러나 인적자본과 물적자본의 어느 쪽이 더 유익한 투자형태가 되는지를 규명하는 것은 쉽지 않다.

표 6-1 국가유형 및 수준에 따른 평균교육수익

지역/국가 유형	사회적			사적		
	초등	중등	고등	초등	중등	고등
아프리카	26	17	13	45	26	32
아시아	27	15	13	31	15	18
라틴 아메리카	26	18	16	32	23	23
중진국	13	10	8	17	13	13
선진국	−	11	9	−a	12	12

※ 주: a 문맹의 통제집단 부재로 인해 통계적으로 의미가 없음.
※ 출처: Psacharopoulos, 1985.

표 6-2 국가유형에 따른 인적 및 물적 자본수익

국가 유형a	1960년대		1970년대	
	인적	물적	인적	물적
개발도상국	20	15	15	13
선진국	8	10	9	11

※ 주: a 표의 개발도상국에는 멕시코, 콜롬비아, 베네수엘라, 칠레, 브라질, 인디아, 필리핀, 가나, 케냐, 우간다, 나이지리아가 포함되고, 선진국에는 미국, 영국, 캐나다, 네덜란드, 벨기에가 포함된다.
※ 출처: Psacharopoulo, 1985.

Psacharopoulos는 선진국과 개발도상국에 대한 인적자본과 물적자본에 대한 수익을 추정하여 다음과 같은 결론을 얻었다. 첫째, 인적자본과 물적자본의 수익은 선진국과 개발도상국 중 어느 한 쪽의 상대적 자본부족 차이를 반영하면 개발도상국이 더 높다. 둘째, 표 6-2에서 보면, 선진국은 인적자본보다 물적자본의 수익률이 높으므로, 인적자본은 선진국보다 개발도상국에서 더 좋은 투자가 된다(Psacharopoulos, 1985).

Psacharopoulos는 1973년에 32개국에 대한 교육투자의 사적 및 사회적 수익률을 측정하였고, 1958년부터 1978년까지는 44개국의 상이한 교육수준의 근로자 소득조사에 근거하여 교육투자의 사적 및 사회적 수익률 측정을 하였으며, 그리고 1980년대에는 이를 확대하여 61개국에 대한 비용-수익 분석을 위한 교육수익률 연구를 하였다(Psacharopoulos, 1981, 1985). Psacharopoulos(1981, p.326)는 이러한 연구를 통해 얻어진 조사결과를 다음과 같이 네 가지로 제시하였다.

- 초등교육의 수익(사적 또는 사회적)이 전체교육수준에서 가장 높다.
- 사적수익은 특히 대학수준에서 사회적 수익을 초과한다.
- 교육투자에 따른 전체 수익률은 평균 10%인 자본의 기회비용을 초과한다.
- 개발도상국의 교육수익은 선진국의 수익률에 비해 상대적으로 높다.

2) 고등교육의 사회적 수익

고등교육의 사회적 투자수익률은 국가유형에 따라 차이가 있는데, 선진국은 9%, 중진국은 8%, 그리고 지역(아시아, 아프리카, 라틴아메리카)에 관한 수익률은 13~16% 정도로 나타나고 있다(Psacharopoulos, 1985). 사회적 수익을 정확하게 포착하는 것이 매우 어렵기 때문에, 대부분의 수익률 계산에서 비용은 모두 포함하지만 수익은 모두 포함되지 못한다. 또한 전통적인 수익률 계산법은 비용측면에서는 개인적 비용과 사회적 비용을 모두 포함하지만, 수익측면에서는 대학생을 제외한 다른 사람들의 수익은 대학교육으로 인한 영향을 전혀 받지 않는 것으로 가정하기 때문에 실제 사회적 수익보다 과소 추정하게 된다.

우리나라 고등교육의 사회적 투자수익률 추정에 관한 연구결과를 살펴보면, 김윤태(1971)는 1969년 기준으로 8.5%, 배종근(1978)은 1977년 기준으로 13.8%, 박세일(1982)은 1980년 기준으로 11.7%, 한국교육개발원(1982)은 1982년 기준으로 남자 13.0%, 여자

10.0% 등으로 제시하고 있다. 또한 한국교육개발원(1994)의 연구에 의하면, 전문대 남자 5.5%, 전문대 여자 9.4%, 4년제 대학 남자 7.2%, 4년제 대학 여자 6.8%로 나타났다.

비금전적 수익은 사적 투자수익률과 같이 소비수익과 투자수익으로 나누어 고찰해 볼 수 있다. 소비수익은 대학생의 사적 소비수익에 대한 비대학생의 사적 소비수익을 포함한 것과 같다. 비대학생들도 대학생이 누리는 소비수익들, 예를 들어, 스포츠 경기, 음악, 연극 공연을 관람하고 지역사회가 베푸는 봉사활동에 참여하며, 그리고 대학이 운영하는 교육방송 프로그램을 시청하고, 대학서점을 이용함으로써 대학생과 비슷한 소비수익을 누린다. 투자수익은 대학생의 사회적 투자수익에 비대학생의 사회적 투자수익(외부효과)을 포함한 것과 같다. 외부효과란 대학교육으로 인해 사회범죄율이 감소되고, 범죄예방능력이 향상되는 것 등을 의미한다. 교육수준이 높아질수록 사회복지비나 보건비용과는 부적인 상관관계를 가진다. 이는 교육수준이 높은 사람은 자신의 건강에 관심을 갖고 사전에 질병을 예방하기 때문에 의료비용이 적게 들기 때문이다. 반대로 교육수준은 인종이나 성의 사회통합, 젊은이의 자유보장 같은 사회적 문제에 대해서는 정적인 상관관계를 지닌다. 이는 교육수준이 높은 사람일수록 이러한 사회적 문제에 적극적으로 참여하기 때문이다. 또한 교육수준이 높은 사람은 더 많은 기부금을 내고, 고액 납세를 하며, 높은 생산성은 사회전체의 발전에 긍정적인 기여를 한다. 그리고 교육받은 사람들에 의한 과학기술, 문화예술의 발전은 시민들의 삶을 풍요롭게 하고 금전적으로 환산할 수 없는 엄청난 사회적 수익을 창출한다.

이러한 사회적 수익 외에도 국가경제와 지역사회 경제에 대한 기여를 생각해 볼 수 있다. 첫째, 고등교육은 경제성장에 중요한 기여를 한다. Leslie와 Brinkman(1988)의 연구에 의하면, 교육은 전체 국가소득성장의 15~20%를 설명하고, 이 중 고등교육은 교육전체의 약1/4에 대한 설명력이 있다고 보며, 국가소득성장의 다른 20~40%는 지식 및 지식의 응용에 기인한 것으로 보고 있다. 한국교육개발원(1983)의 연구에 의하면, 우리나라의 교육(1963~1981)은 전체적으로 국가소득성장의 5%를 설명한다고 보고 있다. 이러한 연구결과를 통해 고등교육이 국가의 경제성장에 미치는 영향은 매우 크다는 것을 알 수 있다.

둘째, 고등교육기관은 지역사회의 고용과 발전에 상당한 기여를 한다. Leslie와 Brinkman(1988)의 연구에 의하면, 미국의 지역사회대학의 경우, 대학재정 1달러 지출효과는 지역경제에 1.5~1.6달러의 창출효과를 지니는 것으로 나타났다. 지역사회대학이

100만 달러의 지출을 하면, 59개의 일자리 창출효과가 있으며, 1년에 1,000만 달러를 사용하는 소규모 공립학교는 직·간접적으로 1,500만 달러를 지역경제에 보탬을 주고, 590개의 일자리를 창출하는 효과를 지닌다. 사립대학의 경우에는 공공재정을 덜 사용하면서 타 지역의 학생을 주립대학보다 더 많이 유치하기 때문에 그 효과는 더 크다고 밝히고 있다. 이처럼 고등교육기관은 지역사회의 경제를 활성화시키는 데 상당한 기여를 하는 것으로 나타났다.

고등교육의 재정실태와 발전과제

　　고등교육기관의 설립요건이 완화되고 국민의 고등교육 입학률이 증가하면서 고등교육의 양적 팽창이 급격히 이루어졌다. 고등교육인구의 양적팽창은 이에 비례하여 상당한 재정소요의 확대가 요구되지만, 정부의 교육재정 지원이 주로 초·중등교육을 위한 지방교육재정지원에 편중되다보니, 상대적으로 고등교육에 대한 정부지원은 미약한 실정이다. 따라서 고등교육재정은 설립자 부담과 수익자 부담 원칙을 견지하고 있다.

　　우리나라의 고등교육기관은 양적인 규모에서는 크게 성장하였지만, 급격한 학생수 증가와 취약한 대학재정 실태로 인해 강의실당 학생수, 교수 1인당 학생수, 학생 1인당 장서수 등의 질적인 면은 오히려 종전보다 악화되었으며, OECD 국가들 중에서 하위의 수준에 처해있다. 현재 고등교육기관들은 매년 입학생수 감소로 인해 심각한 재정난에 봉착해 있다. 특히 사립대학의 대부분은 등록금이 가장 주된 재원이 되기 때문에 학생수 감소는 재정운영에 직접적인 부적 영향을 미치게 된다. 이러한 재정적 어려움을 겪고 있는 상황에서 반값 등록금에 대한 학부모와 학생들의 강력한 요구는 사립대학의 재정적 어려움을 더욱더 가중시키는 결과를 초래하고 있다. 따라서 고등교육의 재정실태에 대한 면밀한 분석을 통해, 대학재정의 실태를 파악하고, 대학재정의 건전성 확보를 위한 정부지원과 대학자체의 자구노력에 대한 발전과제를 탐색해 보는 것은 상당한 의의를 지닌다.

　　이 절에서는 고등교육의 재정지원 실태와 고등교육기관의 재정구조 파악을 위해서는 주로 주철안(2003)의 논문, 발전과제 탐색을 위해서는 이정미 외(2010)의 논문에서 발췌·수정하여 제시하고자 한다.

■ 고등교육의 양적 팽창 및 환경변화

1) 고등교육기관의 양적 팽창

고등교육기관은 해방이후 공급에 비해 높은 초과수요로 급격하게 팽창되었다. 표 6-3을 보면, 1970년 168개교, 학생수 20만 명이었으나, 1980년대에 대학정원이 크게 확대되어 1980년 358개교, 학생수 64만 명이었으며, 1990년 563개교, 학생수 170만 명이었고, 그 이후로도 지속적인 증가가 이루어져 2000년 372개교, 학생수 340만 명에 이르렀다. 그리고 2012년 현재 전문대학 142개교, 교육대학 10개교, 4년제 대학 189개교, 기타 대학을 포함한 전체 학교수는 432개교이며, 방통대, 산업대학, 기술대학 등을 포함한 전체 학생수는 373만 명에 달하게 되었다.

이러한 고등교육기관의 양적 팽창은 다음과 같은 정부의 고등교육정책에 영향을 받았다. 첫째, 1980년대의 졸업정원정책에 의한 대학정원의 확대이다. 둘째, 1996년 대학설립인가 폐지와 대학설립준칙제도의 실시이다. 여기서 대학설립준칙제도란 대학설립기준만 갖추면 누구나 대학설립을 할 수 있도록 한 제도를 말한다.

표 6-3 고등교육의 양적 팽창

구분	학교수					학생수				
	전체	일반대학	교육대학	대학원	전문대학	전체	일반대학	교육대학	대학원	전문대학
1970	168	71	16	–	65	201,436	146,414	12,190	6,640	33,483
1980	358	85	11	121	128	647,505	402,979	9,425	33,939	165,051
1990	563	107	11	298	117	1,691,681	1,040,166	15,960	87,163	323,825
2000	372	161	11	812	158	3,363,549	1,665,398	20,907	229,437	913,273
2005	419	173	11	1,017	158	3,548,728	1,859,639	25,141	282,225	853,089
2010	411	179	10	1,098	145	3,644,158	2,028,841	21,618	316,633	767,087
2011	434	183	10	1,126	147	3,735,706	2,065,451	20,241	329,933	776,738
2012	432	189	10	1,134	142	3,728,802	2,103,958	18,798	329,544	769,888

※ 주: 전체에는 일반대학, 교육대학, 산업대학, 대학원, 전문대학, 방송통신대학, 기술대학, 각종학교, 원격대학, 사이버대학, 기능대학, 전공대학이 포함됨. 대학원은 대학부설대학원으로 전체 학교수에 포함되지 않음.
※ 출처: 2012년 교육기본통계 조사결과 발표(교육과학기술부 보도자료 2012. 9.11)를 일부 수정함.

동 제도 시행이후에 지방 및 수도권 지역에 많은 대학이 신설되고 종합대학으로 확대되면서 고등교육기관의 양적 팽창을 가져왔다(정진관 외. 2000). 특히, 1995년 이후에는 대학원 수가 급증하여 2012년 1,134개교로 늘어났다.

이와 더불어, 고등교육기관의 입학률도 급격히 증가되었다. 표 6-4에서 보면, 입학률은 2000년 52.4%, 2008년 70.5%, 2009년 70.4%, 2011년 71.0%로 증가하였으나, 2012년 68.4%로 소폭 줄어들었다. 이처럼 고등교육기관의 입학률이 증가하게 된 것은 1996년 대학설립준칙제도 신설로 인한 것이며, 현재 우리나라의 대학입학률은 세계에서 상위 수준에 도달하게 되었고 고등교육의 보편화가 이루어지게 되었다. 이러한 대학교육의 보편화는 대학의 전통적인 순수학문연구와 전문직 엘리트를 육성하는 교육기관으로서의 특징을 상실하게 하고 있다. 개별대학들은 대학 자체의 성격을 전통적인 연구 활동을 고수하는 쪽으로 유지할 것인지 아니면 기업체의 직업적 요구 및 평생학습사회의 다양한 요구를 반영하는 교육기관으로 변화될 것인지를 선택해야 한다(이돈희, 2002). 고등교육이 보편화됨에 따라서 고등교육서비스는 국민의 인간다운 삶을 영위하기 위한 공공서비스의 성격이 높아지고 있다. 또한 국가 간 경쟁이 치열해지는 상황에서 국가경쟁력을 결정하는 지식, 기술 등의 인적자원 중요성이 부각됨에 따라 고등교육 투자에 대한 중요성도 증대되고 있다.

고등교육이 해방이후 양적 팽창이 이루어졌지만, 고등교육의 투입 및 산출 측면에서 발전되어왔는가는 중요한 연구과제이다. 이는 고등교육기관의 투입여건의 비교, 산출지표인 연구기능의 대외적 비교 등을 통해 분석될 수 있다.

표 6-4 연도별 취학률

(단위: %)

구분	유치원	초등학교	중학교	고등학교	고등교육기관
2000	26.2	97.2	95.0	89.4	52.5
2008	37.8	99.0	93.2	90.0	70.5
2009	39.5	97.9	96.2	92.5	70.4
2010	40.2	99.2	97.0	91.5	70.1
2011	40.9	99.1	96.7	91.9	71.0
2012	44.0	98.6	96.1	92.6	68.4

※ 출처: "간추린 교육통계". 한국교육개발원. 2012.

표 6-5 대학교육 여건의 변화

구분	고등교육기관			일반대학			전문대학		
	전임 교원수	재학생수	전임교원 1인당학생수	전임 교원수	재학생수	전임교원 1인당학생수	전임 교원수	재학생수	전임교원 1인당학생수
2012	84,910	2,625,187	30.9	68,034	1,749,491	25.7	13,078	492,681	37.7
2011	82,190	2,623,311	31.9	63,905	1,704,873	26.7	12,891	503,493	39.1
2010	77,697	2,537,670	32.7	61,020	1,649,692	27.0	12,530	494,018	39.4
2009	75,469	2,494,002	33.0	58,848	1,607,021	27.3	12,451	488,913	39.3
2008	73,072	2,479,827	33.9	56,803	1,574,664	27.7	12,100	503,397	41.6
2007	70,957	2,476,487	34.9	55,117	1,558,638	28.3	11,685	519,698	44.5
2006	69,201	2,445,867	35.3	53,388	1,524,746	28.6	11,857	527,614	44.5
2005	66,862	2,413,896	36.1	50,432	1,490,253	29.5	12,027	530,149	44.1

※ 출처: 한국대학교육협의회. 2012.

첫째, 대학의 교육여건 지표에 나타난 전임교원 1인당 학생수는 OECD 평균(15.5명, 2009년 기준)보다 높은 경향을 보이고 있다. 표 6-5에서 고등교육기관의 전임교원 1인당 학생수를 살펴보면, 2005년 36.1명에서 2012년 30.9명으로 줄어들었는데, 일반대학은 2005년 29.5명에서 2012년 25.7명으로 줄었고, 전문대학은 44.1명에서 2012년 37.7명으로 줄어든 것으로 나타났다.

둘째, 대학의 재정투자 지표로서 중요한 학생 1인당 공교육비 국제비교(2009)를 표 6-6에서 살펴보면, 고등교육에 대한 학생 1인당 공교육비 투자는 OECD의 평균 투자액이 $13,728인데 비해, 우리나라는 $9,513 정도로서 69.3% 수준에 지나지 않았다.

셋째, 지식기반사회에서 매우 중요한 고등교육기관의 연구기능이 다른 국가들에 비해 저조한 실정이다. IMD(스위스 국제경영개발대학원)의 조사에 의하면, 2001년도 우리나라의 국가경쟁력은 49개국의 조사대상국가들 중에서 29위로서 중하위권 수준이며, 대학교육의 경쟁력은 47위로 최하위 수준으로 밝혀졌다(IMD, 2001). 또한 대학교육의 국제경쟁력을 나타내는 과학인용지수(SCI) 논문 수에서도 1999년의 경우, 상위 10개국 평균 논문 수의 11.08%에 불과하였다. 이를 통해 우리나라의 국가경쟁력이 낮은 원인이 대학교육의 낮은 질적 수준에 있음을 알 수 있다(유현숙 외, 1999).

표 6-6 학생 1인당 공교육비 국제비교(2009)

(단위: us$, ppp환산액)

구분	초등교육	중등교육	고등교육
OECD 평균	7,719	9,312	13,728
OECD 전체	7,550	9,264	18,572
한국	6,658	9,399	9,513
미국	11,109	12,550	29,201
영국	9,088	10,013	16,338
프랑스	6,373	10,696	14,642
독일	6,619	9,285	15,711
일본	7,729	9,256	15,957
호주	8,328	10,137	16,074
스웨덴	9,382	10,050	19,961
스위스	10,597	15,645	21,577

※ 주: 고등교육은 연구개발 활동을 포함함.
※ 출처: "OECD 교육지표". 한국교육개발원. 2012.

2) 고등교육기관의 국내 · 외 환경변화

2000년대 들어서 고등교육체제의 환경이 변화되고 있다. 첫째, 국내적 요인으로 고등교육에 대한 수요 · 공급구조가 과거와 많이 달라지고 있다. 그 동안에는 고등교육에 대한 수요가 공급보다 높아서 고등교육기관의 양적 팽창은 크게 문제되지 않았다. 그러나 대학학령인구의 감소로 인해 고등교육의 수요가 줄어들게 되면서, 중 · 소도시에 소재한 지방대학들의 일부 학과는 최소한의 학생수를 확보하지 못해 학과 폐지나 통합을 하고 있는 실정이다. 또한 대학재정에서 중요한 부분을 차지하는 등록금 수입이 학생수 격감으로 대폭 감소하면서 자구책으로 인건비 및 운영비 지출을 삭감하는 등 재정운용에 상당한 어려움을 겪고 있다.

1997년을 정점으로 대학에 진학하는 학령인구가 감소함으로써 대학입학응시자수가 줄어들고 있으며, 2003년 이후부터는 고등교육의 입학정원이 대학응시자수를 초과하는 과잉공급현상을 나타내고 있다. 여기에다 신규 고등교육기관의 시장진입이 지속적으로 이루어지고 있기 때문에 고등교육의 공급은 늘어나고 있지만, 반면에 조기유학을 포함한 해외유학자 수의 증가 등으로 인해 고등교육의 수요는 감소되고 있다. 표 6-7에서 보면, 이는 결국 지방소재 대학의 충원율을 낮추는 부적 영향으로 작용한다.

표 6-7 고등교육기관의 재학생 충원율(2012)

(단위: %)

구분	전체대학	일반대학	전문대학
전체 평균	101.34	101.13	101.63
수도권 평균	109.03	108.66	109.63
비수도권 평균	97.15	96.52	97.93

※ 주: 수도권은 서울, 경기, 인천 지역이며, 비수도권은 서울, 경기, 인천 외 지역임.
※ 출처: "대학정보공시". 대학교육협의회. 2012.

둘째, 대외적인 환경변화로서 국내 고등교육시장에 대한 대외개방의 추진이다. 2001년 11월 카타르 도하에서 WTO 서비스 부문 개방일정(2005년 1월 1일 개방)이 합의됨에 따라 국내의 교육서비스 시장개방이 가시화 되어졌다.

이처럼 고등교육기관의 환경여건이 급격하게 변화되고 있기 때문에 정부의 고등교육정원정책과 고등교육재정지원정책은 개별 고등교육기관에 중요한 영향을 미치게 된다. 단기적으로는 정부에서 고등교육의 수요와 공급을 조절하기 위해 대학정원을 규제하는 과거의 방식을 활용할 수 있지만, 그러나 정부의 고등교육시장 개방일정에 따라 국내 고등교육시장에 관심을 갖고 있는 다른 국가들은 고등교육시장개방협상에서 정부의 고등교육기관 설립 및 운영에 대한 여러 가지 규제의 철폐를 요구하게 될 것이다(이민희, 2002). 따라서 정부의 사립대학에 대한 역할은 기존의 대학정원, 등록금 수준, 질 관리 등의 규제자에서 조정 및 감독자로, 그리고 지원자로 바뀌게 될 것이므로, 개별고등교육기관들은 자구책을 강구하여 국내·외 고등교육기관들과의 경쟁이 갈수록 치열해지는 교육시장에 적절히 대처해 나가야 한다.

2 고등교육의 재정지원 실태

해방 이후 교육재정지원정책은 주로 초·중등학교를 지원하기 위한 지방교육재정정책에 편중되어 이루어져 왔다. 그로 인해 정부의 고등교육기관에 대한 재정지원은 소극적이었지만, 고등교육에 대한 정부의 규제 및 감독은 광범위한 영역에서 계속되어졌다. 즉, 정부는 대학설치기준령, 대학학생정원령, 학교시설·설비기준령 등을 통하여 고등교육기관의 설립 및 운영을 규제하였다.

1980년대에 정부의 대학재정지원은 사립대학의 경우, 졸업정원제 실시에 따른 차입금 이자의 1/4지원, 공학계 실험실습시설 확충을 위한 지원에 국한되었으며, 지원액은 사립대 운영수입의 0.1%~0.6% 수준에 그쳤다(김화진, 1999). 1980년대 후반부터 정부에서 대학설립, 정원책정, 학사운영, 등록금 책정 등의 규제완화정책을 추진해 왔고, 그에 따라 정부의 재정지원사업은 1992년부터 확대되었다. 고등교육재정지원, 고등교육재정지원정책의 내용, 고등교육재정지원법령 등의 주요특징은 다음과 같다.

첫째, 표 6-8 고등교육의 GDP 대비 공교육비 비율 국제비교(2009)를 보면, 우리나라는 2.6으로 OECD 평균 1.6을 상회하며, 미국과 함께 가장 높은 비율을 차지하고 있다. 총공교육비 비율은 8.0으로 가장 높게 나타났으며, 총공교육비에서 고등교육공교육비의 비중이 32.5%로 미국 다음으로 높게 나타났다. 이는 OECD의 다른 국가들에 비해 국립대학에 대한 공교육비 지원이 높게 이루어지기 때문이라 여겨진다. 이를 통해 우리나라의 고등교육에 공공재정의 투입은 1980년대에 비해 괄목할 만한 수준으로 향상되었음을 시사 받을 수 있다.

표 6-8 고등교육의 GDP 대비 공교육비 비율 국제비교(2009)

(단위: %)

구분	고등교육공교육비(A)	총공교육비(B)	A / B × 100
OECD 평균	1.6	6.2	25.8
OECD 전체	1.9	6.4	29.7
한국	2.6	8.0	32.5
미국	2.6	7.3	35.6
영국	1.3	6.0	21.7
프랑스	1.5	6.3	23.8
독일	1.3	5.3	24.5
일본	1.6	5.2	30.8
호주	1.6	6.0	26.7
스웨덴	1.8	6.7	26.9
스위스	1.3	6.0	21.7

※ 주: A / B ×100은 총공교육비에서 고등교육공교육비 비율임.
※ 출처: "OECD 교육지표", 한국교육개발원, 2012.

아울러 교육의 공공성, 국가발전에 대한 기여도 등을 고려하여 교육예산에서 초·중등교육과 고등교육에 대한 적정배분수준이 어느 정도인지, 그리고 지식기반경제사회에서 정부재정 중 교육부문에 대한 적정투자수준이 어느 정도 되어야 하는지에 대한 객관적인 검토가 필요하다(윤정일, 2000).

둘째, 표 6-9의 고등교육재정의 부담 주체별 상대적 비중 국제비교(200, 2009)를 보면, 2009년 OECD 평균이 정부재원 70.0%, 민간재원 30.0%인데 비해, 우리나라는 정부재원이 26.1%인 반면에 민간재원은 73.9% 수준으로서 고등교육재정에 대한 민간부담이 OECD 국가 중에서 가장 높다. 2000~2009년도의 공교육비 변화지수에서는 정부재원은 183으로 가장 변화지수가 높고, 민간재원은 161로 OECD 평균 216보다는 낮게 나타났다. 이를 통해 민간재원에 비해 정부재원의 부담 변화가 많이 이루어졌음을 알 수 있으며, 우리나라는 고등교육재정 부담에 대한 수익자부담원칙이 다른 국가에 비해 상당히 중시되고 있다는 사실을 알 수 있다.

표 6-9 고등교육재정의 부담 주체별 상대적 비중 국제비교(2000, 2009)

(단위: %)

구분	2009		2000		2000~2009년도의 공교육비 변화지수	
	정부재원	민간재원	정부재원	민간재원	정부재원	민간재원
OECD평균	70.0	30.0	77.1	22.9	138	216
한 국	26.1	73.9	23.3	76.7	183	161
미 국	38.1	61.9	31.1	68.9	138	101
영 국	29.6	70.4	67.7	32.3	117	334
프 랑 스	83.1	16.9	84.4	15.6	122	134
독 일	84.4	15.6	88.2	11.8	120	166
일 본	35.3	64.7	38.5	61.5	105	120
호 주	45.4	54.6	49.9	50.1	135	161
스 웨 덴	89.8	10.2	91.3	8.7	125	150

※ 출처: "OECD 교육지표". 한국교육개발원. 2012.

셋째, 해방 이후 정부의 고등교육재정정책은 수익자부담원칙을 유지해왔다. 1990년대 교육인적자원부의 대학재정지원은 국립대학 경상비를 제외하고, 신청대학에 비교적 균등하게 지원되는 일반지원사업과 평가를 통해 대학별로 차등 지원되는 특수목적 지원사업으로 구분된다. 정부의 특수목적 지원사업은 1996년 이후 지원프로그램의 증가와 더불어 지원액 규모도 크게 증가되었다.

예를 들어, 1995년의 경우, 2개 사업(공과대학중점육성지원, 대학원중점육성지원)에 600억 원을 지원하였으며, 전체 지원액 중에서 특수목적지원사업은 11%를 차지하였다. 1996년에는 5개 사업에 총 1,250억 원으로 전체지원액의 15%로 증가하였다. IMF 위기 직후인 1999년에는 대학원연구중심대학육성 1개 사업에 2,000억 원을 포함하여 특수목적지원사업의 규모가 3,564억 원으로 전체지원액의 32%에 이른다. 이와 더불어 일반지원사업의 경우에도 지원액의 규모가 큰 학술연구조성사업, 교육차관 지원사업 이외에 국립대학 실험실습기자재, 공·사립대학시설·설비확충, 국·공·사립대학자구노력지원사업은 평가와 연계하여 지원되었다. 즉, 정부의 대학재정지원정책이 대학육성을 위한 정책유도방안으로서 대학평가와 밀접하게 연계되어 이루어졌다.

넷째, 1990년대에 교육인적자원부에서 대학재정지원정책을 추진하면서 표방한 논리는 대학의 자구노력 유도, 대학 간 경쟁체제 구축, 다양화·특성화 지원, 예산집행 결과에 대한 사후평가 강화이다. 그러나 대학재정지원정책을 분석한 연구들에서는 정부의 교육재정지원 정책이 교육부가 의도하는 정책방향으로 대학을 유도하는데 초점을 두고 있다고 비판하고 있다(박부권 외, 1998; 송기창, 2000).

다섯째, 교육인적자원부를 제외한 과학기술부, 산업자원부, 정보통신부에서 대학재정지원사업으로 시행하고 있는 각종 사업현황 및 추이를 표 6-10에서 살펴보면, 3개 부처의 2001년 세출예산규모는 8,393억 원으로서 이는 교육인적자원부에서 대학의 연구 및 기타 지원사업으로 지출한 예산총액의 80.8%에 해당한다. 이처럼 교육인적자원부를 제외한 3개 부처에서 집행하는 예산규모가 매년 급격히 증가하고 있기 때문에, 정부에서 대학의 연구 활동에 지원하는 총예산 중에서 교육인적자원부가 담당하는 지원비중은 점차 감소되고 있다. 한편 표 6-10에 의하면, 정보통신부의 선도기반기술개발사업이 2001년 3,693억 원으로서 대단히 큰 규모이다. 선도기반기술개발사업은 대부분이 정부출연연구소 또는 민간기업연구소와 기업체 간의 컨소시엄 형태로 운영되는 기구에서 지원되기 때문에, 동 사업의 규모액을 지원총액에서 제외하면 실질적으로 3개 부처에서 고등교육기관에 지원하는 예산규모는 상당히 감소된다. 대학의 연구 활동에 투자하는 사업이 교육인적자원부, 과학기술부, 산업자원부, 정보통신부, 중소기업청, 보건복지부 등 여러 부처에서 집행됨으로써 유사한 성격의 사업들이 부처별로 중복 시행되어 예산을 낭비하고 있다[이대식(2000), 유현숙(2001), 장수영 외(2001)].

표 6-10 교육인적자원부 외 부처의 대학재정지원 사업현황 및 추이

(단위: 억 원)

부서	사업명	예 산							
		'95년 이전	1996	1997	1998	1999	2000	2001	합계
과기부	목적기초연구	1,627	354	405	399	500	705	847	4,837
	우수연구센터	1,058	353	429	416	437	443	599	3,75
	지역협력연구센터	15	52	70	100	165	185	235	822
산업자원부	특성화장려연구	29	20	36	38	72	80	80	335
	공통핵심기술개발	3,291	686	801	861	860	764	410	7,673
	중기거점기술개발	1,119	571	732	742	698	585	730	5,177
	국제공동기술개발	78	30	46	40	60	60	81	395
	테크노파크	–	–	–	300	300	300	300	1,200
	신기술창업보육(TBI)	15	20	25	70	200	240	288	858
	지역기술혁신센터(TIC)	10	40	50	50	190	200	280	820
정보통신부	선도기반기술개발	2,153	1,385	1,666	1,460	1,457	1,874	3,693	13,688
	산업기술개발	–	–	–	–	284	300	200	784
	정보통신학술진흥	–	–	–	–	30	30	30	90
	정보통신우수시범학교	–	–	88	195	200	184	63	730
	정보통신표준화	–	–	–	–	–	180	287	384
	전파방송연구개발	–	–	–	–	–	114	270	384
합계		–	3,511 (2,126)	4,348 (2,682)	4,671 (3,211)	5,453 (3,996)	6,244 (4,370)	8,393 (4,700)	–

※ 주: ( ) 안은 합계 중에서 정보통신부의 선도기반기술개발사업액을 제외한 지원액임.
※ 출처: 장수영 외(2001), 산업자원부 및 정보통신부 내부자료(2000, 2001).

여섯째, 정부에서 고등교육기관에 재정지원을 할 수 있는 근거 법령이 미약하다. 현재 교육기본법 제7조 제1항에서는 '국가 및 지방자치단체는 교육재정을 안정적으로 확보하기 위하여 필요한 시책을 수립·실시하여야 한다.'라고 규정하여, 교육재정에 관한 일차 책임주체를 국가와 지방자치단체로 규정하고 있다. 고등교육법 제7조 제1항은 '국가 및 지방자치단체는 학교가 그 목적을 달성하는데 필요한 재원을 지원·보조할 수 있다.'고 규정하여, 국가의 고등교육재정지원을 임의 규정으로 하고 있다. 고등교육법 제8조는 '국가는 학술·학문연구의 진흥과 교육의 연구를 조장하기 위하여 실험실습비, 연구조성비 또는 장학금의 지급 기타 필요한 조치를 강구하여야 한다.'고 규정하고 있다. 사립학교법 제43조 제1항은 '국가 또는 지방자치단체는 교육의 진흥상 필요하다고 인정할 때에는 사립학교 교육의 지원을 위하여 대통령령 또는 당해 지방자치단체의 조례가 정하는 바에 따라 보조를 신청한 학교법인 또는 사학지원단체에 대하여 보조금을 교부하거나 기타의 지원을 할 수 있다.'고 규정하고 있다. 이와 같이 현행 고등교육재정지원관계법령은 강제조항이 아니고 임의조항으로 구성되어 있어서 정부의 고등교육재정지원을 위한 근거조항으로서는 미약하다[김화진(1999), 송기창(2000)].

표 6-11 고등교육기관의 운영수입 구조

(단위: 천 원, %)

구분	운영수입				
	등록금수입	전입및기부수입	교육부대수입	교육외수입	계
합계	14,053,857,189 (73.0)	3,610,552,717 (18.8)	831,572,287 (4.3)	746,914,034 (3.9)	19,242,896,207 (100)
전문대학	2,936,236,543	412,481,994	110,924,443	141,962,616	3,601,605,596
일반대학	10,704,350,684	3,134,545,299	699,312,356	594,739,669	15,132,948,008
산업대학	74,799,207	10,231,007	8,251,992	1,981,402	95,263,608
대학원대학	65,733,145	32,059,977	6,965,741	1,237,321	105,996,182
각종대학	4,824,884	155,020	37,050	23,505	5,040,459
원격 및 사이버대학	267,912,726	21,079,400	6,080,705	6,969,523	302,042,354

※ 주: 2012년 고등교육기관의 운영수입 예산자료임.
( ) 안은 %를 나타냄.
※ 출처: "교육통계연보", 한국교육개발원, 2012.

③ 고등교육기관의 재정구조

우리나라의 고등교육기관의 재정구조의 주요 특징은 다음과 같다. 첫째, 표 6-11을 보면, 2012년 고등교육기관 전체의 운영수입구조는 등록금수입(73.0%), 전입 및 기부수입(18.8%), 교육부대수입(4.3%), 교육외수입(3.9%)으로 구성되어 있으며, 그중에서 등록금 수입이 전체 운영수입의 2/3를 차지하고 있다. 이는 수익자부담원칙에 의해 고등교육재정의 주된 재원이 학부모로부터 충당되고 있음을 시사하고 있다.

표 6-12에서 고등교육기관의 운영지출 구조를 보면, 보수(50.1%), 연구학생경비(32.4%), 관리운영비(15.4%) 등으로 구성되어 있으며, 이 중에서 보수가 전체 지출의 1/2을 차지하는 것으로 나타났다. 그리고 고등교육기관의 질적 향상에 관련된 연구학생경비는 전체의 1/3 수준이었다.

표 6-12 고등교육기관의 운영지출 구조

(단위: 천 원, %)

구분	운영 수입						
	보수	관리운영비	연구학생경비	교육외비용	전출금	예비비	계
합계	8,904,749,692 (50.1)	2,729,157,345 (15.4)	5,748,725,376 (32.4)	151,969,478 (0.8)	13,407,284 (0.1)	209,370,910 (1.2)	17,758,380,085 (100)
전문대학	1,634,956,414	625,741,422	1,074,024,643	19,124,261	1,565,233	42,256,435	3,397,668,408
일반대학	7,074,724,993	1,997,488,698	4,533,743,054	130,654,494	11,532,041	159,925,124	13,908,068,404
산업대학	37,400,657	11,907,917	37,654,854	247,273	2	517,311	87,728,014
대학원대학	47,032,991	28,057,218	17,713,619	871,721	−	1,475,840	95,151,389
각종대학	2,040,740	821,743	1,831,577	3,000	−	372,399	5,069,459
원격 및 사이버대학	108,593,897	65,140,347	84,757,629	1,068,729	310,008	4,823,801	264,694,411

※ 주: 2012년 고등교육기관의 운영수입 예산자료임.
　　　( ) 안은 %를 나타냄.
※ 출처: "교육통계연보". 한국교육개발원. 2012.

둘째, 표 6-13에서 국립대학의 세입구조를 보면, 국립대학의 세입은 정부의 일반회계에 의한 지원과 학생부담 수입으로 구성된다. 국립대학 중에서 일반대와 산업대를 기준으로 살펴볼 때, 국고부담은 전체세입의 54.2%이고, 학생부담은 45.8%를 차지한다. 학생부담 중에서 기성회비와 수업료 및 입학금의 구성 비율은 각각 39.1%와 6.7%가 된다.

표 6-14에서 보면, 국립대학의 세출구조에서 인건비가 51.3%로 가장 큰 비중을 차지하고, 다음으로 시설사업비 30.2%, 운영비 14.9%, 기타사업비 3.6%로 구성되어있다.

표 6-13 국립대학의 세입구조

(단위: 백만 원, %)

구분	학생부담			국고부담	합계
	기성회비	수업료 및 입학금	계		
일반대	796,042 (38.4)	147,994 (7.1)	944,018 (45.5)	1,974,448 (54.5)	2,068,466 (100)
산업대	120,557 (43.8)	8,893 (3.2)	129,450 (47.0)	145,686 (53.0)	275,136 (100)
계	916,581 (39.1)	156,887 (6.7)	1,073,469 (45.8)	1,270,134 (54.2)	2,343,603 (100)

※ 주: ( ) 안은 %를 나타냄.
※ 출처: 교육인적자원부 대학재정과 내부자료(2002).

표 6-14 국립대학의 세출구조

(단위: 백만 원, %)

구분	인건비	운영비	시설사업비	기타사업비	합계
일반대	1,080,363 (52.2)	303,433 (14.7)	605,706 (29.3)	78,965 (3.8)	2,068,466 (100)
산업대	121,222 (44.1)	46,851 (17.0)	102,680 (37.3)	4,384 (1.6)	275,136 (100)
계	1,201,585 (51.3)	350,284 (14.9)	708,386 (30.2)	83,349 (3.6)	2,343,603 (100)

※ 주: ( ) 안은 %를 나타냄.
※ 출처: 교육인적자원부 대학재정과 내부자료(2002).

표 6-15 사립대학의 재정수입 및 지출구조

(단위: 억 원, %)

수입		금액	비율		지출		금액	비율	
			전체	운영수입				전체	운영지출
운영수입	등록금	55,463	60.5	67.8	운영지출	보수	31,125	33.9	52.3
	수강료	1,521	1.7	1.8		관리운영비	8,269	9.0	13.9
	전입금	6,982	7.6	8.5		연구비	8,594	9.4	14.4
	기부금	8,427	9.2	10.3		학생경비	9,779	10.7	16.4
	국고보조금	3,663	4.0	4.5		입시관리비	937	1.0	1.6
	교육부대수입	1,924	2.1	2.4		교육외비용	495	0.5	0.8
	교육외수입	3,804	4.1	4.7		전출금	353	0.4	0.6
	계	81,784	89.2	100.0		예비비	–	–	–
						계	59,552	64.9	100.0
자본 및 부채수입		4,412	4.8		자본 및 부채수입		25,858	28.2	
전기이월자금		5,465	6.0		전기이월자금		6,51	6.9	
합계		91,661	100.0		합계		91,661	100.0	

※ 주: 위의 자료는 2001년도 결산자료에 근거함.
　　전문대학 자료는 제외되어있음.
※ 출처: 교육인적자원부, 대학재정과 내부자료(2002).

　표 6-15의 사립대학의 재정수입 및 지출구조를 보면, 전체 재정수입은 등록금 수입(60.5%), 기부금(9.2%), 전입금(7.6%), 국고보조금(4.0%) 등의 구성 비율을 보이고 있다. 전체 지출규모에서는 운영비용(64.9%), 자본 및 부채지출(28.2%)의 비율로 구성되고 있다. 자본 및 부채지출은 대부분이 건물이나 부지와 같은 고정자산 매입을 위해 지출되고 있다. 이로 인해 대학운영에 필요한 보수, 관리운영비 등에 대한 재정투입이 상대적으로 낮아질 수밖에 없다.

　셋째, 표 6-16에서 납입금 징수 현황을 보면, 4년제 대학의 경우, 설립별, 계열별로 납입금 수준이 다르다. 국·공립대학의 경우, 납입금은 입학금, 수업료, 기성회비로 구성되어 있으며, 특히 기성회비 수준이 계열에 따라 차이가 많이 나타난다. 예를 들어, 인문·사회계열은 248만 원, 자연과학계열은 319만 원, 공학계열은 343만 원, 예체능계열은

334만 원, 의학계열은 가장 높은 수준인 415만 원이다. 한편, 사립대학의 경우, 납입금은 입학금과 수업료로 구성되어 있는데, 입학금은 평균 77만 원 정도이며, 수업료는 인문·사회계열 646만 원, 자연과학계열 775만 원, 공학계열 836만 원, 예체능계열은 835만 원, 의학계열은 가장 높은 수준인 1,006만 원이다.

국·공립대학의 등록금(수업료+기성회비)은 인문·사회계열 346만 원, 자연과학계열 423만 원, 공학계열 451만 원, 예체능계열은 447만 원, 의학계열은 679만 원이며, 사립대학의 등록금은 수업료와 거의 같다. 또한, 사립대학의 등록금은 국·공립대학의 등록금에 비해 평균 1.79배 높으며, 계열별에서는 인문사회계열이 1.86배, 자연과학계열이 1.83배, 공학계열이 1.85배, 예체능계열이 1.86배, 의학계열이 1.48배 높은 것으로 나타났다.

넷째, 고등교육기관의 재정수입구조에서 사립대학의 정부지원은 매우 낮은 수준이다. 국립대학의 경우 재원의 1/2 정도가 국고지원이지만, 사립대학은 재원의 대부분을 학생등록금에 의존하고 있다. Geiger(1986)는 "사립대학이 전체 대학에서 점유하는 비중이 보다 높은 사학우위형인 국가의 경우, 사립대학에 대한 정부의 부분보조가 이루어지는 것이 일반적이다."라고 하였다. 우리나라도 사립대학에 재학하고 있는 학생들이 2010년 경우, 전체 대학생의 74.6%에 이르고 있으므로, 사립대학에 대한 국고지원이 이루어져야 하는 당위성을 지닌다.

표 6-16 납입금 징수 현황

(단위: 천 원)

구분		국공립				사립			비율
		입학금	수업료	기성회비	등록금(a)	입학금	수업료	등록금(b)	b/a
대학	인문/사회	165.3	979.3	2,489.3	3,468.6	776.7	6,466.0	6,468.9	1.86
	자연과학	163.1	1,032.7	3,197.5	4,230.2	762.9	7,755.5	7,755.5	1.83
	공학	147.6	1,083.2	3,430.6	4,513.8	785.5	8,307.8	8,360.6	1.85
	예체능	155.2	1,131.3	3,344.2	4,475.5	772.7	8,355.7	8,355.7	1.86
	의학	181.0	2,638.7	4,153.0	6,791.7	734.3	10,060.6	10,060.6	1.48
	평균	157.6	1,052.1	3,062.4	4,114.5	775.5	7,374.7	7,387.8	1.79

※ 주: 1학년을 기준으로 함.
　　사립대학은 수업료에 기성회비가 포함되어 있으나, 인문사회계열 2,900원과 공학계열 52,800원의 기성회비는 별도 징수됨.
※ 출처: "등록금통계정보". 한국장학재단. 2012.

◢ 고등교육재정의 발전과제

이정미 외(2010)의 연구에서 도출된 연구결과를 바탕으로 제시된 대학 재정운영 차원과 정부차원의 지원과제를 제시하면 다음과 같다.

1) 대학 재정운영 차원의 발전과제

첫째, 각 대학은 재원확보, 배분 및 지출, 재정평가에 이르는 대학재정 활동 전 영역에 있어서 전문화를 도모할 필요가 있다. 우리나라 대학의 재정확보계획의 수립 및 달성정도는 중간 정도로 나타났고, 재원확보를 위한 전담조직도 과반수 정도의 대학만이 운영하고 있는 것으로 조사되었다. 또한, 재정평가측면에서는 상당수의 대학들이 재정평가시스템 운영의 취약성을 드러내고 있다. 대학재정운영의 전문화 노력은 우리나라보다 미국이나 영국의 대학들이 보다 앞서 시행하고 있기 때문에 이러한 나라들의 사례를 참고할 필요가 있다. 미국 미시건 주립대학은 재정 및 비용 분석 부서가 존재하여 적시에 정확하고 효과적인 재정보고와 분석을 하고 있고(Michigan State University Office of Provost, 2004), 영국 대학의 경우에도 급변하는 대학환경 속에서 재무관리로 야기되는 리스크를 최소화하기 위하여 각종 전문적 재무관리 기법을 사용하고 있다(HEFCE, 2009). 앞으로 우리나라 대학도 재정을 기획, 운영, 평가하는 전문 인력을 확보하고 전문적인 조직 및 제도를 운영할 필요가 있다.

둘째, 대학재정의 안정적 확보를 위해 재정확충을 위한 전문조직을 운영할 필요가 있다. 연구의 분석결과, 재정확보 전담조직을 설치·운영하고 있다고 응답한 대학은 절반도 되지 않았고, 설립유형간 편차가 크게 나타났으며 주로 소규모 대학들의 설치 비중이 저조하였다. 대학재정의 안정성 제고를 위해서는 재정확보 전문조직을 통하여 기부금을 체계적으로 관리·운영하고, 수입을 다변화하는 노력을 제고할 수 있을 것이다. 대규모 대학의 경우, 독자적으로 전문조직을 설치할 수 있을 것이며, 소규모 대학의 경우, 장기적으로는 비슷한 수준의 대학끼리 컨소시엄을 구성할 수 있을 것이며, 대학 간의 컨소시엄뿐만 아니라 투자전문회사 또는 기업체와의 컨소시엄도 가능할 것이다.

셋째, 재원의 배분측면에서 볼 때, 재원배분의 형평성 제고를 위해서 예산운영과정에 다양한 구성원 참여를 보장하고, 계열별 차이도 지수·원가분석을 기반으로 등록금을 책정하고 재원을 배분하기 위한 기구를 설치·운영할 필요가 있다. 분석결과, 등록금을 책정할 때 계열별차이도 지수, 원가분석 결과 등에 차등 책정하는 정도는 낮으며, 계열별 차이도에 따른 계열별·학과별 형평 배분은 미흡한 것으로 나타났다. 따라서 대학내부에서 학문분야별 특성을 반영하여 계열별·학과별 등록금 책정 및 예산편성 등을 담당하는 기구를 설치·운영하는 방안이 요구된다.

넷째, 재원의 지출 면에서 볼 때, 대학에서 책정된 예산에 관해서는 그 예산을 지출하는 각 단위의 자율성을 대폭 보장하는 단과대학 혹은 학과 단위 책임경영제를 실시하기 위한 방안이 대학 내에서 제도적으로 마련될 필요가 있다. 연구결과에 의하면, 대학재원을 계열 및 학과단위로 공평하게 배분하고 자율적으로 운용하는 제도는 대학 전체적으로 아직 정착되지 못하고 있으며, 특히 소규모 대학의 경우, 그 실시 정도가 매우 미흡하다. 따라서 우선적으로 대규모 대학을 중심으로 학과단위 책임경영제의 시행을 검토할 필요가 있다. 단과대학 책임경영제를 도입하기 위해서는 먼저 단과대학 예산지출단위의 자율성을 확대하고, 학(과)장에게 교수채용, 평가·보상 등의 인사권을 부여하되, 대학본부는 성과에 따라 그 실적을 평가할 필요가 있다. 단위기관의 예산수립과 집행은 학장이 자율적으로 결정하고, 총장은 단위기관의 성과수준과 대학발전계획에 따라 이를 조정하는 역할을 하는 것이 바람직하다.

마지막으로, 재정평가의 측면에서 볼 때, 대학재정의 책무성을 강화하기 위해서 성과기반 재정평가 기준 확립 및 성과주의 예산제도 시행이 요구된다. 우리나라의 대학은 유형을 막론하고 평가시스템이 매우 취약한 것으로 나타났다. 자체감사제도는 거의 대부분의 대학(80%)이 실시하고 있지만, 성과기반 평가는 86%의 대학이 아직 실시하지 않고 있으며, 예비결산은 과반수 정도만이 실시하고 있는 것으로 나타났다. 미국, 영국, 일본에서도 자체평가와 외부평가, 정보공시를 활발하게 운영하고 있다는 점에서 먼저 대학 스스로의 자기평가를 상시체제로 구축함으로써 대학의 책무성을 높이는 노력이 필요하다. 외부에서 주어지는 평가기준이나 압력보다는, 대학구성원들의 역량을 높이고 대학별 특성을 반영한 재정운영을 도모하기 위해 대학차원에서 책무성 달성을 위한 노력을 기울어야 할 것이다. 이를 위해 대학에서는 자체감사제도 활성화, 성과기반 재정평가 기준 및 체계 확립, 성과주의 예산제도 시행 등의 도입을 적극적으로 고려해야 할 것이다.

2) 정부 차원의 지원과제

첫째, 대학별 다양성과 분포를 반영하여 정부의 대학재정 관련정책을 개선할 필요가 있다. 대학재정 운영 실태를 분석한 결과 나타난 큰 특징은 지표별에 따라 분포형태가 다양하고, 대학별 격차가 매우 크다는 점이다. 설립별로는 물론, 수도권·비수도권, 대·중·소규모 등에 따라, 그리고 동일 유형 내에서도 재원의 확보와 배분, 지출, 재정평가 등에 있어서 다양한 차이를 보이고 있다. 특히 소규모 대학에서 대학 간 편차가 크게 나타났다. 따라서 정부에서는 정책 포커스를 분명히 하고 목표 집단을 설정하는 등 전략적 접근을 통해 대학상황에 적합한 정책을 수립하고 대학별 요구와 필요를 반영하는 지원서비스를 제공할 필요가 있다.

둘째, 대학재정에 대한 다양한 정보를 대학과 교육소비자에게 적극적으로 제공하고, 여건이 어려운 대학에 대한 재무개선방안을 마련할 필요가 있다. 대학재정의 지표별 분포 형태에 따라 지표들을 유형화해보면, 우리나라 대학재정의 정량지표들의 분포는 정규분포형보다는 약 20%의 우수한 대학과 80%의 열악한 대학으로 나타나는 8 : 2형 분포와 다수의 열악한 대학과 극소수의 우수한 대학으로 나타나는 군소형 분포가 대부분으로 나타난다. 이러한 분포에 있어서 가장 열악한 대학으로 대표되는 대학군은 사립 비수도권 소규모 대학이다. 한계 또는 부실대학에 대한 판정은 대학의 재정여건, 교육여건, 교육 및 연구 성과와 관련된 다각적인 기준을 활용하여 신중하게 이루어져야 한다. 대학 재정운영 및 교육여건이 부실한 대학들의 정보는 대학 알리미를 통해 적극적·구체적으로 공개함으로써 교육수요자의 올바른 선택을 유도할 필요가 있다. 또한, 해당대학에 대해서는 자발적인 퇴로를 허용하는 정부차원의 제도적 방안을 마련할 필요가 있다. 또한, 학생1인당 교육비와 등록금 환원율의 평균치가 하위 10%에 속하지는 않지만, 대학 전체의 평균치에 이르지 못하는 대학들을 대상으로 교육투자의 증대를 유도할 수 있는 방안을 모색하고 이들 대학의 재정 및 교육여건개선을 위한 전문적 컨설팅을 제공할 필요가 있다.

셋째, 재원확보 수준이 높고 학생교육에 대한 투자수준이 높은 교육중심대학에 대해 정부의 재정지원을 확대할 필요가 있다. 일부 우수한 비수도권 소규모 대학의 경우, 대학의 재원확보 수준을 나타내는 학생1인당 교육비, 교비회계 세입 증가율 등과 같은 지표의 평균치가 대학 전체 평균치를 크게 상회하는 것으로 나타나고 있다. 이와 같은 대학들은 등록금 환원율, 장학금 지급률, 학생1인당 장학금 등과 같은 교육에 대한 투자수준을 나타내는 지표에서도 대학 전체 평균을 크게 상회하는 결과를 보이고 있다. 따라서 우수한 사립 비수도권 소규모 대학의 교육역량을 보다 강화할 수 있는 정부 재정지원사업이 차별적으로 제공될 필요가 있다. 다만 대규모 대학 중에서도 교육에 초점을 두는 우수대학에 대한 재정지원도 제외되어서는 안 될 것이다.

넷째, 대학유형별, 지표별 특성 및 다양성을 반영하여 각종 대학평가방식을 개선할 필요가 있다. 현재 정부나 언론에서 주관하고 있는 대부분의 대학평가는 대학별 상대평가를 통해서 순위를 결정하는 방식을 위주로 하고 있다. 이러한 상대평가방식은 기본적으로 평가지표별로 대학별 분표에서 정상분포를 이룰 때 의미가 있다. 그러나 연구결과에 의하면, 대학재정과 관련된 지표들이 양극화, 다극형의 모습을 보이거나, 8:2형, 군소형 등으로 편포되어 있어서 정상분포를 가정하기 어려운 양상을 보여주고 있다. 소수의 우수한 대학을 제외하면 대학 간 격차가 거의 없는 경우도 적지 않다. 이런 상황에서 상대평가에 의해서 대학 간 상대순위를 중시하는 평가방식은 의미 없는 작은 차이에 의해 평가결과가 영향을 받고, 그 결과에 따라 대학재정지원액이나 대학평판도가 결정될 가능성이 높다. 이러한 평가방식은 당초 의도와는 달리 대학의 특성화와 질적 발전을 저해할 수 있다. 따라서 대학의 목표, 규모 등을 중심으로 대학을 유형화하여 평가지표를 달리 설정하고, 상대평가와 절대평가를 적절하게 혼합하며, 지표별 분포양상을 고려하여 대학평가 지표를 선정하는 등 대학평가방식을 정교화 할 필요가 있다.

마지막으로, 대학재정 컨설팅기구의 설치 및 운영을 통해 대학재정 전반에 대한 자료 및 자문을 제공할 필요가 있다. 대학재정에 대한 실태 분석결과, 국·공립·사립, 수도권·비수도권, 대규모·중규모·소규모 등 다양한 유형에 따라, 그리고 동일 유형 내에서도 재원의 확보와 배분, 지출, 재정평가, 재정운영의 효율성 등에 있어서 다양한 차이를 보이고 있다. 비슷한 규모와 유형 내에서도 극심한 차이를 보이는 경우, 상대적으로 열악한 대학은 상대적으로 우수한 대학을 벤치마킹하여 충분히 취약점을 보완할 수 있을 것이다. 그러한 자구노력은 대학 자체만의 힘으로는 거의 불가능하므로, 각 대학들의 대학 재원확보 및 운영에서 나타나는 문제점을 컨설팅 및 지원할 수 있는 기구를 한시적으로 설치할 필요가 있다.

제7장
단위학교재정

단위학교재정의 성격과 학교회계

단위학교예산은 정부와 지방교육자치단체의 국가시책과 교육방침을 실현하고, 단위학교의 교육목표를 달성하는데 필요한 다양한 교육활동의 운영에 관련된, 인적 및 물적 자원의 효율적 운용에 소요되는 경비를 지원하는 중요한 재원이 된다. 그러나 단위학교예산은 자체수입이 영세한 실정이라 교육비특별회계전입금에 전적으로 의존하고 있으며, 현장학습비, 학생수련활동비, 방과후학교교육활동비 등은 교육과 관련된 직접비용으로 단위학교의 예산으로 집행되어야 함에도 불구하고, 예산부족으로 인해 학부모부담수입에 의해 충당하고 있는 실정이다. 이처럼 열악한 단위학교재정을 확충할 수 있는 재원 마련을 위해 학교발전기금전입금 항목을 신설하였지만, 거의 전입금 유입이 되지 않아 단위학교재정에 실제적인 도움이 되지 못하고 있다. 또한 목적사업비는 경직성의 경비로 책정되어 있어 재량의 여지가 거의 없으며, 학교교육비는 고정지출비용이 정해져 있어 단위학교의 특색 있는 교육활동 운영을 위한 재정지원이 어렵다. 예산편성 과정에 있어서 제기되는 문제점은 예산편성시기가 방학과 맞물려 있어 부서별 협의를 통한 의견수렴이 심도 있게 이루어지지 못하고 있으며, 단위학교의 예·결산 심의에 있어서도 학교운영위원회 위원들의 예산편성에 대한 이해부족으로 실제적인 심의보다는 형식적인 통과의례로서 그치는 경우가 많다.

이 절에서는 단위학교재정의 성격과 학교회계에 관한 설명을 위해 교육부·한국교육개발원(2000)의 자료와 이정자(2008) 등의 다수 논문에서 발췌·수정하여 제시하였다.

■ 단위학교재정의 성격

단위학교재정은 단위학교를 대상으로 이루어지는 한정된 범위의 재정활동이지만, 국가
에서 추구하는 여러 가지 교육시책들이 직접적으로 학생들에게 적용되어 실제적인 성과를
거둘 수 있도록 지원하며, 일부의 경우 재정투입의 효과가 즉시적이고 가시적으로 나타날
수 있다. 예를 들어, 소외계층 학생에 대한 방과후학교교육활동비 지원은 학생의 학력을
향상시키는데 기여하는 것으로 나타난다. 따라서 단위학교재정의 효율적 운영은 단위학교
의 교육목표를 달성하는데 매우 중요한 작용을 한다.

단위학교재정의 성격을 규명하기 위하여 단위학교재정의 개념과 단위학교재정제도 정
착을 위한 전제조건을 제시하면 다음과 같다.

1) 단위학교재정의 개념

단위학교재정(school-based financing)은 단위학교에서 교육활동을 수행하는데 필요한 경
비를 조달하고 그것을 합목적적으로 관리 · 지출하는 분권화된 경제행위로서, 교육재정의
좁은 의미로도 사용된다. 다시 말하면, 지방교육자치단체가 갖고 있던 예산결정권을 학교
현장으로 이관하는 제도라 할 수 있으며, 학교재정이 경제행위인 이상 수입과 지출이 있
고, 예산의 형식으로 구체화된다.

단위학교 재정은 교수 · 학습활동의 필요에 의해 발생되는 것이므로 학교교육목표를 달
성할 수 있도록 지원하는 수단이다. 즉, 단위학교재정은 "학교가 교육목적을 달성하기 위하여 교
육활동에 필요한 재화를 조달 · 사용 · 관리하는 작용이며, 교육을 위한 시설, 재산, 설비 등의 관리 및 지출을 행
하는 공공작용"이라 할 수 있다(한국교육행정학회, 1995).

2) 단위학교 재정제도 정착의 전제조건

단위학교재정제도가 정착되기 위해서는 몇 가지 선행되어야 할 구조적인 요인이 있는데,
이 중 권한의 이양이 가장 중요하다. 권한의 대부분을 지방교육자치단체에서 갖고 있고 재정
권을 단위학교에 이양하지 않는다면 이는 재정제도는 물론 학교 단위 경영제의 근본취지에도
어긋나게 된다. 이와 같은 권한이양의 문제는 단위학교재정제도 성립의 대전제에 해당되는
것이다. 그 외에도 구체적인 요건들을 살펴보면, 다음과 같은 사항을 들 수 있다.

첫째, 지방교육자치단체의 지속적인 지원이 있어야 한다. 이는 단위학교의 의사결정 방법에서 기본적인 변화는 지방교육자치단체로부터 지속적인 지원이 수반되어야 가능함을 의미한다.

둘째, 직원의 능력개발을 위한 많은 투자가 이루어져야 한다. 계획수립, 의사결정기술, **브레인스토밍(brainstorming)**, 창의적인 문제해결력, **그룹 다이내믹스(group dynamics)**, 팀 구성에 관한 현직연수가 실시되어야 한다. 교장의 경우는 지도자 과정의 훈련이 필요하다.

셋째, 새로운 예산편성의 실제가 필요하다. 단위학교재정제도는 단위학교가 가장 바람직한 자원운용방법을 자유롭게 결정할 수 있는 것을 의미한다. 이는 공식에 의한 재정지출보다는 특수한 목적달성을 위한 재정지출로 성격이 변한다는 것을 의미한다. 따라서 단위학교의 성과에 대한 책무는 더 증가할 수밖에 없으므로 새로운 예산편성의 실제가 필요하다.

넷째, 단위학교재정제도의 도입ㆍ적용은 그 운용과정에 많은 추가시간을 요구한다. 왜냐하면, 단위학교예산제도는 학교교육목표설정, 프로그램개발, 프로그램시행, 프로그램의 모니터링 등을 위해 지역사회의 참여와 시간을 필요로 하기 때문이다.

다섯째, 의사결정은 합리적인 정보가 있을 때 잘 이루어질 수 있으므로 지방교육자치단체의 행정가들 역할은 학교의 합리적인 의사결정을 위해 시의적절하고, 합리적인 정보를 제공하는 데 있다.

여섯째, 단위학교재정제도는 아주 포괄적인 과정이기 때문에 교장, 교직원, 학부모, 지역사회인사 등이 학교의 중요한 의사결정과정에 참여해야 한다(이정자, 2008).

이상과 같은 구조적인 요인들이 제대로 지켜져야 단위학교재정제도가 제대로 정착되어질 수 있다.

② 학교회계제도

1) 학교회계제도의 개념

학교회계란 교육활동계획을 집행하면서 발생하는 일련의 활동에 대한 구체적인 기록으로서 "학교에서의 수입과 지출의 관리와 운영에 관한 계산제도"이다. 이는 금전의 이동을 수반하며 엄격한 기준과 절차에 의해 정확성과 투명성을 요구한다(교육부ㆍ한국교육개발원, 2000). 따라서 학교회계는 학교의 예산과정을 정확하고 투명하게 운영할 수 있도록 법적으로 제도화한 것이 된다.

예산(Budgeting)은 재정의 목표를 달성하기 위한 하나의 수단으로 한정된 재원을 배분하고 통제·관리하는 것을 일정기간에 숫자로 표시한 것(윤성식과 권수영, 1999)으로 한정된 재원을 배분하고자 하는 의사결정과정이며 조직의 목표달성을 위한 계획을 숫자로 표시한 것이다. 즉, 조직이 성취하려는 임무를 효율적으로 수행하는데 필요한 자금을 조달하고 사용하는데 관한 의사결정으로 조직의 책임자가 회계연도 동안 이룩하고자 하는 것을 숫자로 표시한 업무계획서이다(김남순, 2000).

회계(Accounting)는 조직의 상태와 활동을 측정하기 위하여 조직의 경제적 사건을 기록·분석·요약·평가·해석하고 그 결과를 이용자에게 보고하는 행위이다(윤성식과 권수영, 1999). 예산과 회계의 관계는 예산의 중요한 기능 중 하나가 기획과 통제이고 회계의 기능도 통제이므로 예산과 회계는 서로 연계되어 있고, 예산을 계획서라 한다면 회계는 일기장이라 할 수 있다.

학교예산이란 일정기간 동안 학교가 교육활동을 실천해 나가는데 필요한 세입과 세출의 체계적인 계획서를 말한다. 회계의 사전적 의미는 특정의 경제적 실체에 관하여 이해관계를 가진 사람들에게 합리적인 경제적 의사결정을 하는데 유용한 재무적 정보를 제공하기 위한 일련의 과정 또는 체계이다. 따라서 학교예산회계제도란 단위학교를 중심으로 예산편성, 예산심의, 예산집행, 결산 등 예산과정이 이루어지고 학교의 재정과 관련하여 이해관계를 가진 사람들에게 합리적인 의사결정을 하는데 정보를 제공하기 위한 일련의 과정이나 체계라고 할 수 있다(성삼제, 2002).

2) 학교회계제도의 주요내용

학교회계제도의 법적인 의미는 초·중등교육법 제30조의 2 학교회계의 설치와 제30조의3 학교회계의 운영에서 알 수 있다. 이에 따르면, 국·공립의 초등학교·중학교·고등학교 및 특수학교에 학교회계를 설치하되, ① 국가의 일반회계 또는 지방자치단체의 교육비특별회계로부터의 전입금, ② 학교운영지원비, ③ 학교발전기금으로부터의 전입금, ④ 수업료 기타 납부금 및 학교운영지원비 외에 학교운영위원회의 심의를 거쳐 학부모가 부담하는 경비, ⑤ 국가 또는 지방자치단체의 보조금 및 지원금, ⑥ 사용료 및 수수료, ⑦ 이월금, ⑧ 기타 수입을 세입으로 하고, 학교운영 및 학교시설의 설치 등을 위하여 필요한 일체의 경비를 세출로 한다. 학교회계는 예측할 수 없는 예산외의 지출 또는 예산초과지출에 충당하기 위하여 예비비로서 상당한 금액을 세출예산에 계상할 수 있다. 학교회계의 설치에 관하여 필요한 사항은 교육부령으로 정한다(초 · 중등교육법 제30조의 2).

학교회계의 회계연도는 매년 3월 1일에 시작하여 다음해 2월 말일에 종료하며, 학교의 장은 회계연도마다 학교회계 세입 · 세출 예산안을 편성하여 회계연도 개시 30일전까지 학교운영위원회에 제출하여야 한다. 학교운영위원회는 학교회계 세입 · 세출 예산안을 회계연도 개시 5일전까지 심의하여야 한다. 학교의 장은 예산안이 새로운 회계연도가 개시될 때까지 확정되지 아니한 때에는 교직원 등의 인건비, 학교교육에 직접 사용되는 교육비, 학교시설의 유지관리비, 법령상 지급의무가 있는 경비, 이미 예산으로 확정된 경비 등을 전년도 예산에 준하여 집행할 수 있다. 이 경우 전년도 예산에 준하여 집행된 예산은 당해 연도의 예산이 확정되면 그 확정된 예산에 의하여 집행된 것으로 본다. 학교의 장은 회계연도마다 결산서를 작성하여 회계연도 종료 후 2월 이내에 학교운영위원회에 제출하여야 한다. 학교회계의 운영에 관하여 필요한 사항은 교육부령으로 정한다(초 · 중등교육법 제30조의 3).

학교회계는 단위학교의 자율적 재정운영을 통해 다양한 교육활동을 효과적으로 지원하여 학교교육의 질적 수준을 높이기 위해 2001년 2월까지 일상경비, 도급경비, 학교운영지원비 등 세입 재원을 구분하여 각 자금별로 지정된 목적에 따라 제한적으로 편성 · 집행해오던 학교예산을 일상경비, 도급경비로 구분하지 않고 회계연도 개시 전에 총액으로 배분하고, 학교운영지원비, 학교발전기금으로부터의 전입금 등을 다른 자금과 하나의 회계로 통합 · 운영하며, 교사의 참여와 학교운영위원회의 심의를 거쳐 하나로 통합된 세입재원을 학교에서 필요한 우선순위에 따라 자율적으로 세출예산을 편성하고 집행하는 제도이다.

3) 학교회계의 특성

학교회계는 단위학교에서 사용되는 소규모 회계로서 다음과 같은 특성을 갖는다. 첫째, 학교는 모든 사람을 대상으로 하는 것이 아니라 일부 제한된 학생과 교직원 및 교육수요자들을 대상으로 하며, 둘째, 재원의 조달은 시 · 도교육비특별회계 및 기초자치단체의 전입금과 자체수입인 학생들의 공납금을 주 대상으로 하며, 셋째, 회계연도가 학교교육계획에 의한 학기제로 운영되며, 넷째, 중앙정부나 지방정부의 각종 회계법령을 준수함은 물론 학교마다 설치·운영 중에 있는 학교운영위원회의 심의·의결을 거쳐야 하며, 넷째, 예산투자에 대한 사업의 효과분석 기간이 상당히 소요된다는 점이다.

4) 학교회계제도의 도입 배경 및 과정

(1) 학교회계제도의 도입배경

학교재정에 적합한 재정제도를 도입하고자 하는 움직임은 오래 전부터 있었다. 그러나 기존 학교재정운영에 적용되는 회계법규는 국가나 지방자치단체와 같은 재정규모 단위가 큰 기관에 적합한 것이었고, 학교와 같이 자율적인 재정운영이 요구되는 기관에는 적합하지 않은 제도로 지적되면서 도급경비제도를 확대하여 전국의 고등학교이하 각급학교에 적용함으로써 이전보다 신축적인 예산집행이 가능하도록 하기는 했지만 학교가 처한 재정상의 문제점을 해결하기에는 역부족이었다.

이렇게 학교재정관련 법령이나 원칙들은 단위학교와 같은 소규모의 재정운영단위에 엄격하게 적용하기에는 불합리한 면을 많이 가지고 있었다. 단위학교 재정운영이 관계법령에 의해 별도의 회계로 관리·운영되는 가장 근본적인 이유는 학교살림을 꾸려 나가는 기준인 단위학교 재정운영에 적합한 예산회계의 틀이 제도적으로 정비되어 있지 않은데 있었는데 이 틀을 바꾼 것이 학교회계예산제도이다.

우리나라의 경우 학교단위 책임경영제 논의와 함께 최근에는 단위학교중심의 재정운영에 관한 관심이 제고되고 있다. 교육부는 지방교육재정 발전방향으로 장기적인 안목에서 교육재정투자의 안정적 확보, 실질적인 지방교육자치제도의 정착, 단위학교 중심의 교육행정 패러다임 구축, 교육재정운용의 사후평가체제 확립, 재정운용의 효율화 및 과학화의 지속적 추진 등 5가지를 들고 있다(변창률, 2000). 이 중에서 단위학교 중심의 교육행정 패러다임 구축은 곧바로 단위학교의 교육활동을 효과적으로 지원할 수 있도록 종래의 교육부·교육청 중심으로부터 학교중심·교육과정 중심으로 학교재정이 운영될 수 있도록 단위학교 재정운영을 효율화하는 것이다.

실제로 학교예산회계제도는 단위학교에서 복잡하게 운영·관리되고 있는 학교예산을 통합예산으로 운영하는 것이다. 이와 같은 예산회계제도를 도입하게 된 배경은 다음과 같은 문제를 개선하기 위한 것이다(교육부·한국교육개발원, 2000).

그 동안 학교교육비의 재원은 별도로 관리될 뿐만 아니라 각 경비에 적용되는 법규가 서로 달라 학교현장에서 학교재정이 교육과정을 효과적으로 지원하는 데 많은 어려움을 초래하였다. 학교재무관리를 규정하고 있는 법과 규정이 18종이나 되고 학교재정이 복잡하게 운영됨으로 인해서 예산운영과 회계업무 처리 등 학교운영에 많은 어려움이 있었다.

학교운영을 책임지는 학교장의 입장에서 보면, 학교의 재정이 여러 개의 장부로 나뉘어 관리됨으로 인해서 재정의 수입·지출 현황을 적기에 파악하기 어렵기 때문에 필요한 재정을 효과적으로 쓰는 것이 쉽지 않았다. 학교예산을 심의하는 학교운영위원들도 학교재정 운영의 흐름을 파악하는 것이 어려워 실질적인 예산심의가 이루어지지 못할 뿐만 아니라, 학교를 지원할 수 있는 방안에 대한 적절한 대안을 찾기도 쉽지 않았다. 학부모의 입장에서도 학교의 재정 상태를 제대로 알 수 없다보니, 학교발전기금 조성에 대한 불신을 나타내기도 하였다. 수업자료 구입에 예산이 필요하지만 학교예산현황 및 그 운영에 대해 잘 알지 못하는 교사들은 학교예산 담당부서에 필요한 예산을 적극적으로 요구하는 것이 어려웠다. 아울러 학교재정을 집행하는 학교행정담당자들도 복잡하고 분리되어 있는 회계제도로 인하여 학교운영을 효과적으로 지원하는 데 어려움을 겪었다.

이와 같이 학교재정이 여러 가지 경비로 나뉘어 각기 다른 지침에 의해 관리되는 방식으로는 교육과정운영과 교수·학습활동을 효과적으로 지원하는 데 어려움이 따랐다. 이에 따라 단위학교재정을 효율적으로 운영할 수 있도록 관련 법령을 개정하여 학교운영에 적합한 학교예산회계제도를 도입하고자 한 것이다.

이상에서 볼 수 있듯이 학교단위 예산회계제도의 도입은 복잡한 재정운영체제를 보다 단순하고 간편하게 정리하려는 강한 의도가 담겨있다. 이러한 제도의 도입은 학교단위 재정운영을 위한 진일보한 조치로 볼 수 있으나, 이러한 운영이 가능하도록 규칙이 제정되고 회계절차가 간편하게 된다고 학교단위 재정운영이 확립되었다고는 볼 수 없다. 실질적인 학교단위 재정운영이 이루어지기 위해서는 재정운영에 관한 교육청의 권한이 단위학교로 이양되고, 교육청과 단위학교에서 수행해야 할 기능에 관한 명시가 이루어져야 하기 때문이다.

(2) 학교회계제도의 도입과정

1965년 행정개혁조사위원회에서 처음으로 각급학교에 도급경비제도 도입을 건의한 이후로 1974년 12월 31일 지방재정법시행령 개정으로 도급경비 지급관서의 범위에 초등학교가 포함되었고, 1985년에는 초등학교 외에도 유치원, 중학교, 고등학교 및 이에 준하는 각급학교까지 도급경비 지급관서에 포함되었다. 그러나 대부분의 교육청이 '사무직원을 배치하지 아니한' 극히 제한된 학교에 한하여 도급경비제도를 운영하였다.

1995년 학교운영위원회 제도가 도입되어 시범 실시되고, 1996년부터 확대 실시됨에 따라 도급경비제도를 전국의 고등학교 이하 각급학교에 확대 실시함으로써 단위학교에서는 이전보다 신축적인 예산집행을 할 수 있었다. 그러나 도급경비로 지원되는 경비가 학교의 기본운영비 등 일부에 한정되어 도급경비로 지원되지 않은 다른 경비에 대해서는 여전히 기존의 제한과 불편함이 계속되었다.

1996년 4월 19일 시·군및자치구의교육경비보조에관한규정(대통령령)이 공포되어 시장, 군수 및 자치구의 구청장이 관할구역 안에 있는 고등학교 이하 각급학교의 교육에 소요되는 경비를 보조할 수 있는 교육경비보조제도가 도입되었다. 1998년 9월 15일에는 학교발전기금의조성·운용및회계관리에관한규칙(교육부령)이 제정되어 단위학교에서 독자적인 기금조성이 가능하게 되었다.

교육부는 우선 1999년 1월 26일에 도급경비, 일상경비, 학교운영지원회계를 일원화하는 방안을 포함하여 학교예산회계재도를 정비하는 단위학교 재정운영 효율화 대책을 수립하였다. 1999년 1월 21일부터 동년 3월 3일까지 학교재정운영 실태조사를 위하여 명일여자고등학교 외 4개교의 재정운영 실태를 조사하였다. 그리고 전국 국·공·사립 초·중·고등학교를 대상으로 학교예산회계제도 재정운영 개선방안에 대한 공모를 위하여 단위학교까지 공문을 발송하고 교육부 홈페이지에 관련 자료를 탑재하였다.

다음 단계로 단위학교 재정운영 효율화 실무 작업팀을 구성·운영하여 단위학교 재정운영 효율화 방안을 모색하였다. 동년 6월 16일에 서울시교육청에서 시·도교육청 예산, 재무, 사립학교 재정지원담당자들을 대상으로 단위학교 재정운영 효율화 워크숍을 실시하였고, 8월 13일에는 학교회계설치에 따른 의견수렴을 위하여 지방교육자치과에서 정책토론회를 가졌으며, 8월 24일에는 시·도교육청 관계자 20여명이 모여 시·도교육청 관계 간 회의를 개최하였다. 8월 26일에는 지방교육재정자문위원, 실무기획팀이 모여 지방교육재정자문위원회 전체회의를 가졌다. 이 회의에서는 학교회계의 세출을 학교운영비, 사업비, 교육비 등으로 하고 있으나, 성질별 또는 기능별로 정리할 필요가 있고, 학교회계의 회계연도는 학기에 맞추어 3월 1일에서 2월 말일까지로 하고, 학교예산은 감사보다는 평가중심으로 전환하며, 학교운영위원회의 기능을 의결기관으로 해야 한다는 의견이 제시되었다. 이런 논의를 통해 부처 협의를 거쳐 교육부공고 제1999-49호로 관보에 게재하여 1999년 9월 20일부터 10월 11일까지 의견을 제출토록 입법예고하였다. 이후 정기국회의 심의를 거쳐 2000년 1월 28일 국·공립의 초·중등학교와 특수학교에 학교회계를 둔다는 내용을 골자로 하는 초·중교육법 개정 법률을 공포하였다. 그해 3월부터는 전국적으로 25개 시범학교를 지정하여 운영하였고, 2001년 3월부터는 전국의 초·중등학교와 특수학교에서 학교회계제도를 시행하게 되었다(교육부·한국교육개발원, 2000).

5) 학교회계제도와 종전제도의 비교

표 7-1에서 보면, 학교회계의 회계연도는 학기개시에 맞추어 매년 3월 1일에 시작하여 다음해 2월 말일에 종료되며 예산편성, 예산심의, 결산의 과정을 거친다. 예산의 배부방식도 종전에는 일상경비와 도급경비로 구분하고 사용목적을 지정하여 배부하였으나 현행 학교회계제도에서는 일상경비와 도급경비의 구분 없이 표준교육비를 기준으로 하여 총액으로 배부하고 있으며, 예산배부시기도 학교회계연도 개시 전에 일괄 배부하는 것이 의무화되어 학교에서는 연간 지원될 예산의 총규모를 미리 알 수 있어 효율적인 재정운영을 도모할 수 있게 되었다.

표 7-1 학교회계제도와 종전제도의 비교

구분	학교회계제도	종전제도
회계연도	3월 1일~2월 말	교육비특별회계: 1월 1일~12월 31일 학교운영지원회계: 3월 1일~2월 말
예산배부방식	일상경비와 도급경비의 구분 없이 표준교육비를 기준으로 총액배부	일상경비와 도급경비로 배분 하여 사용목적을 정하여 배부
예산배부시기	학교회계연도 개시 전에 일괄배부	수시배부
세출예산편성	재원에 따른 사용목적 구분 없이 학교실정에 따라 자율적으로 세출예산편성	세입재원별로 사용목적에 따라 세출예산편성
사용료·수수료 수입처리	학교시설 사용료·수수료 수입 등을 학교자체수입으로 처리	학교시설 사용료·수수료 수입 등을 국고 및 교육비특별회계금고로 납입
회계장부관리	통합장부사용	경비의 종류에 따라 서로 다른 회계 지침을 적용하여 자금별로 별도의 회계 및 장부관리
자금의 이월	집행잔액은 자동적으로 이월	일상경비의 경우 잔액 발생 시 모두 반납

※ 출처: "학교회계 길잡이", 교육부·한국교육개발원, 2002.

세출예산의 편성도 세입재원별로 사용목적에 따라 편성하던 것을 재원에 따른 사용목적 구분 없이 학교실정에 맞게 자율적으로 편성할 수 있게 되었다. 즉, 학교회계가 설치됨에 따라 여러 회계로 나뉘어 관리되던 경비가 하나로 통합되어 운영됨에 따라 국가의 일반회계나 지방자치단체의 교육비특별회계로부터의 전입금, 학교운영지원비, 학교발전기금, 학부모가 부담하는 경비, 사용료 및 수수료, 보조금 및 지원금, 예금이자 등의 기타수입과 이월금 등은 학교예산의 세입이 되어 세출예산에 편성하도록 하였다.

사용료의 경우, 종전에는 국고나 교육비특별회계금고로 직접 납부하였다. 일부 교육청의 경우 교육청금고로 납부된 사용료의 일부를 다시 학교로 재배정하기도 했으나 대부분의 학교 경우 사용료를 직접 사용할 수 없었다. 그러나 사용료의 전액을 학교가 직접 학교회계의 세입으로 편성할 수 있도록 함으로써 학교의 세입증대 재원으로 사용되게 되었다. 또한 종전에는 경비의 종류에 따라 서로 다른 회계 지침을 적용하여 자금별로 별도의 회계 및 장부관리를 하였으나, 통합장부 사용이 가능하게 됨에 따라 학교실정에 맞는 회계 관리가 가능하게 되었다.

자금의 이월방식도 종전의 일상경비 경우, 잔액발생시 전액을 반납토록 하였으나 학교회계제도에서는 집행잔액을 자동적으로 이월하여 다음 연도에 이용하도록 하고 있다. 또한, 학교운영위원회의 예산안 심의는 단위학교의 재정운영에 대한 학교구성원의 의사를 반영할 수 있는 제도적 장치로서, 학교재정운영의 자율성 증대와 함께 책무성을 제고하기 위한 것이므로, 학교운영을 효율적으로 지원할 수 있도록 교육과정에 맞추어 심의가 이루지게 되었다(교육부 · 한국교육개발원, 2000).

단위학교의 예산제도와 발전과제

단위학교의 세입예산은 크게 나누어 교육비특별회계전입금, 학부모부담수입, 자체수입, 과년도수입, 학교발전기금전입금, 보조금 및 지원금, 이월금 등으로 구성되어있다. 교육비특별회계전입금은 학교교육비, 목적사업비, 학교환경개선사업비로 나누어지는데, 이 중 '학교교육비' 목이 학교교육의 내실화와 직접적으로 관련되는 경비이지만, 이 경비는 고정지출부분에 상당한 예산이 소요되기 때문에 학교 자체의 자율적인 교육 사업을 추진하는 데는 상당히 부족하다. 목적사업비는 정해진 목적에만 지출하도록 규정되어 있기 때문에 재량의 여지가 전혀 없다. 자체수입은 학교회계 설치 이후 학교회계예산편성기본지침인 국유재산법 제25조, 지방재정법 제28조에 의한 매점 및 식당 등 학교시설의 사용·수익허가수입(대지료, 대가료, 임야수입), 학교물품 대부료, 수영장 입장료와 조례 또는 규칙에 의한 제증명, 정보공개 등 수수료 등이 된다. 그러나 단위학교들은 대여해줄 공간의 부족과 시설불비로 인해 사용·수익허가수입이 거의 없으며, 제 증명, 정보공개 등의 수수료도 극히 미약한 수준이므로 자체수입은 단위학교 세입의 실질적인 재원이 되지 못한다. 학교발전기금은 학교장의 노력여하에 따라 지역사회와 관심 있는 학부모로부터 지원을 받을 수 있지만, 학교발전기금조성은 민원의 소지를 야기하고 감사의 대상이 되기 때문에 대부분의 단위학교에서 학교발전기금은 조성되지 못하고 있다. 이처럼 단위학교의 예산확보는 거의 학교교육비에 의존하고 있으며, 현장학습비, 학생수련활동비 등은 학부모부담수입에 의해 충당되고 있으므로, 가용예산의 부족으로 인해 실제적인 단위학교의 자율적인 재정운용은 거의 이루어지지 못하고 있는 실정이다.

이 절에서는 단위학교 예산의 편성 · 심의 · 집행 · 결산 과정을 살펴보고, 단위학교 재정
운용의 발전과제를 제시하고자 한다.

1 단위학교의 예산제도

1) 예산편성과정

단위학교 예산편성은 다음 학년도 학교교육활동을 위한 계획을 금액으로 표시하여 작성
하는 과정이다. 학교회계에서 가장 중요한 부분인 예산안 편성절차를 제시하면, 표 7-2와
같다.

표 7-2 예산안 편성절차

학교회계예산편성 기본지침시달	• 회계연도개시 3개월 전까지 단위학교에 시달 • 관할청의 교육재정여건 및 운용방향 제시 • 교육시책 및 권장사업 포함 • 예산과목 및 과목내용 등 학교예산운영에 관하여 필요한 제반내용 포함
교직원의 예산요구서 제출	• 예산편성지침시달 후 학교예산편성방향 및 계획에 따라 제출 • 교육과정운영 및 학교운영을 위하여 필요한 사업 및 재정소요액 등 기록 • 부별 또는 개인별 예산요구서 제출
연간 총전입금 및 분기별 자금배정 계획 통보	• 관할청으로부터 학교회계로 전출되는 금액의 총규모 및 분기별 자금배정계획 통보 • 목적사업의 경우 대상학교가 지정되는 대로 확정 · 통보
예산조정 작업 및 예산안 확정	• 단위학교의 총세입규모를 확정 • 부별 및 전체 조정회의를 거쳐 예산안 확정
예산안 제출	• 회계연도 개시 30일전까지 학교운영위원회에 제출

※ 출처: "학교회계 길잡이". 교육부 · 한국교육개발원, 2002.

(1) 학교회계예산편성기본지침의 시달

교육청에서 각 소속 학교에 시달하는 학교회계예산편성기본지침은 관할청의 교육시책 방향, 교육재정여건, 예산과목 구조 및 과목내용 등 학교예산의 전반적인 운영사항에 관한 지침의 성격을 가지며, 학교에서는 이에 기초하여 당해 학교의 예산편성 및 운영에 관한 기본방향을 세우고 예산을 편성하게 된다. 관할청은 이러한 내용을 포함한 학교회계예산 편성기본지침을 작성하여 회계연도 개시 3개월 전까지 소속 학교의 장에게 통보한다(교육부·한국교육개발원, 2000).

(2) 학교예산편성시기

학교에서는 매년 11월말까지 관할청으로부터 시달된 예산편성기본지침을 바탕으로 학교의 예산편성방향을 결정하고 소속 교직원으로부터 예산요구서를 제출받는 등 예산편성 작업을 시작하여야 한다. 관할청에서 학교회계로 전출되는 학교회계전입금의 확정통보는 회계연도 개시 50일전에 이루어져, 예산안편성을 시작할 때 학교세입예산의 총규모를 정확하게 파악하기 어려운 점은 있지만 학교운영지원비 및 학교회계전입금의 경우 전년도에 준하여 예측가능하다는 점에서 학교세입예산의 개략적인 규모는 파악이 가능하다. 학교운영위원회에 예산안 제출이 회계연도 개시 30일전에 이루어지므로 전입금의 통보 후 예산편성작업을 시작하게 되면 예산안을 편성할 시간이 20일밖에 여유가 없어 예산편성기본지침 시달 후 예산편성작업이 즉시 시작되어야 한다. 그러나 대부분의 학교는 12월 말부터 2월 초까지 방학이 이루어지고 있어 교원들이 각종 연수나 다른 활동으로 학교에 출근하지 않아 학교예산요구서 제출, 조정, 심의 등에 따른 학교예산편성시기가 맞지 않아 예산편성에 어려움을 겪고 있다. 또한 학년말에는 예산편성 외의 다른 업무가 많아 예산편성에 대한 관심이 적어지므로 예산편성에 대한 보다 심도 있는 검토가 이루어지기 어렵다(김의호, 2002).

(3) 학교교육계획과 예산편성

학교예산이 교육활동을 효과적으로 지원하기 위해서는 학교의 교육계획서를 바탕으로 이를 지원하는 관점에서 학교구성원들의 의사를 반영하여 예산을 편성·운영하여야 한다. 그러나 일선학교에서의 예산편성은 1월과 2월에 이루어지고 단위학교에서 교육계획서의

작성은 학년도가 개시된 뒤인 3월중에 작성되기 때문에 교육계획서에 바탕을 둔 예산편성
은 어려운 형편이다(강현주, 2003).

(4) 예산편성의 교원 참여도

관할청으로부터 예산편성기본지침이 시달되면 단위학교에서는 이를 바탕으로 학교의
교육방침 및 중점사업 등의 내용이 담긴 예산편성방침을 소속 교직원들에게 시달하고, 소
속 교직원은 교육과정운영 및 학교운영에 필요한 제반 사업 및 이에 소요되는 경비를 예산
요구서 제출을 통하여 요구할 수 있다. 그러나 예산편성시기에 교원의 인사이동, 학년변
동, 부서변동이 이루어지므로 예산편성에 교직원의 관심이 적어진다. 예산요구서를 제출
하는 방법은 기본적으로 제한이 없으나 크게 개인별로 제출하는 방법과 부서별로 제출하
는 방법으로 나눌 수 있다. 소규모 학교의 경우는 개인별로 예산요구서를 제출하고, 이에
따라 전체 조정회의를 거쳐 예산을 편성할 수 있지만, 소속 교직원의 수가 많은 학교의 경
우에는 각 개인별 예산요구서를 부서별로 취합·조정하여 부서별 예산요구서를 작성하여
제출하는 방법이 합리적이라고 할 수 있다(유호경, 2004).

2) 예산심의과정

학교운영위원회의 예산안 심의는 단위학교의 재정운영에 대한 학교구성원의 의사를 반
영할 수 있는 제도적 장치를 마련함으로써 학교재정운영의 자율성 증대와 함께 책무성을
동시에 제고하기 위한 것이다. 예산안 심의 예산 확정 절차는 표 7-3과 같다.

(1) 학교운영위원회의 예산심의

학교장으로부터 예산안이 제출되면 학교운영위원장은 운영위원들에게 예산안 심의 회
의개최 7일전까지 예산안을 개별적으로 통지하여 운영위원들이 예산안을 충분히 숙진 상
태에서 예산안을 실질적으로 심의할 수 있도록 하여야 한다(회계규칙 제13조).

그러나 예산안이 세출 과목으로만 표시되어 있어서 학교운영위원들이 학교예산을 정확
히 파악하지 못하여 예산안 심의가 제대로 이루어지지 못하고 있다. 또한 예산안에 대한
심의가 세심한 검토 없이 예산담당자의 간략한 개요설명에 의해 단시간에 이루어져 그냥
통과의례 수준에 지나지 않고 있다.

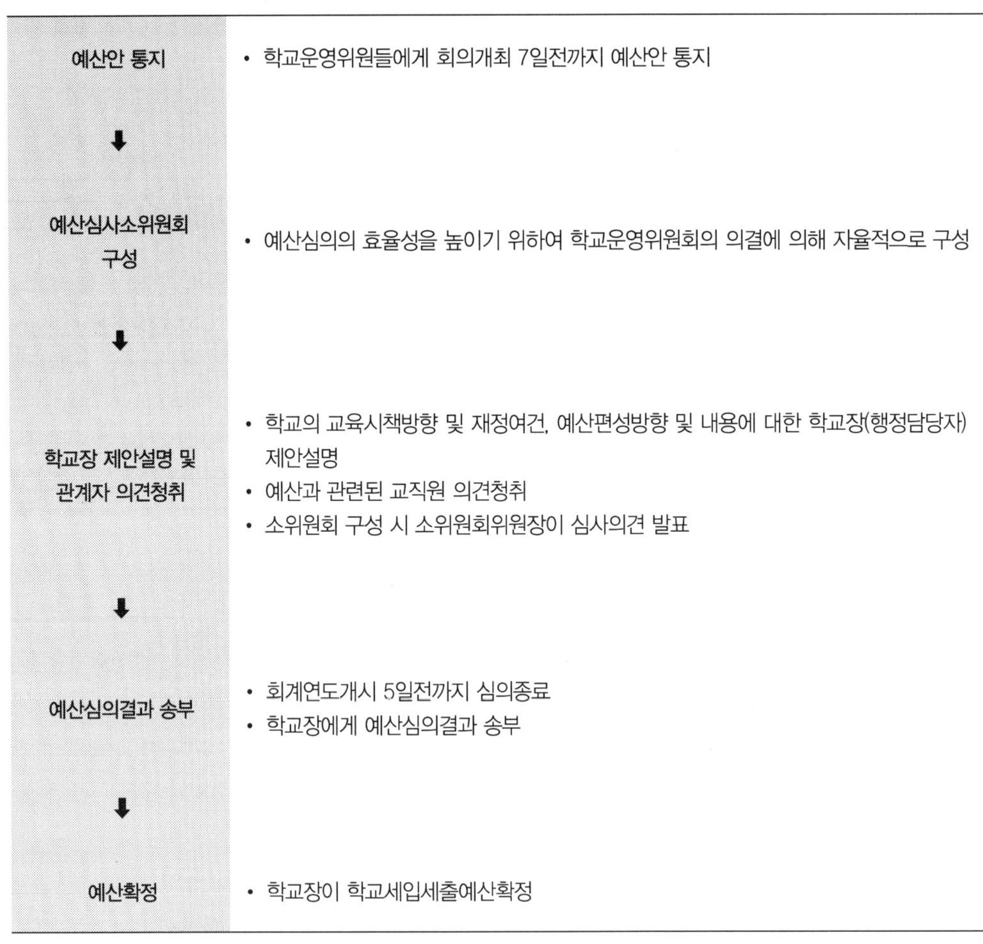

※ 출처: "학교회계 길잡이", 교육부 · 한국교육개발원, 2002.

(2) 예산소위원회 구성

학교운영위원회의 예산안심의의 효율성을 높이기 위해서 소위원회를 구성할 수 있는데, 이러한 소위원회는 학교운영위원으로 구성된다. 소위원회는 공사와 관련된 사항이나 급식 및 실험기자재 구입과 관련하여 외부전문가를 초빙, 의견을 청취하는 등의 일을 통해 예산안편성의 타당성 및 합리성을 평가할 수 있어야 한다(박종수, 2004). 그럼에도 불구하고 예산소위원회가 예산에 관한 전문성이 부족하고, 예산심의가 교원위원 등에 치우치며, 형식적인 심의에 그쳐 예산소위원회의 활동이 소기의 성과를 이루지 못하고 있다.

3) 예산집행과정

예산집행이란 학교운영위원회의 심의를 거쳐 확정된 예산에 따라 회계연도 개시와 더불어 수입을 조달하고 공공경비를 지출하는 재정활동을 의미한다. 이는 단순히 예산으로 정해진 금액을 수납하고 지출하는 것만을 뜻하는 것이 아니라 수입의 조정, 납입의 통지, 수납, 지출원인행위의 실행, 세출예산의 이·전용, 계약의 체결, 지급 등을 모두 포함하는 것이다(교육부·한국교육개발원, 2000).

4) 결산과정

학교회계세입세출결산은 매 회계연도가 종료하는 시점을 기준으로 한 회계연도에 있어서 단위학교의 재정활동 전반에 대한 수입과 지출의 실적을 확정적 계수로 표시하는 행위를 의미한다. 결산은 예산의 이·전용, 예비비 지출사유, 명시이월, 사고이월 등 예산집행에 관련된 제반 자료를 검토하여 단위학교의 예산집행의 타당성, 합리성을 평가하는 등 단위학교재정운영에 대한 사후적 통제기능을 담당한다. 이러한 결산심의 결과는 장래의 예산편성 및 심의의 참고자료로 활용하여 미래의 재정계획수립의 합리화를 도모한다(최순희, 2004).

(1) 학교운영위원회 결산심의

학교운영위원회의 결산심의는 학부모, 교직원, 지역사회인사 등 학교구성원의 대표자들에 의해 단위학교재정계획의 수립, 그 운영 및 사업집행의 효과에 이르기까지 학교운영의 전체적인 면을 파악하여 예산집행의 타당성을 평가하는 단위학교재정운영의 가장 중요한 과정 중의 하나라고 할 수 있다. 결산심의는 회의개최 7일전까지 결산서 개별통지, 결산심사소위원회의 구성, 학교장 제안 설명, 관련교직원의견청취 등의 절차를 통해 이루어지며 학교운영위원회는 심의결과를 회계연도 종료 후 4월 이내에 학교장에게 통보하여야 한다(국립및공립초·중등학교회계규칙 제20조). 기존의 단위학교결산서는 단순히 품목별로 그 집행내역을 기술한 것에 불과하여 어떠한 목적을 위해서 어떠한 사유로 얼마만큼의 금액이 지출되었는지를 결산서만을 보았을 때는 사실상 파악하기 힘든 실정이다. 따라서 학교운영위원회의 결산심의는 단순한 보고수준에 그쳐 결산의 본래 목적인 예산집행의 적정성 및 타당성을 평가하거나 결산심의 결과를 차기 예산편성에 반영할 수 있는 여지는 거의 없다.

또한 결산심의 과정에서도 예산안 심의 때와 마찬가지로 학교운영위원회 위원들에게 회의 개최 7일전까지 결산서를 개별 송부하여 결산내용을 충분히 숙지한 상태에서 심의할 수 있도록 하고, 심의과정에서 관련 교직원으로부터 의견을 청취할 수 있도록 하고 있지만, 학교운영위원회의 비전문성으로 결산심의가 효과적으로 이루어지지 않고 있다(김경희, 2004). 학교회계결산의 절차는 표 7-4와 같다.

표 7-4 학교회계결산의 절차와 흐름도

단계	내용
회계연도 종료	• 매년 2월말일 기준 • 당해 회계연도의 징수행위 및 지출원인행위 종료
출납폐쇄정리	• 회계연도 종료 후 20일 • 당해 회계연도에 징수행위 및 지출원인행위가 된 사항의 세입금 수납 및 세출금지출 마감
결산서 작성	• 제 장부 마감 및 세입·세출결산서 작성 • 예산의 이·전용 내역, 이월경비내역, 예비비사용내역 첨부
결산서 제출	• 회계연도 종료 후 2월 이내에 학교운영위원회에 제출
결산심의	• 학교운영위원들에게 회의개시 7일전까지 결산서 개별 통보 • 단위학교의 장이 결산안 내용 설명 • 의문사항에 대하여 관련 교직원 의견 청취
결산안 심의결과통보	• 회계연도 종료 후 4월 이내에 결산심의결과를 학교장에게 통보

※ 출처: "학교회계 길잡이". 교육부·한국교육개발원, 2002.

(2) 결산공개

결산은 관할청이 정하는 바에 의하여 교직원 등 학교구성원들에게 공개하도록 하고 있다. 결산의 공개는 학부모 또는 국민이 낸 세금으로 운영되는 학교가 학교설립의 본래 목적대로 학생들을 올바르게 가르치기 위하여 예산을 사용하고 있는지를 학교구성원 모두가 알 수 있도록 함으로써 학교재정운영의 투명성과 책무성을 제고하는데 목적이 있다. 결산의 공개는 학생수, 학습 수 등 학교규모, 학교홈페이지 개설여부 등 학교여건에 따라 적합한 방법을 선택하여 이루어져야 하며 투명성과 책무성 제고라는 본래의 목적을 달성할 수 있어야 한다(김의호, 2002).

❷ 단위학교 재정운용의 발전과제

단위학교 재정운용의 발전과제로서, 여기서는 단위학교재정의 안정적 확보, 단위학교재정운용의 민주성 확보, 그리고 단위학교 재정운용의 관리기법 개선 3가지를 선정하고 이에 대한 구체적 방안을 제시하고자 한다.

1) 단위학교재정의 안정적 확보

(1) 학교교육비 확충

단위학교에서 자율적으로 예산편성을 할 수 있는 가장 큰 규모의 재원은 학교교육비이다. 따라서 학교교육비 확충은 단위학교의 자율적인 재정운용의 선결과제가 된다. 학교교육비 확충을 위해서는 학교교육비 교부액을 현행 교부수준보다 더 높이고 상대적으로 사용목적이 정해져 있어 재량의 여지가 전혀 없는 목적사업비의 규모는 축소해야 할 것이다. 학교교육비는 학교에서 자율적으로 예산을 집행하도록 재량이 부여되어 있지만, 실제적으로는 고정지출비용이 과다하여 자율적으로 사용할 수 있는 예산이 크지 않다. 그러므로 단위학교재정운용의 활성화를 위해서는 학교교육비의 확충을 통해 자율집행 예산규모를 늘여야 한다. 또한 학교교육비의 증대로 단위학교의 재정운용이 효율화되는 것은 학교회계의 근본취지에도 부합된다.

(2) 학교발전기금 조성

학교발전기금제도는 학교의 교육활동을 지원하기 위하여 학교운영위원회에서 자발적으로 조성하는 재원으로서 기부금을 규제하던 이전의 법령과는 달리 초·중등교육법 제33조에는 "학교운영위원회는 학교발전기금을 조성할 수 있다."라고 규정하고, 기금의 조성 및 운용방법 등에 관하여 필요한 사항은 대통령령으로 정하도록 하였다. 초·중등교육법시행령 제64조는 학교발전기금은 "기부자가 기부한 금품 및 학부모들로 구성된 학교 내·외의 조직·단체 등이 그 구성원으로부터 자발적으로 갹출하거나 구성원 외의 자로부터 모금한 금품을 접수"하여 조성하며, 조성된 기금은 노후한 학교시설의 보수·확충, 교육용 기자재 및 도서구입, 학교체육활동, 기타 학예활동의 지원, 학생복지 및 자치활동의 지원을 위하여 쓰인다(광주광역시교육청, 2004). 학교발전기금의 사용용도 중에서 교직원 복지비가 제외된 것은 1998년 이전의 기부금품제도와 비교해 볼 때 두드러진 차이점으로 지적되고 있다(성삼재, 2002).

학교운영위원회 위원장이 사용목적, 조성방법, 수입·지출계획 등이 포함된 운영계획을 수립하고 학교운영위원회의 심의를 거쳐 조성된 학교발전기금은 학교 내외의 개인, 조직, 단체가 자발적인 의사로 기부, 갹출, 모금한 금품을 학교시설비, 교재교구구입비, 도서구입비, 학교체육활동비, 학생복지비, 학생자치활동비 등 순수한 교육목적에 사용하고 학교발전기금회계에 관한 제반사항은 관계법령에 따라 적법하게 운영하도록 되어 있다. 그리고 학교운영위원회의 결정으로 학교발전기금을 학교회계로 전출시켜 학교 일반회계와 같이 학교장이 집행할 수 있게 되어있다.

학교발전기금을 학교회계로 전출하여 사용하기 위해서는 학교운영위원회의 심의를 받아서 발전기금회계규칙에 의거하여 발전기금 회계경리관인 학교운영위원회위원장의 결재를 받아야 하는데 이는 절차상 번거로울 뿐만 아니라 발전기금의 원래 취지에도 맞지 않다. 그리고 현행 제도에서는 학교발전기금을 학교회계로 전출시켜 사용할 이유가 없으며, 오히려 이는 학교회계예산에 혼란을 초래하게 되므로 굳이 학교발전기금을 학교회계예산에 통합하기 보다는 별도로 집행하는 것이 효과적이다.

그리고 학교발전기금은 학교장의 적극적인 기금유치 노력의 부족과 지역사회나 학부모들의 자발적인 기부문화 미형성으로 인해 실제적인 기금유치는 거의 이루어지지 않고 있으며, 단위학교재정의 재원으로서 상당한 기여를 하리라는 본래의 취지에 전혀 미치지 못하고 있다. 따라서 학교발전기금에 대한 잘못된 인식을 전환하여 발전기금이 학생들의 복지향상에 유용하게 사용될 수 있도록, 학교장의 유치노력과 지역사회와 학부모의 자발적 참여를 통해 건전한 기부문화를 조성하는 노력을 지속적으로 전개해야 한다.

2) 단위학교재정운용의 민주성 확보

(1) 예산편성 심의 및 결산과정의 합리화

예산심의과정의 합리화

학교회계예산심의의 법적기구는 학교운영위원회이다. 학교운영위원회는 학부모, 교원, 지역위원의 대표로 구성되어 있으나 예산심의에 있어서 전문성이 부족하고 사업별 내역에 대한 이해가 부족하기 때문에, 대부분 효율적인 예산심의를 위해 부서의 부장들로 이루어 진 예산심사소위원회를 구성하여 예산안을 심의하고 계수조정을 한 다음에, 학교운영위원 회에서 본예산 심의에 들어간다.

학교예산이 다양한 교육활동에 공정하게 배분되기 위해서는 업무, 교과, 담임이 서로 다른 많은 교사들이 예산편성과정에 참여하는 것이 필요하다. 이러한 참여로 학교의 전체 교육활동에 소요되는 예산을 누락 없이 편성할 수 있으며, 단위학교 책임경영에 교사들의 자발적인 참여를 유도하는데도 긍정적인 기여를 하게 된다.

한정된 예산을 부서별로 편성하는 과정에서 예산액의 조정이 요구되며, 일반적으로 이의 조정은 부장들로 이루어진 예산심사소위원회를 통해 이루어지고 있으나, 실제적으로는 조정과정에서 갈등이 빚어지고 부서의 이기주의로 인해 효율적인 예산배정이 어렵다. 따라서 부서의 업무를 직접 담당하는 기획담당자나 학교예산운용에 관심이 많은 교사들로 구성된 학교예산자문위원회를 두는 것이 필요하다. 학교예산자문위원회의 기능을 활성화할 수 있도록 예산심의는 물론 예산집행과정에도 자문을 할 수 있도록 하며, 자체연수를 통해 자문위원들의 전문성을 신장해 나가도록 학교의 지원이 수반되어야 한다. 이처럼 상시적인 기구로서 학교예산자문위원회를 운영하면 학년말에 집중된 업무로 인한 시간제한으로 예산 편성과 심의가 형식적으로 이루어지는 것을 방지하고, 그로인해 보다 효율적인 예산편성과 심의가 이루어질 수 있으며, 그리고 학교운영위원회의 비전문성을 보완하는 기능도 동시에 수행할 수 있다.

예산편성과 심의에 대한 교직원의 인식변화

학교예산편성과 심의는 예산담당 부서만의 업무라는 인식에서 벗어나 교육활동과 연관된 중요한 부분임을 알고 전체 교직원이 이에 관심을 가져야 한다. 학교예산이 얼마나 효율적으로 편성되고 실질적인 심사를 통해 적절한 예산배분이 이루어지느냐는 학교장과 교직원의 관심 및 이해에 달려있다.

대부분의 학교에서는 전년도의 결산을 토대로 하여 당해 연도의 예산을 편성하는데, 일반적으로 전년도보다 예산액을 다소 증액하여 편성하며, 이를 교육청에서 교부된 예산액에 맞추어서 다시 부서별 예산액을 조정하여 학교운영위원회에 상정하고 심사를 받는다. 이러한 예산편성과 심사의 과정에서 학교장은 당해 연도에 중점적으로 추진해야 할 특색사업에 소요되는 예산액이 책정되었는지를 살펴보아야 하고, 교직원들은 부서별, 교과별, 학급별로 요구한 예산액이 반영되었는지를 관심을 갖고 검토해 보아야 한다. 흔히 다른 업무처리로 인해서나 예산편성과 심의에 관심이 적어 학교운영위원회에서 예산심사가 종료되고 난 다음에 필요한 예산이 누락되어 추경예산편성에 반영해야 하는 경우가 발생한다.

결산심의의 형식화 개선

결산심의는 단위학교 재정계획의 집행 및 그 효과에 대한 성과를 평가하는 매우 중요한 과정이다. 그러나 대다수의 학교들은 결산심의를 예산편성과 심의보다 덜 중요하게 생각하고 있으며, 그 절차도 형식적인 수준에 그치고 있다. 결산심의는 학교운영위원회의 운영위원들에 의해 이루어지고 있는데, 세부적인 예산집행내역에 대한 예·결산 담당자의 자세한 설명이 부족하고, 운영위원들도 전문적 지식이 부족하다 보니 예산담당자가 제시한 총괄적인 예산집행내역을 살펴보는 것으로 결산심의를 끝낸다. 따라서 부서별, 사업별 예산집행으로 어떠한 교육적 성과를 거두었고, 단위사업에 대한 투명하고 적절한 예산집행이 이루어졌는가에 관한 실질적인 검토는 이루어지지 못하고 있으며, 또한 결산심의를 통해 제기된 문제점들이 차기년도 예산편성에 반영되어지는 원래의 결산심의의 취지와는 상당히 벗어나게 운영되고 있다. 그러므로 결산심의에 대한 잘못된 인식을 제고하여 실질적인 결산심의가 이루어지도록 해야 한다.

(2) 평가기능의 강화

단위학교재정을 효율적으로 운용하기 위해서는 감사보다 평가가 강조되어야 한다. 학교회계에서 중요한 것은 편성된 예산을 제대로 집행하였는지가 아니라, 교육의 효과성 측면에서 예산을 어디에, 어떻게 적절하게 사용하였느냐가 더 중요하다. 법적 절차에 합당하게 예산을 집행하고 관련된 증빙서류를 완벽하게 구비하였다 하더라도 교육적 성과를 내지 못하는 예산집행은 별로 가치가 없다. 따라서 교육적 성과를 고려하지 않는 규정에 치우친 감사는 지양되어야 한다.

단위학교중심의 평가체제가 학교의 여건과 특성을 고려하고 궁극적으로 예산투입에 따른 교육효율성 증대라는 실질적인 교육목적에 부합하기 위해서는 우선 단위학교 자체의 재정평가위원회나 교육청 단위의 재정평가 컨설팅 제도를 활성화할 필요가 있다. 이러한 제도는 단위학교의 재정 상태를 검토하고, 다른 학교의 우수한 재정운용방법을 벤치마킹함으로써 단위학교재정의 문제점을 개선하고 효율적인 재정운용에 상당한 기여를 하게 될 것이다.

단위학교에 소요되는 예산은 국민의 조세를 통해 확보된 것이므로 예산의 낭비나 비효율성은 교육의 책무성 측면에서 상당한 책임이 수반되므로, 다른 유용한 부문에 사용될 수 있는 소중한 예산을 효율적으로 사용하여 교육의 생산성을 높여야 함은 재론의 여지가 없다. 따라서 단위학교재정에 대한 평가기능을 강화하기 위한 다양한 방안의 모색은 지속되어야 한다.

3) 단위학교재정운용의 관리기법상의 개선

학교회계에서 사용되고 있는 현금주의는 현금지원의 흐름에 초점을 두고 이를 측정하고 기록하는 방법이다. 즉, 현금이 유입될 때 수입이 발생하고, 현금이 유출될 때 지출이 발생하는 것으로 본다. 현금주의는 이해가 쉽고 확실한 측정이 가능하며 자의적인 회계처리가 어려워서 통제 목적으로는 양호한 방식이다. 그러나 비용과 자산, 부채에 관한 정보를 제공할 수 없어 교육활동에 대한 성과측정 자료로 활용할 수 없으며 자산평가를 위한 객관적인 기준이 마련되어 있지 않기 때문에 전반적인 재정 상태는 물론 자산관리의 적정성을 판단하기 위한 정보를 제공하지 못하는 단점이 있다.

발생주의는 현금주의에 상반되는 용어로서 수익과 비용의 원천이 되는 거래나 사건을 이들이 인식될 수 있는 한도 내에서는 현금의 수지와 관계없이 그 거래나 사건 등이 일어나는 기간에 귀속시킴으로써 일정기간의 성과를 측정하고자 하는데 그 목적이 있다. 따라서 회계실체의 재무 상태에 영향을 미치는 결정적인 거래나 사건을 기준으로 거래를 인식한다. 즉, 수익은 실현되었거나 실현가능하고 또 획득되었을 때 인식하며, 비용은 수익의 인식시점에서 수익을 발생시키는 데 공헌한 모든 재원의 원가를 대응시킨다.

발생주의는 현금주의에 비해 복잡하므로 작성비용이 많이 필요하고 재고자산의 평가나 감가상각방법의 선택 등에 의하여 회계담당자의 주관이 작용할 가능성이 크며 현금주의와 비교하면 현금흐름의 파악이 어렵다는 단점이 있다. 그러나 발생주의를 적용함으로써 여러 해에 걸쳐 효과를 나타내는 유형 자산을 인식할 수 있는 이론적 토대가 마련되었으며, 체계적인 감가상각을 통하여 자산의 원가를 여러 회계연도에 배분함으로써 올바른 기간성과의 측정과 자산의 실질적인 가치의 추정이 가능하고, 다양한 정보를 적시성 있게 제공하는 장점을 가지고 있다. 따라서 단위학교재정운용의 효율적인 개선방안의 한 방편이 될 수 있는 발생주의 도입의 필요성을 다음 네 가지로 제시하고자 한다(이상운·장권, 2002).

첫째, 재정의 건전성 확보 및 자산·부채의 종합관리를 위해 발생주의의 도입이 필요하다. 현재 단위학교의 예산편성, 집행, 결산은 현금의 흐름에 기초한 세입·세출을 중심으로 계리되고 있으며, 그에 따른 회계제도는 현금주의에 의한 단식부기를 중심으로 운영되고 있다. 재정의 경쟁력 확보를 위해 재정운영의 건전성 및 효율성의 제고, 재정분석을 통한 재정운영상황의 측정 및 재정의 투명성 확보 등이 재정운영의 최우선 과제로 대두된다. 따라서 예산뿐만 아니라 예산에 반영되지 않은 경제적 자원변동의 계리 등을 포함한 발생주의 복식부기 도입이 요구된다.

둘째, 재정정보의 공개를 통한 투명한 재정운영을 위해서이다. 1996년 학교운영위원회의 도입이후 2001년 학교회계의 도입에 이르기까지 단위학교재정의 공개에 대한 분위기가 형성되고 이에 따라 좀 더 투명하고 합리적인 회계정보의 계리를 위해 복식부기의 도입이 필요해지고 있다. 교직원은 물론, 학부모 및 교육관계자에 대한 재정정보의 이해를 제고하고, 교육활동의 정보를 제공함으로써 알권리 보장과 재정의 책임성·투명성 확보에 부응하고자 함이다.

셋째, 장기적이고 미래지향적인 재정 관리의 기반조성을 위해서이다. 통제중심의 회계에서 탈피하고 미래의 채권채무에 대한 명확한 인식과 조기관리체제를 통하여 재정의 건전성을 확보할 수 있다. 다시 말해, 재정수지, 순금융부채, 순자산 등의 지표를 이용하여 재정운영의 건전성 여부를 보다 적절히 판단할 수 있으며, 재무구조에 관한 총체적 정보를 제공해주고 미래의 단위학교재정에 영향을 주는 자산·부채가 적정하게 인식될 수 있다.

마지막으로, 국제기구와 재정투명화 요구에 부응하기 위해서이다. IMF는 재정투명성규약과 정부재정통계지침에서 발생주의에 의한 정부재정통계가 산출되도록 요구하고 있고, 이를 토대로 각 나라별로 재정현황과 투명성을 평가할 계획이므로 이에 부응하는 회계제도의 개선이 필요하다. IMF의 권고 및 OECD 회원국을 비롯한 선진국의 재정개혁 모델을 바탕으로 우리의 현실에 맞는 발생주의에 의한 복식부기 회계제도의 도입이 현실적 문제로 대두되고 있다.

단위학교 재정지원사업과 성과

교육과학기술부는 초·중등학교들을 대상으로 특별교부금을 재원으로 하여 다양한 단위학교 재정지원사업을 실시하고 있다. 단위학교 재정지원사업은 사업목적과 대상에 따라 다양하며 대표적인 재정지원사업으로는 창의경영학교, 교과교실제, 전원학교, 농산어촌 연중돌봄학교, 마이스터 고등학교 육성 등이 있다. 2010년에는 특별교부금 국가시책사업 예산의 약 37%인 2,360억 원이 단위학교 재정지원사업에 투자되었다(김지하 외, 2011).

단위학교 재정지원사업은 총액 형태로 사업예산을 배분하여 사업목적의 범위 내에서 최대한 학교에서 자율적으로 사용할 수 있는 재량권을 부여한다는 점에서 다른 사업들과 차별화된다. 일반적으로 재정지원사업 운영학교는 시설확충 및 기자재 정비를 통해 외적인 교수·학습환경을 개선한다. 또한 학습자의 특성과 수준을 고려하여 정규 수업시간에는 수준별 이동수업을 운영하고 방과 후에는 교과관련 보충·심화 프로그램과 다양한 특기적성 프로그램을 제공함으로써 정규수업뿐만 아니라 방과 후 학습시간을 학교에서 효율적으로 활용하도록 한다. 이처럼 재정지원사업을 운영하는 학교들은 교육활동을 획기적으로 쇄신하여 궁극적으로는 공교육 내실화와 학교교육의 질 제고를 유도할 것으로 기대된다.

이 절에서는 교과부 특별교부금의 국가시책사업으로 실시되고 있는 단위학교 재정지원사업들 중, 주요목적이 학교 교육력 제고 및 공교육 내실화에 주어져 있는 사업들로 한정하여 사업목적과 내용, 사업비 배분 및 집행현황, 사업운영 실태를 파악하고 그에 따른 성과를 분석한 김지하(2011)의 연구에서 주로 발췌·수정하여 제시하고자 한다.

■ 단위학교 재정지원사업의 내용과 운영 현황

단위학교 재정지원사업을 파악하기 위하여, 단위학교 재정지원사업의 개념과 내용, 그리고 운영현황을 다음과 같이 제시하고자 한다.

1) 단위학교 재정지원사업의 개념

교육과학기술부와 시·도교육청에서 단위학교로 교부하는 교육예산에는 학교기본운영비 외에 특정사업을 목적으로 교부하는 목적사업비가 있다. 목적사업비는 지원방식에 따라 크게 총액 배분형과 기능별 배분형으로 구분할 수 있다. 총액 배분형은 사업예산의 특정한 용도 및 성질을 규정하지 않고 교부하는 방식이고, 기능별 배분형은 운영비, 시설비, 인건비, 연수비 등 예산의 활용목적과 성질이 부여되어 사업예산이 교부되는 것이다. 단위학교 재정지원사업은 총액 배분형에 해당된다.

단위학교 재정지원사업은 사업대상 학교에 사업예산을 총액 형태로 배분하고, 교육과정과 재정운용에 자율성을 부여하여 학교교육의 총체적인 변화를 유도하는 것이 특징이다. 사업별로 차이는 있으나 궁극적인 목적은 공교육의 질 개선과 학교 교육력 제고라는 공통점이 있다.

단위학교 재정지원사업의 대표적인 예로는 학력향상형 창의경영학교, 사교육절감형 창의경영학교, 고교 교육력 제고, 교과교실제, 농산어촌 연중돌봄학교, 전원학교 육성사업 등을 들 수 있다. 2009년부터 2011년까지 교육과학기술부의 특별교부금 국가시책사업으로 운영되고 있는 단위학교 재정지원사업 예산 규모는 표 7-5에 나타나 있다.

표 7-5 연도별 단위학교 재정지원사업 예산규모

(단위: 백만 원, %)

사업명	2011		2010		2009	
	사업비	비율	사업비	비율	사업비	비율
학력향상형 창의경영학교	64,043	39.9	71,394	32.4	50,400	29.6
사교육절감형 창의경영학교	50,377	31.4	60,230	27.3	36,000	21.1
교육과정혁신형 창의경영학교	11,700	7.3	19,400	8.8	–	–
교과교실제 학교 운영지원	3,850	2.4	4,000	1.8	5,000	2.9
농산어촌 전원학교	11,800	7.3	51,300	23.3	79,000	46.4
농산어촌 연중 돌봄학교	18,800	11.7	14,000	6.4	–	–
계	160,570	100.0	220,324	100.0	170,400	100.0

※ 주: 교육과정혁신형 창의경영학교에는 '예술체육중점학교사업' 및 '고교 교육력 제고사업'이 포함되어 있음.
※ 출처: 한국교육개발원(2011), 「특별교부금 국가시책사업 기본계획(안)」의 관련 자료를 재구성함.

2) 단위학교 재정지원사업의 내용

창의경영학교는 2011년 새로 개편되어 4개 사업으로 구성된다. 먼저, 학력향상형 창의경영학교 사업의 목적은 단위학교의 학습역량을 강화하여 기초학력 미달 학생의 비율을 낮추는데 있다. 2009년 9월에 도입된 사업으로서 시·도교육청에서 기초학력 미달률이 낮은 학교에 현장실사를 하여 총 1,440개교가 선정되었다. 2009년 840억의 정부예산이 편성되어 학교규모와 실정에 따라 차등지원 되었고, 총액 형태로 학교당 평균 3천만 원에서 최대 1억 원을 배정받았다.

사교육절감형 창의경영학교는 공교육 내실화를 목적으로 2009년 7월에 도입된 사업이다. 공모와 시·도교육청의 추천을 통해 2009년 457개교가 선정되었고, 약 600억 원의 예산이 편성되어 학교규모별로 차등 배분되었다. 총액 형태로 교당 평균 1억 3천만 원을 지원하였다. 매년 두 차례의 운영성과를 평가하여 사업 전후 사교육비 증감여부로 학교의 성과를 확인한다.

교육과정혁신형 창의경영학교는 기존의 교과중점학교와 고교 교육력제고 시범운영사업이 통합·확대되어 2011년부터 시행되었다. 학생 맞춤형 기초 심화과정을 개설하였고, 일부 중요과목에 더 중점을 두어 기본소양을 함양하고, 분야별 인재를 양성하기 위한 사업이다.

교과교실제 사업은 학령인구 감소 등에 따른 유휴교실 활용을 극대화하고자 2010년 3월에 도입되었다. 창의경영학교의 사업은 교과교실제 사업과 연계하여 운영함으로서 시너지 효과를 기대하고 있다. 수준별·과목별 교과목 교실을 두어 학생들의 능력과 특성을 반영하여 공교육의 만족도를 높이고자 하였다. 2009년 기준 647개교가 선정되었고, 2014년까지 모든 중·고등학교에 전면 확대할 방침이다.

연중돌봄학교 사업은 농산어촌의 경쟁력 강화를 비전으로 하며, 도·농간의 교육격차 해소를 목적으로 하고 있다. 세부적으로는 학생들의 복지와 학습에 중점을 두고 있다. 2009년 3월에 도입되었으며, 2009년 378개교가 선정되고, 총 298억 원의 예산이 학교규모에 따라 총액 형태로 차등 배분되었다.

전원학교 사업은 연중 돌봄학교와 같이 농산어촌의 경쟁력 강화를 위한 사업으로 농산어촌 소재 초·중학교를 집중 육성하여 학생이 돌아오는 농산어촌 학교의 성공모델을 만드는 것이다. 이 성과를 달성하기 위해 2009년 110개 학교가 선정되었고, 지원목적에 따라 A, B, C 3가지 유형으로 구분하여 3년간 총 1,393억 원을 지원한다.

3) 단위학교 재정지원사업의 운영 현황

단위학교 재정지원사업 운영현황은 2009년부터 도입되어 운영되고 있는 학력향상형 창의경영학교, 사교육절감형 창의경영학교, 농산어촌 전원학교, 연중돌봄학교로 한정하여 살펴보고자 한다.

(1) 창의경영학교

학력향상형 창의경영학교(학력향상 중점학교)

학력향상형 창의경영학교의 학교선정방식은 매년 실시되는 학업성취도 평가결과, 기초학력미달 학생비율이 일정수준(표 7-6 참조)을 상회하는 학교를 지정하는 것이다. 학력향상 중점학교 사업의 1차년도(2009. 7.~2010. 6.) 대상으로 초등학교 733개교, 중학교 305개교, 일반계고 223개교, 전문계고 179개교, 총 1,440개교가 선정되었다.

2차년도(2010. 7.~2011. 6.) 사업에 지정된 학교는 크게 3가지로 분류된다. 첫째, 1차년도

대상학교(1,440개교) 중 기초학력 미달학생 비율기준을 통과하였으나(향상학교) 계속지원을 희망하는 학교 989개교이다. 둘째, 1차년도 대상학교 중 기초학력 미달학생 비율 기준을 통과하지 못한 잔류학교 190개교이다. 셋째, 2009년 학업성취도 평가결과 기초학력 미달 학생 비율 기준에 미달한 신규학교 481개교이다.

3차년도 사업의 대상학교도 2차년도와 마찬가지로 3가지로 분류된다. 향상학교나 계속 지원을 희망하는 학교(1,107개교), 기준을 통과하지 못한 잔류학교(129개교), 2010년 학업성 취도 평가결과 기초학력 미달학생 비율 기준에 미달한 신규학교(284개교)로 총 1,520개교 가 지정되었다(표 7-7 참조).

표 7-6 학력향상형 창의경영학교 학교선정기준

학교급	기초학력미달 학생비율 및 학생수
초등학교	기초학력미달 학생비율 5.4% 이상
중 학 교	기초학력미달 학생비율 20% 이상
일반계고	기초학력미달 학생비율 20% 이상
전문계고	기초학력미달 학생비율이 40% 이상이면서 기초학력미달 학생수 50명 이상 기초학력미달 학생비율이 40% 미만이나, 기초학력미달 학생수 100명 이상

※ 출처: "2011 창의경영학교 지원사업 운영계획". 교육과학기술부, 2011.

표 7-7 학력향상형 창의경영학교 사업대상학교 선정 현황(3차년도)

지정 시기	지정기준		초등학교	중학교	고등학교			합계
					일반계	전문계	계	
2010	미응시/폐교/대안교육 특성화고		7	0	3	0	10	424
	기준 통과	재정 미지원	50	13	5	1	69	
		지정해제 희망	174	78	41	52	345	
		향상학교(잔류)	645	199	121	142	1,107	1,236
	기준 미달	중점학교(잔류)	72	12	29	16	129	
2011		중점학교(신규)	230	16	3	35	284	284
학력향상형 창의경영학교			947	227	153	193	1,520	1,520

※ 주: 3차년도 사업의 대상학교는 진하게 표시한 부분임.
※ 출처: "2011 창의경영학교 지원사업 운영계획". 교육과학기술부, 2011.

사교육절감형 창의경영학교(사교육 없는 학교)

사교육절감형 창의경영학교의 신규학교 신청은 시·도교육청을 통한 자율공모 형식으로 이루어진다. 사교육절감형 창의경영학교 대상학교 선정은 크게 3단계로 진행된다. 우선, 교과부가 사업기본계획을 수립한 후(1단계), 시·도교육청에 공모내용을 안내한다. 이어서 시·도교육청은 신청자격(학교여건, 교직원 찬성률 등) 및 공모, 심사절차 및 기준 등 시·도별 자체계획을 수립하고, 시·도교육청 홈페이지 등을 통해 공모를 진행한다. 공·사립 초·중·고 개별학교는 학교운영위원회의 심의를 거쳐 신청하게 된다.

이후 시·도교육청은 응모학교를 대상으로 현장실사 등을 통한 학교현황 및 운영여건을 확인하여 심사를 한 후, 예상배정 학교수의 약 1.2배수를 선정하고 순위를 명기하여 교과부에 추천한다. 최종 선정은 시·도간 경쟁을 통해 교과부 창의경영학교 지원사업 선정위원회에서 최종 심사 후 결정된다. 이때 선정위원회는 시·도에서 추천한 우선순위를 존중하되 시·도교육청 현장실사 결과 등을 참고로 적정성 등을 고려하여 조정하게 된다.

사업이 매년 진행되면서 신규학교는 자율공모를 통해 선정을 하지만, 기존학교의 경우에는 사업성과와 수요조사 결과를 반영하여 유지여부를 결정하게 된다. 1차년도부터 3차년도까지 사업대상학교 선정 현황은 표 7-8과 같다.

표 7-8 사교육절감형 창의경영학교 사업대상학교 선정 현황

연도		초	중	고	계	비고
2009 (1차년도)	1차년도 신규	160	142	155	457	● '09년 7월~'10년 6월
2010 (2차년도)	1차년도 기존	156	131	133	420	● '10년 7월~'11년 6월 ● '09년 선정학교중 성과 미흡학교 33개교, 국립학교 3개교, 철회신청학교 1개교 지원중단
	2차년도 신규	69	57	54	180	
	계	225	188	187	600	
2011 (3차년도)	1·2차년도 기존	222	190	185	597	● 계속지원학교: '11년 7월~'12년 2월, 신규학교: '11년 3월~'12년 2월 ● 1·2차년도 선정 600개교 중에서 1차년도 선정 2개교는 타유형(학력향상형) 선택으로 '11년 상반기까지만 재정지원 후 사업종료
	3차년도 신규	66	53	75	194	
	계	283	243	260	791	

※ 출처: "2011 창의경영학교 지원사업 운영계획". 교육과학기술부, 2011.

(2) 농어촌 전원학교

전원학교 사업

전원학교 사업의 학교선정은 도교육청을 통한 공모 형식으로 이루어진다. 전원학교 사업의 공모절차를 살펴보면, 먼저 교과부가 도교육청 담당자, 현장교원, 대학교수 등 전문가의 의견을 수렴한 후, 기본계획을 수립한다. 이후 도교육청은 관내 지역교육지원청 및 초·중학교에 공모절차를 안내하고, 안내를 받은 지역교육지원청은 지역·학교의 교육발전 계획과 여건을 고려하여 초·중학교를 공모하거나 추천을 통해 선정한 후, 도교육청에 학교명단을 제출한다. 여기서 선정된 학교는 지역교육지원청과 협의를 통해 전원학교 운영계획서를 작성하여 지역교육지원청에 제출한다. 마지막 3단계에서 도교육청은 자체 심사계획을 수립하여 학교·지역교육지원청이 신청한 학교에 대한 서면심사 및 현장실사 후 교과부에 추천을 한다. 추천을 받은 교과부는 전원학교 선정위원회를 구성하여 도교육청의 지정사유 및 신청서 등을 검토한 후, 사업대상학교를 최종적으로 확정하고, 사업비를 조정·지원한다. 이와 같은 공모절차를 거쳐 1차년도부터 3차년도까지 전원학교 사업대상학교로 선정된 현황은 표 7-9와 같다.

표 7-9 전원학교 사업대상학교 선정 현황

연도		초	중	계	비고
2009 (1차년도)	1차년도 신규	77	33	110	● 대상: 도교육청 소속 도농복합시 및 군지역의 면소재지 초·중학교 학생수 61~200명 학교
2010 (2차년도)	1차년도 기존	77	33	110	● 대상: 도의 면소재지 61~200명 내외 규모의 통폐합 본교 또는 초·중 통합운영 전환 학교 ● 통폐합 본교 및 통합운영학교 대상 30개교 추가 지정
	2차년도 신규	27	3	30	
	계	104	36	140	
2011 (3차년도)	1·2차년도 기존	104	36	140	● 대상: ① 도의 면소재지 61~200명 내외 규모의 통폐합 본교 또는 초·중 통합운영 전환학교 ② 통폐합 본교, 초·중 통합운영 전환학교가 아닌 도의 면소재지 중학교 중 61~200명 이내의 학교 ● 통폐합 본교 18개교(초 17개교, 중 1개교), 중학교 신규공모 30개교 추가 지정
	3차년도 신규	17	31	48	
	계	121	67	188	

※ 출처: "2011년도 농어촌 전원학교 육성계획". 교육과학기술부. 2011.

연중돌봄학교 사업

연중돌봄학교의 1차년도(2009년) 사업대상학교 선정은 전원학교 사업과 마찬가지로 자율 공모 형식으로 진행되었다. 공모절차를 걸쳐 1차년도에는 총 378개교가 선정되었고, 2차 년도에는 지정해제교와 추가지정교를 포함하여 총 383개교가 지정되었다. 1차년도부터 3 차년도까지 연중돌봄학교의 사업대상학교는 표 7-10과 같다.

표 7-10 연중돌봄학교 사업대상학교 선정 현황

연도		유	초	중	고	계	비고
2009 (1차년도)	1차년도 신규	24	222	126	6	378	● 대상: 전국 군의 면지역 소재 유 · 초 · 중 · 고등학교(본교) ● 전국 12개 시도 85개 군 199면
2010 (2차년도)	1차년도 기존	24	215	122	6	367	● 지정해제: 11개교(초 7개교, 중 4개교) ● 추가지정: 16개교(초 10개교, 중 6개교) 해제된 군 지역 내 취약계층이 많은 학교를 중심으로 기존의 돌봄학교와 유사한 규모의 학교를 사업교로 지정
	2차년도 신규	–	10	6	–	16	
	계	24	225	128	6	383	
2011 (3차년도)	1 · 2차년도 기존	24	225	128	6	383	● 2022년에는 전원학교 사업 확대의 일환으로 돌봄학교 3차년도 사업이 전원 학교 사업에 통합하여 운영
	3차년도 신규	–	–	–	–	–	
	계	24	225	128	6	383	

※ 출처: "2011년도 농어촌 전원학교 육성계획". 교육과학기술부, 2011.

표 7-11 단위학교 재정지원사업 예산운용 현황(2009년)

(단위: 천 원, %)

사업명	사업비 배분액	집행액	집행잔액	프로그램운영비 (%)	인건비 (%)	시설비 및 기자재 구입비(%)	학생 1인당 사업비
학력향상 창의경영학교	57,011	54,390	2,621	29.1	61.3	6.1	307
사교육절감 창의경영학교	127,913	126,502	1,411	27.4	43.0	24.4	203
연중돌봄학교	81,463	80,461	1,002	52.0	42.0	3.8	1,047
전원학교	515,042	323,408	191,634	12.0	9.5	76.6	5,232

※ 주: 제시된 값은 사업운영 학교를 대상으로 취합한 자료를 분석한 평균값임.
2009년 사업운영 학교 전수를 대상으로 자료를 수집했으나 자료제출이 부실한 일부 학교는 분석에서 제외함.
※ 출처: 김지하 외. "단위학교 재정지원사업 효과 분석 연구". 한국교육개발원. 2011.

4) 단위학교 재정지원사업의 예산운용 현황

학력향상형 창의경영학교, 사교육절감형 창의경영학교, 연중돌봄학교, 전원학교 사업을 운영한 단위학교들의 2009년 사업비 집행내역은 표 7-11과 같다.

학력향상형 창의경영학교의 2009년 교당 평균 사업예산은 57,011천 원이고 평균 54,390천 원(95.4%)을 집행하였다. 집행액 중에서 인건비가 61.3%로 가장 많은 비중을 차지하였고, 다음으로 프로그램 운영비가 29.1%, 시설비 및 기자재 구입비가 6.1%로 나타났다. 평균 학생 1인당 사업비는 307천 원이다.

사교육절감형 창의경영학교의 2009년 교당 평균 사업예산은 127,913천 원이고 평균 126,502천 원(98.9%)을 집행하였다. 집행액 중에서 인건비의 비중이 43%로 가장 높고, 프로그램 운영비와 시설비 및 기자재 구입비가 각각 27.4%, 24.4%로 비슷한 비중을 차지하였다. 평균 학생 1인당 사업비는 203천 원이다.

연중돌봄학교의 2009년 교당 평균 사업예산은 81,463천 원이고 평균 80,461천 원(98.8%)을 집행하였다. 집행액 중 프로그램 운영비의 비중(52.0%)이 가장 높게 나타났다. 집행액 중 인건비가 42%, 시설비 및 기자재 구입비가 3.8%를 차지하였다. 평균 학생 1인당 사업비는 1,047천 원이다.

전원학교의 2009년 교당 평균 사업예산은 515,042천 원이고 평균 323,408천 원(62.8%)을 집행하였다. 집행액 중 시설비 및 기자재 구입비의 비중이 76.6%로 매우 높았고, 프로그램 운영비가 12.0%, 인건비가 9.5%를 차지하였다. 평균 학생 1인당 사업비는 5,232천 원으로 다른 사업에 비해 높았다.

2 단위학교 재정지원사업의 성과와 개선점

단위학교 재정지원 사업성과에 관한 정책적 시사점을 제시하면 다음과 같다.

첫째, 단위학교 재정지원 사업운영 여부가 학업성취도에 주는 영향력을 분석한 결과, 학력향상형 창의경영학교 사업은 중학교의 수학과목을 제외한 모든 학교급과 과목에서 기초학력미달 학생비율을 감소시키고 보통 학력이상 학생비율을 증가시키는 긍정적인 효과를 보였다. 사교육절감형 창의경영학교 사업은 고등학교 급에서만 국어와 영어 과목에서 기초학력미달 학생비율을 줄이고, 보통학력 이상 학생비율을 증가시키는데 기여하였다.

농산어촌 연중돌봄학교 사업은 읍면지역과 도서벽지 지역 초등학교의 국어, 수학, 영어 과목에서 기초학력미달 학생비율을 감소시키고 보통학력 이상 학생비율을 높였다. 전원학교 사업 운영 학교는 읍면지역과 도서벽지 지역 초등학교와 중학교의 국어와 수학과목의 기초학력미달 학생비율을 감소시키고 국어과목의 보통학력 이상 학생비율을 증가시키는 성과를 보였다.

이상의 사업성과를 종합해 볼 때, 학력향상형 창의경영학교 사업은 긍정적인 성과를 고려하여 향후에도 추가재원 확보를 통해 지속적인 사업운영이 이루어져야 할 것이다. 연중돌봄학교 사업은 초등학교의 기초학력미달 학생비율 감소에는 기여하였으나 중학교에서는 수학과목에서만 성취도 향상효과가 나타나고 있어 교과목별 효과 차이에 대하 심층적인 원인 분석이 이루어져야 한다. 한편, 전원학교 사업이 타 사업에 비해 학업성취도 향상효과가 낮게 나타났는데 이는 2009년 사업예산편성에 기인한 것으로 보인다. 전원학교 사업은 타 사업에 비해 시설비에 대한 투자가 절대적으로 많고 교수·학습활동에 직접적인 영향을 주는 인건비 및 운영비에 대한 투자는 상대적으로 적게 나타났다. 일반적으로 외적 인프라 구축 이후에 교수·학습활동 운영의 내실화를 추구하는 사업집행의 절차를 감안하여 전원학교 사업은 사업 첫해인 2010년 학업성취도 변화만으로 사업성과가 미미하다고 판단하기 보다는 사업수행 이후 2~3년간 지속적인 성과를 파악하여 정확한 사업성과를 측정하도록 해야 할 것이다.

단위학교 재정지원 사업예산 배분 및 운용에 대한 개선방안을 제시하면, 첫째, 단위학교 재정지원사업 예산 배분방식은 교당경비로 책정되며 사업비 산출근거가 미약하다는 공통점이 있다. 재정지원 사업 예산은 실제 사업목적과 성격, 주된 활동에 따라 과학적으로 책정되어야 한다. 현재와 같이 사업예산을 주먹구구식으로 배정하는 것은 사업예산을 과다 혹은 과소 책정하여 단위학교의 과다한 이월액을 발생시키거나 예산부족으로 사업목적을 실현하지 못하게 할 수 있다. 이러한 문제점을 해결하기 위해서는 '단위학교 재정지원사업의 적정예산산출' 등의 정책연구 등을 수행하여 종합적인 사업비 산정근거가 마련되어 합리적인 사업예산 배분이 이루어지도록 해야 할 것이다.

둘째, 단위학교 재정지원 사업예산 배분 시 학교의 여건을 고려한 차등배분이 이루어져야 할 것이다. 현재 일부 사업은 학교규모를 고려하여 교당 사업예산을 배정하고 있으나 학교규모의 차이 반영 시 급간 설정이 세밀하지 않아 결과적으로 학교규모의 차이를 충분히 반영하지 못한 채 사업예산이 교부되고 있는 실정이다. 이처럼 학교의 여건을 고려하지 않은 무분별한 사업비 배분은 단위학교에 사업예산의 과부족을 야기하고 결과적으로 비효율적인 예산사용과 불용액 발생의 원인이 된다. 따라서 향후에는 보다 정밀하게 사업비 배분기준을 설계하는 한편, 시·도교육청에서는 사업비 교부대상학교의 학교규모, 지역적 여건, 현장실사결과 등을 충분히 검토하여 소요예산을 책정해야 할 것이다. 이를 위한 방안은 현재 시·도교육청에서 재정지원 사업학교 선정을 담당하고 있는 학교재정지원 사업 조정단의 역할을 현재보다 확대하고 활성화하는 것이다. 조정단의 활동내역을 공식화하고 사업비 배부실적 등을 공개하는 행정행위를 통해 일률적인 교당 경비교부를 지양하고 보다 합리적인 예산배분 원칙을 정립할 수 있을 것이다.

제8장
민간부담교육재정

민간부담 교육재정의 성격과 평가

　　민간부담교육재정의 잠재력을 재평가하고 교육재정 확충방법으로 민간재원을 적극 활용하는 방안에 대한 논의가 본격화된 것은 1980년대부터이다. 교육개혁심의회에서는 민간교육투자의 적극유치를 교육재원확보를 위한 기본방향의 하나로 채택하여 정부부담과 학생 부담에만 의존하던 종래의 경향을 지양하고, 독지가·사업가·사회단체도 교육 사업에 참여할 수 있도록 교육투자에 대한 유인체계를 확립할 것을 제안하였다. 그 구체적인 방안으로는 기부금 및 교육성금의 유치, 교육공채의 발행, 인력활용세 신설, 학생납입금의 현실화 등을 제시하였다(윤정일, 1987, pp.121-173). 그 후 이러한 정책방안 중 상당수는 대통령 교육정책자문회의, 교육개혁위원회 등 교육개혁기구의 교육재원 확충방안으로 계속 채택되어 왔고(오연천 및 곽채기, 1990, 1994), 교육개혁 5개년 계획에도 일부가 포함되어 있다.

　　현행 민간부담교육재정에서는 지방자치단체의 재정결손액을 보충하기 위한 지방교육공채 발행과 단위학교의 세입확충을 위한 학교발전기금 조성, 그리고 납입금이나 현장학습비 등과 같은 학생과 학부모부담경비가 주된 민간부담 교육재원이 된다. 그러나 지방교육공채발행은 지방자치단체의 재정난을 덜어주는 데 상당한 기여는 하지만, 그에 따른 이자상환액이 매년 가중되고 있어 지방교육재정의 건전성을 훼손시키고 있으며, 학교발전기금은 명목상으로만 실재하고 기금조성이 거의 되지 않아 이에 대한 활성화 방안이 필요하다. 아울러 학생이나 학부모부담경비는 실제적으로 정부부담에 의해 지출되어야 할 교육경비의 상당부분을 떠맡고 있어 안정적인 교육재정이 확보된다면, 점차적으로 그 부담을 축소하여야 한다.

이 절에서는 민간부담교육재정의 성격과 평가를 위해 주로 나민주(1999)의 논문에서 발췌·수정하여 제시하고자 한다.

■ 민간재원의 평가준거와 조달체계평가

해방이후 초·중등교육의 확대과정에서 민간재원은 실질적으로 중추적인 역할을 담당하여 왔다. 납입금과 기부금 등은 교육발전을 위한 재정조달을 공공재만으로는 부담하기 어려운 현실적 한계에서 부득이 하게 선택할 수밖에 없는 대안이었다. 그러나 민간재원을 단지 교육재정의 확충 면에서만 인식한다면, 교육재정의 증대만을 주장하게 되고, 교육평등이나 기회균등 같은 중요한 교육적 가치를 훼손하거나 다른 교육적 문제를 야기할 수 있다. 따라서 전반적인 교육재정의 분석 틀 안에서 민간재원의 성격을 파악하고, 민간재원을 활용하기 위한 교육재정조달체계를 평가해 볼 필요가 있다.

1) 민간재원의 평가준거

교육재원의 측면에서 민간부담재원을 평가하기 위한 준거에 대해서는 아직까지 자세하게 논의된 바가 없으나, 대체로 교육재정에 관한 일반적인 논의 준거를 활용할 수 있다. 학자에 따라 용어를 달리하나 널리 수용되고 있는 교육재정 운영체제 혹은 정책을 평가하는 전통적인 기준으로는 **적정성(adequacy)**, **효율성(efficiency)**, **공정성(equity)**이 있다(Benson, 1995, pp.408-412). 이 밖에도 책무성, 자율성, 안정성, 예측성, 민감성, 행정적 용이성 등과 같은 다양한 준거들이 제시되기도 하나[김종철(1985), 송기창(1994), 공은배(1992) 등], 이 세 가지 기준이 필수적이라는 데는 어느 정도 공감대가 형성되어 있다. 또한 이 세 가지 기준은 상당히 포괄적이면서도 서로 명확하게 구별되며 상호보완 혹은 갈등관계에 있다. 따라서 이 기준을 교육재원으로서 민간재원의 성격을 분석하는 핵심준거로도 활용할 수 있다. 다만 교육재원을 중심으로 할 때는 학교교육의 적정규모에 관한 직접적인 논의보다는 전체 교육재정의 확충에 대한 기여도를 평가하는 것이 더 타당하다고 볼 수 있으므로 적정성을 확충성으로 대체하였다. 또한 공정성보다는 포괄적인 개념이라 할 수 있는 형평성으로 용어를 바꾸었다.

첫째, 교육재원의 일차적인 평가기준은 확충성이 된다. 교육활동이 원활하게 이루어지고 교육의 질적 발전을 도모하기 위해서는 필요한 교육재정이 확보되어야 한다. 교육재원의 확충방안으로 민간재원을 고려하는 대부분의 정책보고서들은 교육발전을 위한 정부 재정부담의 한계를 지적하면서 추가재원의 중요한 확보수단으로 민간재원의 활용 필요성과 그 확충방안을 제시하고 있다. 다른 재원이 동일하다면, 특히 교육예산규모로 표현되는 정부의 재정부담수준이 일정하게 유지된다면, 민간재원은 추가적인 재원으로서 교육재정의 확충에 기여하게 된다. 그러나 학생납입금이나 기부금 등의 민간재원이 공공예산에 통합·편성되어 운영되는 교육재정운용체제에서는 민간의 재정지원은 다른 재원에 영향을 줄 가능성이 높다. 실제로 납입금, 기부금, 서비스 판매와 같은 시장형 재정지원방식은 공공부담의 완화 방안의 하나로 자주 대두되는 정책대안이기 때문이다. 고등교육부문의 예이기는 하지만, 전통적으로 거의 전적으로 국가부담재정에 의해서 고등교육체제를 유지해오던 유럽 국가들의 경우, 경제 불황 속에서 학생납입금을 인상하고, 기부금 모금과 서비스 판매를 통한 자체적인 재원확보를 강조하는 시장적 접근이 도입되면서 점차 정부재정지원이 축소되고, 대학재정의 절대규모마저 감소하는 경향을 보여주고 있다(Cazenave, 1992, pp.1367-1376). 따라서 장기적으로 민간재원의 확대는 전반적 교육재정 조달체계에 변화를 가져올 가능성이 높다. 그렇지만 적어도 단기적으로는 민간재원은 추가적인 재원으로 기능함으로써 교육재정을 확충하는데 도움이 될 것이다.

교육재정의 확충성과 관련된 또 다른 문제는 교육재정의 안정성과 예측성이다. 교육활동은 장기간에 걸쳐서 이루어지고, 체계성과 연속성을 필요로 한다. 따라서 자원이 투입되는 시점과 성과가 산출되는 시점간의 격차가 크고, 그 효과를 단기간에 종합적으로 평가하기 어려운 측면이 있다. 이러한 교육활동이 원활하게 이루어지게 하기 위해서 교육재정은 특히 초·중등교육단계에서는 상당기간 동안 안정적으로 확보되고, 그 규모에 대한 예측가능성도 높아야 한다. 세금을 재원으로 하는 공공재원의 경우 안정성과 예측가능성이 매우 높으나, 민간재원은 상대적으로 안정성이 떨어진다. 물론 정부가 일률적으로 규제하는 납입금의 경우에는 문제가 다르나, 자율적인 납입금 책정이나 자발성을 전제로 하는 기부금 등은 그 규모를 장기적으로 예측하기가 어렵다.

둘째, 민간재원의 다른 평가기준은 효율성으로서 민간재원이 교육재정운용의 효율성과 학교교육의 질적 향상에 기여할 수 있는가 하는 점이다. 효율성은 예산절감을 통한 투입자

원의 감소, 동일한 자원투입 시 비용—수익 혹은 비용—효과의 증대, 그리고 산출측면에서
학교교육의 질적 수준 향상 등을 포함하는 개념이다. 조세를 재원으로 하는 공공부담위주
의 교육재원 조달체계에서는 담세자의 요구가 실제 학교교육에 반영되는 행로가 지나치게
길고 복잡하다. 또한 상이하고 상충적인 요구와 이해관계가 대립되면서 학교에서는 그것
을 체계적으로 해석하여 이를 학교운영에 반영하기도 어렵다. 따라서 중앙집권화된 교육
재원 조달체계보다는 분권화된 조달체계가 더욱 효율적이라 할 수 있다. 교육투자의 효율
성을 높이기 위해서는 단위학교의 자율성이 확대되어야 한다. 학교의 자율성 확대는 각 학
교가 교육비를 지출하면서 비용—효과 면에서 가장 유리한 대안을 선택하게 하고, 교육수
요자의 선호를 감안하여 교육서비스의 종류, 질과 양을 신축적으로 조정할 수 있게 한다.
학생의 선택 폭을 확대하고 학교의 자율성을 확대하는 것은 교육서비스 공급자간 경쟁을
가능케 하는 기본요건이라 할 수 있다(윤건영, 1996). 그러므로 민간재원의 효율성과 관련해
서는 책무성 혹은 반응성과 자율성의 문제를 검토할 필요가 있다.

사용자의 교육비 지불구조, 예를 들어 계약제나 납입금제는 교육서비스의 직접적 수익
자가 그에 필요한 재정을 부담해야 하고, 소비자의 가치와 선택이 교육활동을 통제해야 함
을 내포하는 개념이다(Harrold, 1992, pp.1464-1476). 일반적으로 학교운영에 필요한 재원을
거의 전적으로 납입금에 의존하고 있는 사립학교나 사립대학의 경우 학생의 필요에 대한
반응성이 매우 높고, 학교운영에서 효율성을 극대화하기 위해서 노력하게 된다고 한다
(Woodhall, 1995, pp.426-427). 유럽 국가들의 경우, 특히 고등교육부문에서 납입금, 계약제,
서비스 판매, 기부금 모금, 그리고 민영화와 같은 시장적 재정지원방식이 확대되면서 각
대학들은 교육시장의 수요와 소비자의 필요에 민감하게 반응하게 되었다. 시장형 재원지
원방식이 도입·확대되고 있는 것은 사적 재원의 확충을 통하여 정부부담을 줄이고 교육
의 사적 이익에 상응하는 비용을 부담하도록 하는 것은 형평성을 향상시킬 수 있으며, 시
장적 유인가에 의해서 자원이 배분되면 비용—효과성이 향상되며 학교운영의 내적 효율성
도 향상될 수 있다는 점 때문이다(Goedegebuure, 1993).

물론 민간재원의 확대가 바로 반응성과 책무성을 향상시킬 수 있는 것은 아니다. 대리인
이론(agency theory)에 의하면, 주인과 대리인 사이에 목표가 다를 수 있고, 주인은 대리인
의 행위를 판단할 충분한 정보가 부족하기 때문에 불리한 선택과 대리인이 계약이행을 게
을리 하는 도덕적 해이의 문제가 발생할 수 있다(Ferris, 1992, p.503). 그러나 관련요인을 효

율적으로 고려하여 민간재원을 체계적으로 활용할 경우, 민간교육재원은 학교교육의 반응성을 향상시키고, 재정운영의 책무성도 제고할 수 있을 것으로 기대된다.

셋째, 형평성 또한 교육재원으로서 민간재원을 평가하는 중요한 준거가 될 수 있다. 여기서 형평성은 기회균등, 평등성, 공정성 등을 포괄하는 개념이다. 교육제도운영에 정부가 간여하고 재정을 부담하는 것은 학교교육을 통하여 사회·경제적 계층 간에 원활한 이동을 가능하게 하고, 조세제도에 의한 소득 재분배를 통해서 형평성을 보장하기 위해서라 할 수 있다. 특히 초·중등학교 단계에서는 형평성이 가장 중요한 교육재정의원리가 된다. 일반적으로 교육비의 사부담 의존도가 높고, 공공재정 부담도가 낮다는 것은 교육의 소득분배 효과가 낮다는 것을 의미한다.

형평성 차원에서 민간교육재원과 관련해서는 소득계층별 교육비 부담의 형평성과 교육재정규모의 지역 간·학교 간 격차 문제를 검토할 필요가 있다. 우리나라의 경우, 학생납입금은 공·사립을 막론하고 고등학교보다는 중학교, 그리고 특별시나 기타 시지역보다는 읍·면지역과 도서·벽지의 납입금이 낮다. 이것은 교육기회의 분배가 학부모의 경제력에 의해 좌우되는 것을 방지함으로써 소득수준에 관계없이 모든 국민에게 기본적인 교육기회를 보장·확대하려는 정책적 의도의 표현이라 할 수 있다(윤건영, 1996).

이러한 납입금 정책은 형평성의 관점에서 매우 타당한 것으로 평가할 수 있으나, 지역단위나 학교유형별로 일률적으로 납입금을 차등화 하는 것은 또 다른 문제를 야기하게 된다. 동일한 지역 내에서 주민 간 소득격차가 지역 간 평균소득의 격차보다 더 큰 것이 일반적인 현상이기 때문이다. 지역단위로 납입금을 차등화하고, 지역별로 동일한 납입금 수준을 유지하는 것은 결과적으로 도시지역의 저소득층에 대한 미흡한 재정지원과 읍·면, 도서·벽지지역의 일부 고소득층에 대한 역진적 재정지원을 허용함으로써 교육비 부담의 형평성을 저해할 가능성이 높다. 따라서 정부의 가격통제를 통해서 이루어지는 획일적인 납입금 정책은 소득에 역진적인 분배효과를 가져오고, 상대적으로 소득에 비해 교육비부담을 적게 느끼게 되는 고소득층이 사교육에 추가적으로 교육비를 지출할 동기를 유발함으로써 과열과외를 부추길 가능성도 있다(박정수 및 안종석, 1996). 일률적으로 인상되는 납입금 역시 교육재정의 확충에는 기여하지만, 교육비 부담의 형평성을 저해할 가능성이 높다.

형평성과 밀접하게 관련되어 있는 공정성의 개념에는 수직적, 수평적 그리고 세대 간 공정성이 포함되어있다. 따라서 획일적인 기회균등보다는 타당한 차이에 근거한 적극적인 불평등 해소정책도 고려할 필요가 있다. 납입금 책정의 경우, 지역 간 차등화보다는 소득계층 간 차등화가 더 바람직하다(Kealey, 1995). 이것이 기술적으로 어려운 경우에는 납입금을 인상하되, 저소득층에 대해서는 학비감면, 장학금·대여금 등 다양한 재정지원제도를 확대하여 교육비 부담을 경감하는 방안을 고려해야 한다.

자발적인 의지에 기초하여 모금되는 기부금이나 학교발전기금은 학교가 소재한 지역의 경제여건이나 학부모 등 관련인사의 소득수준에 큰 영향을 받기 마련이다. 동일한 등록금이 부과되고, 비슷한 규모의 정부재정지원이 이루어지는 상황에서 기부금이나 기금이 활성화되면, 결과적으로 학교 간, 지역 간 교육재정의 격차가 확대되기 마련이다. 따라서 정부차원에서는 교육의 형평성에 관한 정책관점의 설정과 이를 보장하기 위한 새로운 정책적 대응이 요구된다.

이상과 같은 민간재원의 평가준거인 확충성, 효율성, 형평성의 측면을 종합해 볼 때, 대체로 민간재원은 교육재원으로서 그것을 적절하게 체계적으로 활용할 경우, 확충성과 효율성을 제고하지만, 형평성을 저해할 수 있을 것으로 분석된다. 다시 말하면, 확충성과 관련해서는 교육재정의 안정성을 해칠 수 있고, 장기적으로는 교육재원 조달구조의 변화를 초래할 수 있으나, 단기적으로는 교육재정을 확대하는 효과가 있을 것으로 기대된다. 형평성 차원에서는 지역이나 학교종류에 따른 일률적인 납입금정책은 교육비 부담의 역진성을 증가시키고, 기부금이나 기금모금은 지역 간, 학교 간 교육재정의 격차를 증대시킬 가능성이 높으므로 이에 대한 정부의 정책적 대응이 요청된다. 효율성 차원에서 볼 때, 민간재원은 재원 다양화를 통하여 단위학교의 자율성을 향상시키고, 학교교육의 반응성과 책무성을 제고할 수 있을 것으로 기대된다.

2) 민간재원의 조달체계 평가

이상의 논의를 바탕으로 그동안 민간교육재원의 성격을 감안하여 지방교육재정의 조달체계를 적절하게 유지하여 왔는지를 평가해 볼 필요가 있다. 전체적으로 볼 때, 우리나라 지방교육재정정책에서는 형평성을 중시하여 교육재정의 공공부담을 확대하고, 지역별·설립별 교육재정의 격차를 줄이는데 주력하였으나, 민간재원의 효율성 측면은 제대로 활용하지 못한 것으로 평가할 수 있다.

해방이후 민간재원(특히 학부모 부담비)은 학교교육비의 80% 이상을 차지할 정도로 교육재정의 중추적 역할을 담당하였다. 그러나 교육예산이 점차 확대되면서 초·중등교육의 공교육비에서 민간부담분의 비율이 점차 축소되었고, 민간재원의 역할도 핵심적 역할에서 벗어나 추가재원의 확충보다는 재원의 안정성에 기여하여 왔지만, 고등교육의 경우에는 아직도 민간재원에 절대적으로 의존하고 있는 실정이다.

표 8-1의 주요국의 교육단계별 정부부담 공교육비와 민간부담 공교육비의 상대적 비중을 살펴보면, 초등·중등·중등 후 비고등교육에서는 OECD 평균의 정부재원이 91.2%, 민간재원이 8.8%인데 비해, 한국은 정부재원이 76.2%, 민간재원이 23.8%로 공교육비에서 민간재원이 차지하는 비중이 OECD 평균에 비하여 높게 나타났다.

고등교육에서는 OECD 평균의 정부재원이 70.0%, 민간재원이 30.0%인데 비해, 한국은 정부재원이 26.1%, 민간재원이 73.9%로 고등교육의 공교육비에서 민간재원이 차지하는 비중이 OECD 평균에 비하여 매우 높게 나타났다. 이처럼 한국의 공교육비 부담에서 정부재원보다 민간재원(특히 학부모 부담)이 높은 데는 여러 가지 원인이 있겠지만, 가장 주된 요인은 그동안 의무교육을 제외한 학교교육의 납입금에 대해서 수익자부담원칙이 적용되어 학생이나 학부모들이 납입금을 거의 전액 부담하도록 한데 있다.

표 8-1 주요국의 교육단계별 정부부담 공교육비와 민간부담 공교육비의 상대적 비중(2009)

(단위: %)

국가	초등·중등·중등 후 비고등교육		고등교육	
	정부재원	민간재원	정부재원	민간재원
OECD 평균	91.2	8.8	70.0	30.0
한 국	76.2	23.8	26.1	73.9
미 국	921	7.9	38.1	61.9
일 본	90.4	9.6	35.3	64.7
영 국	78.7	21.3	29.6	70.4
독 일	87.6	12.4	84.4	15.6
프 랑 스	92.2	7.8	83.1	16.9
스 웨 덴	100.0	–	89.8	10.2

※ 출처: "OECD 교육지표". 한국교육개발원. 2009.

정부에서는 학생납입금 책정에 관해서 지속적으로 규제하였고, 특히 중학교 무시험진학, 고교평준화가 시행되면서 공·사립학교 간 납입금 격차를 줄이는데 주력하였다. 정부의 납입금 규제는 물가안정이라는 목표와도 연계되면서 최근까지도 지속되고 있다. 이에 따라 민간재원으로서 납입금이 갖고 있는 확충성이나 효율성 측면이 부각되지 못하고 있고, 형평성 측면에서도 개인의 소득을 고려하지 못함으로써 개선의 여지를 남기고 있다.

민간재원의 하나인 기부금의 경우, 모금 활성화를 통한 재원확충보다는 학부모 부담 완화와 부정비리의 방지에 중점을 두어 제한적으로 허용하고, 그 징수·보관·집행·사후관리 등에 관하여 구체적으로 규제하고, '부당찬조금품징수 고발센터'를 상설·운영하는 등 기부금품 모금에 대한 지도·감독을 강화하였다(교육부, 1994). 이로 인해 기부금 모금은 제한적으로 이루어지고 있으며 민간재원의 확충에는 크게 기여를 하지 못하는 실정이다.

1990년대 들어서는 교육자치제가 실시되고, 학교운영위원회가 설치되는 등 교육에 대한 지방 및 단위학교의 역할과 책임이 강조되면서 민간재원의 효율성에 주목하여 단위학교의 책무성과 자율성을 제고하기 위한 다양한 방안을 확대하고 있다. 이러한 방안들은 민간재원이 가진 확충성과 효율성을 극대화할 수 있는 제도로서 평가받고 있다. 따라서 확충성과 효율성을 강화하면서도 형평성을 보장할 수 있는 구체적인 정책대응이 요구된다.

❷ 민간재원의 결정요인

민간부담 교육재정의 결정구조, 다시 말해서 지방교육재정에 대해서 민간부문이 재원을 부담하려는 동기는 무엇이고, 그 규모를 결정하는 요인은 무엇인가 등에 관해서는 알려진 바가 없다. 사립학교의 성장요인에 관한 James의 견해에 따르면, 국가에 따라 사립학교의 비중과 성격이 다른 것은 사립학교의 성장 및 발전에 영향을 주는 네 가지 요인에 의해 설명할 수 있다. 교육수요 측면에서 **초과수요**(excess demand), **차별적 수요**(differentiated demand), 그리고 교육공급 측면에서 **비영리 공급**(nonprofit supply), **정부정책**이다(James, 1995, pp.450–455). 또한, Willams(1992)는 교육재정에 대한 부담주체 혹은 재정지원의 주체를 정부, 가정, 기업으로 구분하고, 이 주체들이 교육비용을 부담하려는 의지는 서로 다른 동기로부터 나오는 것으로 설명한다. 정부의 경우, 정치적 우선순위가 중요하고, 가정은 교육을 통해서 얻게 되는 사적 이익, 재산정도, 그리고 개인적 선호가 중요한 역할을 담당하며, 기업은 경제적 이득, 이미지 제고, 공적 책무성 등이 그 동기라 할 수 있다. 이상의 논의를 참고로 하면, 지방교육재정에 대한 민간재원의 규모를 결정하는 요인으로는 교육공급 측면에서 교육재의 성격과 정부의 정책, 그리고 교육수요의 측면에서 국민의 교육열 혹은 교육의식과 지역주민의 구성 등을 검토할 수 있다.

첫째, 교육재의 성격과 관련해서는 준공공재, 클럽재, 투자재 등의 개념이 사용되고 있다[천세영(1996), 박정수·안종석(1996)]. 일반적으로 교육서비스는 사적 재화와 공적 재화의 성격을 모두 갖고 있는 준공공재로 인식되고 있다. 교육서비스를 받기 위해서는 일정한 비용을 지불하고, 교육을 받은 사람은 지적·정의적 성취감을 느끼고 만족감을 얻는다는 점에서 사적 재화 혹은 소비재라 할 수 있다. 동시에 학교교육을 받은 사람은 지식과 기술의 습득을 통해 노동의 질과 생산성을 향상시킴으로써 더 많은 취업기회와 더 높은 소득을 얻을 수 있다는 점에서 투자재의 성격도 지니고 있다. 따라서 교육을 받으려는 사람은 이러한 사적 이익에 상응하는 비용, 즉 납입금을 지불한다.

그러나 교육의 수익은 개인에 국한된 것은 아니다. 교육받은 인력은 지역사회와 국가발전에 공헌하고, 경제성장에 기여한다. 학교교육은 주민들이 동질성을 갖고 공동체의식을 형성하게 함으로써 사회를 유지시키는 기본토대가 된다. 이러한 외부효과가 바로 학부모 이외에 지역사회와 정부가 학교교육에 관여하고, 재정을 부담하는 근본 이유의 하나이다. 동시에 학교교육은 클럽재적 성격도 지니고 있다. 따라서 지방교육재정에 대한 민간부문의 크기는 지역학교의 특성과 교육의 질에 따라 달라질 수 있다. 학교교육의 사적 수익률이 높고, 클럽재적 성격이 강화될수록 교육재정에 대한 개인과 지역사회의 기여분이 증가될 수 있다. 이와 관련된 방과 후 교육프로그램이나 기타 유상 프로그램을 통해서 사교육비를 공교육비로 전환하고, 추가적인 교육재원으로 활용할 수 있다. 그러나 서로 다른 교육수요가 존재하는데 교육공급에 정부가 개입하여 획일적으로 공급하고 규제를 강화하면, 사회 전체의 후생은 감소하게 된다(박정수·안종석, 1996).

둘째, 정부의 정책은 민간재원의 규모를 결정하는 가장 중요한 요인이다. 세계적으로 볼 때, 초·중등교육은 사회 전체의 공동체의식과 공익을 실현한다는 점에서 대체로 정부재원을 위주로 운영되고, 종교·인종 등 특정한 이익을 공유하는 집단에 대해서는 사립학교를 인정하는 것이 일반적인 경향으로서 복지국가 이념과 의무교육사상의 확대에 따라 학교교육에 대한 공공부담이 점차 확대되어 왔다. 그러나 시장실패에 상응하는 정부실패와 경제위기 속에서 복지국가의 이념이 쇠퇴하고, 정부규제의 완화와 민영화 등이 중시되면서 학교부문에서도 상당한 변화가 일고 있다. 학교선택론, 단위학교경영에 대한 지지가 확산되고, 단위학교의 자율성, 지역사회의 지원과 통제가 점차 강화되고 있다. 그러나 국가교육체제 속에서는 정부에 의해서 이러한 새로운 변화의 적용 양상이 결정되는 것이 일반적이므로 민간재원의 기여 분은 정부정책의 허용 범위 내에서 결정된다.

셋째, 국민의 교육열이 높은 상황에서는 사적 부담이 증가하더라도 이를 수용할 가능성이 높다. 해방이후 교육발전과정에서 국민의 높은 교육열과 자발적인 재정부담 노력이 중요한 역할을 담당해왔고, 이는 세계적으로도 보기 드문 유상 중등교육을 통한 교육팽창을 가능하게 한 주된 요인이 되었다. 그러나 중등교육이 이미 일반화된 현재에는 정부가 제공하는 학교교육의 규모에 대한 초과 수요보다는 질에 대한 차별화된 수요에 따라 지방교육재정에 대한 민간의 기여 분은 달라질 수 있다. 따라서 단위학교가 이러한 지역주민과 학부모, 학생, 그리고 기업의 차별화된 교육수요에 어떻게 대응하느냐에 따라 민간재원의 크기가 결정될 것이다.

넷째, 취학자녀의 수, 연령분포, 재산정도와 같은 지역주민의 구성상 특성 역시 민간부문의 크기를 결정하는 중요한 요인이다. 자녀수가 줄어들면 전체 인구 중에서 학교교육에 대한 직접 이해당사자의 범위 역시 줄어든다. 따라서 새로운 조세신설 혹은 교육관련 세금의 인상을 통한 교육재정의 확대는 조세저항을 불러일으킬 가능성이 높다. 그러나 자녀수가 줄어들면, 자녀당 교육비가 증가하고, 자녀교육에 대한 이해강도는 훨씬 높아지고, 학부모의 추가적인 교육비 지불의지 역시 높아진다. 또한, 초·중등학교에 재학하는 자녀를 두고 있는 30~40대 인구가 많은 지역에서는 지방부담의 확대를 통한 교육재정의 확충이 용이하나, 노령인구가 많아지면 학교교육에 대한 관심이 줄어들고, 추가적인 재정 부담을 원하지 않게 된다. 마찬가지로 자신이 부담하는 교육비가 자신의 자녀가 취학중인 지역의 학교가 아니라 다른 지역의 학교에 투자된다면, 주민들의 자발적인 교육재정 부담의지는 점차 사라지게 된다. 따라서 학교교육의 질에 대한 평가를 기준으로 학교 간 학생이동이 원활해지면, 학교교육에 대한 관심이 높아지고, 선택한 학교에 대한 교육재정 부담의지 역시 제고될 수 있다.

❸ 민간재원의 확충방안

민간재원의 확충을 위한 학교발전기금제도와 납입금제도의 개선과 기능분담에 대해 제시하면 다음과 같다.

첫째, 교육재정을 확충하고 단위학교의 자율경영을 정착시키기 위해서 도입된 학교발전기금 제도를 발전시키기 위해서는 이에 관한 학교운영위원회의 자유 재량권을 대폭 인정하고, 관련제도를 정비할 필요가 있다. 현행 관련 법령 및 규정에서는 학교발전기금의 조성방법에 사용목적을 분명하게 규제하고 있다. 이는 과거 기부금, 찬조금과 관련된 비리를 미연에 방지하는 효과가 있으나, 단위학교의 적극적인 노력을 유발하기보다는 수동적이고 방어적인 입장을 지속시킬 가능성이 있다. 학교발전기금은 학교장이나 교사가 아니라 학부모와 지역사회인사가 주축이므로 점차 모금방법에 대한 재량권을 확대하고, 기금의 사용목적도 법령으로 규제할 것이 아니라 관할청의 감사 및 감독기능을 통하여 바람직한 방향으로 유도하는 것이 타당하다(송기창, 1998). 그리고 교육부령으로 규정하도록 한 학교발전기금의 조성·운용 및 회계관리에 관한 사항도 교육자치의 정신에 따라 지역실정에 맞게 학교발전기금을 운용할 수 있도록 시·도 조례에 위임할 필요가 있다. 또한 학교발전기금의 수입(이자, 배당, 자본이득, 임대료 등)에 대해서는 비과세하고, 사립학교에 대한 개인기부금도 전액 손비 처리될 수 있도록 해야 한다.

둘째, 납입금과 관련해서는 제한된 범위에서나마 단위학교의 자율책정권을 인정하여 교육의 질과 학교의 여건이 반영되는 다양한 책정모형이 개발·적용될 수 있도록 하되, 저소득층의 교육기회를 보장하기 위한 교육비 보조 제도를 강화할 필요가 있다. 학교교육비 책정권은 법규대로 단위학교에 일임하고, 학교운영에서 자율능력이 인정되는 일부 사립학교에 대해서는 학생정원 결정과 납입금 책정, 교육과정 편성·운영 등 학교운영 전반에 관한 자유 재량권을 허용하는 자립형 사립학교 육성책을 정착시켜간다. 동시에 공공재정 의존도가 점차 높아지고 있는 사립학교에 대해서는 의무교육의 확대시행과 더불어 공영화하는 방안을 추진한다. 그리고 공립학교 중 일부에 대해서도 자율운영학교로 전환하는 방안도 검토할 필요가 있다. 이 학교들에 대해서는 학교재정 가운데 일정부분만을 정부가 담당하고, 학교운영 전반에 걸쳐서 자율권을 인정하도록 한다.

일률적인 납입금 정책은 소득재분배를 오히려 저해할 가능성도 있으므로 같은 종류의 학교라 하더라도 학교여건, 학생의 특성 등에 따라 다양한 납입금 척도를 개발하여 적용하는 방안을 고려할 필요가 있다. 또한 입학금의 성격을 분명히 하여 특정학교 시설사용에 대한 반대급부로서 학교시설 확충비로 사용할 수 있도록 시·도교육비 특별회계에 편입하지 않고 학교교육비회계에 편성하여 운용할 수 있도록 한다.

그리고 저소득층이나 특수아동에 대해서는 학비감면이나 장학금을 확대하고, 납입금 이외에 생활비까지 지원할 수 있는 학비지원제도나 대여금제도 개선이 이루어져야 한다.

셋째, 학생납입금과 학교발전기금 간 기능분담을 고려하고, 발전기금을 적극 유치할 수 있는 다양한 노력을 전개한다. 학생납입금은 안정성이 높으므로 인건비와 운영비 등 경상경비로 활용하고, 기부금은 경상비보다는 자본적 투자에 활용될 수 있도록 한다. 건물, 설비와 같은 자본재 투자는 그 결과가 분명하고, 투자효과가 오래 지속되는 특성이 있으므로 기부금을 이러한 자본재에 투자하면 유치효과가 증대될 것이다.

대학의 경우, 활발한 산학협동, 지역사회봉사를 통하여 기업과 사회의 기부금을 유치하고, 연구 및 교육관련 서비스의 판매 등을 통하여 다양한 수익사업을 개발하며, 대학총장의 역할로 기부금·성금과 같은 재정유치활동이 중시되고 있다. 대학에 따라서는 이와 관련된 별도 부처, 예를 들어 대학협력처를 설치하기도 한다. 초·중등학교에서는 대학과 같은 유치활동을 전개하기는 어려우나, 각종 수익자 부담 교육프로그램을 개발·시행하고, 유휴 시설물 임대나 대여 등을 통하여 다양한 수익사업을 시도할 필요가 있다. 또한, 지역사회와 학부모의 적극적인 기부문화 조성을 위한 학교장의 노력이 요구되며, 조성된 발전기금을 투명하고 효율적으로 사용하여 지역사회에 기여하는 학교로서 책무성을 다해야 한다.

학부모부담경비의 실태와 과제

기획재정부에서 발표한 '2011~2015년 국가재정운용계획'에 따르면, 교육분야 투자계획은 2011년 41.2조 원에서 2015년 56.0조 원으로 연평균 8.0%씩 늘어날 전망이다(기획재정부, 2011). 교육분야별로는 고등교육에 대한 투자가 2011년 4조 9,770억 원에서 2015년에는 5조 9,230억 원(연평균 증가율 4.4%)으로 늘어나고, 초·중등교육에 대한 투자는 2011년 35조 4,820억 원에서 2015년에 49조 5,000억 원(연평균증가율 8.7%)으로 확대될 전망이다. 이러한 교육분야의 국가재정투자규모 증가는 교육분야에 대한 관심과 투자의 필요성이 증대하였기 때문이라기보다는 세수증대 및 경기회복세 등의 영향으로 「지방교육재정교부금법」에 따라 재원으로 확보되는 지방교육재정교부금이 증대하기 때문이라고 보는 것이 타당할 것이다.

지난 5년간 교육분야에 대한 재정투자 추이를 살펴볼 때, 2006년 28조 9,892억 원에서 2007년 31조 1,521억 원, 2008년 35조 9,627억 원, 2009년 36조 8,901억 원, 2010년 38조 2,507억 원으로 연평균 7.3% 정도 증가하였고(교육과학기술부, 2011), 향후 5년간 교육분야 재정투자 규모는 연평균 8.0% 증가할 예정이다. 이는 과거 5년 동안의 교육분야에 대한 재정투자 연평균 증가율 7.3%보다 높은 것이다. 또한, 향후 5년간 국가재정 총지출 연평균 증가율이 4.8%임을 감안하여 볼 때 교육에 대한 공적 투자는 타분야(R&D, 산업·중소기업·에너지, SOC, 농림수산식품, 사회복지·보건, 문화·체육·관광, 환경, 국방, 외교·통일, 공공질서·안전 등)에 비해 그 증가폭이 크다. 그러나 이와 같은 교육에 대한 공공재정의 투자 확대에도 불구하고 여전히 우리나라는 OECD 국가와 비교하였을 때, 공교육에 대한 민간부담 특히 가계 부담이 매우 높은 실정이다. 2008년 기준 우리나라 공교육비 중 민간재원 부담률은 40.4%(가계부담 29.5%, 기타민간부담 10.9%)로 OECD 국가평균 16.5%에 비해 2.4배나 높은 것으로 나타났다. 교육에 대한 공적 투자의 꾸준한 증가에도 불구하고 가계지출비중(학부모부담)이 적지 않다. 실제로 우리나라 학생1인당 공교육비가 2001년 $5,035(미국달러의 ppp환산액)에서 2008년 $7,434로 47.6% 증가하였지만, 공교육에 대한 민간재원 가계지출 비중은 2001년 32.1%에서 2008년 29.5%로 약 2.6% 정도만 감소하였다. 이와 같은 현황을 볼 때, 공적투자의 확대가 공교육비에 대한 학부모 부담을 덜어주지는 못한 것으로 판단된다.

그동안 교육비에 대한 학부모 부담 교육비 경감의 필요성 제기와 노력은 꾸준히 이루어져 왔다. 그러나 학부모 부담 경감 논의는 주로 사교육비에 초점을 두고 그 방향과 대책들이 제안 또는 시행되어 왔으므로, 초·중등학교교육을 위해 부담하고 있는 학부모 부담 경비에 대한 개선 노력은 관심의 대상에 포함되지 않았으며, 지금도 여전히 학부모 부담 교육비 경감 논의의 핵심은 사교육비와 대학등록금에 집중되어있다. 따라서 이제는 초·중등학교교육을 위한 학부모 부담 경비에 대해서, 과거의 열악한 교육재정의 한계 때문에 재정 부담을 학부모에게 부과하였던 관행을 그대로 지속해가는 것이 타당한지와 현재 학부모들이 부담하고 있는 교육비가 적절한지에 대한 논의가 이루어져야 할 시점이 되었다.

이 절에서는 초·중등학교교육을 받기 위해 학부모들이 부담하고 있는 경비의 실태와 과제를 살펴보기 위하여 주로 이선호(2012)의 논문에서 발췌·수정하여 제시하고자 한다.

■ 공교육에서의 학부모 부담 경비

1) 학부모 부담 경비의 성격

학부모 부담 경비는 학교교육을 위해 필요한 경비 중 학부모가 부담하는 경비를 말한다(김병주, 2007). 현재 학교교육을 위해 학부모가 부담하고 있는 경비의 종류는 입학금과 수업료, 학교운영지원비, 수익자 부담 경비 등이 있다.

법령	내용
초·중등교육법	제10조(수업료등) ① 학교의설립·경영자는 수업료 기타 납부금을 받을 수 있다. ② 제1항의 규정에 따른 수업료 기타 납부금의 징수 등에 관하여 필요한 사항은 국립학교에 있어서는 교육과학기술부령으로 정하고, 공립 및 사립학교에 있어서는 특별시·광역시 또는 도(이하 "시·도라 한다)의 조례로 정한다. 이 경우 국민의 교육을 받을 권리를 본질적으로 침해하는 내용을 정하여서는 아니 된다. 제30조의2(학교회계의 설치) ① 국·공립의 초등학교·중학교·고등학교 및 특수학교에 학교회계를 설치한다. ② 학교회계는 다음 각호의 수입을 세입으로 한다. 〈개정 2005.3.24〉 1. 국가의 일반회계 또는 지방자치단체의 교육비특별회계로부터의 전입금 2. 제32조제7호의 학교운영지원비 3. 제33조의 학교발전기금으로부터의 전입금 4. 제10조의 규정에 의한 수업료 기타 납부금 및 학교운영지원비외에 학교 운영위원회의 심의를 거쳐 학부모가 부담하는 경비 5. 국가 또는 지방자치단체의 보조금 및 지원금 6. 사용료 및 수수료 7. 이월금 8. 물품매각대금 9. 기타수입

※ 출처: 이선호, "학교(공)교육에 대한 학부모 부담경비의 방향과 과제", 한국교육재정경제학회, 2012, p.107.

표 8-2에서 보면, 「초·중등교육법」 제30조의 2 제2항 제4호에 따르면 수업료의 납부금 및 학교운영지원비 외에도 학교운영위원회의 심의회를 거쳐 학부모가 부담하는 경비를 학교회계 세입으로 포함하였다, 그리고 이를 「공립 초·중등학교 회계규칙」 제14조 제2항에 따르면 이를 수익자부담 경비라 칭하고 있다.

제정에서 일반적으로 수익자 부담금이라 하면 국가 또는 공공단체가 특정한 공익사업을 행함에 있어서 그 공익사업과 '특별한 관계'에 있는 자에 대하여 그 사업에 소요되는 경비의 전부 또는 일부를 충당하기 위하여 과하는 공법상의 금전급부의무(金錢給付義務)로 '특별한 관계'와 관련하여 그 사업에 의하여 '특별한 이익'을 받는 자에게 그 받는 이익의 범위 내에서 과하는 부담금의 경우 수익자부담이라 한다(이호룡, 1997). 이렇게 부과하게 되는 수익자부담의 원칙을 인정하게 되는 논리적 근거는 특별한 서비스를 이용한 사람은 이용한 만큼의 재정적 부담을 져야 한다는 것으로 다음과 같은 몇 가지 점에서 그 타당성이 인정되고 있다(이준구, 2001).

첫째, 조세부담률이 상당히 높다는 인식과 자치단체의 자율적 세수 증대 노력이 용이하지 않는 상황에서 수익자부담은 조세저항을 극복하고 세수를 증대시킬 수 있는 좋은 방안이다. 즉, 재정수요와 존재가 곧바로 과중한 조세부담과 직결되지 않다는 점에서 조세부담에 대한 중압감이나 증세에 따른 정치적 제약을 완화시킬 수 있다.

둘째, 자원의 효율적 배분과 공공서비스의 형평성 있는 분배가 가능하다. 이론상 특정 개인에게 편익이 주어짐에도 불구하고 그 서비스 공급을 위한 비용을 조세에 의존하여 무상으로 행정서비스를 제공하게 되는 경우에는 그만큼 다른 행정이 위축될 뿐만 아니라 사용자는 서비스와 조세부담 사이에 직접적인 관계가 있다는 것을 분명하게 인식하지 못하게 되어 개인의 소비를 증가시켜 자원의 낭비를 초래할 우려가 있다. 그러나 수익자부담원칙이 적용되면 사용량과 자기부담이 직접적으로 연결되어 사용자는 편익과 부담의 균형을 생각하므로 행정서비스의 양적 수준이 가격의 논리에 따라 사용자의 선호에 가장 합치되게 됨으로써 자원의 효율적 배분이 이루어질 수 있다.

셋째, 공공서비스의 수요와 공급을 적정하게 산출할 수 있다. 서비스 수혜자가 자신이 받는 편익과 비용을 직접 연계시킴으로써 스스로 수요를 억제하고 자신에 맞는 수요를 요구할 것이며, 이에 따라 지방공기업의 관리자는 공급해야 할 서비스의 적정규모를 파악할 수 있다.

넷째, 소비자의 선택범위를 확대시켜 줄 수 있다. 즉 새로운 서비스 공급을 조세에 의하기 보다는 수익자부담에 따라 행한다면 지불할 의사가 없는 사람과 수혜를 받지 않아도 되는 사람을 구분해 낼 수 있기 때문에 소비자들의 선택범위를 확대시킬 수 있다.

수익자부담원칙의 적용은 각자가 받게 되는 편익과 비용부담과의 관계를 명확히 해줄 뿐 아니라 일반세에 비해 국민의 부담감이 감소되므로 세입의 조달이 쉽고 공공서비스의 낭비를 억제하여 재정배분 효율을 높일 수 있겠으나, 수익자부담원칙은 소득수준의 높고 낮음에 상관없이 적용되기 때문에 역진적인 부담구조를 초래할 우려가 있으며, 능력성의 관점에서는 소득분배에 바람직하지 못한 영향을 미치게 될 것이다. 그렇기 때문에 심정근(1997)은 지나친 수익자부담원칙의 확대는 경제적 약자에 대한 서비스 제공의 기회를 박탈할 가능성이 있기 때문에 소득재분배를 악화시킬 가능성이 있다는 것을 경계하여야 한다고 한다.

과거 교육재정이 부족한 때부터 시작되어 관행처럼 이어지고 있는 학교교육에 대한 학부모 부담 경비(학교운영지원비와 수익자 부담경비)가 과연 위와 같은 수익자부담원칙 적용이 적절한 것인가, 그리고 자칫 학부모의 부담능력이 의무교육단계인 초 · 중학교의 교육서비스

질과 선택에 영향을 미치고 있는 것은 아닌지에 대한 논의가 필요하다. 과거의 관행대로 기본적이고 핵심적인 학교교육활동임에도 불구하고 비용부담에 대한 저항이 상대적으로 작은 활동 등을 중심으로 학부모에게 교육비부과를 한 것이라면 분명 개선되어야 한다.

2) 학부모 부담 경비의 비율

2011년 OECD 교육지표 조사결과에 의하면, 우리나라 학부모들의 교육비 부담은 OECD 국가와 비교하였을 때 여전히 매우 높은 것으로 나타났다. 이 조사결과는 공교육비에 대한 민간부담 교육비를 비교하기 위한 것이기 때문에 사교육비를 포함하였을 경우에는 훨씬 더 높아질 것이다 표 8-3의 OECD 국가들의 교육단계별 공교육비 부담주체별 상대적 비율을 살펴보면, 2008년 현재 우리나라 유아교육단계의 공교육비 중 민간재원 부담률은 54.5%, 초·중등교육 22.2%, 고등교육 77.7%로 OECD 국가 중에서 거의 최고수준이다. 초·중등교육단계의 경우에는 OECD 국가평균 9.0%에 비해 2.5배나 높은 것이며, 민간재원 중 가계부담 역시 19.3%로 다른 OECD 국가(미국의 8.0%, 일본의 7.6%, 영국의 10.6%)에 비해 학교교육에 대한 가계 부담이 높은 것으로 나타났다.

표 8-3 교육단계별 공교육비 부담 주체별 공교육비의 상대적 비율(2008)

(단위: %)

국가명	유아교육				초·중등·비고등교육				고등교육			
	공공재원	민간재원			공공재원	민간재원			공공재원	민간재원		
		소계	가계지출	기타민간지출		소계	가계지출	기타민간지출		소계	가계지출	기타민간지출
OECD평균	81.5	18.5	−	−	91.0	9.0	−	−	68.9	31.1	−	−
한 국	45.5	54.5	52.1	2.4	77.8	22.2	19.3	2.9	22.3	77.7	52.1	25.6
미 국	79.8	20.2	20.2	−	92.0	8.0	8.0	−	37.4	62.6	41.2	21.5
영 국	84.5	15.5	15.5	−	77.9	22.1	10.6	11.5	34.5	65.5	51.5	14.0
일 본	43.5	56.5	38.8	17.7	90.0	10.0	7.6	2.4	33.3	66.7	50.7	16.0
프 랑 스	94.0	6.0	5.9	−	92.3	7.7	6.1	1.6	81.7	18.3	9.6	8.7
독 일	73.5	26.5	−	−	87.1	12.9	−	−	85.4	14.6	−	−
호 주	44.5	55.5	55.1	0.4	81.7	18.3	15.1	3.2	44.8	55.2	39.8	15.4
핀 란 드	90.5	9.5	−	−	99.0	1.0	−	−	95.4	4.6	−	−

표 8-4 학생 1인당 공교육비 변화(2001~2008)

[단위: 미국달러의 구매력지수(ppp) 환산액]

연도	전체		초등교육		중등교육		고등교육	
	OECD평균	한국	OECD평균	한국	OECD평균	한국	OECD평균	한국
2001	6,190	5,035	4,850	3,714	6,510	5,159	10,052	6,618
2002	6,687	5,035	5,313	3,553	7,002	5,882	10,655	6,047
2003	6,827	5,733	5,450	4,098	6,962	6,410	11,254	7,089
2004	7,061	5,994	5,832	4,490	7,276	6,761	11,100	7,068
2005	7,527	6,212	6,252	4,691	7,804	6,645	11,512	7,606
2006	7,840	6,811	6,437	4,935	8,006	7,261	12,336	8,564
2007	8,216	7,325	6,741	5,437	8,267	7,860	12,907	8,920
2008	8,831	7,434	7,153	5,420	8,972	7,931	13,717	9,081

※ 출처: "OECD지표". 한국교육개발원. 2011.

표 8-4의 학생 1인당 공교육비 변화(2001~2008)을 보면, 학생 1인당 공교육비가 2001년 기준 $5,035[미국달러의 구매력지수(ppp)환산액]에서 2005년 $6,212, 2008년 $7,434로 꾸준히 증가하였다.

교육단계별로 보면, 초등교육단계는 2001년($3,714) 대비 2008년($5,420) 45.9% 증가하였고, 중등교육단계는 53.7%(2001년 $5,195→2008년 $7,931) 증가하였다. 그러나 표 8-5에 나타난 바와 같이, 공교육비 중 민간재원 부담 비율이 2001년 23.8%, 2005년 23.0%, 2008년 22.2%(가계부담은 2001년 20.9% → 2005년 18.2%→2008년 19.3%)로 학생 1인당 공교육비의 증가가 공교육비에 대한 민간부담을 줄이는데 직접적인 영향을 미치지 못하였음을 알 수 있다. 다시 말해, 공교육비에 대한 재원부담은 공공재원과 민간재원 특히 가계지출을 동반 상승하게 하였다.

이와 같은 공교육에 대한 학부모 부담은 표 8-6의 통계청 사회통계조사 결과로도 확인할 수 있다. 2010년 한국의 사회지표 중 교육비 부담에 대한 인식 및 부담요인조사 결과, 교육비가 부담된다고 응답한 학부모는 전체 78.4%나 되었고, 이 중 가장 많은 부담요인으로는 보충교육비(67.8%)를 꼽고 있지만, 학교납입금이 부담요인이 된다고 응답한 학부모도 28.7%로 결코 낮은 비율이라 보기 어렵다.

표 8-5 한국의 교육단계별 공교육비 부담 주체별 공교육비 상대적 비율변화(2001~2008)

(단위: %)

연도	전체				유아교육				초·중등·비고등교육				고등교육			
	공공재원	민간재원			공공재원	민간재원			공공재원	민간재원			공공재원	민간재원		
		소계	가계지출	기타민간지출		소계	가계지출	기타민간지출		소계	가계지출	기타민간지출		소계	가계지출	기타민간지출
2001	57.1	42.9	32.1	10.9	48.7	51.3	49.4	0.3	76.2	23.8	20.9	3.0	15.9	84.1	58.1	26.0
2002	58.3	41.7	33.7	8.0	31.8	68.2	65.1	3.2	77.4	22.6	20.8	1.7	14.9	85.1	63.8	21.3
2003	60.0	40.0	32.0	8.1	31.7	68.3	65.7	2.5	79.3	20.7	19.1	1.6	23.2	76.8	56.7	20.7
2004	60.5	39.5	30.1	9.4	37.9	62.1	59.6	2.5	79.5	20.5	17.8	2.7	21.0	79.0	55.6	23.3
2005	58.9	41.1	29.6	11.6	41.1	58.9	55.8	3.1	77.0	23.0	18.2	4.7	24.3	75.7	52.1	23.6
2006	58.8	41.2	31.5	9.6	46.3	53.7	51.5	2.3	77.6	22.4	20.6	1.8	23.1	76.9	52.8	24.0
2007	57.6	42.4	30.8	11.5	49.7	50.3	47.7	2.6	77.8	22.2	20.1	2.1	20.7	79.3	52.8	26.5
2008	59.6	40.4	29.5	10.9	45.5	54.5	52.1	2.4	77.8	22.2	19.3	2.9	22.3	77.7	52.1	25.6

※ 출처: "OECD지표". 한국교육개발원. 2011.

표 8-6 교육비 부담에 대한 인식 및 부담요인

(단위: %)

구분		교육비 부담에 대한 인식			부담요인				
		부담안됨	보통	부담됨	학교납입금	보충교육비	교재비	자취비기숙사비	잡부금및 기타
지역	전국	5.0	16.6	78.4	28.7	67.8	0.8	2.3	0.4
	동	4.9	16.4	78.8	28.9	68.0	0.7	2.0	0.5
	읍면	5.8	17.6	76.6	27.9	67.1	1.0	4.0	0.1
학력	초졸 이하	6.8	12.4	80.8	51.7	41.4	2.8	3.7	0.4
	중졸	4.2	10.9	85.0	56.1	39.2	0.7	4.0	–
	고졸	4.5	14.4	81.0	30.7	66.1	0.8	1.8	0.6
	대졸이상	5.5	19.8	74.7	19.8	77.0	0.6	2.4	0.3

※ 출처: "2010 한국의 사회지표". 통계청. 2010.

❷ 학부모 부담 학교교육비 분석

1) 현행 학부모 부담 경비

현행 교육재정 구조 속에서 초·중등학교 교육에 대한 학부모부담 경비는 크게 교육비특별회계의 입학금 및 수업료, 학교회계의 학교운영지원비와 수익자부담 경비에 해당하는 선택적 교육수입(급식비, 우유대금, 기숙사비 등, 현장체험학습비, 수련활동비, 청소년단체활동비, 교류학습활동비, 방과후학교교육활동비, 졸업앨범비, 교과서대금, 통학차량비, 기타교육활동비 등) 등으로 구분할 수 있다.

표 8-7 교육비특별회계 및 학교회계 재원별 세입 결산 현황(2009)

(단위: 억 원)

교육비특별회계		학교회계			
		국·공립학교		사립학교	
세입계	481,294	세입계	124,900	세입계	90,313
중앙정부이전수입	309,661	일반회계전입금	417	사용료및수수료	12,882
지방교육재정교부금	305,739	교육비특별회계	65,326	전입금	1,528
국고보조금	3,922				
지방자치단체이전수입	76,549	학부모부담수입	43,998	원조보조금	56,096
지방교육세전입금	47,441	초등학교	19,886	이월금	2,143
담배소비세전입금	5,804	중학교	11,260	과년도수입	75
시도세전입금	15,523	고등학교	12,813		
학교용지일반회계부담금	3,259	특수학교	27	기부금	42
비법정이전수입	4,522	기타학교	12	차입금	66
교육비특별회계부담수입	72,035				
교수·학습활동수입	11,137	자체수입	1,594	적립금	108
행정활동수입	204			학교운영지원비	16,911
자산수입	3,082			초등학교	730
이자수입	2,185	과년도수입	19	중학교	2,747
잡수입등	401	학교발전기금	84	고등학교	13,309
기타	55,027				
지방교육채	21,384	보조금및지원금	7,052	특수학교	39
교부금부담	21,334	이월금	6,411	기타학교	86
자체부담	50				
주민(기관 등)부담금등 기타	1,664			잡수입	460

※ 출처: "2010지방교육재정분석 종합보고서", 한국교육개발원, 2010.
　　　　"교육통계연보", 교육과학기술부·한국교육개발원, 2011.

표 8-7을 보면, 2009년 결산기준 교육비특별회계 및 학교회계 세입 중 학부모 부담 교육비 규모는 7조 2,046억 원이었다. 이는 학부모가 부담하는 입학금 및 수업료에 해당하는 교육비특별회계 교수·학습활동비 1조 1,137억 원, 국·공립학교회계 학부모 부담수입(학교운영지원비와 수익자 부담경비) 4조 3,998억 원, 사립학교 교비회계 학교운영지원비(학교운영지원비와 수익자 부담경비) 1조 6,911억 원을 합한 금액이다.

표 8-8 학교회계 재원별 세입예산체계

장관항목	내용
이전수입	
국고보조금	
지방자치단체이전수입	
비법정이전수입	광역자치단체전입금, 기초자치단체전입금
교육비특별회계이전수입	
학교회계전입금수입	기본운영비전입금, 목적사업비전입금
사립학교보조금수입	재정결함보조금(인건비재정결함보조금, 운영비재정결함보조금), 목적사업비보조금
사학법인이전수입	법인기본운영비, 법인법정부담금, 법인목적사업비
학교회계간이전수입	
같은학교이전수입	학교발전기금전입금, 학교기업회계전입금, 학교내타회계전입금
다른학교이전수입	다른학교회계전입금
기타이전수입	민간이전수입(국고 및 지자체부담금을 제외한 기타기관부담금 수입)
자체수입	
교수학습활동수입	
기본적교육수입	입학금, 수업료, 지난년도입학금, 지난년도수업료, 학교운영지원비
선택적교육수입	
기숙사 및 급식	급식비, 우유대금, 기숙사비
단체활동에 관한 수입	현장체험학습비, 수련활동비, 청소년단체활동비, 교류학습활동비, 방과후학교교육활동비, 유치원종일반운영비
기타선택적교육수입	졸업앨범대금, 교과서대금, 통학차량비, 기타교육활동비
행정활동수입	사용료 및 수수료 수입
자산수입	자산임대수입, 자산매각대(토지매각, 건물매각, 기계장치매각, 기타유형자산매각, 무형자산매각)
이자수입	이자수입
적립금수입	적립금처분수입, 적립금이자수입
금융자산회수	보증금회수
잡수입	제재금수입(변상금, 위약금, 연체료, 기타제재금수입), 잡수입(생산물매각대, 동식물매각대, 기타잡수입), 과년도수입
기타	전년도이월금(순세계잉여금, 보조금사용잔액, 이월금(명시, 사고, 계속비이월)

※ 출처: 이선호, 전게논문. 2012.

2) 학교회계 세입에서 학부모 부담 경비

여기서는 입학금 및 수업료를 제외한 학교수준에서의 학교교육을 위해 지불하고 있는 학부모 부담 경비 실태 및 현황을 분석하고자 한다. 표 8-8에서 보면, 학교회계 재원별 세입구조는 크게 이전수입(지방자치단체이전수입과 교육비특별회계이전수입, 학교회계 간 이전수입, 기타 이전수입), 기타 이월금 수입으로 구분할 수 있다. 여기서 학부모가 부담하고 있는 비용은 학교회계 간 이전수입 중 학교발전기금에서 전입되는 비용의 일부와 교수·학습활동수입액 등이다. 이 분석에서는 학교발전기금전입금은 제외하고 교수·학습활동수입만을 분석하였다. 교수·학습활동수입은 기본적 교육수입의 학교운영지원비와 급식비 및 체험학습비, 방과후학교교육활동비 등의 선택적 교육수입으로 나뉜다.

표 8-9 공립학교 학교회계 세입 구성비

(단위: %)

구분		이전수입			자체수입		기타
		지방자치단체 이전수입	교특회계 이전수입	기타 이전수입	교수학습 활동수입	기타 자체수입	이월금 수입
초등학교	소계	4.2	65.9	1.2	23.6	0.9	4.2
	대도시	4.6	52.2	0.7	37.7	1.2	3.7
	중소도시	5.3	58.3	0.8	30.9	0.9	3.8
	읍지역	4.1	74.6	1.1	15.2	0.8	4.3
	면지역	3.4	83.1	2.3	6.0	0.6	4.6
	도서벽지	2.8	83.2	1.8	5.7	0.8	5.8
중학교	소계	3.4	57.5	0.9	32.5	1.0	4.7
	대도시	3.1	45.3	0.4	45.6	1.3	4.2
	중소도시	4.1	49.5	0.7	40.5	1.1	4.2
	읍지역	3.4	62.9	1.6	27.1	0.7	4.2
	면지역	3.2	78.3	1.6	10.5	0.5	5.9
	도서벽지	4.1	78.9	1.7	10.0	0.6	4.7
일반고	소계	4.8	38.0	1.3	49.2	1.4	5.3
	대도시	3.5	30.2	0.5	59.7	1.7	4.4
	중소도시	3.2	34.6	0.6	53.8	1.3	4.5
	읍지역	7.1	42.2	2.5	39.4	0.9	7.9
	면지역	5.8	59.9	3.8	23.6	0.8	6.1
	도서벽지	7.1	61.9	3.1	18.9	0.9	8.1
전체	소계	4.0	60.9	1.2	28.5	1.0	4.4
	대도시	4.0	47.7	0.6	42.5	1.3	3.9
	중소도시	5.0	53.2	0.8	36.0	1.0	4.0
	읍지역	4.2	67.8	1.4	21.1	0.8	4.7
	면지역	3.4	80.8	2.2	8.0	0.6	5.0
	도서벽지	3.5	80.2	1.9	7.9	0.7	5.7

※ 출처: 이선호, 전게논문. 2012.

표 8-9의 학교회계 세입 재원별 구성비를 살펴보면, 교육비특별회계이전수입이 60.9%로 가장 많았고, 학부모가 부담하는 학교운영지원비와 수익자 부담경비 등이 포함된 교수·학습활동 수입이 28.5%로 높았고, 이어 이월금 수입 4.4%, 지방자치단체이전수입 4.0%, 기타이전수입 1.2%, 기타자체수입 1.0% 순이었다. 학부모 부담 경비라 할 수 있는 교수·학습활동 수입의 경우 학교급이 올라갈수록(초등학교 23.6%, 중학교 32.5%, 일반고 49.2%), 읍·면·도서벽지 지역보다 대도시·중소도시의 경우가 학부모 부담 경비 비율이 높은 것으로 나타났다.

표 8-10 공립학교 학교회계 세입 중 학부모 부담 경비 구성비

(단위: %)

| 구분 | | 전체 | 기본적교육수입 | 선택적교육수입 | | | |
| | | | 학교운영지원비 | 기숙사 및 급식비 | 단체활동에 관한 수입 | | 기타 선택적 교육수입 |
					방과후학교 교육활동비포함	방과후학교 교육활동비제회	
초등학교	소계	23.6	–	13.2	9.8	3.6	0.6
	대도시	37.7	–	20.2	16.6	5.7	0.9
	중소도시	30.9	–	18.9	11.3	4.2	0.7
	읍지역	15.2	–	8.1	6.5	2.7	0.5
	면지역	6.0	–	3.8	2.0	1.0	0.2
	도서벽지	5.7	–	3.8	1.7	1.0	0.2
중학교	소계	32.5	6.9	18.7	6.1	3.6	0.8
	대도시	45.6	10.3	25.3	8.9	4.9	1.1
	중소도시	40.5	8.2	24.6	6.7	4.5	1.0
	읍지역	27.1	5.3	16.0	5.1	3.5	0.7
	면지역	10.4	1.6	6.8	1.7	1.3	0.3
	도서벽지	10.0	1.7	6.2	1.8	1.1	0.3
일반고	소계	49.2	8.8	25.9	11.8	3.7	2.7
	대도시	59.7	11.2	30.2	15.1	4.6	3.2
	중소도시	53.8	8.6	29.3	13.0	3.9	2.9
	읍지역	39.4	6.0	23.0	8.5	2.7	1.9
	면지역	23.6	4.7	13.1	3.9	1.9	1.9
	도서벽지	18.9	3.5	10.4	3.8	1.1	1.2
전체	소계	28.5	2.7	15.9	9.0	3.6	0.9
	대도시	42.5	4.3	22.8	14.2	5.3	1.2
	중소도시	36.0	3.1	21.6	10.3	4.2	1.0
	읍지역	21.1	2.1	11.9	6.4	2.9	0.7
	면지역	8.0	0.6	5.0	2.0	1.1	0.3
	도서벽지	7.9	0.7	5.0	1.9	1.1	0.3

※ 출처: 이선호, 전게논문, 2012.

표 8-10에서는 공립학교 학교회계 세입 중 학부모 부담 경비 구성비 분석 결과를 제시하였다. 초·중·일반고 전체를 놓고 보았을 때, 학교회계 세입 결산액 대비 학부모 부담 경비가 차지하는 비중이 28.5%였고, 학교급별로는 초등학교가 세입결산액 대비 학부모 부담 경비 비중이 23.6%, 중학교 32.5%, 일반고 49.2%로 학교급이 높아질수록 학부모 부담이 늘어났다. 이러한 원인은 학교운영지원비 부담과 방과후학교교육활동비(보충학습비) 등 때문인 것으로 여겨진다.

표 8-11 공립학교 학교회계 학생당 학부모 부담 수입액

(단위: 원)

구분		분석 학교수	학생당 학교회계세입액	학생당학부모부담수입		
				평균	최대	최소
초등학교	소계	5,751	4,472,906	535,553	2,047,602	–
	대도시	2,339	2,142,966	702,871	2,047,602	106,985
	중소도시	850	2,512,732	593,548	1,178,021	93,001
	읍지역	632	4,237,930	414,919	1,121,218	–
	면지역	1,559	7,800,821	333,732	1,675,858	–
	도서벽지	371	10,069,036	401,391	1,878,313	–
중학교	소계	2,463	3,541,847	717,182	2,402,454	–
	대도시	1,129	1,990,105	850,803	1,641,608	26,355
	중소도시	343	2,044,345	738,029	1,250,107	70,966
	읍지역	267	3,008,250	685,552	1,528,869	103,409
	면지역	584	6,612,071	519,554	2,402,454	–
	도서벽지	140	7,934,852	473,256	1,359,419	–
일반고	소계	882	3,911,617	1,498,838	4,336,354	–
	대도시	443	2,688,202	1,529,368	2,721,386	679,668
	중소도시	163	3,179,899	1,635,455	2,980,809	840,820
	읍지역	119	4,477,079	1,635,323	3,195,819	753,976
	면지역	107	5,951,344	1,156,337	4,336,354	202,682
	도서벽지	50	11,425,662	1,191,096	2,231,486	–
전체	소계	9,096	4,166,370	678,140	4,336,354	–
	대도시	3,911	2,160,598	839,193	2,721,386	26,355
	중소도시	1,356	2,474,451	755,339	2,980,809	70,966
	읍지역	1,018	3,943,366	628,561	3,195,819	–
	면지역	2,250	7,404,321	421,082	4,336,354	–
	도서벽지	561	9,657,353	489,709	2,231,486	–

※ 주: 학생당학부모부담수입 = (학교운영비 + 선택적교육수입) / 학생수.
　　선택적교육수입 = 기숙사 및 급식, 단체활동에 관한 수입, 기타선택적교육수입.
※ 출처: 이선호, 전게논문, 2012.

표 8-11의 공립학교 학교회계 학생당 학부모 부담수입액을 살펴보면, 초등학교의 경우 536천 원, 중학교 717천 원, 일반고 1,499천 원이었다. 급지별로 살펴보면, 초등학교의 경우 대도시 학생 1인당 학부모 부담 경비가 703천 원으로 가장 많았고, 중소도시 593천 원, 읍지역 414천 원, 면지역 333천 원, 도서벽지 401천 원인 것으로 나타났다. 중학교의 경우에도 이와 유사하게 대도시 학생 1인당 학부모 부담 경비가 850천 원, 중소도시 738천 원, 읍지역 685천 원, 면지역 519천 원, 도서벽지 473천 원이었다. 일반고의 경우에는 대도시 학생 1인당 학부모 부담 경비가 1,529천 원, 중소도시 1,635천 원, 읍지역 1,635천 원, 면지역 1,156천 원, 도서벽지 1,191천 원으로 나타났다. 초등학교의 경우 도서벽지 학생 1인당 학부모 부담 경비가 면지역보다 높은 이유는 급식비 부담이 높았기 때문인데, 이는 학교규모의 영향 때문인 것으로 판단된다. 일반고의 경우 대도시보다 중소도시와 읍지역 학생 1인당 학부모 부담 경비가 높은 것은 기숙사 운영 등으로 기숙사 및 급식비 부담이 높기 때문인 것으로 판단된다.

❸ 학부모 부담 경비의 개선과제

정부는 초·중등학교 학생수의 지속적인 감소로 교육재정운용에 여력이 발생할 것으로 예측하고, 누리과정 도입에 따른 유아·보육지원 소요예산을 지방교육재정교부금을 통해 재정지원을 하도록 결정하였다. 현재의 추세라면 누리과정의 소요예산은 매년 증가하여 2015년에는 4조 4,549억으로 확대될 것으로 예측되며, 동년의 지방교육재정교부금 49조 4천억 원의 9.0% 수준에 달하는 규모가 될 것이다. 비록 기획재정부에서는 내국세 수입의 증대로 인해 지방교육재정의 여력이 있다고 보지만, 누리과정의 막대한 재정소요를 지방교육재정교부금에서 부담하게 되면 상대적으로 초·중등교육의 질 개선을 위한 투자는 위축될 수밖에 없을 것이며, 그렇게 되면 공교육비에서 학부모들이 부담하는 과도한 경비는 계속해서 경감되기 어려울 것이다. 따라서 여기서는 OECD 평균보다 훨씬 높은 학부모 부담 경비를 줄여주기 위한 개선과제를 선정하고 이에 대한 논의를 전개하고자 한다.

첫째, 교육재정 투자의 우선순위결정에서 교육핵심서비스를 최우선시 해야 한다. 복지에 대한 국민적 관심과 지원에 힘입어 복지는 가장 중요한 정치적 이슈가 되었으며, 선출직의 지방자치단체장과 교육감들도 방과후학교교육활동비 지원, 급식비 지원, 교복비 지원 등 지역주민의 지지를 얻는데 효과적인 복지지원정책들을 계속해서 제시하고 있고 그 지원범위와 규모를 확대하고 있다. 그러나 현재의 초·중등교육비 부담구조 속에서 교육재정투자의 우선순위가 무엇이 되어야 하는지에 대한 검토 없이 홍보용의 복지지원정책들을 쏟아낸다면, 교육의 질적 제고는 기대하기 어려울 것이다.

교육재정 투자의 우선순위에서 고려되어야 할 부분의 하나는 **교육핵심서비스(educational core services)**인가 **부가서비스(ancillary services)**인가에 대한 고찰에서 출발하여야 한다. 다시 말해서, 급식, 기숙사, 통학 등의 부가서비스보다 교수·학습활동에 직접적인 영향을 주는 교육핵심서비스 투자가 우선되어야 한다는 것이다.

학교의 기본적 교육활동은 교과·특별·재량·체험활동으로 구성되어 있으며, 이중에서 체험활동은 주요재원이 학부모가 부담하는 수익자부담 경비로 이루어진다. 학교에서 기본적 교육활동의 하나로 운영되는 체험활동에는 수련활동, 수학여행, 현장체험학습, 답사 등이 포함되어 있고, 이들 활동이 학부모들의 수익자부담 경비로 운영되는 대표적인 교육활동이다. 체험활동은 교육과정에 포함되어 있으므로 정부의 공교육비지원을 통해 운영되어야 함에도 불구하고 수익자부담 경비로 책정되어 전적으로 학부모들이 부담함으로써 학부모의 부담능력에 따라 지역 간·학교 간·학생 간 교육활동의 격차가 발생하며 저소득층 가계에는 상당한 교육비부담이 되고 있다.

기본적 교육활동의 운영에 필요한 경비부담 외에도 학부모가 부담하는 경비에는 급식비, 방과후학교교육활동비, 청소년단체활동비, 졸업앨범비 등이 있다. 방과후학교교육활동비와 청소년단체활동비 등은 학생의 참여 선택에 따라 부과되는 비용이므로 이를 수익자가 부담하는 것에 대한 논란은 거의 없지만, 정규수업 시간 내에 이루어지고 대부분의 학생들이 선택하고 있는 급식비에 대해서는 논란이 많다.

따라서 기본적 교육활동에 속하는 수련활동, 수학여행, 현장체험학습, 답사 등은 교육핵심서비스이므로 수익자부담 원칙을 학부모들에게 부담시키는 관행은 중단해야 하며, 기본적 교육활동은 무상의무교육의 범위에 포함시켜 정부에서 재정지원을 해야 한다. 기본적 교육활동경비를 학부모에게 수익자부담 경비로 부담시키는 것은 의무교육을 무상으로 규정한 헌법과 의무교육의 부담을 국가 및 지방자치단체로 규정한 지방교육재정교부금법과 지방교육자치에 관한 법률에 위배되는 것이다. 즉, 교육재정의 여력이 발생한다면 최우선적으로 고려하여 지원해야 할 부분이 기본적 교육활동에 대한 학부모부담 경비이다.

둘째, 교육재정확충을 위한 외부재원 유치를 확대해 나가야 한다. 한정된 교육재정 속에서 학교교육에 대한 학부모부담 경비를 경감시키기 위해서는 외부자원과 재원을 유치하는 방법이 필요하다. 그 대안으로서는 교육기부의 활성화와 외부재원 유치를 확대하는 것이다.

초·중등교육에 있어 창의적 인재육성의 중요성을 강조하며 창의적 체험활동을 강화하려는 시점에서 현재와 같은 방식으로 체험활동을 유지할 경우 학교교육에 대한 학부모 부담은 더욱 증가할 수밖에 없다. 창의적 체험활동을 활성화하는 동시에 학부모의 부담을 경감시키기 위해서는 창의적 체험활동을 위한 교육기부를 활성화 시키는 방안이 모색될 필요가 있다. 기부에는 재능 기부나 노동력 제공 등의 인적기부, 돈이나 기자재, 시설 및 장소 등과 같은 물적 기부, 혹은 프로그램이나 콘텐츠 등과 같은 무형자산의 기부 등이 있다. 문제는 아직 사회적으로 교육기부에 대한 공감대 형성이 부족하고, 이전의 찬조금 물의와 같은 부정적 인식이 잔존하고 있으며, 기부금 관리의 투명성과 운영의 자율성이 정착되어 있지 않다는 점이다. 따라서 이러한 문제들을 해소하기 위한 지속적인 노력이 필요하다.

초·중등학교교육에 대한 학부모부담 경비의 경감을 위해서는 외부재원을 추가적으로 유치·확보하여 교육재정의 총량규모를 증대시키는 방법을 모색해야 한다. 이미 무상급식과 누리과정 정책이 시행되었고 이에 따른 상당한 예산소요가 예측되므로, 외부재원을 추가적으로 확보하지 못한다면 학부모부담 경비의 경감은 어려워질 수 있다. 다시 말해서 지방교육재정교부금에서 지출되는 무상급식과 누리과정 예산을 보완할 수 있는 재원신설을 위한 입법 활동 등의 다각적인 노력을 기울여 나가야 한다.

제9장

주요국의 교육재정제도

미국의 교육재정제도

연방정부는 **초중등교육법**(Elementary and Secondary Education Act)에 의해 주정부를 통해서 또는 직접적으로 교육재정을 지원한다. 주정부는 주헌법 및 주정부법에 의해 교육재정에 대하여 규정하고 있다. 예를 들어, 워싱턴 주의 교육재원 관련 주헌법 및 주정부법을 살펴보면, **주정부법[개정된 워싱턴법**(Revised Code of Washington), RCW) 84.52.053과 **주헌법 제7조 제2항[Article Ⅶ, Section 2(a)]**에 의해 학교구는 교육의 운영비와 교육의 자본적 경비에 필요한 재원을 확보하고자 재산세를 징수할 때 주민투표를 실시해야 한다. 그리고 전체 주민의 60% 이상이 투표에 참여해야 하며 찬성표가 40% 이상이어야 가결된다.

워싱턴 주의 **주헌법 제7조**(State Constitution Article Ⅶ)는 세입과 조세(Revenue and Taxation)에 관해 규정하고 있다. 주정부법 RCW 28A.225.010의 규정은 의무교육관련내용, RCW Title 28A는 **초중등교육**(Common school provisions), Title 28B는 **고등교육**(Higher education), Title 28C는 **직업교육**, Title 84는 **재산세**에 대하여 규정하고 있다.

학교구의 재산세 징수와 관련해 시애틀 학교구를 예로 들면, 학교구의 재산세율은 2010년 학교의 유지와 운영을 위하여 $1,000당 $1.0799, 학교의 자본적 경비를 충당하기 위해 $1,000당 $0.2411로 책정되었다. 교육운영비를 위한 세율은 비교적 변화가 크지 않으나 자본적 투자를 위한 세율은 2005~2007년에 비해 2008~2010년이 상대적으로 낮은 상황이다.

재산세의 경우 학교구의 재산평가사가 재산세 과세표준을 조사해서 공시하면 이에 대해 이의제기 과정을 거쳐 재산세 과세표준이 확정되어 재산세를 징수하게 된다. 학교구의 교육재원은 지역주민의 재산세, 주정부 보조금, 연방정부의 보조금으로 구성된다. 이 재원이 전체 교육재원의 93%를 차지하며 나머지 7%는 세금이 아니 등록금, 물품판매수입, 급식서비스와 투자이윤, 대여수입 등으로 이루어진다(2009년 8월말 기준).

이 절에서는 미국 연방정부의 교육재정과 캘리포니아 주의 교육재정, 그리고 Elk Grove 학교구의 교육재정을 살펴보기 위해, 주로 우명숙(2011)외의 연구논문에서 발췌·수정하여 제시하고자 한다.

■ 교육재정의 확보, 배분, 그리고 지출

1) 초중등 교육재정 확보

미국의 공립초중등교육을 위한 총세입은 1990년 $3,615억, 2000년 $4,968억에서 2009년 $5,931억으로 지속적으로 증가하고 있다. 2009년을 기준으로 재원별로 살펴보면, 주정부 46.7%, 학교구 43.7%, 연방정부 9.6%를 부담하여 주정부와 학교구가 재원의 대부분을 지원하고 있음을 알 수 있다. 연도별 추이를 보면 연방정부의 부담이 계속 증가하고 있으며, 주정부가 학교구에 비해 다소 높은 비율로 교육재정을 지원하고 있다.

연방정부의 교육예산을 살펴보면, 2011년 연방정부의 교육성 예산은 $774억이며, 이 가운데 초중등교육예산은 $148억으로 전체예산의 30.6%를 차지하고 있다. 연방정부의 대학학자금 지원프로그램인 Pell Grant를 제외하면 초중등교육예산의 규모가 가장 큰 것을 알 수 있다. 특수교육예산은 $126억으로 16.2%를 차지하고 있으며 연방정부의 고등교육지원예산은 $22억으로 전체의 2.8%이다(U.S. 교육성, 2012).

주정부의 교육예산 확보와 관련해 주정부가 2008년 초중등교육을 위해 확보한 예산은 $2,762억이다. 학교구 수준에서 확보한 예산은 2008년 $2,589억이다. 학교구의 예산을 재원별로 살펴보면, 재산세가 $1,688억으로 전체 학교구 예산의 65.2%로 가장 중요한 세원임을 알 수 있다. 다음으로 독자적으로 세금을 징수하지 못하는 학교구가 지원받은 금액이 $458억으로 전체 학교구 세입의 17.7%를 차지하고 있다. 재산세 수입과 그에 상응하는 지원액이 전체 학교구 예산의 82.9를 차지하고 있다. 기타 학교구 수입이 $166억(6.4%), 재산세 이외 기타 세금이 $71억(2.8%), 학교급식비 수입이 $70억(2.7%), 기타 수수료 수입이 $65억(2.5%), 학교구가 아닌 지방정부의 지원은 $59억(2.3%) 순으로 나타났다(U.S 인구조사국, 2008).

표 9-1 연방정부의 예산 배분(2008)

(단위: $백만, %)

구분		금액	비율
주정부를 통한 배분	보충교육(Title Ⅰ)	12,370	22.10
	특수교육	10,660	19.10
	학생영양(Child Nutrition)	10,687	19.10
	직업교육	641	1.10
	기타	17,639	31.60
	소계	51,997	93.00
연방정부의 직접보조금		3,903	7.00
합계		55,900	100.00

※ 출처: U.S. 인구조사국. 2009 지방정부재정의 연간 조사: 학교체제.

2) 교육재정 배분 현황 및 정책

표 9-1에서 연방정부의 예산배분을 살펴보면, 2008년 전체 $55,900백만 중 $51,997백만(93.0%)을 주정부를 통해 배분하였으며, $3,903백만은 연방정부가 직접 보조금을 지원하였다. 주정부를 통해 배분한 내역을 살펴보면, 저소득층의 학업성취도가 낮은 학생에게 보충교육을 지원하는 Title Ⅰ에 $12,370백만(22.1%), 특수교육과 학생영양에 각각 $10,660백만(19.1%), 1,0687백만(19.1%)을 지원하였다.

표 9-2 연방정부의 예산 배분(2008)

(단위: $백만, %)

구분	금액	비율
배분공식에 의한 지원	187,040	67.70
보충교육프로그램	6,244	2.30
특수교육	16,471	6.00
직업교육	876	0.30
통학버스프로그램	4,588	1.70
기타지원	49,502	17.90
지방교육행정기관지원	11,457	4.10
합계	276,154	100.00

※ 출처: U.S. 인구조사국. 2009 지방정부재정의 연간 조사: 학교체제.

표 9-2의 주정부 예산배분을 살펴보면, 2008년 전체 $276,154백만을 교육예산으로 지원했으며, 그 가운데 $187,040백만(67.7%)을 배분공식에 의해 지원하였다. 이외에 주정부는 기타 지원 $49,502백만(17.9%), 특수교육 $16,471(6.0%), **지방교육행정기관(Local Education Agency)** 지원 $11,457백만(4.1%), 보충교육프로그램 $6,224백만(2.3%), 통학버스프로그램 $4,588백만(1.7%), 직업교육 $876백만(0.3%) 등 목적성 예산을 지원하였다.

3) 교육재정 지출 내역

2008년 미국 교육재정 전체 규모$5,909억 중 경상적 경비는 $517,709백만으로 전체의 87.6%를 차지하고 있다. 표 9-3에서 경상적 지출 내역을 살펴보면, 교수 · 학습경비(정규교육, 특수교육, 직업교육프로그램 지출을 포함함) $311,891백만(60.2%), 지원서비스 $178,694백만(34.5%), 기타 경상경비가 $27,124백만(5.2%)으로 나타났다.

표 9-3 경상적 지출예산 배분2008)

(단위: $백만, %)

구분		금액	비율
교수 · 학습		311,891	60.20
지원서비스	소계	178,694	34.50
	학생지원	27,575	5.30
	교사지원	24,696	4.80
	일반행정	9,468	1.90
	학교행정	27,915	5.40
	시설관리유지	49,438	9.50
	학생통학서비스	22,049	4.30
	기타	17,373	3.40
기타 경상경비		27,124	5.20
합계		517,709	100.00

※ 출처: U.S. 인구조사국. 2009 지방정부재정의 연간 조사: 학교체제

표 9-4 자본적 지출(2008)

(단위: $백만, %)

구분		금액	비율
건설공가		54,653	80.32
토지 및 현구조물		4,188	6.15
설비 및 기자재	교수 · 학습기자재	2,225	3.27
	기타	6,978	10.26
합계		68,044	100.00

※ 출처: U.S. 인구조사국. 2009 지방정부재정의 연간 조사: 학교체제.

자본적 경비는 $68,044백만으로 전체의 11.5%를 차지하고 있다. 표 9-4의 자본적 지출 세부내역을 살펴보면, 건설공가 $54,653백만(80.32%), 토지 및 현구조물 $4,188백만(6.15%), 설비 및 기자재 가운데 교수 · 학습기자재 $2,225(3.27%), 기타 $6,978백만(10.26%)으로 나타났다.

표 9-5는 1994년부터 2019년까지의 초 · 중등공립학교의 경상지출액과 학생 1인당 경상지출액의 현황 및 추세를 제시하고 있다. 2006년 현재 초 · 중등공립학교의 경상지출액은 $494.5십억이고 학생 1인당 경상지출액은 $10,041이다. 1994년에서 2019년까지 25년간 초 · 중등공립학교의 경상지출액의 연평균 증가율은 2.25%이다. 그리고 학생 1인당 경상지출액 연평균 증가율은 1.55%이다. 2019년 초 · 중등공립학교의 경상지출액은 $5,984억으로 추정되고 2006년 대비 21.0% 증가할 것으로 예측된다. 그리고 2019년 초 · 중등공립학교 학생 1인당 경상지출액은 $11,432로 추정되고 2006년 대비 13.85% 증가할 것으로 예측된다.

표 9-5 공립 초중등학교 경상지출액과 학생 1인당 경상지출액

(단위: 천명, $10억, $, %)

연도	학생수	불변가격(2007년 기준)	
		경상지출액	학생 1인당 경상지출액
1994	44,111	343.3	7,782
1995	44,840	349.5	7,795
1996	45,611	359.9	7,892
1997	46,127	373.9	8,100
1998	46,539	389.7	8,373
1999	46,857	405.0	8,644
2000	47,204	421.3	8,923
2001	47,672	437.7	9,181
2002	48,183	450.6	9,351
2003	48,540	458.9	9,454
2004	48,795	469.4	9,620
2005	49,113	477.9	9,729
2006	49,246	494.5	10,041
2007	49,293	495.0	10,042
2008	49,265	491.0	9,967
2009	49,312	488.1	9,899
2010	49,386	489.9	9,920
2011	49,554	494.9	9,987
2012	49,795	503.9	10,119
2013	50,088	514.3	10,268
2014	50,446	529.7	10,500
2015	50,827	543.1	10,684
2016	51,198	556.3	10,866
2017	51,583	570.2	11,053
2018	51,946	585.3	11,267
2019	52,342	598.4	11,432
연평균 증가율	0.69	2.25	1.55

※ 주: 2006년 이후 값은 추정치임.
※ 출처: 2019년까지 교육통계 추세(Projections of Education Statistics to 2019).

② 캘리포니아 주의 교육재정

1) 교육재정 확보

캘리포니아 교육재정은 대체적으로 주의 판매세와 소득세, 그리고 지역의 재산세에 의존하고 있다. 여기에 더해 연방정부의 지원금, 주정부의 복권사업 기여금, 지역에서 확보한 기타 재원 등이 있다. 연방정부의 지원금은 특수교육, 어린이 영양, NCLB(No Child Left Behind) 등과 같이 목적이 지정된 교부금의 형태를 띤다. 매년 다소 차이가 있기는 하지만 2005년 기준으로 유·초·중등 교육재정의 재원을 살펴보면, 주정부가 차지하는 비율이 58.8%로 가장 높고 다음으로 지역의 재산세 21.4%, 연방정부의 지원금 12.3%, 학교구에서 확보한 기타 재원 6.2%, 주정부의 복권사업 기여금 1.3%로 구성된다. 미국의 평균적인 교육재정 분담구조와 비교하면 주의 분담비율이 60.1%(주의 비율과 주정부의 복권사업 기여금)로 상대적으로 높은 것을 알 수 있다. 캘리포니아 주는 지역의 재산세와 연계되는 학교구간 교육비 격차를 주정부의 역할을 높임으로써 어느 정도 해소하고 있기 때문에 캘리포니아 주의 교육재정시스템은 **주정부 전액 재정지원방식(Full-State-Funding and State-Determined Spending Programs)**에 기반하고 있다고 정의된다.

캘리포니아는 제안 98호(Proposition 98)에 따라 학교구가 받게 될 최소 교육재정을 추계하고 있다. 제안 98호는 **주민발안(Voter initiative)**에 의해 제안되었으며 주정부가 유·초·중등 교육과 주의 대학에 제공해야하는 최소 교육재정의 규모를 규정하고 있다. 재원은 주의 판매세와 소득세, 그리고 지역의 재산세에 기초하고 있으며 재원의 규모는 법률에 규정된 공식에 따라 계산된다. 캘리포니아 유·초·중등 교육재정의 80%는 제안 98호에 의해 확보된다.

앞에서 언급한 연방정부의 지원금, 주정부의 복권사업 기여금, 지역에서 확보한 기타 재원이 나머지 20%에 해당된다. 이 가운데 복권사업의 경우, 주정부는 법률에 따라 복권사업에서 발생된 수입의 최소 34% 이상을 공립학교 및 지역 대학에 제공해야 한다. 이 자금은 학생수를 기준으로 배분되며 시설이나 연구가 아닌 교수·학습활동을 위해서 사용되어야 한다. 학교구는 2005년에 이 재원으로부터 학생 1인당 $146을 받았으며 이 가운데 $25은 수업자료 구매에 사용되었다.

지역에서 확보한 기타 재원은 연간 유·초·중등 교육재정의 6%에 해당된다. 이 자금은 주정부가 통제하는 재산세와는 구별되며 학부모의 기부금, 학교구 재산의 판매 및 대여수입, 식당수입, 이자수입 등과 같이 지역에서 통제하는 재원이 이에 해당된다. 기타 재원 가운데 지역주민이 투표로 결정하는 **토지세(parcel tax)**가 있는데 이는 재산세와는 별도로 한 **필지(parcel)**의 토지에 **고정수수료(flat fee)**를 부과하는 방식으로 캘리포니아 주의 학교구 가운데 약 20%가 이를 시행하고 있다.

캘리포니아 주의 최근 4년간 K-12 교육재정 현황을 살펴보면, 표 9-6과 같다. 2008년 전체 교육예산은 $67,872백만이고 2009년은 $64,998백만, 2010년은 $66,899백만, 2011년은 $64,125백만으로 2008년 이후 교육재정은 다소 감소한 상황이다. **총일반자금(Total General Fund)**은 2008년 $35,411백만, 2009년 $35,351백만, 2010년 $36,977백만, 2011년 $34,704백만이다. 총재산세는 2008년 $13,546백만, 2009년 $13,325백만, 2010년 $12,864백만, 2011년 $14,560백만이다. 2011년 기준으로 총일반자금은 총재산세에 비해 많이 감소한 상태이다.

표 9-6 캘리포니아 K-12 교육예산 현황

(단위: $백만)

구분	2008	2009	2010	2011
K-12 제안 98호				
일반재원	30,082	31,496	31,722	29,328
지방재산세	12,969	12,631	12,147	13,823
소계	43,051	44,127	43,868	43,151
다른 재원				
일반재원	5,329	3,855	5,255	5,376
복권	815	861	858	858
다른 주 재원	789	132	136	191
연방재원	10,417	8,480	9,215	6,962
지방채	2,514	3,020	3,020	3,020
다른 지방재산세	577	694	717	737
다른 지방재원	4,380	3,831	3,831	3,831
소계	24,821	20,871	23,031	20,974
합계	67,872	64,998	66,899	64,125

※ 출처: 캘리포니아 주정부 내부자료.

2) 교육재정 지출

캘리포니아 주정부는 학교구에 어느 정도의 교육재정이 배분되어야 하는지 학교구에서 배분된 자금이 어떻게 사용되어야 하는지 등에 대해 상당한 결정권을 갖고 있다. 학교구는 배분된 자금을 어떻게 사용할지를 결정할 때 노동조합 단체교섭결과와 목적지정 지원금 관련 주정부와 연방정부의 규정 등을 따라야 한다.

유·초·중등 교육재정지출은 여러 관점에서 분석될 수 있는데 그 가운데 하나는 학교가 구입한 상품과 서비스를 기준으로 하는 것이다. 캘리포니아의 학교구는 평균적으로 인건비로 운영예산에서의 약 84%를 지출하고 있다. 여기에는 교사, 교육행정가, 직원 등의 봉급과 부가급여를 포함하고 있으며 인건비의 2/3는 교사 인건비인데 학교구마다 상당한 차이가 존재한다. 교사 급여는 학교구가 교원노조와 협상해서 결정하며 개별교사의 급여는 교직경력과 학력 등을 반영해 결정한다. 주정부는 교사봉급과 관련하여 어떠한 역할도 수행하지 않는다.

유·초·중등 교육재정지출을 분석하는 또 다른 방식은 학교구가 지원하는 활동을 중심으로 살펴보는 것이다. 전체 교육재정지출에서 차지하는 각 부문의 지출 비중을 살펴보면, 교육의 핵심인 교수·학습활동이 50%, 학습관련활동 12%, 특별지도 11%로서 교수와 학습에 관련된 지출이 73%로서 주된 비중을 차지한다. 그러나 모든 교육재정을 교수와 학습에 국한하여 지출할 수는 없으므로, 학교는 운영과 교수활동을 지원하기 위해 직원이 필요하며 건물을 보수하고 청소하는 직원들 역시 필요하다. 간호, 상담 등과 같은 학생생활지원을 위해서도 지출되어야 한다. 대부분의 학교들은 여러 일반 행정과 관련된 카운티나 학교구 직원들의 지원도 받는다. 일반적으로 건물관리에는 10%, 학생생활지원은 8%, 일반행정 5%, 기타 4%의 교육재정지출이 소요된다.

표 9-7의 **전국교육협회(National Education Association, NEA)** 자료에 따르면, 2009년 캘리포니아 초·중등 공립학교의 학생 1인당 지출비용은 $8,825이다. 이는 미국 전체(United states) 학생 1인당 평균 지출비용 $11,052의 80%이고, 50개 주 가운데 최하위에서 7번째 수준이다. 50개 주 가운데 Columbia는 학생 1인당 지출이 $21,026으로 가장 높았으며, 다음으로 Vermont는 $20,396, Rhode Island는 $18,226 순으로 지출이 많은 것으로 나타났다.

표 9-7 학생 1인당 지출비용(2009)

(단위: $)

순위	주	학생 1인당 지출비용	순위	주	학생 1인당 지출비용
1	Columbia	21,026	27	Ohio	10,910
2	Vermont	20,396	28	Washington	10,820
3	Rhode Island	18,226	29	Georgia	10,777
4	Wyoming	16,533	30	Indiana	10,728
5	New Jersey	16,429	31	Colorado	10,598
6	Maine	15,367	32	Iowa	10,571
7	New York	14,819	33	New Mexico	10,466
8	Delaware	14,792	34	South Dakota	10,440
9	Massachusetts	14,604	35	Nebraska	10,429
10	Connecticut	14,412	36	Kentucky	10,184
11	New Hampshire	14,041	37	South Carolina	10,027
12	Arkansas	13,765	38	Texas	9,857
13	Pennsylvania	13,437	39	Alabama	9,776
14	Maryland	13,144	40	Missouri	9,543
15	Hawaii	13,000	41	Florida	9,504
16	Virginia	12,644	42	North Carolina	9,400
17	Michigan	12,596	43	North Dakota	9,311
18	Wisconsin	12,364	44	Oklahoma	8,942
19	Alaska	12,355	45	California	8,825
20	Minnesota	12,120	46	Tennessee	8,551
21	Illinois	12,024	47	Idaho	8,404
22	West Virginia	11,956	48	Mississippi	8,094
23	Oregon	11,792	49	Nevada	7,757
24	Montana	11,747	50	Utah	6,734
25	Louisiana	11,259	51	Arizona	6,397
26	Kansas United States	11,091 11,052			

※ 출처: "수익과 수익규준(Revenues and Revenue limits)". Evans 전게서. 2011.

3) 교육재정 배분

(1) 교육재정 배분구조

캘리포니아에서는 주정부의 교육부가 유·초·중등 교육재정의 규모를 결정하는 것은 물론이고 어떻게 배분할지에 대한 권한도 함께 갖고 있다. 대부분의 교육재정은 유·초·중등 학생을 위한 학교운영비로 학교구에 제공되지만 상당한 부분이 유·초·중등교육 밖에 있는 방과후 프로그램, 성인교육 등을 위해서도 쓰여진다.

캘리포니아의 교육재정 배분 시스템은 공립학교에 책임을 지는 여러 기관들이 위계적으로 상호 연관되어 있는 형태이다. 59개 카운티는 교육국을 설치하고 있으며 카운티에는 여러 학교구가 있는데 학교구는 실제적으로 지역에 살고 있는 모든 학생들에게 교육서비스를 제공할 의무를 지고 있다. 이외에 특정한 교육서비스를 효율적으로 제공하기 위해, 특수교육 대상자를 위한 SELPAs(Special Educational Local Plan Areas)와 직업교육을 위한 ROCPs(Regional Occupational Centers/Programs)가 있으며 이러한 기관들은 한 학교구에 국한되지 않고 여러 학교구를 함께 아우르며 서비스를 제공하고 있다. 특수교육은 **목적지정기금**(categorical fund) 가운데 가장 규모가 크며 장애를 가진 학생, 가난한 학생, 영어가 모국어가 아닌 학생들을 대상으로 한다. SELPAs는 이러한 학생을 중심으로 단위 학교구가 아닌 여러 학교구에 대해 특수교육 프로그램을 제공하고 있다.

캘리포니아 교육부는 주 내에 있는 학생들의 교육에 대한 책임을 지고 있으며 동시에 학교구에 카운티의 교육부 운영에 대해서도 어느 정도 책임을 지고 있다. 캘리포니아 교육부는 교육재정 시스템에서 여러 역할을 수행하고 있는데 먼저, 주정부와 연방정부에 의해 지원되는 다양한 목적사업을 관리하고 있다. 그리고 학교구와 카운티 교육국의 재정관련 자료와 재정 사용처 등을 관리한다. 캘리포니아 교육감이 주 교육부를 감독하는 권한을 갖고 있지만 주 교육위원회가 정책의사결정에 핵심역할을 수행하고 있다. 캘리포니아 교육부의 운영자금은 제안 98호의 최소 교육재정 추계에 포함되지 않으며 주 예산도 별도로 확보되는데 2007년 기준으로 $47.1백만이며 유·초·중등 교육재정의 1.1%에 불과하다.

캘리포니아의 58개 카운티 교육국은 지역 내에 있는 학교구에 대한 감독 및 관할권을 갖고 있다. 교육국은 특히 학교구의 교육재정에 대한 감시·감독 책임이 있으며 2004년부터는 저소득 지역의 학교시설, 교재, 교사의 질과 관련한 책임도 맡고 있다. 카운티 교육국은 학교구의 기능을 수행하기도 하며 학교를 운영하거나 특별한 요구를 가진 학생들을 지원한다. 그리고 대부분의 교육국은 행정서비스를 제공하는 데 특히 소규모 학교구를 위해서는 행정을 대행하는 서비스를 제공한다. 이러한 경우 교육국은 이에 대한 수수료를 받기도 한다. 캘리포니아 카운티는 특별한 요구를 가지고 있는 학생들에게 교육프로그램, 예를 들어 교도소에 있는 아이들의 교육프로그램을 위해 학교를 운영할 수 있다.

캘리포니아에는 약 1,000개의 학교구가 있는데 학교구는 지역에 기반하여 유·초·중등 교육재정 등에 대한 책임을 맡고 있다. 유·초·중등 교육재정은 학교구에 배분되어 학교운영비로 지출된다. 학교구 가운데 1/3은 유치원부터 고등학교를 함께 운영하고 있으나 나머지 지역 학교구에서는 초등학교만을 운영하거나 고등학교만을 운영하고 있다. 학교구는 미국 교육에 있어 교육재정은 물론이고 학생들을 교육하는데 있어 핵심적인 역할을 수행하고 있다.

학교구는 일반적으로 주와 연방정부로부터 두 가지 형태로 교육재정을 지원받는다. 하나는 학교구 교육재정의 2/3에 해당하는 **일반목적**(general purpose) 경비 즉, 학생들을 가르치는데 들어가는 경상경비인 인건비, 시설비 등에 지출되는 것이다. 다른 하나는 주정부나 연방정부가 특정 프로그램이나 특별한 요구를 가진 학생들에게 지출하도록 지정한 **목적지정지원금**(categorical aid)이다. 캘리포니아에서는 교육재정을 배분할 때 교육경비를 더 필요로 하는 특별한 학생에 대한 별도의 가중학생지수를 사용하는 대신에 목적지정 지원금 제도를 활용한다. 즉, 모든 학생에 대한 기본적 교육비에 대해 일차적으로 지원하되 추가적으로 교육비가 더 필요로 하는 학생에게는 목적지정지원금을 지원한다.

대부분의 교육재정은 정규 학교에 투자되지만 주정부와 연방정부는 특별목적사업에도 재정을 배분하고 있다. 장애를 가진 학생을 위한 특수교육과 학생들에게 직업훈련을 제공하는 직업프로그램이 그 예이다. 특수교육과 직업프로그램의 재정을 관리하기 위해 주정부는 앞서 언급한 SELPAs와 ROCPs를 설립하였다. 주정부와 연방정부는 2007년 기준으로 특수교육을 위해 $43억을 지원하였고 주정부는 $486백만을 지원하였다. 이 외에도 주정부와 연방정부는 2007년 기준으로 방과후프로그램에 약 $700백만을 제공하였고, 주정부는 성인과 학교 밖에 있는 어린이들을 위하여 $25억을 지원하고 있다.

(2) 교육재정 배분방식

캘리포니아 교육재정 배분방식은 한마디로 **세입규준체제**(revenue limit system)라고 말할 수 있다. 이 체제에서 학교구별 **세입규준 수급권**(revenue limit entitlement)을 결정하는 핵심요소는 **기초세입규준**(basic revenue limit)이다. 이것은 학교구별 학생 1인당 금액으로 책정되며 2005년의 경우 평균 $5,183이었다. 세입규준 수급권을 산출하는 첫 단계는 학교구별 기초세입규준에 학생수를 곱하는데 이렇게 산출된 금액은 총기초세입규준이 된다. 주정부는 **총기초세입규준**(total base revenue limit)을 증액 또는 감액하는 **세입규준조정**(revenue limit adjustments)을 시행하게 되는 데 세입규준조정은 과거 40여년 동안 시행된 특별법, 정책 등에 기초한다. 결과적으로 세입규준 수급권은 학교구별 총기초세입규준과 세입규준조정의 합으로 구성되며 학교구별 총예산규모를 의미하게 된다.

주정부는 설정된 세입규준 수급권에서 지역의 재산세 수입을 차감하고 남은 금액을 학교구에 지원한다. 어떤 학교구는 세입규준 수급권보다 더 많은 재산세 수입을 얻는 경우가 있는 데 이러한 경우에는 주정부의 지원금을 받지 않는다. 이러한 학교구들은 대개 **기본지원**(basic aid) 학교구 또는 **초과세입**(excess taxes) 학교구로 일컬어지는 데 초과세입 학교구는 세입규준 수급권을 상회하는 세입에 대해 자유롭게 사용할 수 있는 권한을 갖는다. 2005년 기준으로 초과세입 학교구는 79개이며 전체 유·초·중등 학생의 약 3%가 이러한 학교구에 소속되어 있다.

구체적으로 세입규준 수급권은 기초세입규준에 초과세입을 포함한 6가지의 세입규준조정 항목으로 구성된다. 세입규준조정 항목을 구체적으로 살펴보면, 학생수 감소 조정(declining enrollment adjustment), 소규모 학교 조정(necessary small school adustment), 협약학교 조정(locally funded charter school adjustment), 실업보험 조정(unemployment insurance adjustment), 기타 조정(all other adjustment), 초과세입(excess taxes)을 포함한다. 결과적으로 학생 1인당 세입규준자금은 기초세입규준에서 6가지 세입규준조정 항목을 합한 것과 같다.

학생 1인당 세입규준자금(revenue limit funds)

= 기초세입규준 + 학생수 감소 조정 + 소규모 학교조정 + **협약학교 조정**

  + 실업보험 조정 + 기타조정 + 초과세입

(1) 기초세입규준

기초세입규준은 평균적으로 학생 1인당 세입규준자금의 97%를 차지하고 있다. 기초세입규준은 1972~73년도 학교구별 학생 1인당 지출액에 근거를 두고 있다. 대부분의 경우 기초세입규준은 직전 연도의 기초세입규준에 물가상승률과 **생계비 보정**(cost living adjustment, COLA)을 통해 산출된다. 법률에 따라 **균등화 지원금**(equalization aid)이 지원되는데 기초세입규준이 낮은 경우에는 더 많은 금액을 지원받게 된다. 이렇게 한번 증가된 기초세입규준은 다음 기초세입규준을 산출하는데 지속적으로 포함된다.

균등화 지원금 이외에 기초세입규준에 두 가지 큰 변화가 있었다. 먼저, 1983년에 수업일수 연장과 관련된 인센티브가 기초세입규준에 포함되었다. 다음으로 1997년에 주정부의 **결석유예**(excused absence) 정책 변화에 기인한다. 이전에는 적절한 사유로 결석한 학생들은 평균 1일 출석 학생수(ADA)에 포함되었으나 이제는 더 이상 포함되지 않는다. 이 정책에 대한 저항을 줄이기 위해 적정한 사유로 결석한 학생들의 비율이 높은 학교구에는 기초세입규준을 상승시켰다.

표 9-8에서 보면, 2005년 기준으로 기초세입규준의 평균은 $5,183인데 학교구의 유형과 규모에 따라 서로 다르다. 중등 학교구의 기초세입규준은 초등 학교구와 초·중등 학교구와 비교할 때 전체적으로 높다.

표 9-8 학교구의 유형과 규모에 따른 기초세입규준(2005년)

구분		학교구	평균 ($/ADA)	사분위수 범위 ($/ADA)	범위 ($/ADA)
초등학교	소규모(0~1,500 ADA)	191	5,199	456	3,871
	중규모(1,501~6,000 ADA)	182	4,949	60	1,108
	대규모(6,001~ ADA)	184	4,932	40	1,578
중등	소규모(0~3,000 ADA)	26	6,067	157	1,025
	중규모(3,001~10,000 ADA)	29	5,922	70	256
	대규모(10,001~ ADA)	31	5,928	63	269
초·중등	소규모(0~250 ADA)	129	5,340	336	2,191
	중규모(251~1,500 ADA)	98	5,175	67	1,015
	대규모(1,501~ADA)	108	5,136	38	758
전체		978	5,183	64	3,871

※ 출처: Weston, "캘리포니아 학교구 자금 - 세입규준체제", 2010.

중등 학교구는 학생(ADA) 1인당 초등 학교구보다 거의 $1,000을 더 받았으며 초·중등 학교구에 비해서는 약 $780을 더 많이 받았다. 최대값과 최소값의 차이인 범위는 $3,871이고 75분위와 25분위 학교구의 차이인 **사분위수 범위**(interquartile ranger)는 초등 소규모 학교구의 경우 $456이다.

이와 같이 학교구의 유형과 규모에 따라 기초세입규준이 상이하여 주정부는 최근 초등 학교구는 101명(ADA), 중등 학교구는 301명(ADA), 초·중등 학교구는 1,501명(ADA)을 기준으로 소형과 대형 두 가지로만 분류하였다. 그리고 각 유형과 규모에 따라 나눈 집단별로 90분위 이하에 해당하는 학교구에는 기초세입규준에 균등화 지원금을 지원하였다. 이러한 형태의 균등화는 집단 내에 불균등은 감소시키지만 유형 및 규모 간에 격차는 늘어날 수 있다.

(2) 학생수 감소 조정

직전 연도에 배해 당해 연도의 학생수가 감소한다면 총기초세입규준을 계산할 때 직전 연도의 평균 1일 출석 학생수를 활용한다. 이러한 절차는 학생수 감소로 인해 발생할 수 있는 대규모 세입감소를 완화하기 위해 고안되었다. 2005~2006년 기준으로 978개 학교구 가운데 학생수 감소를 경험한 학교구는 545개 학교구이다.

학생수 감소 조정은 세입규준 수급권을 계산하는 데 있어 당해 연도의 학생수(ADA)가 아닌 직전 연도의 학생수를 활용함으로 인해 증가된 자금으로 정의된다. 산출식은 다음에 제시되어 있는데 먼저 직전 연도 학생수(ADA)에서 당해 연도 학생수를 차감하고 기초세입규준을 곱하고 학교구의 총학생수(ADA)로 나누는 방식이다. 학교구의 학생수가 안정적이거나 늘어나는 경우에는 학생수 감소 조정은 '0'이 된다.

$$\frac{\text{기초세입규준} \times (\text{직전연도}ADA - \text{당해 연도}ADA)}{\text{학교구 전체}ADA}$$

표 9-9를 보면, 2005년 기준 학생수 감소 총조정액은 $402백만이고 주 전체 평균 학생(ADA) 1인당 조정액은 $111이다. 소규모 학교구의 학생수 감소 비율은 상대적으로 빠르게 줄어들고 있으며 이러한 현실을 반영하여 더 많은 조정액을 지원하고 있다.

표 9-9 학교구의 유형과 규모에 따른 학생수 감소 조정(2005년)

구분		학교구	조정 학교구비율 (%)	평균 ($/ADA)	사분위수 범위 ($/ADA)	범위 ($/ADA)
초등학교	소규모(0250 ADA)	191	43.5	356	373	2,766
	중규모(251~1,500 ADA)	182	62.1	192	182	1,761
	대규모(1,501~ ADA)	184	60.9	120	116	371
중등	소규모(0~1,500 ADA)	26	61.5	146	100	536
	중규모(1,501~6,000 ADA)	29	44.8	108	82	292
	대규모(6,000~ ADA)	31	29.0	39	44	171
초·중등	소규모(0~3,000 ADA)	129	66.7	153	118	1,657
	중규모(3,001~10,000 ADA)	98	49.0	97	112	286
	대규모(10,001~ADA)	108	60.2	108	68	325
전체		978	55.7	111	84	2,711

※ 출처: Weston. "캘리포니아 학교구 자금 – 세입규준체제". 2010.

최대값과 최소값의 차이인 범위를 기준으로 볼 때 소규모 학교구가 중규모 또는 대규모 학교구보다 훨씬 큰 것을 알 수 있다. 소규모 초등 학교구의 학생(ADA) 1인당 평균 조정액 은 $356이고 소규모 중등 학교구는 $146이며 초·중등 학교구는 $153이다.

(3) 소규모 학교 조정

소규모 학교 조정은 소규모 학교를 운영하는데 필요한 추가적인 비용을 보충해주기 위한 것이다. 소규모 학교의 기준은 학교구 전체 학생(ADA)이 2,501명 미만이며 학생수가 96명 미만 초등학교 또는 286명 미만 중등학교가 있는 경우이다. 소규모 학교 조정액을 산출하는데 있어 학교에서 필수불가결한 교직원이 중요한 기준으로 작용한다. 2005년 기준으로 소규모 학교 조정액의 범위는 초등학교의 경우 $108,975에서 $435,900이고 중등학교의 경우 $176,920에서 $1,454,700이다. 소규모 학교 조정은 학생수가 아닌 학습 수를 기준으로 한다. 예를 들어 학급에 학생이 3명밖에 안되더라도 교사는 1명이 필요하므로 이를 고용할 수 있는 충분한 자금이 지원되어야 한다. 그래서 소규모 학교의 학생 1인당 교육비는 더 높게 책정된다. 소규모 학교 조정에 계산하는 공식은 다음과 같다. 먼저, 소규모 학교 학생 1인당 조정액에서 학교구의 기초세입규준을 차감하고 소규모 학교 학생수를 곱하여 학교구 전체 학생수로 나누는 방식이다.

$$\frac{\left(\dfrac{NSS\ \text{조정액}}{NSS\ ADA} - \text{기초세입규준}\right) \times NSS\ ADA}{\text{학교구 전체}\ ADA}$$

* *NSS*는 Necessary Smal School이다.

2005년 기준으로 소규모 학교 조정을 받은 학교구 비율은 약 15%이고 조정 평균액은 학생(ADA) 1인당 $453이었고 가장 큰 조정액은 $20,526이었다. 소규모 초등 학교구의 조정액은 평균적으로 학생 1인당 $1,430이었다. 그리고 대부분의 소규모 학교 조정 대상은 소규모 학교구에 속해 있다.

(4) 협약학교 조정

협약학교(charter school)는 스스로 자금을 조달하거나 지역에서 자금을 조달한다. 협약학교 스스로 자금을 조달하는 경우에는 학교구나 카운티 교육부로부터 자유로우나 지역에서 자금을 조달하는 협약학교는 학교구나 카운티 교육부에 의해 관리된다.

협약학교 가운데 스스로 운영자금을 조달하는 형태가 아닌 경우에는 **총액교부금**(block grant)을 통해 지역에서 자금을 조달한다. 총액교부금과 세입규준자금은 차이가 있는데, 모든 협약학교는 학교구에 상관없이 동일한 학생 1인당 **지원금**(funding)을 받으며 학년에 따라 학생 1인당 지원금에 차이를 둔다는 점이다. 2005년의 경우 3학년까지는 $4,970, 4~6학년은 $5,040, 7~8학년은 $5,182, 9~12학년은 $6,019였다.

협약학교 조정액을 산출하는 공식은 먼저, 협약학교 학생(ADA) 1인당 평균 총액교부금에서 협약학교가 아닌 경우 받게 될 기초세입규준을 차감한다. 그리고 여기에 협약학교 학생 수를 곱하고 학교구 전체 학생수를 나누는 방식이다. 이를 통해 산출된 협약학교 조정액은 양의 값이 나올 수도 있고, 음의 값이 나올 수도 있다.

$$\frac{\left(\dfrac{\text{협약학교 총액교부금}}{\text{협약학교}ADA} - \text{기초세입규준}\right) \times \text{협약학교}ADA}{\text{학교구 전체}\ ADA}$$

이러한 이유로 2005년에 지급된 협약학교에 대한 총액교부금은 $273백만이지만 협약학교 조정액은 $3.4백만에 불과하다.

표 9-10 학교구의 유형과 규모에 따른 협약학교 조정(2005년)

구분		학교구	조정 학교구비율 (%)	평균 ($/ADA)	사분위수 범위 ($/ADA)	범위 ($/ADA)
초등학교	소규모(0250 ADA)	191	0.5	135	0	0
	중규모(251~1,500 ADA)	182	13.2	61	117	974
	대규모(1,501~ ADA)	184	12.5	(1)	26	1,287
중등	소규모(0~1,500 ADA)	26	11.5	0	22	22
	중규모(1,501~6,000 ADA)	29	17.2	(23)	75	77
	대규모(6,000~ ADA)	31	25.8	(7)	4	64
초·중등	소규모(0~3,000 ADA)	129	6.2	(41)	50	212
	중규모(3,001~10,000 ADA)	98	15.3	9	19	66
	대규모(10,001~ADA)	108	24.1	2	1	56
전체		978	11.6	2	2	1,625

※ 출처: Weston. "캘리포니아 학교구 지원금 – 세입규준체제". 2010.

표 9-10에서 보면, 협약학교 조정액은 학생 1인당 평균 $2이었다. 학교구의 1/3이 협약학교 조정에서 음의 값이 산출되었으며 이전의 세입규준조정 항목들과 달리 학교구의 유형과 규모에 따라 일관된 패턴이 나타나지 않았다.

(4) 실업보험 조정

실업보험은 캘리포니아의 직장인들이 자신의 귀책사유 없이 일자리를 잃은 경우에 보호하기 위한 프로그램이다. 고용주에게 부과되는 실업보험 요율은 이전에 피고용인들에게 지급된 실업보험금에 따라 상이하다. 학교구도 실업보험의 일종인 SEF(School Employees Fund)에 참여할 수 있다. 2005년의 경우 학교구는 이를 위해 임금의 0.45%를 분기마다 납부하였다.

실업보험 조정은 1975~1976년 기준으로 실업보험 비용이 증가했다면 이를 보충하는 형태이다. 실업보험 조정액은 당해 연도의 실업보험 비용에서 1975~1976년의 실업보험 비용을 차감하여 얻어진다.

실업보험 조정액이 양의 값을 가지면 그 만큼의 예산을 학교구의 세입규준 수급권에 추가하고 '0'이나 음의 값을 갖는 경우에는 지원금이 없다.

$$\frac{\text{실업보험조정액}}{\text{학교구 전체 } ADA}$$

표 9-11에서 보면, 실업보험 조정에 대한 주정부의 2005년 지출은 \$135백만이었다. 학생 1인당 실업보험 조정액은 평균 \$23이고 유형과 규모에 따른 차이가 거의 없다. 모든 학교구의 유형과 규모에 따른 실업보험 조정 평균 차이는 주 전체적으로 \$2 내외였다. 실업보험 조정액이 학생 1인당 평균 \$35보다 더 큰 학교구는 전체 학생의 약 1%에 불과하였다.

표 9-11 학교구의 유형과 규모에 따른 실업보험 조정(2005년)

구분		학교구	조정 학교구비율 (%)	평균 ($/ADA)	사분위수 범위 ($/ADA)	범위 ($/ADA)
초등학교	소규모(0250 ADA)	191	99.0	24	7	195
	중규모(251~1,500 ADA)	182	99.5	22	6	39
	대규모(1,501~ ADA)	184	100.0	22	4	42
중등	소규모(0~1,500 ADA)	26	100.0	24	4	29
	중규모(1,501~6,000 ADA)	29	100.0	24	3	22
	대규모(6,000~ ADA)	31	100.0	24	4	11
초·중등	소규모(0~3,000 ADA)	129	99.2	25	5	76
	중규모(3,001~10,000 ADA)	98	100.0	23	3	32
	대규모(10,001~ADA)	108	100.0	24	7	34
전체		978	99.6	23	5	197

※ 출처: Weston. "캘리포니아 학교구 지원금 – 세입규준체제". 2010.

❸ ELK Grove 학교구 교육재정

1) 현황

ELK Grove 학교구는 초등, 중등, 고등학교 등을 포함한 **통합**(unified)학교구이다. ELK Grove 학교구는 64개의 학교를 운영하고 있는데 초등학교 39개교, 중학교 9개교, 고등학교 9개교, 대안학교 4개교, 기타 3개교(프로그램)를 포함하고 있다. 이 가운데 초등학교는 60.94%로 가장 높은 비율을 보이고 있으며, 중학교와 고등학교는 각각 14.06%의 비율을 나타내고 있다. 그리고 대안학교는 가정학습을 중심으로 하는 Las Flore와 위기 학생 등과 같은 특별한 요구를 가진 학생을 대상으로 하는 3개교가 있다. 기타학교에는 특수학교 1개교, 협약학교 1개교, 성인교육 1개 프로그램을 운영하고 있다. ELK Grove 학교구는 통합 학교구로서 초등 학교구 또는 중등 학교구와 달리 K-12학년까지 함께 있는 학교구이며 캘리포니아에 있는 천여 개의 학교구 가운데 5번째로 큰 학교구이다.

학교구 교육위원회는 주민에 의해 선출되며 모두 7명으로 구성되어 있고, 다른 학교구에서는 교육감을 선출직으로 뽑기도 하지만 ELK Grove 학교구 교육감은 학교구 교육위원회에서 지원자의 신청을 받고 인터뷰 등을 거쳐 임명한다.

ELK Grove 학교구의 학생수는 61,539명이고 이 가운데 초등학생은 31,817명이고 중등학생은 28,524명이며 특수교육 학생은 1,198명이다. 초등학생은 전체 학생 가운데 51.70%, 중등 학생은 46.35%를 차지하고 있어 초등학생이 다소 많기는 하지만 중등 학생과 규모가 거의 비슷하다. 이외에 특수학교 학생은 1,198명으로 1.95%를 차지하고 있다.

학생들의 인종 구성을 보면 라틴계 25.8%, 백인계 25.0%, 아시안계 22.3%, 아프리카계 17.8%, 필리핀계 5.9%, 태평양의 섬 출신 2%, 인디안계 0.8%, 기타 또는 무응답이 0.4%를 구성하고 있다. ELK Grove 학교구는 이와 같이 다양한 인종으로 구성되어 81개국의 언어가 사용되고 있다.

ELK Grove 학교구의 학생 관련 출석률, 급식지원 등에 대한 정보는 다음과 같다. 학생들의 출석률은 초등학생 96.06%, 중학생 96.41%를 차지하고 있으며 영어를 사용하는데 어려움이 있는 학생은 15.6%를 차지하고 있다. ELK Grove 학교구는 다인종이면서 경제적으로 하위 그룹에 속하는 학생이 다수이며 또한 영어에 어려움을 겪고 있는 학생도 상당수 존재한다.

ELK Grove 학교구의 교직원은 5,617명이고 교사는 3,425명으로 전체 교직원 가운데 60.95%를 차지하고 있으며 직원은 2,194명으로 39.05%를 차지하고 있다. 교사의 인종 분포를 살펴보면, 백인계가 가장 많은 52%이고, 다음으로 라틴계가 16%이며, 아프리카계와 아시안계가 각각 8%를 차지하고 있다. 교사 가운데 석사학위 또는 박사학위를 보유하고 있는 비율은 28%이다. 직원의 경우에도 백인계가 가장 많은 70%를 차지하고 다음으로 라틴계와 아시안계가 각각 7%를 차지하고 있으며 아프리카계가 5%를 차지하고 있다. ELK Grove 학교구의 교사 채용은 학생수에 기초하고 있으며 대부분의 학교에서 K-3학년까지는 교사 1인당 학생 24명, 4~6학년의 경우 교사 1인당 28명, 고등학교의 경우 교사 1인당 26명을 기준으로 교사를 채용하고 있다.

모든 캘리포니아 학교구의 2~11학년의 학생이 참여하는 CST(California Standards Test)의 2007년부터 2011년까지 영어와 수학의 시험결과를 보면, 2~12학년 전체의 경우 2007년 49%에서 2011년 58%로 최우수와 우수 평가 비율이 9% 정도 상승하였다. 2~12학년 가운데 가장 높은 향상을 보인 8학년은 2007년 43%에서 2011년 56%로 최우수, 우수 평가 비율이 13% 상승하였다.

2) 교육재정 확보

캘리포니아 경제는 금융위기 이후 회복세를 보이고 있으나 여전히 어려움에 직면해 있으며 특히 실업률의 경우 2011년 4월 기준으로 미국 전체 평균이 9%인데 비해 캘리포니아 주는 12.0%로 높은 상황이다. 이러한 경제여건 속에서 캘리포니아 주는 ELK Grove 학교구의 예산을 지난 3년 동안 $100백만, 즉 27%를 삭감하였다. ELK Grove 학교구는 이에 대처하기 위하여 모든 교사, 직원 등을 비롯한 인력들의 일시해고 또는 과거 수준으로 급여인하 등의 노력을 통해 $20백만을 절감하고 있다. ELK Grove 학교구는 주정부로부터 2011년 예산에 대해 $40백만 추가삭감에 직면하고 있다. 이와 같은 예산삭감이 이루어진다면 ELK Grove 학교구는 4년 동안 36%의 예산삭감을 경험하게 된다.

ELK Grove 학교구의 교육재정 재원을 살펴보면, 크게 다섯 가지로 구분할 수 있다. 먼저 주정부의 세입규준 지원금, 재산세, 주와 연방정부의 목적지정 지원금, 복권사업 기여금, 기타로 구성된다. 2010년 기준으로 주정부의 세입규준 지원금은 재원의 53%를 차지하고 지역의 재산세는 15%, 주와 연방정부의 목적지정 지원금은 20%, 복권사업 기여금은 2%, 기타는

10%의 비율을 차지하는 것으로 나타났다. 이러한 재원 이외에 ELK Grove 학교구 학교신축과 관련해 Mello-Roos제도를 활용하고 있다. Mello-Roos는 1982년 캘리포니아 주 의회에 의해 제정된 세금으로 주민발안의 일종이다. ELK Grove 학교구는 학교구 규모가 급속히 증가하여 학교신설 수요가 지속적으로 늘어나고 있어 이를 활용하여 학교 신축비용을 조달하고 있다. Mello-Roos제도도 다른 주민발안처럼 4~5년마다 이를 유지할 것인가에 대한 주민들의 재투표가 이루어진다.

ELK Grove 학교구의 세입규준 결손율은 1993년 8.14%를 시작으로 1999년 7.00%에 이르기까지 7년에 걸친 결손이 발생하였다. 이후 2000년부터 2007년까지는 세입규준 결손이 일어나기는 하였으나 상대적으로 미미한 수준에 불과하였다. 그러나 2008년에 세입규준 결손율이 7.84%에 이르더니 2009년에는 18.46%로 급격하게 증가하고, 2010년 17.96%, 2011년 19.75%를 유지되어 상당한 수준의 결손이 지속적으로 발생하고 있는 상황이다. 이러한 결손 사태에 직면하여 캘리포니아 주정부는 **목적지정 교부금(categorical money)** 가운데 상당한 부분에 유연성을 부여하여 학교구에서 시급하다고 판단되는 분야에 이를 우선적으로 지출하도록 하고 있다.

3) 교육재정 지출

ELK Grove 학교구의 교육재정 지출(2010년)을 상품과 서비스를 기준으로 살펴보면, 교육재정 지출에 기준이 되는 자금은 일반재원을 의미하며 2010년 기준으로 $445백만이다. ELK Grove 학교구는 교육재정 가운데 봉급 및 복리후생에 약 88%를 지출하고 있다. 여기에는 학교행정가, 교사, 직원 등의 봉급과 복리후생을 포함하고 있다. 다음으로는 **운영경비(Operating Costing)**로 9%를 지출하고 있으며 광열비, 건물유지·보수비 등이 포함된다. **책과 소모품(Books and Supplies)**에는 3%를 지출하고 있다. 책의 경우 ELK Grove 학교구가 아닌 카운티 교육국에서 이를 관장하며 카운티에서 발급하는 **교사봉급수표(paycheck)**의 경우 학교구의 위원회나 책임자가 아닌 카운티 **책임자(superintendent)**의 서명이 명기된다.

ELK Grove 학교구의 교육재정 지출(2010)을 학교에서 제공된 활동을 중심으로 살펴보면, ELK Grove 학교구는 교육재정 가운데 교수·학습에 68%를 지출하고 있다. 교수·학습에는 교사봉급 등을 포함하고 있다. 다음으로는 **학습관련활동(Instruction Related Services)**에 10%를 지출하고 있다. **학생생활지원(Pupil Services)**에 6%를 지출하고 일반행정(General

Administration)에도 6%를 지출하고 있다.

여기에는 SERP(Supplemental Early Retirement Programs)에 의해 지출된 $1.5백만을 포함하고 있다. 그리고 **건물관리(Plant Services)**에 9%, **기타활동(Other Outgo)**에 1%를 지출하고 있다. 재정에 관련된 학교의 재량권은 거의 없다. ELK Grove 학교구의 경우 교육예산의 약 88%를 봉급 및 복리후생에 지출하고 있으며 책, 소모품 등도 학교구에서 구매해 배분하고 있어 학교에서 직접 운영할 수 있는 재정은 거의 미미한 수준이기 때문에 학교에서 재정의 자율성을 행사할 여지는 없다.

ELK Grove 학교구의 전체 교육재정 규모는 2010년 기준으로 $530백만에 이른다. 이 가운데 일반자금이 가장 많은 $445백만으로 전체의 83.96%를 차지한다. 다음으로 시설투자에 $48백만, 식당운영에 $21백만이 지출되었다. 그리고 학생개발과 보험료에 각각 $5백만, 성인교육에 $4백만, 협약학교에 $2백만이 지출되었다.

■4 시사점

캘리포니아 주 교육재정시스템에 가장 큰 영향을 미친 것은 학교구간 교육재정의 형평성을 확보하고자 하는 노력이었다. 이를 위해 미국의 전통적인 **지역통제(local control)**를 약화시켜 지역의 재산세에 기초한 재정 확보방식을 제한하였다. 반면에 주정부의 역할을 강화시켜 교육재정을 주정부 전액 재정지원 방식으로 변화시키고 있다. 이러한 방식은 교육재정의 확보와 관련하여 우리나라의 경우와는 다소 차이가 크다. 우리나라는 재정의 집중화로 교육재정이 지역의 재정능력의 차이를 보전해 줄 수 있기 때문에 미국과는 비교할 수 없을 정도로 형평성 수준이 높다. 다만 우리나라는 지방교육자치의 확대를 위해 재원을 지방수준에서 확보할 수 있도록 하는 재정의 자립성에 대한 요구와 논란이 크다. 미국은 지역 간 재정능력의 차이로 인한 교육비의 격차를 해소하기 위해 지역의 재산세 징수권에 제한을 가하는 반면 우리나라는 중앙에 비해 지방의 재원확보 능력이 매우 낮기 때문에 지방으로 세원을 이전하여 지방이 자주적으로 재원을 확보하도록 해주어야 한다는 주장이 강하다.

캘리포니아 주의 교육재정제도를 살펴보면 세원을 지방으로 대폭 이양하여 지방의 재정자주권을 확대하는 것은 지방의 재정능력의 차이로 인한 교육재정의 격차를 불러일으킬 수 있다는 점을 알 수 있다. 지방의 재정자주권을 확대한다 하더라도 지방의 재정격차가 교육재정에서의 격차로 이어지지 않도록 중앙정부가 이러한 격차를 보전해줄 수 있는 만큼의 재원은 확보해야 한다. 중앙정부가 지방간 재정능력의 격차를 보완하기 위해 이전재원으로 지방교육재정교부금을 확보하여 이를 지방에 교부해주어야 하지만 교부과정에서 지방을 통제하려는 문제점이 있다. 이로 인해 지방과 국가가 재원을 확보하는 방식에서 갈등이 있다고 볼 수 있다. 지방의 재정능력의 격차가 교육재정의 격차로 연계되지 않도록 하기 위해 국가가 이전재원으로 재정을 확보하여 지방에 배분하는 것인데 이 과정에서 국가의 통제 또는 개입이 지방의 반발을 일으킬 수 있다는 점을 고려하면 현재의 제도가 균형을 이룰 수 있도록 적정한 수준에서 개선되어야 할 것이다.

교육재정 배분에 있어서 목적지정 재원과 일반재원이 기대하는 바는 상이하다. 목적지정 재원은 특수교육 등과 같이 일반재원으로 배분 시 소외될 개연성이 높은 교육목적을 우선적으로 성취하기 위한 방식이고 일반재원은 지역의 특수성에 따라 자율적인 판단에 기초해 가장 시급한 교육목적을 성취하기 위한 방식이다. 두 가지 방식은 효과성과 효율성에서 차이를 나타내는데 목적지정 재원은 효과성은 높지만 상대적으로 효율성은 낮고 일반재원은 효과성은 낮지만 상대적으로 효율성은 높은 것으로 통상 이해되고 있다. 우리나라의 경우 목적지정 재원이 상대적으로 높은 점을 고려할 때 캘리포니아 주정부가 학교구에 재정지원 시 전체 재정의 2/3를 총액으로 목적을 지정하지 않고 지원하고 있는 점을 참고할 필요가 있다. 캘리포니아의 이러한 상황은 재정을 배분할 때 재정의 자율성을 확보하여 결과적으로 재정의 효율성을 높이고자 하는 노력으로 해석될 수 있다.

일반자치단체의 교육경비 보조를 제외하면 교육재정의 추가적인 확보가 어려운 우리나라의 현실을 고려할 때 교육재정의 유연성이 지역의 특수한 교육수요를 반영하기에는 미흡하다 할 것이다. 지방자치 시대에 걸맞게 지역의 특수한 교육수요를 충족할 수 있는 교육재정 확보방안이 요구된다. 캘리포니아의 경우 학교구 교육위원회의 위원이 주민직선에 의해 선출되지만 학교구의 재산세율을 정하거나 예산을 승인받을 때, 그리고 규모가 큰 학교건물 프로젝트를 수행할 때에는 주민투표를 실시하도록 법으로 규정하고 있다. 예를 들면, Elk Grove의 경우 Mello-Roose 제도를 활용하여 학교신설 수요에 대응하여 주민투표를 통해 신축을 추진하고 있다. 우리나라의 경우 지방에서 논란의 여지가 많은 대규모 재정 프로젝트를 도입하는 경우 주민투표를 실시하는 방안도 고려할 수 있다.

　우리나라 교육재정은 내국세 등에 기초하고 있어 경제 상황에 따른 불확실성을 내포하고 있다. 경기불황에 대비한 교육재정의 안정적 확보는 물론이고 교육자치단체별 자구노력에 대한 대안적 모색이 요구된다. 캘리포니아의 경우 경제위기로 인해 재정난에 직면한 학교구는 교직원을 일시해고하거나 임금을 동력하고 건물을 통·폐합하며 급식서비스를 재구조화하고 에너지를 절감하는 등 예산을 효율적으로 집행하려는 노력을 하고 있다. 그리고 캘리포니아 주정부 차원에서는 세입결손에 대처하기 위해 학교구에 지원되는 목적지정 지원금에 유연성을 부여하여 학교구가 지출이 우선적으로 필요하다고 판단되는 분야에 이를 지출할 수 있도록 하고 있다. 우리나라에서도 세수결손이 발생하거나 재정난이 심각한 경우 예산지출에 유연성을 부여하는 방안을 참고할 만하다. 또한 우리나라의 교육자치단체 역시 앞서 제시한 ELK Grove 학교구처럼 예산을 효율적으로 사용하거나 절감하려는 노력은 항상 요구된다.

　교육의 책무성을 높이기 위해 최근 우리나라에서도 학교 알리미를 통해 초·중등교육기관의 교육여건, 학업성취도 등의 정보를 제공하고 있지만 학업성취도와 관련해서는 좀 더 적극적으로 지역수준과 국가수준에서 목표지향을 갖는 체계로 전환될 필요성이 제기된다. 캘리포니아 주정부는 학교의 학업성취와 성장을 측정하기 위해 주 전체에서 실시하고 있는 CST, CMA, 그리고 CAPA 등을 포괄하는 복합지수의 형태로 학교별로 개별화된 API 성장목표를 설정하고 이를 관리하고 있다. 또한 연방정부는 학교와 학교구 및 카운티 교육부가 현재의 학업성취수준과는 상관없이 주 전체적으로 동일하게 설정된 AYP 기준을 학생 100%가 도달하면 다음 해에는 AYP 목표가 상승되는 시스템을 운영하고 있다.

영국의 교육재정제도

영국의 초·중등교육은 교회의 관할에 있었기 때문에 국가에 의한 재정지원도 1833년에 처음 이루어졌다. 현재와 같은 교육체제가 갖추어진 것은 1902년 교육법이 제정된 때부터라고 할 수 있다. 근대적인 교육재정제도도 1919년에 시작된 비율교부금제도에서부터 체계적으로 발전되어왔다고 할 수 있다. 1919년이래로 보조사업의 일정비율을 지원하는 비율교부금제도, 소요예산 총액을 배분하는 총액교부금제도, 기존의 일반교부금제도나 지방세결함교부금제도를 대신한 지방세보전교부금제도, 현재의 수입보전교부금제도로 발전하여 왔다. 교부금제도는 지방정부의 교육행정부문에만 적용되는 것이 아니라 경찰, 소방, 도로 등 지방정부의 주요행정서비스에도 똑같이 적용된다. 그러나 국가보조금이나 재정지원의 중심이 교육행정분야였으므로 지방정부의 지출에서 교육지출이 차지하는 비중은 크다. 지방행정청의 별칭이 **지방교육청**(Local Educational Authority)일 정도로 지방의회나 지방정부의 역할은 교육에서부터 시작되었다.

영국의 지방정부에 대한 재정지원 방식은 자기 지역의 행정수요에 소요되는 재원은 자기 지역 스스로 마련하여 충당하는 미국식의 자치행정과 비교해보면 근본적인 차이점이 있다. 미국의 경우 재정이 풍부한 지방정부는 학교시설과 교사에 대한 처우에서 재정이 열악한 지방정부와 큰 차이가 있다. 그러나 영국의 경우 국가에서 지방정부로 재정을 지원 또는 배분하는 초기부터 지역간의 격차가 발생하지 않도록 재정배분을 균등화하는데 주안점을 두고 있음을 알 수 있다.

이 절에서는 영국의 유·초·중등 교육재정제도를 살펴보기 위하여 주로 천세영 외 (2011)와 성삼제(2002)의 논문에서 발췌·수정하여 제시하고자 한다.

■1 중앙정부의 교육재정

1) 정부예산 현황

영국 국가재정의 특징은 지난 2009년 이후로 국가재정위기로 전반적인 지출이 크게 감소하고 있으며 이러한 경향은 향후 지속될 것으로 예상된다. 영국 정부의 공공지출은 지난 2001년 이후로 지속적으로 증가하여 왔는데 지난 20여 년간 GDP의 약 40% 정도였으며 2009~10년의 경우에는 48%에 이르렀다. 반면에 **재정수입(Receipts)**은 GDP대비 40%를 넘은 적이 없으며 2009~10년에는 37%로 감소하였다. 따라서 영국정부는 향후 지속적인 공공지출을 줄일 계획을 세워두고 있으며 2010~11년의 경우에도 역시 정부수입과 지출 간의 차이를 줄이는 것이 큰 관건이 되고 있다.

영국 정부 예산에서 교육부문의 경우 2010~11년 예산은 508억 파운드 정도로 전체 정부 예산 3,266억 파운드의 15.6%를 차지하고 있으며, 이는 **국가보건의료(National Health Service)** 부문의 987억 파운드 다음으로 많은 예산이 된다. 그러나 교육부문의 예산은 전체 정부예산의 감축으로 인해 향후 5년간 지속적으로 감축될 것으로 보인다. 즉, 명목상의 예산은 2011~12년에는 512억 파운드로 증액되고 2014~15년에는 539억 파운드로 증가하나 물가상승률을 감안한 실질적 증가는 2014~15년까지 약 3~4%를 기록할 것으로 보인다.

2) 정부의 교육재정 지출

정부는 매년 **종합지출보고서(Comprehensive Spending Review)**를 작성하고 3년 단위의 예산을 책정하고 있다. 예산 심의와 배분 과정을 살펴보면, 먼저 각 정부부처별로 필요한 예산을 보고받고 이를 검토한 후 최종적으로 3년간의 부서 개별지출한도를 결정한다. 그다음 교육부 예산을 책정하여 학교예산을 배분한다.

2009~10년까지 영국의 교육재정 지출은 지속적으로 늘어왔다. 1955~56년에 대비해 볼 때 교육비 지출은 약 7.8배의 증가를 나타냈다. 특히 1999~2000년부터 2009~10년까지 교육비 지출은 5.1% 증가하여 1970년대 중반 이후 급속한 증가를 보여 왔다. 이로

인해 국가수입 대비 교육비 지출도 지속적으로 증가하여 1999~2000년에는 4.5%이었던 것이 2009~10년에는 6.4%까지 증가하였다. 그러나 2010년 이후 정부의 예산감축으로 2010년 이후는 교육비 지출이 크게 감소할 것으로 예상되며, 2013~14년까지 국가수입 대비 4.6%까지 떨어질 것으로 예상된다. 이러한 감소는 1950년대 이후 가장 큰 예산삭감이 된다.

최근의 영국 교육비 지출변화를 정부별로 나누어 보면, 노동당 정부기간동안(1997년 4월부터 2010년 3월까지) 연간 교육비 지출은 4.2% 증가를 나타냈다. 구체적으로 살펴보면, 1기에는 2.9%, 2기에는 6.2%, 그리고 3기에는 3.8%가 증가하여 2기 정부 때 가장 큰 증가를 나타냈다. 보수당 정부 때(1979년 4월부터 1997년 3월까지)에는 연간 평균 1.5% 증가하였다. 지난 1956년 이후 연평균 3.7%의 증가를 보였으나 2010년 이후 향후 15년간은 연평균 3.5% 감소를 나타낼 것으로 예상된다.

영국의 교육재정에서 중요한 특징 중의 하나는 노동당 정부시절에 가장 급격한 지출 증가는 시설설비에 대한 투자가 된다. 표 9-12의 1998년부터 2009년까지 교육부 지출의 실질적 증가를 살펴보면, 지난 10년간 평균 교육비 지출은 5.2%인데, 이 중에서 유아교육이 6.1%, 계속교육이 7.7%, 시설투자비는 12.9%로 증가하였다. 시설투자비의 급격한 증가는 노동당 정부가 추진한 **미래를 위한 학교건축**(Building Schools for the Future) 프로젝트에 기인한 것이다.

표 9-12 여러 부문의 공공지출 증가(Increases in various components of public spending)

구분	1998. 4~2009. 3. 연간실질증가율
교육(Education, England only)	5.2
학교(Schools, of Which:)	5.6
자본지출(Capital spending)	12.9
현재지출(Current spending, of which:)	5.0
5세 이하(Under-5s)	6.1
초등학교(Primary schools)	3.9
중등학교(Secondary schools)	5.0
계속교육(Further education)	7.7
고등교육(Higher education)	2.3
기타교육지출(Other education spending)	5.6

※ 출처: Chowdry & Sibieta, 2011a, p.6.

교육부 예산은 2014년까지 추가적인 감축이 예상되지만, 항목별로 차이가 있을 것이다. 교육부 예산은 2010~11년 514억 파운드에서 2014~15년 540억 파운드로 명목상 예산은 증가하나 실질적으로는 약 −5.6% 정도 감소할 것으로 예상된다. 그러나 이 중에서 학교에 투입되는 **학교교육비(Schools spending)**는 2014~15년까지 약 −1.2% 감소하는 데 그칠 것이다. 반면에 유아교육과 고등교육은 큰 감소가 이루어질 것이다.

즉, 유아교육은 2014~15년까지 약 −21.7%로 크게 감소할 것이며, 고등교육부문도 2011~12년에 −4.1%로 감소하며, 향후 더 많은 감소가 이루어질 것으로 예상된다.

② 교육부와 지방정부의 교육재정

1) 교육부의 재정배분 구조

중앙정부차원에서 교육부문에 대한 예산이 확정되면 학교교육비와 비학교교육비로 나누어 예산배정이 된다. 비학교교육비는 대학에 직접 지원되는 것이며 학교교육비는 교육부를 통해 지원되고 있다.

교육부에서 지방정부에 배정하는 예산 중 가장 중요한 것은 **특정목적학교보조금(Dedicated Schools Grant, DSG)**이다. 교육부의 예산 대부분은 DSG를 통하여 배분되며, 그밖에 LSC나 다른 보조금을 통하여 지방정부로 예산이 배분되고 있다.

2) 지방정부의 교육재정

(1) 재정배분구조

재정배분은 크게 두 가지, 즉 DSG를 중심으로 배분되지만 **개별학교예산(individual Schools Budget)**과 지방정부에서 교육을 위해 사용하는 기타예산으로 나누어 볼 수 있다. 개별학교예산은 학생수와 학교시설설비비, 특수교육요인, 소외계층 또는 저소득계층에 대한 내용 등을 고려하여 배분된다.

지방정부예산은 지방정부가 개별학교에 배분하기 힘든, 지방정부차원에서 지출하여야 하는 사항에 대한 예산으로 다음과 같은 것들이 포함된다.

- 특수교육요구(special educational needs, SEN): 만약 우리 학교구에 사는 아이에게 필요한 교육이 거리가 먼 웨일즈에 있는 학교에서 제공된다면, 우리 교육구에서 그 아이를 웨일즈에 있는 학교에 입학시키는데 필요한 경비를 지불.
- 학생위탁(Pupil Referral Unit, PRU): 학교에 못가는 아이를 일시 또는 장기간 데리고 있으면서 아이에게 적당한 학교를 찾으면 보내고 그렇지 않으면 계속해서 데리고 있으면서 의무교육을 받게 함.
- 무료급식(Free School Meal, FSM): 지방정부에서 무료급식 비용을 지불.
- 라이센스(License): 학교교육과정 운영할 때 저작권(copyright)이 있는 사진, 그림 등을 이용할 때 지방교육청에서 한꺼번에 판권 이용료를 내고 사서 전체 학교에 이용 가능하도록 함.
- 교사 출산휴가와 정리해고(Teacher Maternity & redundancy): 교사의 출산휴가로 인해 임시교사(supply teacher)를 쓰거나 정리해고로 실업급여를 주어야 할 때 지방교육청이 그 경비를 지불.
- 유아(Early Years): 3~4세 아동 등이 학교에 입학하기 전 사립유치원(nursery)에 다니더라도 지방정부는 주당 15시간의 교육비를 보조해 줌.
- 입학(Admission): 학부모가 학교선택권을 지니고 있기 때문에 1년 내내 학교 입학정보 안내 및 상담, 배치를 위해 전담직원이 필요한데 그에 따른 경비를 지방정부에서 지불.

(2) 재정배분 결정요인 및 방법

일반학교

일반학교에 대한 재정지원은 DSG를 중심으로 이루어지고 있다. DSG는 현재 재정지원의 근간으로 가장 중요한 재정지원방식이다.

- DSG에 대한 소개: 공립학교들은 지방정부로부터 대부분의 재정지원을 받으며, 최근에는 'spend-plus' 방식으로 예산배정을 받는다. 이 방법은 지방정부가 받는 예산이 전년도의 기본배정액에 대한 **일괄적 인상비율(a flat-rate increase)**에 정해진 포뮬러에 의해 추가적으로 지원액이 결정되는 방식이다. 이러한 방식은 변화하는 재정수요에 대하여 지방정부가 예산배정에 있어서 학교재정배분체계의 권한을 제한하는 한계를 지닌다.
- DSG 결정과정: 각 지방정부는 재정배분을 위한 '공정한 자금(fair-funding)' 포뮬러를 갖고 있다. 이는 한 지방정부 내에서 비슷한 특징(주로 학생수에 기초함)을 가진 학교들이 같은 수준의 학생당

교육비를 받을 수 있도록 하기 위한 것이다. 이 포뮬러는 지방정부마다 다르나 공통적으로 가장 중요하게 고려되는 것은 학생수다. 그 밖에도 다음과 같은 사항들이 일반적으로 고려되고 있다.

- 각 단계별 학생수: DSG에서 가장 중요한 것은 학생수이다. 학생수는 보통 매년 1월을 기준으로 하고 있으며, 정확한 학생수의 계산은 학교급별 및 기타 여건에 따라 차이가 있다.

- 사회적 빈곤계층 고려: 사회적 빈곤계층에 대한 보정지수를 사용한다. 예를 들면, 무료급식 학생수(FSM) 등을 들 수 있다.

- 그밖에도 특수교육아동(SEN), 이중언어학생(an additional language, EAL) 등을 고려하여 예산이 배정된다.

- 마지막으로 단위학교의 다양한 여건 등이 고려되어 예산이 배정되고, 또한 전체 지원액이 전년도보다 2% 이상 감소할 경우 이를 보정해주고 있다.

- DSG는 기본적으로 각 지방정부별로 1월에 재학하고 있는 학생을 대상으로 하고 있으며, 2010~11년의 경우 학생당 4,227파운드를 배정하고 있다. 이는 전년도에 비해 4.2% 증가한 것이다.

- 지역교육청은 학교별로 최소예산배정보상(Minimum Funding Guarantee, MFG)을 하고 있다.
  - 즉 학생수 변동에 따라 다르지만 기본적으로 각 학교별로 매년 전년도보다 조금이라도 인상되어야 한다는 것을 말한다.
  - 이를 위해 표준재정지출평가(Standard Spending Assessment, SSA)를 폐지하고, 학교별로 최소예산배정보장(Minimum Funding Guarantee, MFG)을 도입하며, 전년대비 일정액이상 증가하는 점증주의 재원배분방식이다.
  - 2010~11년의 경우 MFG는 전년도와 마찬가지로 2.1%이다.
  - MFG는 전년도의 MFG에 당해년도의 MFG을 더한 값이다.

- 지역교육청은 매년 5월에 교육부(DFE)로부터 최종 학생수와 함께 DSG를 최종적으로 통보받는다.

- 향후전망: 현 제도가 최근에 개정되었음에도 불구하고, 향후 추가적인 개편이 있을 계획이다.
  - DSG로 전환하는 과정에서 일부 중복적으로 활용되었던 방식이 2011년부터는 실질적으로 DSG 하나로 통합된다. 단 지방정부는 급격한 예산의 감소를 방지하기 위하여 전년도의 예산을 반영하여 새로운 예산을 편성할 수 있다. 2011~12년의 경우 현재의 학생당 교육비를 감소시키지 않고 동결하였다.
  - 학생 프리미엄(pupil premium)은 소외계층 학생들의 학업성취를 높이기 위해 도입

된 것이다. 즉 소외계층 학생들이 최소한 전국 평균 수준의 교육비를 받을 수 있도록 한 것이다.

- 이것에 의한 지원대상은 두 부류이다. 즉 무료급식과 기타지원이 필요한 학생들(5～15세까지)과 사회보장제도를 통해서 지방정부의 보호아래에 있는 학생들이다.
- 2011～12년의 경우 무료급식자격 대상과 보호프로그램에 있는 학생에게는 488파운드를 지급하고, 기타지원대상학생(Service Children)에게는 200파운드를 지급한다.
- 2014～15년에는 무료급식 자격학생들에게 약 1,900파운드를 지원한다.

독립학교(아카데미와 자유학교)

아카데미와 자유학교는 중앙정부로부터 직접 재정지원을 받고 있다.

- 아카데미는 새로운 형태의 독립학교를 말한다.
  - 아카데미는 국가의 재정지원을 받지만 지방정부의 간섭을 받지 않는 독립적으로 운영되는 학교이다. 특히 처음 개교 시에는 집중적으로 예산지원을 받고 있다.
  - 아카데미는 반드시 스폰서가 있어야 한다. 스폰서는 개인이나 자선단체, 대학, 또는 다른 학교들이 될 수 있다. 스폰서는 아카데미에 대한 장기투자로 2백만 파운드를 제공하여야 하며, 학교이사회 위원을 임명하고, 비전이나 새로운 구상 또는 다가올 도전들에 대한 계획을 수립하여야 한다.
  - 아카데미는 교사의 급여나 다른 근무조건에 대하여 전국적인 차원의 규정에 따르지 않아도 되며 독자적인 방안을 마련할 수 있으며, 또한 교육과정과 교수방법에 대한 최대한의 자유를 가진다.
  - 아카데미는 다른 학교들이 학생의 입학에 대하여 지방정부의 관리를 받는 것에 반하여 독자적인 입학정책을 수립·운영할 수 있어 현재 그 수가 증가하고 있다.
- 자유학교는 새로운 정부에서 추진되는 학교형태로 스웨덴의 학교모델을 차용한 것이다.
  - 자유학교는 학부모나 비정부 기관에 의해 설립·운영되며, 중앙정부에 의해 승인 받기 전에 지방 또는 지역의 교육적 요구를 반영하여 설립되었음을 증명할 것이 요구된다.
  - 자유학교의 운영은 지방 또는 중앙정부로부터 독립적이다.
  - 2011년에 24개의 자유학교가 설립되었으며 추가적으로 많은 학교가 설립될 계획이다.
  - 아카데미처럼 자유학교도 중앙정부로부터 직접적으로 예산을 지원받는데, 다음과 같은 준거에 의해 재정지원을 받는다.
    - 초등학교의 경우 각 학교당 일률적으로 95,000파운드를 지원받는다.

- 학교에 재학하는 학생에 대하여 기본적으로 지역단위에서 산정한 학생당 비용을 지원받는다.

- 무료급식 이용 가능한 학생은 기본적으로 지역단위에서 산정한 학생당 비용을 지원받는다.

- 추가적으로 무료급식 이용 가능한 학생은 국가에서 비용을 지원받는다.

- 지방정부보조금(LACSEG)과 특수교육(SEN) 보조금을 지원받는다.

- 후기중등교육학생을 위한 별도의 비용을 지원받는다.

- 보험이나 재산세 등을 지불하는 데 필요한 비용을 지원받는다.

(3) 사례 분석

Sefton의 예산배정 현황

전국적으로 전체 학교예산 증가는 2008~09년은 4.3%, 2009~10년은 4.7%, 그리고 2010~11년은 5.3%이었으며, 학생당 비용은 각각 3,888파운드, 4,066파운드, 그리고 4,218파운드였다. Sefton의 경우는 예산 증가율이 각각 4.3%, 3.6%, 그리고 4.2%였으며, 학생당 비용은 3,755파운드, 3,917파운드, 그리고 4,058파운드였다. 총 DSC는 1월을 기준으로 하나 학생수에 따라 달라지는데 Sefton의 경우 2009~10년에 총 160,799백만 파운드를 지역정부로부터 배정받았다.

Sefton의 학생수는 2010~11년의 경우 총 38,882명(전일제 학생수로 환산함)이었고 학생당 지원비용은 4,227.37파운드로 책정되었기 때문에 Sefton이 지역정부로부터 지원받은 총액은 164.4백만 파운드. 이는 2009~10년보다 약 3.6백만 파운드 증가한 것이다. Sefton의 학교급별 예산 배정 현황을 제시하면 표 9-13과 같다.

표 9-13 학교급별 학생수 및 예산 배정 현황

(단위: 명, 백만 파운드)

학교급별	학생수	예산액
유아교육	120	0.866
초등교육	20,702	71.146
중등교육	1,744	70.011
특수교육	385	6.905
계	37,951	148.928

※ 출처: 천세영 외, "해외 선진국의 유·초·중등교육 재정지원제도 분석에 관한 연구", 한국교육개발원, 2011, p.87.

유아교육을 위한 포뮬러는 2010년과 똑같고 MFG는 2.1% 적용되었으며, 예산배정액은 전년도에 비해 약 3.19% 증가하였다. 초등교육은 전년도에 비해 학생수가 183명 감소하였고, MFG는 2.1%가 적용되었으며, 전반적인 예산 인상은 전년도에 비해 약 3.24%이다. 중등교육은 전년도에 비해 학생수가 288명 감소하였고, MFG는 2.1%가 적용되었으며, 전체 예산은 전년도에 비해 약 3.37% 인상되었다. 특수교육은 MFG가 2.1% 적용되었고, 전체 예산은 전년도에 비해 약 3.9% 인상되었다.

Bexley의 예산배정 현황

Bexley는 런던 근교의 학교구로 2011년 학생수는 약 37,000명이다. Bexley는 학생수가 비교적 많은 학교구임에도 불구하고 예산배정은 상대적으로 적게 이루어져 왔다. 즉 Bexley의 일인당 **예산배정보장액(Guaranteed Unit of Funding)**은 Greenwich나 Lambeth 등 주변의 다른 학교구에 비해 상대적으로 낮다. 2011~12년의 경우 Bexley의 일인당 예산배정보장액은 약 5,120파운드인데 반해 Greenwich는 약 6,800파운드이고, Lambeth는 약 7,398파운드이다.

표 9-14의 Bexley 교육구의 예산현황을 살펴보면, 우선 교육구 단위로 배정되는 정부 예산이 123백만 파운드로서 전체 예산의 약 72.3%를 차지하고 있고, 그다음으로 16~18세 사이의 **대학입시준비과정학생들(sixth form students)**을 위한 예산이 14백만 파운드로서 약 8.5%를 차지하고 있다. 특수학생들을 위한 예산은 11백만 파운드로서 전체 예산의 6.6%를 차지하고 있으며, 특수학생을 위한 비용은 Bexley 뿐만 아니라 영국 전체에서 점차 증가하고 있는 상태이다.

이러한 예산 외에도 Bexley는 추가적 수입을 갖고 있다. 중앙정부로부터의 예산 이외에 Bexley에서 자체적으로 거두어들이고 있는 추가수입으로는 시설이나 서비스를 제공하고 받는 수입, 방문객들로부터 받는 수입, 지역사회로부터 받는 수입, 음식제공 수입 등 다양하다. 이러한 추가수입은 2009~10년의 경우 초등학교가 약 300만 파운드, 중등이 350만 파운드, 그리고 특수학교가 약 30만 파운드 등 전체적으로 670만 파운드에 달한다. Bexley의 경우 학교에 대한 기부금 수입도 있는데, 2009~10년에는 전체 기부금 수입이 37만 파운드를 상회하고 있다.

표 9-14 Bexley의 예산 현황(2009~10)

(단위: 파운드)

구분	유치원	초등학교	중등학교	특수학교	계
지방정부로부터 이전된 예산 (Funds delegated by the LA)	0	57,167,802	59,453,102	7,274,705	123,895,609
대학입시준비과정학생들을 위한 예산 (Funding for sixth form students)	0	0	14,532,989	0	14,532,989
특수교육요구(SEN) 예산 (특수학교를 위한 것이 아닌)	0	6,712,450	4,383,293	192,410	11,288,153
소수민족학생들을 위한 예산 (Funding for minority ethnic pupils)	0	383,627	84,284	0	467,911
기준예산(standards fund)	0	4,504,272	6,723,037	317,673	11,544,982
기타 정부보조금 (othe government grants)	0	40,000	418,088	14,296	472,383
학생에 초점을 둔 학교기준보조금 (SSG)	0	3,454,293	3,302,261	235,783	6,992,337
학생으로부터 받는 총학교예산 혹은 보조금 (Pupil focused extended school funding and / or grants)	0	565,634	1,079,636	64,454	1,709,723
지역사회로부터 받는 총학교예산 혹은 보조금 (Community focused extended school funding and /or grants)	0	332,506	121,911	0	454,417
계	0	73,160,584	90,098,601	8,099,321	171,358,504

※ 출처: London Borough of Bexley. "Children, Schools and families data collection(outturn) year 2009~10". 2011.

Reyleigh 초등학교의 예 · 결산 현황

Reyleigh 초등학교는 영국 Essex 지방에 있는 학생수 약 440명 정도의 초등학교이다. 표 9-15에서 Reyleigh 초등학교의 수입과 지출에 관한 현황을 살펴보면, 먼저 수입은 크게 지역교육청(LEA)과 학교 자체수입으로 나눌 수 있는데, 전체 예산 1,688,544파운드 중 약 88.5%(1,493,944파운드)를 정부로부터 지원받고 있다. 나머지는 시설사용료, 기부금, 음식제공에 따른 차입금 등 자체수입과 전년도 이월금이다.

Reyleigh 초등학교의 지출은 전체 예산의 약 96%가 사용되며, 이 중 대부분은 교사급료 및 인건비 즉, 정규 및 비정규직 교사급여, 행정직원 급여, 교직원 보험료 등이 약 77%(1,251,824파운드)를 차지하고 있다.

표 9-15 Reyleigh 초등학교의 수입 · 지출 현황

(단위: 파운드)

수입 · 지출	금액
지방정부로부터 이전수입	1,493,944
학교자체수입	69,600
전년도 이월금	125,000
수입합계	1,688,544
계획된 지출비용	1,621,581
교사급료, 교실지원, 행정직원, 교직원 보험료 등	1,251,824
예비비(2011~12)	66,963
지출합계	1,688,544

※ 출처: Reyleigh Primary School 내부자료 재구성. 2011.

Reyleigh 초등학교의 예산배정 및 운영에 있어서 문제점을 제시하면 다음과 같다.

- 인건비의 과다지출로 인해 유능한 교사를 초빙하고자 할 때 예산의 한계에 부딪힌다.
- 교육과정개발에 대한 예산이 적고, 시설 · 설비 보완 및 운영예산이 매우 적어 시설 유지 및 보수는 최소한으로 이루어지고 있어서 학교환경이 상당히 열악하다.
- 새로운 문제로 대두되고 있는 것은 특수아동에 관한 것이다. 점점 더 많은 학생들이 특수아동으로 판명되고 있어 이에 대한 추가적 예산이 필요한 실정이다.

Woolwich Polytechnic 학교의 예 · 결산 현황

Woolwich Polytechnic School for Boys(이하 Woolwich 학교)는 런던의 Greenwich 지역에 있는 학교로 11세에서 16세까지의 학생들이 재학하고 있고 학생수는 약 1,200명 정도이다. Woolwich 학교는 지난 2011년 가을에 있은 평가에서 **최우수학교(outstanding)로** 선정되었으며, 2010년에는 영국에서 가장 학업성취가 개선된 남학교로 선정되었다.

Woolwich 학교의 수입 및 지출을 표 9-16과 표 9-17에서 살펴보면, 먼저 수입은 정부지원이 학생당 6,646파운드이며 자체수입은 학생당 975파운드로 총 7,621파운드이다. Woolwich 학교의 수입은 무료급식비용이 비슷한 지역과 비교해 볼 때, 정부지원은 큰 차이를 보이지 않으나 자체수입에서 많은 차이를 보이고 있다. 즉, 영국 전체 지방정부의 학

생당 지원금은 6,894파운드이고, 런던지역 지방정부의 지원금은 7,304파운드로서, 6,646파운드를 지원받고 있는 Woolwich 학교의 지원금은 상대적으로 낮은 수준이다. 이에 반하여 자체수입은 975파운드로 영국 전체나 런던지역 지방정부들의 중간값(각각 231, 222파운드)의 4배 이상이 된다.

다른 학교에 비해 상대적으로 높은 자체수입은 폴리테크닉 학교라는 특성도 있지만, Woolwich 학교가 파트너십이나 협력을 맺고 있는 학교들에 대하여 다양한 서비스를 제공해 주고받는 수입이 큰 몫을 차지하는 데 있다.

표 9-16 Woolwich 학교의 학생당 수입 현황(2009~10)

지 역	무료급식비용	정부지원	자체수입	전체수입
영 국 전 체		4,996	231	5,277
런던지역 LAs	낮 음	5,217	222	5,525
	중 간	6,387	181	6,617
	높 음	7,304	187	7,525
L A 전 체	낮 음	5,621	139	5,760
	중 간	6,805	194	6,986
	높 음	6,894	550	7,444
Woolwich 학교	높 음	6,646	975	7,621

※ 출처: Woolwich 학교의 내부자료 재구성. 2011.

표 9-17 Woolwich 학교의 학생당 지출 현황(2009~10)

지 역	무료급식비용	교사 인건비	보조교사 및 직원 인건비	기타행정 및 인건비	학습 지원비	전문성 개발비 -교육과정	기타 비용	지출 합계
영 국 전 체		2,971	592	898	293	48	297	5,099
런던지역 LAs	낮 음	3,270	563	878	286	39	259	5,295
	중 간	3,639	833	1,196	348	79	315	6,410
	높 음	3,937	944	1,477	429	79	380	7,246
L A 전 체	낮 음	3,516	654	1,002	193	55	198	5,618
	중 간	3,812	991	1,100	280	133	338	6,654
	높 음	4,131	933	1,281	361	194	459	7,359
Woolwich 학교	높 음	4,396	882	1,216	386	214	570	7,664

※ 출처: Woolwich 학교의 내부자료 재구성. 2011.

즉, Woolwich 학교의 교사나 행정가가 지역사회나 다른 학교들과 좋은 관계를 유지하면서 다른 학교의 발전을 위해 다양한 컨설팅을 해주고 이에 따른 수입을 얻고 있으며, 이 밖에도 임대료, 프린팅 서비스 등을 통해 상당한 수입을 얻고 있다.

Woolwich 학교는 학생당 수입이 큰 만큼 학생당 지출도 다른 지역에 비해 상대적으로 많은 것으로 나타났다. Woolwich 학교의 학생당 총지출은 7,644파운드로 런던지역 LA나 LA 전체의 중간값보다 다소 높았다.

지출 중 가장 큰 부분을 차지하는 것은 교직원 인건비나 이와 관련한 비용으로 전체의 80% 이상을 차지하는 것으로 나타났다. 그밖에 학습지원비가 약 5%, 그리고 전문성 개발비가 약 3% 정도를 차지하였다.

❸ 시사점

첫째, 교육에 대한 투자는 미래를 위한 투자임을 정부차원에서 새롭게 인식하고 투자방향 및 투자규모를 설정해야 할 것이다. 영국은 국가재정의 건전성 확보를 위해 공공지출을 계속 줄여나가면서도 교육비는 다른 부분에 비교하여 감축비율이 상대적으로 낮은 편이다. 즉, 영국의 중기재정계획에서 감축비율은 8.3%인데 비해 교육비의 감축비율은 3.4%로 설정해 놓고 있다. 이는 예산 및 투자계획에서 교육부문을 최상위에 배열해 놓고 있음을 나타낸다. 우리나라는 학생수 감소로 인해 지방교육재정교부금 비율을 감축하려는 경향을 보이는데, GDP 대비 교육재정 비율이 영국보다 낮은 실정에서 교부율 하향은 결국 교육의 질적 저하를 발생하고 미래를 위한 투자 측면에서 적절하지 못한 결과를 초래할 것이다.

둘째, 무상급식 등의 교육복지는 소득계층에 따라 차등지급하는 것이 필요하다. 영국은 새로운 교육복지에 투자하면서도 무료급식 등은 저소득층에만 지원하는 차등 재정정책을 추진하고 있다. 모든 학생을 대상으로 하는 무상급식제도는 재정건전성의 악화를 가져와 다음 세대에 큰 재정 부담을 줄 수 있으므로 복지 포퓰리즘에 치우친 전체 무상급식보다는 차등 무상급식이 이루어지도록 해야 한다.

셋째, 지방교육재정교부금 배분기준 항목에서 학생수를 기본으로 하고 다른 항목을 보정하는 방안을 강구할 필요가 있다. 영국은 과거 여러 가지 항목배분에서 90년대에는 학생수 등 표준배분으로, 2000년대에는 표준배분을 학생수로 다시 점증 배분하는 방식으로 전환하였다. 우리나라도 현재의 배정방식은 시·도교육청의 자율성과 책무성을 부여하지 못하므로 90년대 초반에 학생수로 총괄배정한 방식의 문제점을 보완하여 다시 시도할 필요가 있다.

넷째, 학교의 목적지정 사업을 최소화할 필요가 있다. 영국은 목적지정 사업이 학교의 불평등을 초래한다는 연구결과를 반영하고 학교운영의 질을 제고하기 위하여 목적지정 사업을 최소화하였다. 우리나라는 현재 특별교부금의 일환인 국가시책사업을 폭넓게 시행하고 있고 그에 따른 지방교육자치단체의 대응투자가 이루어지고 있는데, 그로 인해 얻어지는 효과도 크지만 한편으로 과도한 대응투자로 인해 지방교육자치단체의 재정난을 가중시키는 결과를 초래하고, 지방교육 자치의 본래의 의미를 훼손하며, 중앙정부의 통제를 강화시키는 부적인 영향도 미치고 있다. 따라서 교육부 주도의 국가시책사업들을 지방교육자치단체에 이양하고 그에 따른 소요예산은 특별교부금을 보통교부금에 합산하여 배분하면 될 것이다. 다시 말해서 지나친 목적지정 사업을 억제하고 교수·학습활동에 중점을 둔 실제적인 지방교육 자치를 실현하는데 초점을 모아 단위학교의 질적 수준 향상을 제고해야 한다.

일본의 교육재정제도

　일본의 지방재정은 크게 보통회계와 공영사업회계로 구분되고, 보통회계는 일반회계와 특별회계로 구분되며, 공영사업회계는 다시 공기업회계, 수익사업회계, 보험 등 사업회계, 기타로 구분된다.

　국가와 지방의 세출규모를 목적별로 보면, 공채비가 18.9%로 가장 비중이 크며, 다음으로 민생비가 18.1%를 차지한다. 학교교육비는 전체 세출 중 8.7%를 차지하며, 이 중 89%를 지방단체 세출로 충당한다. 전체적으로 보면, 국가세출이 차지하는 비중이 43%이다. 국민생활과 관계가 깊은 교육, 민생, 위생, 산업, 국토개발 등의 대부분이 지방의 세출로 되어있다.

　국가와 지방단체의 행정사무 분담내역을 보면, 교육의 경우 국가는 대학교육과 사립대학 지원 사무를 담당하고, 도도부현은 고등학교·특수학교와 소·중학교 교원의 급여 및 인사, 그리고 사립 유치원에서 고등학교까지 지원 사무를 담당하며, 일부 도도현의 경우 공립대학에 관한 사무를 담당하고, 시정촌은 유치원과 초·중학교에 관한 사무를 담당한다.

　일본의 재정은 최종지출 기준의 국가와 지방의 비율과 국민이 부담하는 조세수입 배분의 국가와 지방의 비율이 역전되어 양자 사이에 큰 괴리가 존재한다. 지방세입 중 지방세의 수입 비중은 약 40%로 세출 규모와 지방세수의 차이(국고지출금. 지방교부세)가 지역에 대한 수익과 부담의 관계를 어렵게 하고, 세출 증가에 대해 억지력이 작용하기 힘들게 한다. 지역주권을 확립하기 위해서는 국가와 지방의 역할분담을 대폭 수정하는 것과 아울러, 지방이 자유롭게 쓸 수 있는 재원을 확충한다는 관점에서, 국가·지방간의 조세 재원배분의 기조를 수정하는 것이 필요하다는 주장이 있다.

이 절에서는 일본의 재정지원 제도를 살펴보기 위해 주로 송기창 외(2011)의 논문에서 발췌·수정하여 제시하고자 한다.

■ 지방교부세 제도의 개요

1) 지방교부세의 목적

일본의 지방교부세 교부에 관한 일반법으로 「지방교부세법」(이하 '교부세법'이라 한다)이 제정되어 운영의 기준, 교부세의 종류, 보통교부세액의 산정 등에 관한 사항을 규정하고 있다. 교부세법 제1조에서는 "이 법률은 지방단체가 자주적으로 그 재산을 관리하고, 사무를 처리하며 행정을 집행하는 권능을 훼손하지 않고 그 재원의 균형화를 도모하고 지방교부세의 교부기준의 설정을 통하여 지방행정의 계획적인 운영을 보장함으로써 지방자치 본질의 실현에 이바지함과 아울러 지방단체의 독립성을 강화하는 것을 목적으로 한다."고 규정하고 있다. 즉, 지방교부세는 지방공공단체 운영의 자주성을 해치지 않고 재원의 균형화를 도모하기 위하여 국가가 필요한 재원을 확보하고 배분기준을 설정하여 지방행정의 계획적인 운영을 보장함으로써 지방자치의 본질을 실현하고 지방공공단체의 공공성을 확보하는 것을 목적으로 하고 있는 재원이라고 할 수 있다.

요약하면, 지방교부세의 목적은 지방단체의 자주성을 잃지 않으며, 그 재원의 균형화를 도모하고, 교부기준의 설정을 통한 지방행정의 계획적인 운영을 보장하는 것에 의해, 지방자치 본래 취지의 실현에 이바지하고, 지방단체의 독립성을 강화하는 것(법 제1조)이다(일본 총무성 홈페이지 자료, www.soumu.go.jp).

재원의 균형화(재원조정기능)는 지방단체 간 재정력의 격차를 해소하기 위해, 지방교부세의 적정한 배분을 통해 지방단체 상호 간의 과부족을 조정하고 균등하게 하는 것을 말하며, 재원의 보장(재원보장기능)은 거시적으로 지방교부세의 총액을 국세의 일정비율로 법제화함으로써 지방재원을 총액으로 보장하고, 미시적으로 기준재정수요액과 기준재정수입액의 기준설정을 통해, 어느 지방단체에 대해서도 행정의 계획적인 운영이 가능하도록 필요한 재원을 보장한다는 의미를 지닌다.

2) 지방교부세의 성격

지방교부세법 제3조의 '운영의 기본'에서는 총무대신은 재정수요액이 재정수입액을 초과하는 지방단체에 대하여 형평성 있게 그 초과액을 보전하는 것을 목표로 교부하여야 하며(제1항), 국가는 교부세를 교부함에 있어서 지방자치의 본질을 존중하고 조건을 붙이거나 그 사용용도를 제한하여서는 안 되며(제2항), 지방단체는 행정을 집행함에 있어서 합리적이고 타당한 수준을 유지하기 위하여 노력하고 적어도 법률 또는 정령에 의해 의무 부여된 규모와 내용을 갖추도록 하고 있다(제3항).

지방교부세의 본래 성격을 살펴보면, 첫째, 교부세법 제3조 제2항 제1호에서 정의하는 바와 같이, 지방공공단체가 수행해야 할 사무를 처리 할 수 있도록 국가가 교부하는 고유의 재원이라는 점이다. 지방교부세의 원 재원이 비록 국세와 일정 비율로 되어 있기는 하지만 이러한 징수방법은 많은 지방단체가 개별적으로 세금을 징수하는 것은 복잡하고 경비도 많이 소요되며 행정의 효율성도 떨어지므로 국가가 지방단체를 대신하여 편의적으로 일괄 징수하는 것이지 지방단체가 국가로부터 보조금처럼 받는 재원은 아니라는 것이다.

둘째, 지방교부세는 지방단체의 일반재원이라는 점이다. 일반재원은 사용용도가 특정하게 정해져 있지 않으며 지방단체에 재정운영의 자율성을 부여하기 위한 재원이므로 국가가 배분하는 국고지출금처럼 사용용도를 지정하여 배분할 수 없다는 점이다. 교부세법 제1조에서 규정하는 바와 같이 지방단체가 자주적으로 지방행정의 계획적인 운영을 보장하고 있는 점이 이를 입증한다.

셋째, 지방교부세제도를 마련함으로써 국가가 지방의 세수를 보완하고 있다는 점이다. 일반적으로 국가와 지방의 지출비용은 2 : 3이라고 말하지만, 조세수입은 역으로 3 : 2의 비율로 되어있다. 즉, 국가는 지방공공단체에 지방교부세 교부를 통하여 이러한 비율의 보완을 하고 있다.

3) 지방교부세의 종류

지방교부세는 보통교부세와 특별교부세가 있다. 보통교부세는 교부세 총액의 94%를 재원으로 하고 있으며, 일반적인 재정수요(일상의 행정운영에 필요한 경비)에 대하여 재원부족액의 균형 유지를 위한 산정을 하여 교부된다. 재원부족액의 산정은 지방교부세법의 규정에 의거 아래와 같은 계산방법에 의해 이루어지지만, 기준재정수요액 대비 기준재정수입액이 초과하는 지방공공단체에 대하여는 지방교부세가 교부되지 않으며, 역교부세도 부과되지 않으므로 예산을 불필요한 행정수요에 집행한다는 비판도 있다.

특별교부세는 교부세액의 6%로 보통교부세로 조치되지 않는 개별적이고 긴급한 재정수요(지진·태풍 등 자연재해에 의한 피해 등)에 대하여 재원부족액에 균형을 맞추기 위한 산정을 하여 교부된다.

4) 지방교부세의 교부

보통교부세의 결정과정을 간단하게 설명하면 다음과 같다.

<table>
<tr><td>

각 단체마다 보통교부세액은 다음의 산식으로 계산

      기준재정수요액   −   기준재정수입액   =   재정부족액
    (표준적인 재정수요)   (표준적인 재정수입)   (교부기준액)

- 기준재정수요액   =   단위비용   ×   측정단위   ×   보정계수
        (측정단위 1당 비용) (인구, 면적 등) (냉한적설의 차등)

* 각종 보정계수는 각 단체마다 자연조건이나 사회조건 등의 차이에 의한 재정수요의 차를 반영한 것.

- 기준재정수입액   =   (A ＋ B) × 75% ＋ (C ＋ D)
              A : 표준적 세수입(시정촌분의 세교부금을 포함)
              B : 지방특례교부금 중 감수보충특례교부금
              C : 지방양여금 등
              D : 지방특례교부금 중 아동수당특례교부금

</td></tr>
</table>

특별교부세의 금액은 기준재정수요액에 포착되지 않았던 특별한 재정수요, 기준재정수입액에 과대하게 산정된 재정수입, 재해 등에 대한 특별재정수요를 고려해서 결정된다. 지방교부세의 교부시기는 보통교부세의 경우 각 지방단체의 자금 예상 등을 고려해서 4월, 6월, 9월, 11월 4회로 나누어 교부된다. 특별교부세는 연도 도중에 재정수요 등을 고려할 필요가 있다는 취지에서 12월 및 3월의 2회로 나누어 결정·교부되나 대규모 재해가 발생했을 때는 교부액 결정 등의 특례를 적용할 수 있다.

② 지방교부세 산정의 실제

1) 기준재정수요액

「기준재정수요액」이란, 각 지방단체의 재정수요를 합리적으로 측정하기 위해 해당 단체에 대해 지방교부세법 제11조의 규정에 의해 산정한 금액이다(지방교부세법 제2조 제3항). 기준재정수요액의 산정 방법을 제시하면 다음과 같다.

> [기준재정수요액] = [각 행정항목별 기준재정수요액 { 단위비용 × (측정단위의 수치 × 보정계수)} 의 합산액]

(1) 기준재정수요액의 의의

표준적인 금액으로서의 기준재정수요액

기준재정수요액은 각 지방단체 지출의 실적(결산액)이 아니며, 실제로 지출하려고 한 금액(예산액)도 아니다. 지방교부세는 각 지방단체의 재원부족액을 평균수준으로 보완하는 것을 목표로 교부되는 것이기 때문에 가령 구체적인 실적을 그 재정수요의 산정에 사용한다고 하면, 개별 사정이나 독자의 판단에 근거해 이루어지는 방법을 도입하게 됨으로써 불공평한 결과를 가져오게 된다. 따라서 기준재정수요액은 지방단체에 대한 각각의 구체적인 재정지출의 실태를 파악하여 그 지방단체의 자연적·지리적·사회적 모든 조건에 대응하는 합리적이며 타당한 수준의 재정수요로서 산정된다.

기준재정수요액의 수준 근거

기준재정수요액의 표준적 수준의 구체적인 근거가 되는 것은 지방재정계획에 나타난 세출의 내용과 수준이다. 지방재정계획은 국민경제·국가재정과의 관련을 가지고, 지방재정에 관한 기본적인 방침과 그 표준적인 자세를 정하는 것이며, 기준재정수요액은 지방재정계획에 맞춰진 급여비, 사회복지비, 공공사업비, 단독사업비 등의 내용을 기초로 산정되는 것이다.

일반재원으로서의 기준재정수요액

기준재정수요액은 지방단체에 필요한 일반재원으로서의 재정수요액을 나타내는 것이다. 따라서 기준재정수요액의 산정에 있어서는 목적세, 국고지출금, 사용료·수수료, 부담금·분담금 등의 특정재원을 가지고 꾸려 나가야 하는 재정수요는 제외된다.

(2) 기준재정수요액의 산정 방법

기준재정수요액은 각 지방단체마다 표준적인 수준으로 행정을 실행하기 위해 필요한 일반재원을 신청하는 것으로 각 산정 항목마다 다음의 산식에 의해 산출되어진다.

> 단위비용(측정단위당 비용) × 측정단위(경찰관수, 65세 이상 인구수 등) × 보정계수(단계보정, 한랭보정 등)

(3) 단위비용

재정수요는 각 지방단체의 측정단위에 「단가」를 곱해야 산정되지만, 이 측정단위에 곱한 단가를 「단위비용」이라고 한다. 지방교부세법 제2조 제6항에서는 「단위비용은 표준적 조건을 갖춘 지방단체가 합리적이며 타당한 수준에서 지방행정을 실시하는 경우 또는 표준적인 시설을 유지하는 경우에 필요한 경비를 기준으로 함」이 라고 규정하고 있으며 그 산식은 다음과 같다.

$$\text{단위비용} = \frac{\text{표준단체의 표준적인 세출 − 그중 국고보조금 등의 특정재원}}{\text{표준단체의 측정단위의 수치}}$$

$$= \frac{\text{표준단체의 표준적인 일반재원소요액}}{\text{표준단체의 측정단위의 수치}}$$

단위비용의 법정(法定)

각 행정항목마다 측정단위 1단위당의 단가(일반재원소요액)가 단위비용이다. 그래서 단위비용은 도도부현 및 시정촌분으로 나눠서 각 산정항목의 각 측정단위마다 정해져 있다. 단위비용은 지방단체가 표준적인 행정을 실시하는 경우에 필요한 일반재원의 금액을 측정단위 1단위당으로 나타낸 것으로, 그 수치가 법률로 정해져 있다. 이 때문에 지방행정의 제도개정, 공무원의 급여개정, 국고보조사업의 예산액의 변경, 물가의 상승이나 지방행정 수준의 인상 등을 위해 단위비용의 누계기초에 변경이 있을 경우에는 법률개정에 의해 단위비용을 개정한다.

표준단체

단위비용을 산출하기 위해서 표준적인 지방단체(표준단체) 또는 표준적인 시설(표준시설)을 설정한다. 구체적으로는 인구, 면적, 행정규모가 도도부현이나 시정촌 중에서 평균적인 것으로 자연적 조건, 지리적 조건 등이 특이하지 아니한 것(적설지대나 낙도가 아니라, 또 도시화도 평균적인 것)을 상정한다. 또한, 표준적인 경비를 산정하기 위해 표 9-18과 같이 표준단체에 대해 각 비용마다 세세하게 행정규모를 설정하고 있다.

행정수준과 내용

단위비용은 위의 표준적인 단체에 대해 합리적이고 타당한 수준으로 이루어지는 행정에 필요한 경비를 기초로 하여 결정된다. 일반적으로 다음의 기준에 의해 산정된다.

- 급여비: 지방재정계획으로 정해진 급여수준, 즉각 인사위원회의 권고 등을 반영해서 산정된 것이 이용된다. 직원수에 대해서도 지방재정계획의 사고방식(지방공공단체에 있어 정원 순감의 약정을 감안한 것 또는 각 성청이 정한 기준)에 따른 것으로 되어있다.
- 국가의 부담을 수반하는 건설사업비 또는 일반행정경비: 각 연도의 국가의 예산에 수반하는 지방부담액의 총액은 일반적으로 기준재정수요액의 전국 총액에 산입되는 것과 같은 수준으로 정해져 있다. 이때 보편성이 적은 것은 빼고 의무적 성격의 정도 등을 고려해서 산정된다.

표 9-18 표준단체의 행정규모

구 분	도 도 부 현	시 정 현
인 구	1,700,000인	100,000인
면 적	6,500㎢	160㎢
세 대 수	660,000세대	39,000세대
도 로 의 연 장	3,900km	500km

※ 출처: 송기창 외, "해외 선진국의 유·초·중등교육 재정지원제도 분석에 관한 연구", 한국교육개발원, 2011, p.112.

- 국가의 보조부담금 등을 수반하지 않는 지방단체시행의 건설사업비 및 일반행정 경비: 지방재정계획, 지방단체의 결산상황 등을 참고해서 경비의 누계가 실시되고 있다.

특정재원의 처리

단위비용은 「일반재원」에 의해 조달되어야 하는 재정수요를 나타내기 위한 측정단위 1단위당의 경비이다. 따라서 그 누계기초에 있어서 특정재원은 원칙적으로 제외된다. 제외된 특정재원은 국고보조금, 사용료·수수료, 분담금·부담금 및 목적세 등의 수입이다.

단위비용의 산정

이상과 같이 산정된 지방행정의 종류마다 일반재원소요액(차감일반재원)을 그 기초인 표준단체 또는 표준시설에 대해 상정된 측정단위의 수치에서 감하여 산출한다. 단위비용의 산출은 다음과 같은 수순을 거쳐 이루어진다.

- 지방단체가 실시하지 않으면 안 되는 사무 및 실시하는 것이 표준적인 사무가 설정된다.
- 표준단체가 갖춰야 하는 행정규모를 설정하고, 덧붙여 여기에 필요한 직원수를 설정한다.
- 행정사무 내용의 세목, 세절마다 필요한 행정경비를 산출한다.

경비는 급여비, 수용비와 같이 각각의 사업에 필요한 금액(누계내용)에 대하여 경비구분(지방단체의 예산서에서는 「절」이라고 불린다)마다 금액을 산출하고, 이들 금액들을 합산한 것이 「세출」이 된다. 국고보조금 등이 교부된 경우는 이러한 특정재원이 「세입」으로 계상되고, 필요한 일반재원은 세출에서 세입을 뺀 「차감일반재원」이 된다.

단위비용 누계의 개요

도도부현에 대한 「소학교비」를 예로 들면, 그 개요는 다음과 같다.

소학교비: 도도부현의 소학교비 산정은 표 9-19와 같이 「표준단체의 행정규모(교직원수 6,606명)」를 상정하고, 여기에 필요한 「표준단체경비(일반재원 43,690백만 엔)」를 기초로 하고 있다. 소학교비의 단위비용은 교직원 1인당 6,614천 엔으로 산정되었다.

표 9-19 표준단체(인구 170만 명)의 교육행정 규모

항목		2011년도	2012년도	변화
학교수(본교)		400교	400교	–
교직원수	교　　장	400명	400명	–
	교　　감	400명	400명	–
	일 반 교 원	5,279명	5,309명	△30명
	사 무 직 원	527명	527명	–
	계	6,606명	6,636명	△30명

※ 출처: 송기창 외, 전게논문, 2011, p.113.

표준단체의 경비가 세출(급여비, 여비 등) 57,365백만 엔, 세입(국고지출금) 13,675백만 엔, 차감(일반재원소요액) 43,690백만 엔 단위비용은 다음 수식에 의해 6,614천 엔으로 산정된다.

$$\frac{\text{표준단체일반재원소요액}}{\text{표준단체교직원수}} = \frac{43,690\text{백만 엔}}{6,606\text{명}} = 6,614\text{천 엔}$$

각 지방단체의 「소학교비」에 관계된 기준재정수요액은 기본적으로는 단위비용인 6,614천 엔에 해당 단체의 교직원수(표준법정정원에 근거)를 곱하여 산정한다. 도도부현과 시정촌의 측정항목별 · 측정단위별 단위비용은 표 9-20과 표 9-21과 같다.

표 9-20 도도부현 측정항목별 · 측정단위별 단위비용

(단위: 엔, %)

측정항목		측정단위	2011년도 단위비용(A)	2010년도 단위비용(B)	(C) = (A) − (B)	증가율 (C) / (B) × 100
개별산정경비						
1. 경찰비		−	−	−	−	−
2. 토목비		−	−	−	−	−
3. 교 육 비	소학교비	교 직 원 수	6,614,000	6,755,000	−141,000	−2.1
	중학교비	교 직 원 수	6,677,000	6,807,000	−130,000	−1.9
	고등학교비	교 직 원 수	7,199,000	7,475,000	−276,000	−3.1
		학 생 수	68,000	68,100	−100	−0.1
	특별지원 학교비	교 직 원 수	6,496,000	6,706,000	−210,000	−3.1
		학 급 수	2,405,000	2,543,000	−138,000	−5.4
	기타교육비	인 구	1,860	1,920	−60	−3.1
		공립대학 등 학 생 수	243,000	248,000	−5,000	−2.0
		사립학교 등 학 생 수	262,900	258,400	4500	1.7
4. 후생노동비		−	−	−	−	−
5. 산업경제비		−	−	−	−	−
6. 총무비		−	−	−	−	−
7. 지방재생대책비		−	−	−	−	−
8. 고용대책 · 지원자원 활용 추진비		−	−	−	−	−
9. 공채비		−	−	−	−	−
포괄산정경비						
인 구			12,120	12,170	−50	−0.4
면 적			1,262,000	1,218,000	44,000	3.6

※ 출처: 총무성. "평성 23년도 각 행정항목별 단위비용 산정기초". 2011.

표 9-21 시정촌 측정항목별 · 측정단위별 단위비용

(단위: 엔, %)

측정항목		측정단위	2011년도 단위비용(A)	2010년도 단위비용(B)	(C) = (A) − (B)	증가율 (C) / (B) × 100
개별산정경비						
1. 소방비		−	−	−	−	−
2. 토목비		−	−	−	−	−
3. 교육비	소학교비	아 동 수	43,300	43,400	−100	−0.2
		학 급 수	916,000	930,000	−14,000	−1.5
		학 교 수	9,463,000	9,490,000	−27,000	−0.3
	중학교비	학 생 수	41,700	42,400	−700	−1.7
		학 급 수	1,211,000	1,215,000	−4,000	−0.3
		학 교 수	9,971,000	9,972,000	−1,000	0.0
	고등학교비	교직원수	7,269,000	7,504,000	−235,000	−3.1
		학 생 수	78,900	79,400	−500	−0.6
	기타교육비	인 구	5,200	5,300	−100	−1.9
		유치원의 유아 수	355,000	362,000	−7,000	−1.9
4. 후생노동비		−	−	−	−	−
5. 산업경제비		−	−	−	−	−
6. 총무비		−	−	−	−	−
7. 지방재생대책비		−	−	−	−	−
8. 고용대책 · 지원자원 활용 추진비		−	−	−	−	−
9. 공채비		−	−	−	−	−
포괄산정경비						
인 구			22,500	22,410	90	0.4
면 적			2,564,000	2,562,000	2,000	0.1

※ 출처: 총무성. "평성 23년도 각 행정항목별 단위비용 산정기초". 2011.

이상의 단위비용은 표 9-22와 표 9-23에서 제시한 표준단체(표준시설)의 행정규모를 바탕으로 하여 표 9-24와 표 9-25에 제시한 개별교육비 산정기초에 의해 산출된 것이다.

표 9-22 표준단체 또는 표준시설 행정규모(도도부현 교육비)

경비의 종류		측정단위	표준단체 또는 표준시설의 측정단위의 수치	표준단체(시설) 행정규모		비고
대항목	소항목			항목	행정규모	
교 육 비	1. 소학교비	교직원수	6,606명	교 직 원 수	6,675명	표준단체의 측정단위의 수치는 표준단체 행정규모 6,675명부터 채워 지도주사, 휴직 및 출산휴직 교직원 69명을 공제한 것임.
	2. 중학교비	교직원수	3,835명	교 직 원 수	3,872명	표준단체의 측정단위의 수치는 표준단체 행정규모 3,872명부터 채워 지도주사, 휴직 및 출산휴직 교직원 37명을 공제한 것임.
	3. 고등학교비	교직원수	2,583명	교 직 원 수	2,583명	표준단체의 측정단위의 수치는 도도부현립 전일제 2,339명, 도도부현립 정시제 227명, 시정촌립 정시제 현비분 17명을 합산한 것임.
		학 생 수	34,640명	학 생 수	34,640명	인구 170만 명 규모의 표준적인 학생수를 상정한 것임.
	4. 특별지원학교비	교직원수	1,015명	교 직 원 수	965명	표준단체의 측정단위의 수치는 표준단체 행정규모 965명부터 휴직 및 출산휴직 교직원 10명을 공제한 수를 종별 보정한 것임.
		학 급 수	360학급	학 급 수	350학급	인구 170만 명 규모의 표준적인 학생수를 상정한 것임.
	5. 기타 교육비	인 구	1,700,000명	인 구	1,700,000명	
				통신교육학생수	1,300명	
				교육출장소수	5개소	
				사회체육시설수	4개소	
				교육연수센터수	1개소	
				청 소 년 교 육 시 설 수	3개소	
				도 서 관 수	1개관	
				박 물 관 수	1개관	
		공립대학 학생수	900명	공립대학 등 학 생 수	900명	
		사립학교 등 학생수	23,142명	사립학교 등 학 생 수	30,000명	표준단체 측정단위의 수치 23,142명은 표준단체 행정규모 30,000명을 종별 보정한 것임.

표 9-23 표준단체 또는 표준시설 행정규모(시정촌 교육비)

경비의 종류		측정단위	표준단체 또는 표준시설의 측정단위의 수치	표준단체(시설) 행정규모		비고
대항목	소항목			항목	행정규모	
교육비	1. 소학교비	학 생 수	705명	학 생 수	705명	• 표준적인 학교 1교를 상정한 것임. • 1학급당 학생수는 40명임.
		학 급 수	18학급	학 급 수	18학급	
		학 교 수	1교	학 교 수	1교	
	2. 중학교비	학 생 수	600명	학 생 수	600명	• 표준적인 학교 1교를 상정한 것임. • 1학급당 학생수는 40명임.
		학 급 수	15학급	학 급 수	15학급	
		학 교 수	1교	학 교 수	1교	
	3. 고등학교비	교 직 원 수	43명	교 직 원 수	43명	• 표준적인 학교 1교를 상정한 것임.
		학 생 수	600명	학 생 수	600명	
	4. 기타교육비	인 구	100,000명	인 구	100,000명	
				공 민 관 수	8개관	
				도 서 관 수	1개관	
				사 회 체 육 시 설 수	4개소	
		유 치 원 의 유 아 수	420명	공립유치원 원 아 수	420명	
				유 치 원 수	4개원	

※ 출처: 총무성. "평성 23년도 각 행정항목별 단위비용 산정기초". 2011.

표 9-24 단위비용의 산정기초(도도부현의 교육비 개별산정기초)

비목	측정단위	표준단체 경비총액(천 엔)	특정재원 (천 엔)	차인일반재원 A(천 엔)	표준단체 행정규모(B)	단위비용 A/B(엔)
소 학 교 비	교 직 원 수	57,365,070	13,674,849	43,690,221	6,606명	6,614,000
중 학 교 비	교 직 원 수	33,658,110	8,050,587	25,607,532	3,835명	6,677,000
고 등 학 교 비	교 직 원 수	21,411,579	2,815,546	18,596,033	2,583명	7,199,000
	학 생 수	3,130,125	776,008	2,354,117	34,640명	68,000
특별지원학교	교 직 원 수	7,895,136	1,301,901	6,593,235	1,015명	6,496,000
	학 급 수	940,298	98,553	841,745	350명	2,405,000
기 타 교 육 비	인 구	3,261,137	102,189	3,158,948	1,700,000명	1,860
	공립대학 등 학 생 수	733,550	514,429	219,121	900명	243,000
	사립학교 등 학 생 수	7,181,134	1,097,314	6,083,820	23,142명	262,900

출처: 총무성. "평성 23년도 각 행정항목별 단위비용 산정기초". 2011.

표 9-25 단위비용의 산정기초(시정촌의 교육비 개별산정기초)

비목	측정단위	표준단체 경비총액(천 엔)	특정재원 (천 엔)	차인일반재원 A(천 엔)	표준단체 행정규모(B)	단위비용 A/B(엔)
소 학 교 비	학 생 수	30,849	333	30,516	705명	43,300
	학 급 수	16,491	–	16,491	18학급	916,000
	학 교 수	9,490	27	9,463	1교	9,463,000
중 학 교 비	학 생 수	25,379	349	25,030	600명	41,700
	학 급 수	18,166	–	18,166	15학급	1,211,000
	학 교 수	10,014	43	9,971	1교	9,971,000
고등학교비	교 직 원 수	365,288	52,733	312,555	43명	7,269,000
	학 생 수	61,285	13,968	47,317	600명	78,900
기타교육비	인 구	562,974	42,904	520,070	100,000명	5,200
	유치원원아수	180,111	30,940	149,171	420명	355,000

※ 출처: 총무성. "평성 23년도 각 행정항목별 단위비용 산정기초". 2011.

(4) 보정계수(측정단위 수치의 보정)

기준재정수요액의 산정에서는 모든 도도부현 또는 모든 시정촌에 비목마다 동일한 단위비용이 사용된다. 그러나 실제 각 지방단체의 측정단위당 행정경비는 자연적·사회적 조건의 차이에 의해 큰 차이가 있어서 이러한 행정경비의 차이를 반영시키기 위해 그 차이가 발생하는 이유마다 측정단위의 수치를 할증 또는 할인하고 있다. 이것이 측정단위 수치의 보정으로, 보정에 이용되는 곱하는 비용을 보정계수하고 한다.

보정의 필요성

기준재정수요액의 산정은 각 지방단체에 대해, 각 비목마다 「단위비용」 × 「측정단위의 수치」의 산식에 의해 계산되지만, 실제 각 지방단체의 측정단위당 행정경비는 각 지방단체의 인구규모, 인구밀도, 도시화의 정도, 기상조건 등에 따라 큰 차이가 있다. 또, 도시 안에는 법률 등에 의해 다른 시정촌과는 다른 사업을 의무적으로 하고 있는 도시가 있다(정령지정도시, 중핵시, 특례시, 보건소 설치시 등). 이러한 자연적, 사회적 조건 등 지방단체가 설치되어 있는 객관적 조건에서 오는 행정경비의 차이에 대해서는 기준재정수요액의 계산에 반영함으로써 각 지방단체에 대해 공정하고 타당하게 교부세를 산정하는 것이다.

보정의 방법

각 지방단체에 대한 행정경비의 차이를 기준재정수요액에 반영시키는 데는 단체마다 단위당 경비에 대해 차이를 초래하는 사유(자연적, 사회적 조건)마다 다른 단위비용을 정해서 적용하는 방법이 고려되지만, 이것으로는 수많은 단위비용을 정해야 하므로 기준재정수요액의 산정이 매우 복잡해지는 문제가 있다. 그래서 실제로는 단위비용은 측정단위마다 도도부현분과 시정촌분 각각 하나의 것을 정해 적용하고, 각 단체마다 단위당 경비와 단위비용과의 차이에 대해서는 이것을 비율로 나타낸다. 이 비율을 측정단위에 곱한 것, 다시 말해서 측정단위의 수치를 보정하는 것에 의해 타당한 기준재정수요액을 산정하는 것이다.

보정의 종류

기준재정수요액의 산정에 대해 각 지방단체의 개별 사정을 할 수 있는 한 정확하게 반영시키기 위해서는 보정사항이 많을수록 좋지만, 보정사항이 많은 만큼 산정방법이 복잡하게 되기 때문에 보정사항의 수에는 한계가 있다. 따라서 행정경비에 차이를 초래하고 있는 사유 중 그 영향이 현저하고 어느 정도 보편적인 것으로, 그 영향을 객관적인 자료에 의해 계수화 할 수 있는 것을 보정사항으로 하고 있다.

보정의 종류로서는 항만비 등의 종별보정, 포괄산정경비(인구규모에 의한 단계마다 경비의 차이) 등의 단계보정, 소방비와 사회복지비 등의 밀도보정, 소방비(소방력 수준의 차)와 보건위생비(보건소 설치 시와 그 외의 시와의 차) 등의 보통상태보정, 임야수산행정비(산업별 소요일반재원의 차) 등의 경상상태보정, 도로교량비(미정비연장비율, 교통사고건수 등에 의한 개축경비의 필요도의 차) 등의 투자상태보정, 소·중학교비에서 한랭지 수당의 차·난방비의 차·제설경비의 차 등의 한랭보정, 지역진흥비(인구)·고령자 보건복지비(65세 이상 인구, 75세 이상 인구)·농업행정비(농가 수)와 지역진흥비(인구) 등의 수치급증·급감보정, 지역진흥비(인구) 등의 합병보정, 재해복구비(단독재해목구사업체 및 소재해체공공토목시설 등 분) 등의 재정력보정이 있다.

2) 기준재정수입액

「기준재정수입액」이란 각 지방단체의 재정력을 합리적으로 측정하기 위해 해당 지방단체의 수입에 대해 지방교부세법 제14조의 규정에 의해 산정한 금액이다(지방교부세법 제2조 제4항). 구체적으로 지방단체의 표준적인 세수입의 일정비율에 의해 산정된 금액이다.

$$기준재정수입액 = 표준적 지방세 수입 \times 75/100 + 지방양여세 등$$

지방교부세제도가 표준적인 행정수준을 유지하는 데 필요한 경비의 재원을 지방단체에 보정하는 것을 목적으로 하는 이상, 기준재정수요액을 산정하는 경우와 마찬가지로 기준재정수입액의 산정도 객관적이고 합리적으로 산정하지 않으면 안 된다. 이를 위해, 지방교부세법에서는 「표준적인 일반재원으로서의 기준재정수입액」이 합리적으로 산정되도록, 그 산정방법의 기본적 사항에 대해 법률로 정하고 있다.

(1) 기준재정수입액의 대상세목 등

표 9-26 도도부현 및 시정촌의 기준재정수입액의 산정대상

구분		항목	산정대상	제외대상
도도부현	일반재원	보통세	(법정교부세 전부)	법정 외 보통세
			도부현민세(교부금분 제외), 사업세	
			부동산취득세	
			담배세(담배교부세 포함)	
			골프장이용세(교부금분 포함)	
			자동차취득세(교부금분 제외)	
			경유인수세(교부금분 제외)	
			자동차세, 광구세, 고정자산세(특별구)	
		지방양여세	지방법인특별양여세, 지방휘발유양여세, 석유가스양여세	
		기타	도도부현교부금, 지방특례교부금(아동수당 및 어린이수당특례교부금, 감수보충특례교부금)	
	목적	목적세		수렵세, 법정외목적세
		지방양여세	항공기연료양여세, 교통안정대책특례교부금	
시정촌	일반재원	보통세	(법정보통세 전부) 시정촌민세, 고정자산세, 경자동차세, 담배세(담배교부금 제외), 광산세	법정외보통세
		세교부금	이자할교부금	
			배당할교부금	
			지방소비세교부금	
			골프장이용세교부금	
			자동차취득세교부금	
			경유인수세교부금(지정도시만)	
		지방양여세	지방휘발유양여세, 특별톤양여세, 석유가스양여세(지정도시만), 자동차중량양여세	
		기타	시정촌교부금, 지방특례교부금(아동수당 및 어린이수당, 특례교부금, 감수보충특례교부금)	
	목적	목적세	사업소세	입욕세, 도시계획세 등
		지방양여세 등	항공기연료양여세, 교통안정대책특별교부금	

※ 출처: 송기창 외. 전게논문. 2011.

기준재정수입액의 산정의 대상이 되는 것은 법정 보통세를 대상으로 한 표준적인 지방세 수입이다. 표 9-26은 도도부현 및 시정촌의 기준재정수입액 산정 대상이다.

(2) 기준재정수입액의 산정기초

기준재정수입액의 산정은 관계관청 등이 조사한 과세객체의 수량이나 과세실적을 기초로 하고 있다. 표 9-27에서 보면, 기준재정수입액의 산정기초는 다음과 같다.

표 9-27 기준재정수입액의 산정기초

구분	유형 예	
	세목	산정의 기초
관계관청 등이 조사한 과세객체의 수량 등을 사용하는 것 (객관적으로 과세객체의 수량 등을 파악할 수 있는 것에 대해서는 해당 수량에 표준적인 단위당 세액을 곱하는 것에 대해 당연히 세입액을 산정할 수 있다)	균등할, 소득할, 개인사업세	전년도 납세의무자수 등
	골프장이용세(교부금)	해당단체에 소재한 골프장의 연 이용 인원
	고정자산세(토지ㆍ가옥)	토지지목마다 1㎡당 평균가격 및 그 지적, 가옥의 1㎡당 평균가격 및 바닥면적
	자동차세ㆍ경자동차세	해당단체의 구역 내에 주차장을 소유한 자동차의 대수
	자동차 취득세	해당단체의 구역 내에 주차장을 소유한 자동차의 취득건수
	경유인수세	전년도의 경유인수세에 관계된 과세표준에 속하는 수량
과세실적을 이용하는 것 (세목의 성질상, 지방단체의 과세노력에 좌우되지 않는 것 등에 대해서는 과세실적을 기초로 해서 산정하고 있다)	소득할 중 분리양도소득분, 고정자산세(상각자산)	해당연도의 당초 조정액
	법인세할, 이자할, 배당할, 주식 등 양도소득할, 법인사업세, 지방소비세, 부동산취득세, 광산세, 사업소세	전년도의 과세표준 등의 금액
	담배세	전년도의 과세표준수량
	광구세	해당연도의 광업원장에 등록되어 있는 광구의 면적 등
	시정촌교부금(도도부현교부금)	전년도의 교부금 산정표준액
교부 또는 양여의 실적을 이용하는 것 (국가 등이 일정수준에 근거해 교부 또는 양여하는 것으로, 지방단체의 징세노력과 관계없는 것에 대해서는 전년도 또는 해당연도에 교부 또는 양여된 금액을 기초로 산정할 수 있다)	지방법인특별양여세, 지방휘발유양여세, 석유가스양여세, 특별톤양여세, 자동차중량양여세, 항공기연료양여세	전년도의 양여액
	이자할교부금, 지방소비세교부금, 배당할교부금, 주식 등 양도소득할교부금, 자동차취득세교부금, 경유인수교부금, 교통안전대책특별교부금	전년도의 교부액
	지방특례교부금(아동수당 및 어린이수당 특례교부금, 감수보충특례교부금)	해당연도의 교부액

※ 출처: 송기창 외, 전게논문, 2011.

③ 교부세 및 양여세배부금 특별회계

지방교부세 재원은 교부세 및 양여세배부금 특별회계로 관리되고 있다. 교부세 및 양여세배부금 특별회계는 1954년 국세의 일정비율을 일정한 기준에 의거 지방단체에 교부하기 위하여 지방교부세 및 지방양여세 제도가 창설됨에 따라 설치된 특별회계이다.

특별회계에 관한 법률 제21조에서는 교부세 및 양여세배부금 특별회계의 목적은 '지방교부세 및 지방양여세의 배부에 관한 경리를 명확히 하는 것이며, 제23조에서는 교부세 특별회계의 세입은 ① 일반회계로부터의 편입금, ② 지방휘발유세, 석유가스양여세에 충당되는 석유가스세, 자동차중량양여세에 충당되는 자동차중량세, 항공기 연료양여세에 충당되는 항공기연료세 및 특별톤세의 수입, ③ 일시차입금의 재차입에 의한 수입금, ④ 부속 잡수입으로 구성되고, 세출로는 ① 지방교부세교부금 및 지방양여세교부금(지방휘발유양여세양여금, 석유가스양여세양여금, 자동차중량양여세양여금, 항공기연료양여세양여금, 특별톤양여세양여금) 및 관련되는 제경비, ② 일시차입금의 이자, ③ 재차입한 일시차입금의 상환금 및 이자, ④ 부속 제경비로 구성되어있다.

이 회계의 특징은 특정사업의 수지를 경리하는 사업특별회계와는 달리 지방교부세, 지방특례교부금 및 지방양여세의 배부에 관한 경리를 명확히 하기 위하여 만들어진 정리구분특별회계이다.

표 9-28 교부세 및 잉여세배부금특별회계가 경리하는 내용

구분		내용
지방교부세		지방교부세법 등에 의거 지방단체 간의 재원의 균형화를 도모하여 지방행정의 계획적인 운영을 보장하기 위하여 국세 5세의 일정비율 등을 재원으로 하여 지방단체에 교부
지방특례교부금	지방특례교부금	아동수당의 확충에 수반하는 비용에 관하여 지방단체의 부담이 증가하는 부분에 대하여 교부
	특별교부금	항구적 감세에 수반하는 지방세수 감소의 일부를 보전하기 위한 감세보전특례교부금으로 지방단체에 교부
지방양여세양여금		지방도로세, 석유가스세, 항공기연료세, 자동차중량세 및 특별톤세의 수입의 전부 또는 일부를 지방단체에 양여
교통안전대책특별교부금		교통범칙금을 재원으로 하며 지방단체에 교부

※ 출처: 송기창 외, 전게논문, 2011, p.130.

또한 교통안전대책 특별교부금의 교부에 관한 경리를 명확히 하기 위하여 당분간 본 회계에서 경리하도록 하고 있으며, 교부세 및 양여금 배부금계정과 교통안전대책특별교부금계정 등 2개의 계정이 마련되어있다. 표 9-28에 의하면, 교부세 및 양여세배부금 특별회계가 경리하는 내용은 다음과 같다.

2011년도 교부세 및 잉여세배부금 특별회계 세입세출의 개요는 그림 9-1과 같다. 특별회계 세입은 일반회계로부터 편입되는 재원과 조세의 비중이 크지만, 차입금의 비중이 매우 큰 것이 특징으로 나타났다.

그림 9-1 교부세 및 양여세 배부금 특별회계 세입세출의 개요

(단위: 백만 엔)

세입		교부세 및 양여세 배부 특별 회계	(교부세 및 양여세 배부금 계정)	세출	
일반회계에서 편입	17,434,791			지방교부세교부금	17,026,227
조세	2,177,700			지방특례교부금	374,464
지방휘발유세	281,800			아동수당 및 육아수당특례교부금	188,571
석유가스세	12,000			감수보충특례교부금	183,890
자동차중량세	293,800			지방양여세양여금	2,174,909
항공기연료세	13,100			지방휘발유양여세양여금	277,800
특별톤세	11,300			석유가스양여세양여금	11,900
지방법인특별세	1,565,700			자동차중량양여세양여금	296,800
차입금	33,517,295			항공기연료양여세양여금	13,100
				특별톤양여세양여금	11,200
				지방법인특별양여세양여금	1,564,100
				지방도로양여세양여금	9
				사무취급비	232
잡수입	2			제지출금	1
				국채정리기금특별회계 편입	34,053,395
전년도 잉여금수입	1,704,632			예비비	2,600

※ 출처: 송기창 외, 전게논문, 2011, p.130.

4 시사점

일본 지방교육재정제도 운영사례가 우리나라 지방교육재정 운영에 주는 시사점은 다음과 같이 정리할 수 있다.

첫째, 다양한 법률을 제정하여 의무교육비 국고부담제도를 뒷받침하고 있는 일본사례를 참고할 때, 국가의 의무교육비 부담을 구체화하기 위한 법률제정을 검토할 필요가 있다. 우리의 경우, 의무교육을 무상으로 한다는 헌법 제31조 규정과 지방교육자치에 관한 법률 제37조와 지방교육재정교부금법 제11조에 의해 의무교육비 국고부담이 이루어지고 있으나, 일본의 경우에는 「시정촌립학교직원 급여부담법」, 「의무교육비 국고부담법」, 「의무교육제 학교 등의 시설비 국고부담 등에 관한 법률」 등 다양한 의무교육지원에 관한 법률을 제정하여 시행하고 있다. 우리도 의무교육비 국고부담을 구체화하기 위한 법률제정이 필요할 것으로 여겨진다.

둘째, 일본의 고등학교 무상화정책 추진과정을 참고하여 별도의 재원 마련을 통한 고등학교 교육 무상화를 추진할 필요가 있다. 일본은 경제가 어려워짐에 따라 수업료를 체납하거나 수업을 지속하기 곤란한 고교생이 대폭 증가할 것에 대비하여 2009년부터 임시특례교부금을 신설하여 해당하는 고교생이 학업을 계속할 수 있도록 도도부현이 실시하는 수업료 감면보조와 장학금 사업 증가분을 국가가 새로운 교부금으로 긴급지원하고 있다. 고등학교 취학지원금이 포퓰리즘적인 교육복지정책이라고 비난할 수 있으나, 국가재정의 어려움 속에서도 교육에 대한 국가지원의 의지를 표명한 것으로 본다면 비판만 하기보다는 우리 실정에 맞춰 수용하는 방안을 모색해야 할 것이다. 특히, 고등학교 무상화정책을 추진하면서 기존 지방교부세 재원을 활용하지 않고 별도의 임시특례교부금을 지원하고 있다는 사실은 타산지석으로 삼아야 할 것이다. 우리의 경우, 중학교 의무교육을 추진하면서 지방교육재정교부금 내국세 교부율을 조정하지 않았으며, 중학교 학교운영비를 폐지한다고 하면서도 국고지원 없이 기존의 지방교육재정교부금 재원에서 충당하도록 함으로써 지방교육재정 세입 축소를 지방에 전가하고 있다. 따라서 고등학교 교육 무상화는 별도의 재원 마련을 통해 이루어져야 할 것이다.

셋째, 특별교부세의 비율을 연차적으로 감축하는 일본 사례를 참고하여 특별교부금 비율을 적어도 1년 이상 유예기간을 두고 감축하는 방안을 검토할 필요가 있다. 일본의 경우, 특별교부세의 비율을 연차적으로 감축할 계획으로 있다. 특별교부세의 비율은 교부세 총액에서 특별교부세 비율을 단계적으로 낮춰 감축분을 보통교부세로 이관하고, 이관분에 대하여는 지역진흥비(인구)로 산정하도록 하였으며, 2014년도에는 종전비율 6%를 5%로 낮추고, 2015년도에는 5%를 4%로 낮추기로 2011년 4월에 지방교부세법을 개정하였다.

특별교부세 재원과 관련하여, 우리의 경우와 비교할 때, 일본제도는 두 가지 시사점을 가진다. 하나는 특별교부세의 비율을 감축하고 있다는 점이다. 우리의 경우에는 특별교부금의 비율을 현행 내국세 교부금의 4%에서 3% 이하로 낮춰야 한다는 데 대체적인 합의가 있지만 이를 실행에 옮기지 못하고 있다. 다른 하나는 특별교부세의 비율을 낮출 때 다음 해부터 전격적으로 낮추는 방식이 아니라 미리 대비할 수 있도록 2년이라는 유예기간을 두고 있다는 점이다. 특별교부금 비율을 적어도 1년 이상 유예기간을 두고 감축함으로써 특별교부금 비율 감축에 따른 반발과 영향을 최소화하고, 국가정책사업을 조정하는 여유를 가질 필요가 있다.

넷째, 일본과 같이, 지방교육재정교부금을 특별회계로 관리하는 방식을 검토할 필요가 있다. 특별회계로 관리할 경우, 세입을 투명하게 관리할 수 있으며, 다른 용도로 전용하는 것을 차단할 수 있다. 일본의 지방교부세 법정세율분의 총액은 교부세 특별회계에 직접 편입되어 일반회계와는 별도로 관리되고 있다. 우리의 경우에도 교육세 재원으로 지방교육양여금관리특별회계를 설치하여 관리하던 시기가 있었다. 따라서 지방교육재정교부금을 특별회계로 관리하는 방안을 다시 검토할 필요가 있다.

다섯째, 지방교육재정교부금 배분을 위하여 표준단체 개념을 도입하고, 우리 실정에 맞는 보정계수를 개발하여 교부금 배분과정에 반영할 필요가 있다. 우리의 경우 표준단체 대신에 한국교육개발원에 의한 표준교육비 연구결과를 활용하고 있으나, 모든 지방자치단체를 포괄하는 데는 한계가 있다. 교부금 배분기준을 조정할 필요가 있을 때 측정항목의 단위비용을 신설하거나 폐지하는 방식으로 조정하고 있으나, 이는 행정력 낭비를 초래할 수 있다. 일본과 같이 보정계수를 적절히 활용하여 기준재정수요액을 조정하는 방식이 보다 합리적인 것으로 여겨진다. 일본의 경우, 종별보정, 단계보정, 밀도보정, 상태보정, 한랭보정 등 다양한 보정계수를 개발하여 적용함으로써 지방자치단체의 재정수요를 정확하게 반영하기 위한 노력을 기울이고 있다. 우리 실정에 맞는 보정계수를 개발하여 적용할 경우 도시와 농·산·어촌 간, 도시와 도시 간, 농·산·어촌과 농·산·어촌 간 재정수요의 차이를 교부금 배분과정에 반영할 수 있을 것이다.

여섯째, 학교급식비 부담을 합리화하여 급식비를 모두 무상으로 하기보다는 재료비만 학부모가 부담하고 급식종사자 인건비와 급식시설비는 시·도교육청이 부담하는 체제를 정착시킬 필요가 있다. 일본의 경우, 학부모는 급식비 중 재료비만을 부담한다. 1식당 260엔 내외를 학부모가 부담하고, 나머지 영양식 및 조리사 인건비, 설비비를 학교의 설치자인 시정촌이 부담하고 있다. 우리의 경우에도 급식비를 모두 무상으로 하기보다는 재료비만 학부모가 부담하고 급식종사자 인건비와 급식시설비는 시·도교육청이 부담하는 체제를 정착시킬 필요가 있다. 현행 급식비 속에는 비정규직 급식종사자 인건비가 일부 포함되어 있어서 학부모 부담액이 과다한 측면이 있다. 무상급식을 통해 재료비까지 지원할 경우, 급식의 질을 담보하는데 한계가 있고, 급식비 부담의 계층 간 형평성을 보장하기 어렵다는 문제가 있기 때문이다.

참 고 문 헌

감사원, *교육과학기술부 특별교부금 운용실태 보고서*, 2008.

강국진, *특별교부금 배분의 적절성에 관한 연구*, 성균관대학교 국정관리대학원 석사학위논문, 2009.

강현주, *학교회계제도 시행상의 문제점과 개선방안*, 전남대학교 대학원 석사학위논문, 2003.

곽영우, "대학개혁과 재정운영", 한국교육재정 · 경제학회, *교육재정 · 경제연구* 5(1), 1996.

곽영우, "교육의 비용", *교육학 대백과 사전*. 서울: 하우동설, 1998.

고전, "일본의 지방교육행정 개혁의 쟁점과 시사점", *한국교육* 37(4), 2010.

공은배 · 강태중 · 한유경, *교육투자 규모의 수익률*, 한국교육개발원, 1985.

공은배 · 천세영, *한국교육투자정책의 진단*. 한국교육개발원, 1989.

공은배 · 백성준, *한국교육투자의 실태와 수익률 분석에 관한 연구*. 한국교육개발원, 1994.

공은배, *학교단위재정제도 분석 연구*. 중앙대학교, 2001.

공은배 · 송기창 · 우명숙 · 천세영, *한국 교육재정 구조개편 방향 설정 연구*, 한국교육개발원, 2007.

공은배 · 김지하 · 우명숙 · 이광현 · 김현철 · 김중환, *유 · 초 · 중 · 고등학교 표준교육비 산출 연구*, 한국교육개발원, 2011.

교육부 · 한국교육개발원, *학교회계길잡이*, 2000.

교육과학기술부, *특별교부금 교부 내역*, 2008~2011.

교육과학기술부, *2011년도 특별교부금 국가시책사업 평가 기본계획*, 2011.

교육과학기술부, *특별교부금(지역교육현안) 제도 개선 방안*, 2011.

교육과학기술부, *창의경영학교 지원사업 운영계획*, 2011.

교육과학기술부, *2011년도 농어촌 전원학교 육성계획*, 2011.

교육과학기술부, *만5세 공통과정 도입 추진계획*, 2011.

교육과학기술부, *만3~4세 누리과정 도입 계획*, 2012.

교육과학기술부, *지방교육재정교부금 보통교부금 교부 보고*, 각연도.

교육과학기술부, *예산개요*, 각연도.

국가재정운용계획 교육분야 작업반, *2012~2016 국가재정운용계획: 교육분야*, 2012.

국민권익위원회, *교육과학기술부 특별교부금 부패영향평가 개선 권고안*, 2010.

국세청, *국세통계연감*, 각연도.

국중호, *지방재정과 교육재정의 통합방안*, 한국조세연구원, 1998.

국회입법조사처, "주요국의 무상급식 현황 및 시사점", *현안보고 86호*, 2010.

국회예산정책처, *2012년도 예산안 부처별 분석Ⅲ(교육과학기술·문화체육관광방송통신·농림수산식품)*, 2012.

기획재정부, *2009~2013년 국가재정운용계획*, 2010.

기획재정부, *2011~2015년 국가재정운용계획*, 2011.

김경희, *학교예산회계제도의 운영방안에 관한 연구*. 중앙대학교 행정대학원 석사학위논문, 2004.

김남순, *교육재정과 교육비 연구*, 서울: 교육과학사, 1992.

김남순, *학교재무관리 이론과 실제*, 서울: 형설출판사, 2000.

김동기, *지방분권시대의 한국지방재정학(제2판)*, 서울: 법문사, 2008.

김민희·김지하, "지방교육재정 특별교부금제도의 성과와 과제", 한국교육재정·경제학회, *교육재정·경제연구* 21(1), 2012.

김명수, "국립대학 교육재정 운영의 효율화 방안", 한국교육재정·경제학회 *19차 학술대회*, 1998.

김병주, "사립대학 재정의 구조와 문제 분석", *고등교육연구* 9(2), 1998.

김병주, "사립대학 재정운영의 효율화 방안", 한국교육재정·경제학회 *교육재정·경제연구* 9(2), 2000.

김병주·박정수, "지방교육재정교부금 배분구조의 혁신방안", 한국교육재정·경제학회 *교육재정·경제연구* 15(1), 2006.

김병주, "초·중등교육의 학부모부담경비 적정화 방안", 한국교육재정·경제학회 *교육재정·경제연구* 16(2), 2007.

김성렬 외, *교육행정 및 교육경영*, 서울: 삼광출판사, 1994.

김수구, "교육재원의 구조결정 모델 수립을 위한 계량·경제학적 접근", 한국교육재정·경제학회, *교육재정·경제연구* 17(1), 2008.

김영철·공은배, *교육경제와 재정*, 서울: 교학사, 1988.

김영철·공은배, *교육의 경제발전에 대한 기여*, 한국교육개발원, 1983.

김의호, *학교회계제도 분석 연구*, 동아대학교 대학원 박사학위논문, 2002.

김정수, *한국지방재정의 이론과 실제*, 서울: 법문사, 1999.

김지하, "단위학교 재정지원사업 운영현황 및 성과 분석", 한국교육개발원, *현안보고 OR 2011-02-6*, 2011.

김태완, "교육세 개선방안", 한국교육행정학연구회 편, *한국교육행정의 발전과 전망*, 서울: 과학과 예술, 1993.

나민주, *대학재정지원정책 분석연구·시장논리의 적용과 재정적 영향을 중심으로*, 서울대학교 대학원 박사학위논문, 1998.

나민주, "민간의 교육재정부담제도에 대한 평가와 전망", 한국교육재정·경제학회, *교육재정·경제연구* 8(1), 1999.

남수경. "지방교육재정 교부금제도의 형평성 평가", 한국교육재정·경제학회, *교육재정·경제연구* 16(1), 2007.

박거용, *사립대학 재정운영 실태와 개선 방안 연구*, 국회교육위원회, 2003.

박동선, *GDP대비 적정교육재정규모*. 단국대학교 대학원 박사학위논문, 2005.

박선하, *교육경제학*. 서울: 도서출판 지식공감, 2013.

박성수, "사립대학 경영 합리화를 위한 재정확립 방안에 관한 연구", 한국교육재정·경제학회 *교육재정·경제연구* 11(1), 2002.

박세일, "우리나라 교육투자수익률 분석", *한국개발연구* 4 가을호, 1982.

박정수, "국립대학 재정의 문제점과 발전방안", *재정논집* 15(2), 2001.

박정수·김영철, *시도교육비특별회계 예산과목개편연구*, 교육부 정책연구, 2004.

박정수 외, *국립대학 법인화 추진을 위한 지배구조 개혁에 관한 정책 연구*, 교육과학기술부, 2008.

박종렬, "교육의 질 향상을 위한 안정적 교육재정확보 방안", 한국교육재정·경제학회, *교육재정·경제연구* 8(2), 1999.

박종렬 외, *사립대학 평가·재정지원체제 개선방안 연구*, 교육인적자원부, 2003.

반상진, "교육재정의 공평성 평가 연구", *교육행정학연구*, 16(1), 1998.

반상진, "초·중등학교 자율화에 따른 지방교육재정정책의 점검과 과제", 한국교육재정·경제학회, *교육재정·경제연구* 18(4), 2009.

변창률, *21세기를 대비한 지방교육재정의 발전방향*. 교육부, 2000.

백일우, "교육경제학의 학문적 성격", 한국교육재정·경제학회, *교육재정·경제연구* 3(1), 1994.

백종억, *주요국의 교육행정제도의 교육개혁 동향*, 서울: 교육과학사, 2002.

성삼제, "영국의 교육재정 제도", 한국교육재정·경제학회, *교육재정·경제연구* 9(1), 2000.

성삼제, *학교예산회계제도의 이해*, 서울: 교육과학사, 2002.

손희준·강인재·장노순·최근열, *지방재정론(개정4판)*, 서울: 대영문화사, 2011.

송광용 외, "대학재정 국고지원 현황에 관한 연구", 한국대학교육협의회 고등교육연구소, *연구보고 RR 97-7-154호*, 1997.

송광용 외, *1997학년도 대학 등록금 책정과정 및 결과 분석*, 한국대학교육협의회, 1997.

송기창, "지방교육재정제도의 변천과 재원 확충 효과", 한국교육재정·경제학회, *교육재정·경제연구*, 창간호, 1992.

송기창, "지방교육재정의 안정성 평가 연구", 한국교육재정·경제학회, *교육·경제연구*, 3(1), 1994.

송기창, "지방교육자치와 교육재정 배분", *지방교육경영*, 1(1), 1996.

송기창·윤정일, *교육재정정책론*, 서울: 양서원, 1997.

송기창, "단위학교의 교육재정 책임증대와 그 대응방안", *교육행정학연구*, 16(2), 1998.

송기창, "지방교육재정교부금제도와 변화추이의 과제", 한국교육재정·경제학회, *교육재정·경제연구* 8(1), 1999.

송기창, "교육재정 GNP 5% 확보정책의 결정과정에 관한 연구", 한국교육재정·경제학회, *교육재정·경제연구* 9(1), 2000.

송기창, "대학재정지원정책의 과제와 개선방향", 한국교육재정·경제학회, *교육재정·경제연구* 9(2), 2000.

송기창, "교육재정관계법령의 구조적 문제점 분석 연구", 한국교육재정·경제학회, *교육재정·경제연구* 10(2), 2001.

송기창, "지방교육재정", 한국교육재정·경제학회 편, *교육재정·경제학 백과사전*, 서울: 하우동설, 2001.

송기창 · 김병주, 지방교육재정운용제도 변경에 따른 영향 연구, 교육인적자원부, 2001.

송기창, "지방교육재정교부금의 운영성과와 개정방향", 한국교육재정 · 경제학회, *교육재정 · 경제연구* 15(2), 2006.

송기창 · 남수경 · 조석훈 · 윤홍주, *2006 교육재정백서*, 교육인적자원부, 2006.

송기창, "국가 교육재원 배분과정의 효율화 방안", 한국교육재정 · 경제학회, *교육재정 · 경제연구* 17(1), 2008.

송기창 · 윤홍주 · 오범호, *지방교육재정 변동추이 분석 및 분석지표 개발 연구*, 교육과학기술부, 2010.

송기창 외, "해외 선진국의 유 – 초중등교육 재정지원제도 분석에 관한 연구, 일본편", *수탁연구 CR 2011–65–3*, 한국교육개발원, 2011.

안종석, *교육재정의 효율성 제고방안 연구*, 한국조세연구원, 2006.

안종석, "세제개편이 교육재정에 미치는 영향과 시사점", 한국교육재정 · 경제학회, *교육재정 · 경제연구* 18(3), 2009.

오연천 · 곽채기, *교육재원의 확충방안*, 교육정책자문회의, 1990.

오연천, *한국조세론*, 서울: 박영사, 1992.

오영수, "교육재정평가지표", 한국교육재정 · 경제학회편, *교육재정 · 경제학 백과사전*, 서울: 하우동설, 2001.

오영균, "지방자치단체의 교육재정부담에 관한 연구", *한국지방자치학회보* 19(3), 2007.

우명숙, "지방교육재정교부금법 개정을 둘러싼 주요 쟁점", *교육행정학연구* 24(1), 2006.

우명숙 외, "해외 선진국의 유 · 초중등교육 재정지원제도 분석에 관한 연구, 미국편", *수탁연구 CR 2011–65–1*, 한국교육개발원, 2011.

유현숙 외, "정부 부처의 고등교육기관에 대한 재정지원 분석 및 효율화 방안", 한국교육개발원 수탁연구, *CR 2001–25*, 2001.

유훈, *재무행정론*, 서울: 법문사, 2005.

윤성식 · 권수영, *정부회계*, 서울: 법문사, 1999.

윤정일, *교육재정학*, 서울: 세영사, 1992.

윤정일, 교육재정학의 학문적 성격, 한국교육재정 · 경제학회, *교육재정 · 경제연구* 3(1), 1994.

윤정일 외, *교육재정론*, 서울: 도서출판 하우, 1995.

윤정일, "교육재정 GNP 6% 확보 방안", 한국교육재정 · 경제학회, *교육재정 · 경제연구* 9(1), 2000.

윤정일, *교육재정학원론*, 서울: 세영사, 2004.

윤정일·윤홍주, *지방교육재정제도의 현황과 과제*, 서울대학교 사범대학 교육연구소, 1998.

윤홍주, "지방교육자치제의 구현조건으로서 교육재정분권화의 논리와 과제", *교육행정학 연구* 21(3), 2003.

윤홍주, *교육재정의 공평성 분석*, 서울대학교 대학원 박사학위논문, 2004.

윤홍주, "단위학교 교육비 결정요인 및 학교회계 전출금 배분에 관한 개선방안 탐색", *교육행정학 연구* 28(4), 2010.

윤홍주, "지방교육재정 규모의 변화 및 결정요인 분석", 한국교육재정·경제학회, *교육재정·경제 연구* 20(1), 2011.

윤홍주, "지방교육재정 보통교부금제도의 성과와 과제", 한국교육재정·경제학회, *교육재정·경 제연구* 21(3), 2012.

이규환, *주요국의 교육제도*, 서울: 배영사, 2009.

이동규, *정부 및 비영리조직의 회계*, 서울: 선학사, 2002.

이보령, "교육세의 신설과 지방교육재정교부금법의 부할", 정태수·조규항(편), *한국교육정책개발사*, 서울: 예지각, 1991.

이상기, *교육의 경제성장에 대한 기여도 측정*, 동국대학교 박사학위논문, 1988.

이상운·장권, *정부의 재정개혁*, 서울: 법문사, 2002.

이선호, 학교교육에 대한 학부모 부담 경비 실태 및 개선 방안, 한국교육재정·경제학회, *교육재정·경제연구* 21(1), 2012.

이정미·유현숙·이선호·나민주·김민희, *대학재정 실태와 성과 분석*, 한국교육개발원, 2009.

이정미·나민주·이선호, "대학재정의 운영실태와 발전과제", 한국교육재정·경제학회 *교육재정·경제연구* 19(4), 2010.

이정자, *단위학교 재정운영 발전방안에 관한 연구: 광주광역시교육청을 중심으로*, 전남대학교 행정대학원 석사학위논문, 2008.

이종범·김병주, *교육재원의 확보방안에 대한 연구: 민간재원의 재정지원을 중심으로*, 교육부 학술연구조성비 지원보고서, 1987.

이준구, *재정학*, 서울: 다산출판사, 2011.

이현청 외, "국립대학 재정운영 평가연구", 한국대학교육협의회 고등교육연구소, *연구보고 RR 98-2-161호*, 1998.

장수영 외, "지식강국 구현을 위한 대학교육 역량제고", 교육인적자원부 정책연구과제, *국가인적자원비전 2005*, 2001.

정영수 외, *해외 지방교육행정 개혁동향 분석*, 한국지방교육연구센터, 2011.

조평호, "지방교육재정 관련법규의 구조와 개선방안", *교육행정학연구*, 24(3), 2006.

주철안, "지식기반사회의 교육재정투자 소요규모 추정에 관한 연구", 한국교육재정·경제학회, *교육재정·경제연구 9(2)*, 2000.

주철안, "한국의 고등교육재정 지원정책에 관한 분석 연구", 한국교육재정·경제학회, *교육재정·경제연구* 12(1), 2003.

천세영, "한국 교육재원의 구조상 변화에 대한 계량경제학적 접근", 한국교육재정·경제학회, *교육재정·경제연구* 4(1), 1995.

천세영, "지식정보화사회에서 민간의 교육투자 방향", 한국교육재정·경제학회, *교육재정·경제연구* 5(2), 1996.

천세영, "사교육과 과외문제의 시장이론적 검토", 한국교육재정·경제학회, *교육재정·경제연구* 특집호, 1997.

천세영, *지방교육재정교부금 배분방식 개선안 탐색연구*, 교육부, 2000.

천세영·이선호, 포뮬러 펀딩에 기초한 학교비 배분 모형 연구, 한국교육재정·경제학회, *교육재정·경제연구* 11(2), 2002.

천세영·송기창·이선호, "일본의 지방교육재정 배분제도", 한국교육재정·경제학회, *학술대회 발표논문*, 2005.

천세영 외, "해외 선진국의 유·초중등교육 재정지원제도 분석에 관한 연구, 영국편", *수탁연구 CR 2011-65-2*, 한국교육개발원, 2011.

최봉섭, "영국-영국은 지금 지방교육청의 권한을 학교단위로 이양하고 있다", *교육개발*, 한국교육과정평가원, 2005.

최연태·김성헌, "특별교부세 배분의 정치성에 관한 실증연구", *한국행정학보*, 42(2), 2008.

최영철 외, *해외 지방교육행정체제에 관한 연구*, 한국지방교육연구센터, 2009.

최준렬, *단위학교회계 운영모델 개발 연구*. 교육부, 2000.

최준렬, "지방교육재정의 법제적 발전 방안", 한국교육재정·경제학회 *교육재정·경제연구* 10(1), 2001.

최준렬, "지방교육재정 특별교부금의 운영 실태와 개선방안", 한국교육재정·경제학회, *교육재정·경제연구* 18(2), 2009.

통계청, *2010 한국의 사회지표*, 통계청, 2010.

한국교육과정평가원, "세계 각국의 최근 교육동향 및 교육과정 국제비교", *PRC 2005-14*, 한국교육과정평가원, 2005.

한국교육개발원, "일본 교육행정제도의 현황과 개혁 동향", *연구보고 CR 2002-18*, 한국교육개발원, 2002.

한국교육개발원, *2010년도 특별교부금 국가시책사업 평가보고서*, 한국교육개발원, 2010.

한국교육개발원, *2011년도 특별교부금 국가시책사업 평가보고서*, 한국교육개발원, 2011.

한국교육개발원, 특별교부금 국가시책사업 운영 현황 및 제도 개선 방안, 한국교육개발원, 2011.

한국교육개발원, *2011 지방교육재정분석 종합보고서*, 2011.

한국교육개발원 · 교육과학기술부, *교육통계연보*, 각연도.

황성현 · 김진영, *지방교육재정실태분석 및 제도개선방안연구*, 한국재정공공경제학회, 2005.

행정자치부, *지방세정연감*, 2003.

행정자치부, *보통교부세제도 운영*, 행정자치부, 2004.

행정자치부, *지방교부세제도 해설*, 행정자치부, 2004.

행정안전부, *예산현황*, 2012.

행정안전부, *지방채무현황*, 각연도.

Aaron, H. J. *Who Pays the Property Tax? A New View*. Brookings Institution, Washington, DC. 1975.

Albrecht, D., Ziderman, A. *Deferred Cost Recovery for Higher education: Student Loan Programs in Developing Countries*. Discussion Paper No. 137, World Bank, Washington DC. 1991.

Anderson, J. *Organization and financing of Self-Help Education in Kenya*. International Institute for Educational Planning(IIEP), Paris. 1973.

Anderson, J. "The organization of support and the management of self-help schools: A case study from Kenya". In: Brown, G. N. Hiskett, M (eds). *Conflict and Harmony in Education in Tropical Africa*. George Allen and Unwin, London. 1975.

Balderston, J., Wilson, A., Freire, M., Simonen, M. *Malnourished Children of the Rural Poor: The Web of Food, Health, Education, Fertility, and Agricultural Production*. Auburn House, Cambridge, Massachusetts. 1981.

Barr, N. *Student Loans: The Next Steps*. Aberdeen University Press, Aberdeen. 1988.

Barr, N. "Income-contingent student loans: An idea whose time has come". In: Shaw, G. K (ed). *Economics, Culture and Education: Essays in Honour of Mark Blaug*. Edward Elgar, Aldershot. 1991.

Beattie, N. *Professional Parents: Parent Participation in Four Western European Countries*. Falmer, London. 1985.

Becker, G. S. *Human Capital: A theoretical and Empirical Analysis, with Special Reference to Education*. Columbia University Press, New York. 1964.

Benson, C. *The Economics of Public Education*, 3rd edn. Houghton Mifflin, Boston, Massachusetts. 1978.

Benson, C. "Definitions of equity in school finance in Texas". New Jersey, and Kentucky *Harv. J. Legislation* 28(2): 401-22. 1991.

Berry, A. "Education, income productivity, and urban poverty: A background study for World Development Report". In: King, T. (ed) *Education and Income*. World Bank, Washington, DC. 1980.

Blaug, M. *An Introduction to the Economics of Education*. Penguin, Harmondsworth. 1972.

Bowen, H. R. *Investment in Learning: The Individual and Social Value of American Higher education*. Jossey Bass, San Francisco, California. 1977.

Bray, M. "School fees: Philosophical and operational issues". In Bray, M., Lillis, k (eds). *Community Financing of Education: Issues and Policy Implications in Less Developed Countries*. Pergamon Press, Oxford. 1988.

Bray, M. *Community management and financing of schools in Papua New Guinea*. In: Bray, M., Lillis, K (eds). 1988.

Bray, M., Lillis, K (eds). *Community Financing of Education: Issues and Policy Implications in Less Developed Countries*. Pergamon, Oxford. 1988.

Break, G. F. "The incidence and economic effects of taxation". In: Blinder, A. S., Solow, R. M., Break, G. F., Steiner, P. O., Netzer, R (eds). *The Economics of Public Finance: Essays*. Brookings Institution, Washington, DC. 1974.

Breneman, D. W., Finn, C. E. Jr (eds). *Public Policy and Private Higher Education*. Brookings Institution, Washington, DC. 1978.

Carnoy, M. *International encyclopedia of economics of education.* Cambridge University Press, Cambridge, UK. 1995.

Chambers, J. G. "Educational cost differentials and the allocation of state aid for elementary/secondary education". *J. Hum. Resources* 13(4): 459-81. 1978.

Chung, F. "Government and community partnership in the financing of education in Zimbabwe". *Int. J. Educ. Dev.* 10(2/3): 191-94. 1990.

Cohn, E., Geske, T. G. *The Economics of Education*, 3rd edn. Pergamon Press, Oxford. 1990.

Coleman, J., Hoffer, T., Kilgore, S. *High School Achievement: Public, Catholic and Private Schools Compared.* Basic Books, New York.

Coleman, J., Hoffer, T. *Public and Private High Schools: The Impact of Communities.* Basic Books, New York. 1987.

Coons, J. E., Clune, W. H., Sugarman, S. D. *Private Wealth and Public Education.* Belknap, Cambridge, Massachusetts. 1970.

Davis, R. G. *Planning Education for Development. Vol 1: Issues and Problems in the Planning of Education in Developing Countries.* Center of Studies in Education and Development, Harvard University, Cambridge, Massachusetts. 1980a.

Davis, R. G. *Planning Education for Development. Vol 2: Models and Methods for Systematic Planning of Education.* Center of Studies in Education and Development, Harvard University, Cambridge, Massachusetts. 1980b.

Eckaus, R. S. *Estimating the Returns to Education: A Disaggregated Approach.* McGraw-Hill, New York. 1973.

Eicher, J. C. "What resources for education?" *Prospects* 12(1): 57-68. 1982.

Feldstein, M. S. "Wealth, neutrality, and local choice in public education". *Am. Econ. Rev.* 65: 75-89. 1975.

Finn, C. E. Jr. *Scholars, Dollars and Bureaucrats.* Brookings Institution, Washington, DC.

Friedman, M. *Capitalism and Freedom.* University of Chicago Press, Chicago, Illinois. 1962.

Galabawa, J. C. J. *Community financing of schools in Tanzania.* Paper presented at the Commonwealth Secretariat workshop on community financing of schools, Gaborone. 1985.

Geiger, R. *Private Sectors in Higher Education: Structure, Function and Change in Eight Countries.* University of Michigan Press, Ann Albor, Michigan. 1986.

Gladieux, L (ed). *Radical Reform or Incremental Change? Student Loan Policies for the Federal Government.* College Entrance Examination Board, New York. 1989.

Hansen, J. *Cost-sharing in higher education: The United States experience.* In: Woodhall, M (ed). 1989.

Hanson, M. *Educational Reform and Administrative Development: The cases of Colombia and Venezuela.* Hoover Institution Press, Stanford, California. 1986.

Hanushek, A. E. "The economics of schooling: Production and efficiency in public schools". *J. Econ. Lit.* 24(3): 1141-77. 1986.

Hartman, R. W. *Credit for College: Public Policy for Student Loans.* McGraw-Hill, New York. 1971.

Heyneman, S. P., Loxley, W. A. "Influences on academic achievement across high and low income countries: A re-analysis of IEA data". *Soc. Educ.* 55(1): 13-21. 1982.

Hu, T. W., Stromsdorfer, E. W. "Cost-benefit analysis of vocational education". In: Abramson, T. Y., Tittle, C. K., Cohn, L (eds). *Handbook of Vocational Education Evaluation.* Sage, Beverly Hills, California. 1979.

Igwe, S. O. *Community financing of schools in Eastern Nigeria.* In: Bray, M., Lillis, K (eds). 1988.

Jallade, J. P. *Student Loans in Developing Countries: An Evaluation of the Colombian Performance.* Staff Working Paper No. 182, World Bank, Washington, DC. 1974.

Johnstone, D. B. *Sharing the Costs of Higher Education: Student Financial Assistance in the United Kingdom, the Federal Republic of Germany, France, Sweden and the United States.* College Entrance Examination Board, New York. 1986.

James, E. "The public/private division of responsibility for education: An international comparision". *Econ. Educ. Rev.* 6(1): 1-14. 1987.

Jimenez, E., Lockheed, M., Wattanawaha, N. "The relative efficiency of private and public schools: The case of Thailand". *World Bank Econ. Rev.* 2(2): 139-64. 1988.

Kakalik, J. W., Furry, W. S., Thomas, M. A., Carney, M. F. *The Cost of Special Education.* Rand Corporation, Santa Monica, California.

Kaluba, L. H. *Education and community self-help in zambia.* In: Bray, M., Lillis, K (eds). 1988.

Leslie, L. L., Paul, T. B. *The economic value of higher education.* MacMillan, New York. 1988.

Levin, H. M. "Equal educational opportunity and the distribution of educational expenditures". *Educ. Urb. Soc.* 5(2): 149-76. 1973.

Levin, H. M. "Concepts of economic efficiency and educational production". In: Jamison, D. T., Froomkin, J. T., Radner, R. (eds). *Education as an Industry: A Conference of the Universities National Bureau Committee for Economic Research.* Ballinger, Cambridge, Massachusetts. 1976.

Levin, H. M. "Financing the education of at-risk students". *Educ. Eval. Policy Anal.* 11: 47-60. 1989.

Levin, H. M. "The economics of educational choice". *Econ. Educ. Rev.* 10(2): 137-58. 1991a.

Levin, H. M. "The economics of justice in education". In: Verstegen, G., Ward, J. G (eds). *Spheres of Justice in American Schools.* Harper Business, New York. 1991b.

Levin, H. M., Lockheed, M. (eds). *Effective Schools in Developing Countries.* Falmer Press, New York. 1993.

Lochan, J. M. S. *Understanding Educational Financing.* Marlborough House, Pall Mall, London. 2012.

Maynard, A. K. *Experiment with Choice in Education: An Analysis of New Methods of Consumer Financing to Bring More Resources into Education by Vouchers and Loans.* Institute of Economic Affairs, London. 1975.

Mbithi, P. M., Rasmusson, R. *Self-Reliance in Kenya: The Case of Harambee.* Scandinavian Institute for African Studies, Uppsala. 1977.

Mcmahon, W. W. "Potential resource recovery in higher education in the developing countries and the parents' expected contribution". *Econ. Educ. Rev.* 7(1): 135-52. 1988.

Mkandawire, D. *Academic standards in Malawi schools.* Paper presented at the Commonwealth Secretariat workshop on community financing of schools, Gaborone, Botswana. 1985.

Monk, D. H. *Educational Finance: An Economic Approach.* McGraw-Hill, New York. 1990.

Musgrave, R. A., Musgrve, P. B. *Public Finance in Theory and Practice*, 2nd edn. McGraw-Hill, New York. 1976.

Oates, W. E. *Fiscal Federalism.* Harcourt Brace Jovanovich, New York. 1972.

Pechman, J. A., Okner, B. A. *Who Bears the Tax Burden?* Brookings Institution, Washington, DC. 1974.

Prest, A. R. *Financing University Education: A Study of University Fees and Loans to Students in Great Britain.* Institute of Economic Affairs, London. 1966.

Psacharopoulos, G. *Returns to education: An International Comparison.* Jossey-Bass, San Francisco, California. 1973.

Psacharopoulos, G. "Return to education: An updated international comparison". *Comp. Educ.* 17(3): 321-41. 1981.

Psacharopoulos, G., Woodhall, M. *Education for Development: An Analysis of Investment Choices.* Oxford University Press, New York. 1985.

Psacharopoulos, G., Tan, J. P., Jimenez, E. *Financing Education in Developing Countries: An Exploration of Policy Options.* World Bank, Washington, DC. 1986.

Rescauer, R. *HELP: A student loan program for the twenty-first century.* In: Gladieux, L (ed). 1989.

Rice, L. *Student Loans: Problems and Policy Alternatives.* College Entrance Examination Board, New York. 1977.

Rogers, D. C. *An Evaluation of Student Loan Programs.* US Agency for International Development, Washington, DC. 1972.

Schiefelbein, E. *Education Costs and Financing Policies in Latin America: A Review of Available Research.* World Bank, Washington, DC. 1987.

Sherman, J. D. "Equity in school finance: A comparative case study of Sweden and Norway". *Comp. Educ. Rev.* 24(3): 389-99. 1980.

Stager, D. *Focus on Fees: Alternative Policies for University Tuition Fees.* Council of Ontario Universities, Toronto. 1989.

Tsang, M. C., Kidchanapanish, S. "Private resources and the quality of primary education in Thiland". *Int. J. Educ. Res.* 17: 179-98. 1992.

UNESCO. *Statistical Yearbook,* 1990. UNESCO, Paris. 1991.

Weisbrod, B. A. *External Benefits of Public Education: An Economic Analysis.* Department of Economics, Princeton University, Princeton, New Jersey. 1964.

Wellings, P. A. "Unaided education in Kenya: Blessing or blight?". *Res. Educ.* 29(1): 11-28. 1983.

West, E. G. "Public schools and excess burden". *Econ. Educ. Rev.* 10(2): 159-69. 1991.

Williams, P. *A Policy for Overseas Students: Analysis Options, Proposals.* Overseas Student Trust, London. 1982.

Wolff, L. *Controlling the Costs of Education in Eastern Africa: A Review of Data, Issues, and Policies.* World Bank, Washington, DC. 1984.

Woodhall, M. *Student Loans: A review of Experience in Scandinavia and Elsewhere.* Harrap, London. 1970.

Woodhall, M. *Review of Student Support Schemes in Selected OECD Countries.* Organization for Economic Co-operation and Development, Paris. 1978.

Woodhall, M. *Student Loans as a Means of Financing Higher Education: Lessons from International Experience.* World Bank Staff Working Paper No. 599, World Bank, Washington DC. 1983.

Woodhall, M. *Financial Support For Students: Grants, Loans or Graduate Tax?* Kogan Page, London. 1989 (ed).

Woodhall, M (ed). *Financial Support for Students: Grants, Loans or Graduate Tax?* Kogan Page, London. 1989.

Woodhall, M. "Student Loans in developing countries: Feasibility, experience and prospects for reform". *Higher Education* 23(4): 347-56. 1992.

Woodhall, M. *Student Loans in Higher Education 4: Latin America.* International Institute for Educational Planning, Paris. 1993.

찾아보기

교육재정학

초판 1쇄   2013년 10월 22일

지은이   박선하, 김승수
발행인   김재홍
기획편집   이은주, 권다원, 김태수
마케팅   이연실

발행처   도서출판 지식공감
등록번호   제396-2012-000018호
주소   경기도 고양시 일산동구 견달산로225번길 112
전화   031-901-9300
팩스   031-902-0089
홈페이지   www.bookdaum.com

가격   20,000원
ISBN   978-89-97955-94-7   13370